W0290715

KNAUR

HERA LIND

Um jeden Preis

Roman nach einer
wahren Geschichte

KNAUR

Besuchen Sie uns im Internet:
www.droemer-knaur.de

MIX
Papier | Fördert gute Waldnutzung
FSC® C083411

Originalausgabe April 2025

Ein Imprint der Verlagsgruppe Droemer Knaur GmbH & Co. KG
Maria-Luiko-Straße 54, 80636 München

Covergestaltung: buxdesign | Lisa Höfner
Coverabbildung: Composing unter Verwendung von Motiven von Shutterstock, Mauritius Images und AdobeStock
Emojis im Innenteil: Cosmic_Design / Shutterstock.com
Satz und Layout: Daniela Schulz, Gilching
Druck und Bindung: CPI books GmbH, Leck
ISBN 978-3-426-52839-6

Kontaktadresse nach EU-Produktsicherheitsverordnung:
produktsicherheit@droemer-knaur.de

2 4 5 3 1

PROLOG

SALZBURG

Ende Oktober 2021

Nebenan sitzt eine neunköpfige Familie. Bist du bereit?« Mein Mann steht in der Küche und bereitet das Mittagessen für die Gäste vor. Es duftet nach frisch gebackenen Schnitzeln und lauwarmem Kartoffelsalat.

»Bereit.« Ich nicke. Bereit für eine außergewöhnliche, ganz wunderbare Geschichte.

Die mich so gepackt hat, dass sie mich nicht mehr loslässt. Die ich unbedingt schreiben will.

Und damit öffne ich die große Flügeltür zu meiner Romanwerkstatt, in der sonst die Schreibseminare stattfinden. Doch diesmal sind es keine Kursteilnehmerinnen, die mich erwartungsvoll anblicken, sondern es ist die Familie Judt.

»Herzlich willkommen!« Ich setze mein strahlendstes Lächeln auf und trete auf sie zu. Die Fremden umringen bereits den großen Konferenztisch, an dem wir normalerweise unsere Schreibübungen machen. Das Händeschütteln schenken wir uns und begrüßen uns wie die Thais mit vor dem Herzen gefalteten Händen und einer leichten Verbeugung. Das finde ich sowieso viel schöner und angemessener, drückt es doch Achtung und Herzlichkeit gleichermaßen aus. Und Respekt. Die Geschichte ihrer Mutter Lydia nötigt mir so viel Respekt ab, dass ich es gar nicht in Worte fassen kann.

Auf dem Tisch türmen sich Tagebücher, Fotoalben, Gedichte, selbst gemalte Bilder und sogar Proben der Stick- und Nähkunst von Lydia Judt, um die es heute geht.

Lydia ist mitten unter uns, auch wenn sie vor zwei Jahren im Alter von knapp zweiundneunzig verstorben ist.

»So, und wer von euch ist denn jetzt Margarethe?« Die hat mir nämlich das Tagebuch ihrer Schwiegermutter geschickt. Und ich habe es in zwei Tagen verschlungen und mit großen Lettern »Volltreffer!« darauf geschrieben.

Eine blonde Dame am anderen Ende des Tisches hebt lächelnd die Hand. »Ich.«

»Und wer ist der dazugehörige Mann, Johannes, Sohn von Lydia?«

Margarethe zeigt auf einen Herrn, der ein paar Stühle weiter sitzt und nun ebenfalls die Hand hebt.

»Ihr beide habt also im Urlaub mit euren österreichischen Gastgebern beim Wein über eure Mutter beziehungsweise Schwiegermutter Lydia gesprochen.«

»Genau.« Margarethe und Johannes nicken. Alle nicken. Auch die, die ich noch gar nicht eingeordnet habe. Wer ist Sohn oder Schwiegersohn, Tochter oder Schwiegertochter unserer Heldin Lydia Judt? Diese bemerkenswerte Familie, über die ich unbedingt einen Roman schreiben möchte, hält zusammen wie Pech und Schwefel, und wenn man ihre Geschichte kennt, weiß man auch, warum.

»Das Vermieter-Ehepaar der Ferienwohnung hat gesagt: ›Das wäre doch eine Geschichte für Hera Lind!‹ Und daraufhin haben wir gesagt … weil wir ja nicht wussten …«

Margarethe unterbricht sich, nach einem dezenten Handzeichen ihres drei Stühle weiter sitzenden Mannes.

»… wer ist Hera Lind?«, helfe ich ihr scherzhaft auf die Sprünge.

Die Familie nickt und lacht.

»Na, jedenfalls«, nimmt Margarethe den Faden wieder auf, »waren wir total überrascht und erfreut, als von Ihnen … äh … von dir … nach so kurzer Zeit bereits eine Mail kam.«

»Genau«, nicken die andern im Takt. »Nur vier Tage später kam deine Zusage.«

»Und da haben wir sofort eine Familienkonferenz einberufen.«

»Wie schön.« Diese neun erwachsenen Personen, die sich so einig sind in allem, was sie tun und sagen, die hier so friedlich und respektvoll beieinandersitzen, und die einfach alle in einen Zug gestiegen sind, um zu mir zu kommen, habe ich schon jetzt ins Herz geschlossen.

Mein Mann stürmt mit einem Tablett herein, auf dem zehn Gläser Champagner stehen, und macht seinen üblichen Lockerungs-Scherz mit dem Teppich, über den er stolpert. Das macht er immer, um erste Beklemmungen zu lockern, und nach einem kurzen Schreckmoment lachen alle.

»Willkommen in der Romanwerkstatt!« Wir prosten uns zu.

»Auf unsere Mutter und Schwiegermutter Lydia!«

»Und auf meine Omi!«, ergänzt Dimi, der einzige Enkel, der mitgekommen ist.

»Und wer ist denn jetzt wer? Hast du sie schon alle auf dem Schirm?« Mein Mann lässt seinen österreichischen Charme spielen und sorgt für Skihütten-Gemütlichkeit.

»Also ich bin der Andreas«, fängt ein Weißhaariger an.

Andreas? Kommt in dem Tagebuch nicht vor. Das wird eine Herausforderung, sich alles zu merken!

»Ich gehöre zur Lisa.«

»Aha. Lisa ist die zweitälteste Tochter von Lydia.«

Eine groß gewachsene, schlanke sportliche Frau Mitte sechzig mit sehr pfiffigem Kurzhaarschnitt begrüßt mich vom anderen Ende des Tisches. Sofort empfinde ich große Sympathie für sie. Sie hat einen winzigen charmanten Akzent.

»Und ich bin die Rosa.« Eine ebenso attraktive, eher zierliche Frau, von der ich weiß, dass sie bald siebzig wird, hebt den Arm.

Rosa ist die älteste Tochter von Lydia. Sie wurde noch in

sibirischer Kriegsgefangenschaft geboren und hat ihre ersten fünf Lebens-Winter bei minus fünfzig Grad erlebt. Sie hauste mit ihren Eltern, deutschen Zwangsarbeitern, in einer Baracke, in der ihre achtundzwanzigjährige Tante, auf der sie als Kleinkind herumkrabbelte, an Tuberkulose starb. Bevor sie mit ihrer hochschwangeren Mutter und ihrem anderthalbjährigen Brüderchen Viktor nach Kasachstan flüchtete, wo sie in Ermangelung einer Unterführung unter vier Zügen hindurchkrabbeln mussten und bei einem so heftig wütenden Steppen-Sandsturm ankamen, dass der Mutter die Kinder aus den Armen gerissen wurden. Ihre Gesichter waren schwarz vor Kohlestaub, als sie an einer einsamen Landstraße standen und schließlich von einem klapprigen Lieferwagen mitgenommen wurden, weil niemand sie abgeholt hatte.

Aber jetzt komme ich schon ins Erzählen, dabei will ich doch erst meine Helden und Heldinnen vorstellen.

Die zwei Töchter Rosa und Lisa wären identifiziert. Hübsche, moderne, lebensfrohe Frauen, die eine mit Mann, die andere mit erwachsenem Sohn, Dimi.

Fehlen noch …

»Jakob.« Ein Mann, der Johannes ähnlich sieht, hebt die Hand. »Ich bin der andere noch lebende Sohn. Und das ist meine Frau Lilli.«

Eine blonde, hübsche Frau, die mich gewinnend anlächelt, meldet sich.

Oh danke. Ich werde die Namen und Gesichter schon auf die Reihe kriegen.

Hier sitzen die vier noch lebenden Kinder von Lydia: Rosa, Lisa, Jakob und Johannes.

Je in Begleitung.

Doch da ist noch eine Dame …

»Heidi.« Eine zurückhaltende Dunkelhaarige am linken Ende

des Tisches hebt verhalten den Arm. Sie hat schon die ganze Zeit leise geweint.

»Ich bin die Witwe von Viktor.«

Viktor war der zweite Sohn von Lydia, jener Anderthalbjährige, der damals bei der Flucht von Sibirien nach Kasachstan unter den Zügen durchgeschoben wurde. Und leider 1995 als Vierzigjähriger an einem Herzinfarkt starb. Längst in Sicherheit, in Westdeutschland. Er gehört unbedingt in diese Geschichte, spielt eine große Rolle darin. Dass seine Heidi erstens in dieser Familienrunde dabeisitzt und zweitens immer noch über seinen Tod weint, berührt mich tief. Sie wird liebevoll von ihren Schwägerinnen, die auf beiden Seiten neben ihr sitzen, getröstet.

»Ja, und dann war da noch Eduard, der jüngste Sohn von Lydia, der leider vor gut zwei Jahren an Krebs gestorben ist.« Das Foto eines sympathischen, lustigen und bildhübschen Mannes von Mitte fünfzig macht die Runde. »Der säße jetzt bestimmt gerne hier.«

»Und der Viktor natürlich auch.« Heidi nickt. »Die Brüder waren immer zu Späßen aufgelegt.«

»Eduard war es, der Mutter in ihren letzten Lebensjahren dabei geholfen hat, ihr Tagebuch auf dem Computer zu schreiben. Er hat auch sämtliche Fotos für sie entwickelt und in das Manuskript eingearbeitet.«

»Moment. Lydia hat mit neunzig noch ihr Tagebuch in den Computer eingetippt?«

»Ja. Sie hat sich das Computerschreiben selbst beigebracht. Wie oft hat sie mich angerufen, Junge, komm schnell, der Text ist verschwunden.« Johannes grinst verhalten.

»Die hat noch ganz andere Sachen gemacht.« Kinder und Schwiegerkinder kommen ins Plaudern und lachen stolz. »Sie konnte sticken und malen und aus den kleinsten Dingen etwas richtig Gutes zaubern …«

Das Stickzeug auf einem Kopfkissenbezug ist so fein und säuberlich, dass man eine Lupe braucht, um das wunderschöne Muster zu erkennen.

»Mutter hat acht Kinder geboren und sechs davon im Lauf von dreiundzwanzig Jahren durch die Gefangenschaft in Sibirien und dann zuerst nach Kasachstan, dann nach Lettland und schließlich nach Westdeutschland gebracht. Aus eigener Kraft und mit eigener Hände Arbeit. Sie durfte fast kein Geld mit ausführen und hat in Deutschland für uns alle eine neue Existenz aufgebaut.«

»Und nicht nur einmal.«

Kurzfristig wird es still. Es scheint verabredet zu sein, dass über Lydias Mann, den Vater der Kinder, nicht gesprochen wird. Nachher kommt doch einiges zutage.

Das gedruckte Tagebuch mitsamt den etwa dreißig Fotos liegt aufgeschlagen auf dem Tisch. Es macht die Runde, und jedem der hier Anwesenden fallen viele Geschichten zu Lydia ein.

Sie binden einen verbalen Blumenstrauß, der am Ende prächtig blüht und den man jetzt unbedingt genauer betrachten will.

Aus Respekt vor Lydia und den Geschehnissen bleibe ich in meinem Erzählstil anfangs sehr nah an ihrem Tagebuch, um später die Blüten meiner Fantasie mithilfe der Berichte der noch lebenden Kinder einzustreuen.

Und hier ist sie:

Lydias Geschichte

Geboren wurde ich am 26.06.1927 in einem deutschen, römisch-katholischen Dorf namens Hahnhofen, in der Nähe von Odessa am Schwarzen Meer. Das Dorf war sehr klein. Es hatte nur fünfzig Häuser und keine tausend Einwohner. Es gab in unserer Familie bereits ein älteres Kind, meine Schwester Katja, die war zweieinhalb Jahre alt, als ich das Licht der Welt erblickte. Meine Eltern waren fleißige Landwirte, die Tag und Nacht ihr kleines bisschen Grund bewirtschafteten.

Unsere Vorfahren waren schon vor zweihundert Jahren aufgrund von russischen Werbern, die ihnen fruchtbares Land und ein gutes Auskommen versichert hatten, in die Ukraine ausgewandert. Als sie im viel gepriesenen gelobten Land ankamen, standen sie kniehoch in tiefem sumpfigem Morast. Es gab nichts, nur Lehm und feuchten Boden. Aber unsere Vorfahren krempelten die Ärmel und Hosenbeine hoch und begannen, sich ihre neue Heimat urbar zu machen. Man nannte sie die Schwarzmeerdeutschen. Die Gesellschaft der Schwarzmeerdeutschen war agrarisch geprägt. Die Auswanderer wirtschafteten anfangs fast ausnahmslos als kleine Landwirte und Bauern auf jenem Boden, den ihnen der russische Staat zur Verfügung gestellt hatte.

Zur Haupteinnahmequelle wurde der Getreideanbau, da das Getreide vom Schwarzmeerhafen in Odessa im 19. Jahrhundert zollfrei ausgeführt werden konnte. Die günstigen Produktions- und Absatzbedingungen bei Getreide sorgten schließlich in weiterer Folge für wirtschaftlichen Wohlstand und führten zur Gründung von weiteren Siedlungen. Angebaut wurden auch Gemüse, Wein und Obst. In der Tierhaltung waren Bienen, Seidenraupen und Merinoschafe dominierend. In Odessa ließen sich viele ausgewanderte deutsche Handwerker nieder. Daraus gingen später Fabriken für landwirtschaftliche Maschinen und Geräte hervor.

Meine Eltern waren wie alle Bewohner dieses kleinen Dorfes sehr fromm. Nach mir wurden noch drei weitere Kinder geboren, sodass wir eine kinderreiche, fromme und arbeitsame Familie waren.

Katharina (geboren 1925)
Ich, Lydia (geboren 1927)
Eduard (geboren 1928)
Elisabeth (geboren 1930)
Michael (geboren 1932)

Die Kirche bildete den Mittelpunkt des kulturellen Lebens der Schwarzmeerdeutschen. Praktisch trug der Gebrauch von Bibel und Gesangbuch dazu bei, dass die deutsche Sprache in der Fremde erhalten blieb. Der Schulunterricht für die Kinder war eng mit der Kirche verbunden, da es nur eine Kirchenschule gab. Im 20. Jahrhundert gründeten die deutschen Kolonisten auch höhere Schulen. Leider konnte ich nicht in die Schule gehen, denn als ich etwa fünf Jahre alt war, überfiel unser Land eine große Hungersnot.

Josef Stalin beschloss damals laut Geheimakten, die Bewohner der Ukraine aushungern zu lassen, aus Angst vor der Bauernrebellion gegen die Bolschewiken. Bereits 1930, als ich drei Jahre alt war, gab es vonseiten der ukrainischen Bauern eine Rebellion gegen die Verstaatlichung der hart erarbeiteten Ernten und erwirtschafteten Güter, gegen die Kollektivierung der Landwirtschaft. Die Antwort Stalins darauf war eine geplante und durchorganisierte Nahrungsmittelentwendung. Er schickte Brigaden aufs Land, die die Dörfer durchkämmten und alles beschlagnahmten. Er nahm den Leuten das Essen weg. Jedes einzelne Korn. Meine Eltern leisteten daraufhin jahrelang Zwangsarbeit in der Kolchose, während wir vier Kinder im Bett lagen mit geschwollenen Hungerbäuchen. Katharina, acht Jahre alt, ich, Lydia, sechs, Lisa, drei Jahre, und der kleine Michael, ein halbes Jahr alt, wir waren auf uns selbst gestellt. Unsere Eltern waren auch sehr geschwächt, mussten aber raus auf das Feld, um die »Missernte« einzubringen, wie es hieß. Nach außen hin wurde kolportiert, dass es an den Hitzeperioden und der Dürre lag, dass unser Volk verhungern musste. Stalin wusste, dass die Leute in der Ukraine verhungerten. Er nahm es nicht nur in Kauf, sondern es war sein Plan, damit die Bauern nicht mehr gegen die Verstaatlichung rebellieren konnten.

Bei der großen Hitze brach auch unser Vater zusammen, lag ein paar Wochen im Bett und konnte nicht zur Arbeit gehen. Da schleppte sich unsere tapfere Mutter, inzwischen wieder schwanger, allein aufs Feld und war zwölf bis vierzehn Stunden dort auf den Beinen. Das war unser großes Glück, denn sie konnte ihren Hunger auf dem Feld stillen, mit Weizenkörnern. Es war streng verboten und wurde mit Gefängnis oder sogar dem Tode bestraft, wenn man etwas vom Felde mit nach Hause nahm. Es gehörte jetzt alles dem sowjetischen Staat, auch die Landwirtschaftsgeräte, das Vieh und die Pferde. Aber der Hunger zwang die Menschen dazu, etwas mitzunehmen, denn ein jeder hatte ein Haus voller Kinder, die zu Hause am Verhungern lagen. Meine Geschwister und ich hatten seit Monaten das Licht nicht mehr gesehen, wir lagen mit Hungerbäuchen in einem dunklen Raum und konnten nicht mehr aufstehen. So brachte unsere Mutter jeden Abend eine Handvoll Weizen, den sie etwas anröstete und mit der Kaffeemaschine zu Mehl mahlte, womit sie dann eine dünne Schleimsuppe kochte. Wir Kinder bekamen nur einen Teller Wassersuppe am Tag. Der Vater bekam zwei Teller, denn er sollte ja schnell wieder auf die

Beine kommen. Sobald es dem Vater etwas besser ging, musste er wieder zur Arbeit gehen.

Die Männer arbeiteten mit den bereits verstaatlichten Pferden, die dringend bei der Ernte gebraucht wurden. Der Vater war noch so schwach, dass er nicht allein in den Leiterwagen hochsteigen konnte. So musste die Mutter ihm einen Stuhl hinausbringen und ihn stützen, damit er auf den Wagen steigen konnte. Nun kam auch der Vater abends vom Feld zurück und brachte eine Handvoll Weizenkörner. Die hatte er unter seiner Mütze im verklebten Haar versteckt. Die Mutter ließ ihre Handvoll Weizen in ihren Büstenhalter fallen, wo sie sofort am verschwitzten Körper haften blieben. So hatten unsere Eltern ihr Versteck und wurden nicht erwischt.

Am Abend, wenn die Eltern sich von den Körnern befreiten und jedes einzeln von ihrem Körper abklaubten, warf die Mutter sie in ein Sieb und hielt sie unter das Brunnenwasser, bevor sie sie in einer Pfanne röstete. Sie mahlte die Körner mit der Kurbel der Kaffeemühle und kochte damit eine Weizenschleimsuppe. Nun bekamen auch wir Kinder zweimal am Tag einen Teller Suppe. Das arme Vieh litt ebenso großen Hunger wie wir, denn die Viehweide war in diesem heißen Sommer braun verbrannt, sodass die Tiere nichts zum Fressen fanden. Das ausgeklügelte Drainage-System, das bereits unsere deutschen Vorfahren angelegt hatten, war von Stalins Brigaden zerstört worden. Die große Dürre trug dazu bei, dass die Kühe fast keine Milch mehr gaben. Der Staat verlangte mehr Milch von einer Kuh, als sie geben konnte. Mutter erzählte: Wenn man fünf Liter gute Milch abgeliefert hatte, bekam man drei Liter entrahmte Milch wieder zurück, die sie für die Schleimsuppe verwendete. Das war alles, was unsere Familie zu essen bekam, und das fast drei Jahre lang.

Es folgte das Jahr 1934 mit einem noch größeren Schrecken: Zu der großen Hungersnot kam eine Seuche mit Erbrechen und Blutdurchfall dazu. Dieser Krankheit fielen pro Haushalt zwei bis vier

Kinder zum Opfer. In unserer Familie starben alle meine drei kleinen Geschwister: Eduard mit vier Jahren, Lisa mit drei Jahren und Michael mit einem halben Jahr, und kamen zusammen in ein Grab. Die Bäuche von uns beiden großen Schwestern, Katharina und mir, Lydia, waren so geschwollen, dass wir kaum laufen konnten. Wenig später kam die kleine Klementine zur Welt: Mutters sechstes Kind, das sie geboren hatte, aber das dritte, das überlebte.

Ganze Familien und ganze Ortschaften, deren Straßen für den Ein- und Ausgang gesperrt wurden und auf das »schwarze Brett« eingetragen wurden, starben aus. Auf solch einem »schwarzen Brett« landeten Dörfer, die Getreidebeschaffungspläne nicht erfüllten. Dies bedeutete die völlige Isolation von der Außenwelt. Sie wurden von Truppen umgeben, die für die Bewohnerinnen die Lebensmittellieferungen komplett abschnitten, bis alle Menschen innerhalb des Dorfes starben.

Die Brigaden holten alle Lebensmittel ab, und später kamen sie zurück: »Warum lebst du noch? Wo hast du das Essen her?« So mancher wurde daraufhin erschossen. Sie wollten sicherstellen, dass alles Essbare aus der Ukraine entfernt wurde und diese Nation nicht mehr gegen die Verstaatlichung ihres Eigentums rebellieren konnte.

Fast vier Millionen Ukrainer und damit auch die Deutschen, die dort seit Generationen lebten, verhungerten. Bei einer Umfrage, die 1937 durchgeführt wurde, erfuhr Stalin von dem entsetzlichen Ausmaß, doch er ließ die Leute, die die Befragung durchgeführt hatten, erschießen, und die Welt sollte nichts darüber erfahren. Es sollte heißen, die Hungersnot sei durch eine große Dürre und Missernte entstanden, und nicht durch Willkür. Es war eine bewusste politische Entscheidung Stalins, die Leute verhungern zu lassen, und ich, Lydia, bin eine der letzten Zeitzeuginnen, die davon berichten.

Wie durch ein Wunder überlebten wir: der Vater Josef und die Mutter, Marianna, mit uns drei verbliebenen Kindern Katja, Lydia und Klementine. 1937 erblickte unser kleiner Bruder Jakob das Licht der Welt, und gleichzeitig kamen wir großen Mädchen, zwölf und zehn Jahre alt, das erste Mal in die Schule.

Wegen der Hungersnot und der damit verbundenen Seuchen war der Unterricht über Jahre ausgefallen. 1936 wurden alle deutschen Schulen in der Ukraine geschlossen, Lehrkräfte wurden verhaftet, und Ukrainisch wurde als Unterrichtssprache eingeführt. Die Religionsverfolgungen unter Stalin hatten katastrophale Folgen für das kirchliche Leben der Schwarzmeerdeutschen. Kirchen und Gebetshäuser wurden geschlossen und teilweise abgerissen. Geistliche wurden verschleppt und erschossen.

Zwei Jahre später wurde unsere kleine Schwester Frederike geboren, Ende 1939. Nun waren wir wieder fünf Geschwister. Obwohl die Ernte seit 1935 im Durchschnitt wieder gut ausfiel, war nach Abgabe der Ernte an den Staat das Leben sehr hart, denn der kommunistische Staat hatte sich mittlerweile durchgesetzt. Es gab keinen Privatbesitz mehr. Kummer, Not und Sorgen wurden immer größer, denn der sowjetische Staat holte sich fast alles, was die wenigen Überlebenden unter größten Strapazen erarbeitet hatten, und am Ende des Tages standen meine Eltern da mit leeren Händen. So zogen sich die Jahre trostlos dahin, und man wusste in der großen Armut nicht, wohin.

1939 wurden unsere letzten deutschen Lehrer verschleppt. So kamen russische Lehrer in unser Dorf, die kein Deutsch konnten – und wir kein Russisch. Ich kam mit zwölf Jahren in die vierte Klasse, und nun ging der Kampf los, dass wir alle Russisch lernen mussten. Aber wie sollte das so plötzlich gehen? Unsere Eltern wehrten sich mit letzter Kraft dagegen und wollten, dass wir unsere Muttersprache beibehalten dürfen. Also ließen sie uns nicht in die Schule gehen, zumal jede helfende Hand auf dem Feld und im Haushalt gebraucht wurde. Meine große Schwester Katharina half der Mutter mit den drei kleinen Kindern und der Hausarbeit, ich selbst war die Robustere und half dem Vater auf dem Feld und im Stall. Schon als Zwölfjährige lernte ich, einer Kuh beim Kalben zu helfen, Pferde zu beschlagen und Schweine zu schlachten. Auch wenn wir das Fleisch nicht behalten durften. Denn wir arbeiteten ja für die Kolchose.

Doch die sowjetische Brigade ließ auch diesmal wieder nicht locker: Unter Schlägen und Drohungen zu Schlimmerem wurden unsere Eltern gezwungen, uns in die Schule gehen zu lassen. Und zwar, zur Strafe, in einem Russendorf, zwei Kilometer entfernt, wo wir die einzigen deutschsprachigen Kinder waren. Da saßen wir ein Jahr lang im Unterricht, wurden ausgelacht, bespuckt und beschimpft, weil wir nichts verstanden und nichts kapierten, und haben in diesem Jahr nichts gelernt. Dafür fehlten wir unseren Eltern als Arbeitskraft. Die russischen Kinder haben uns morgens mit Steinen empfangen und nachmittags mit Steinen nach Hause begleitet.

1940 kam der Zweite Weltkrieg in unser Dorf. Wir mussten Tag und Nacht in der Kolchose arbeiten. 1941 marschierten die deutschen Truppen bei uns ein, und sie fühlten sich bei uns gleich wie daheim. Über den Einmarsch der deutschen Truppen waren wir alle erst einmal froh, denn die neue Regierung Hitlers, des Großdeutschen Reiches, zu dem wir plötzlich alle gehörten, teilte das Land, das Vieh und das gesamte Inventar von der Kolchose wieder unter den ursprünglichen Eigentümern auf, soweit es ausreichte und möglich war. Das war eine Riesenfreude in unserem Dorf! Alle glaubten, dass nun das Elend vorbei sei, und mit großem Eifer und Lust stürzten sich die Bauern wieder in die Arbeit. Im Dorf wurde gleich ein deutscher Bürgermeister gewählt, und es war unser Onkel Eduard Groß, der deutlich ältere Bruder unseres Vaters

Josef Groß. Ach, wie dieser Name zu ihnen passte, denn sie zeigten wahre Größe, meine aufrechten, fleißigen und ehrlichen Eltern und Verwandten. Wir haben gelernt zu arbeiten und nicht aufzugeben.

So war 1941 für meine Schwester und mich die Schulzeit zu Ende, weil wir den Eltern beim Wiederaufbau ihres Landes und des Haushaltes mit Freude halfen. Jetzt würde endlich wieder alles gut werden.

Es kam jedoch ganz anders, und wir ahnten nicht, dass es noch viel schrecklicher kommen würde.

Nach dem deutschen Angriff wurden deutsche Männer zur sowjetischen Armee einberufen, zum Glück noch nicht unser Vater, der damals bereits über vierzig war. Und dann wurde plötzlich die Deportation der gesamten noch verbliebenen deutschen Bevölkerung angeordnet. Von unserem deutschen Kommandanten kam ein schwerwiegender Befehl.

Es hieß, dass alle Dorfbewohner sofort ihre Häuser verlassen müssten, dass aber deutsche Soldaten auf die Besitztümer aufpassen würden. Es handele sich nur um einen vorübergehenden »Schutz und Betreuung volksdeutscher Siedlungen« mit dem Ziel einer gründlichen Aufbauarbeit. Alles solle stehen und liegen bleiben, es werde von deutschen Soldaten überwacht! In Abwesenheit der Bewohner würden die letzten Kolchosen aufgelöst werden. So hofften wir auf ein baldiges und friedliches Ende des grausamen Krieges.

Diese »Aufbauarbeit« dauerte jedoch nur so lange, bis den deutschen Siedlungsgebieten die Wiedereroberung durch die sowjetische Armee drohte. 1944 ging der Kampf der deutschen Truppen zurück, die Sowjets drangen wieder vor, und alles ging von vorne los. Doch diesmal würde kein deutscher Siedler mehr auf ukrainischem Boden überleben. So mussten wir die ukrainische Heimat für immer verlassen. Wir sollten sie niemals wiedersehen.

18. März 1944

Die deutschen Bauern stellten Trecks zusammen. Mein Gott, war das ein Schreck und ein Geschrei! Wir durften nur eine Kuh mitnehmen, zwei alte Pferde für den Wagen, so viel wie möglich Futter für das Vieh, auch Lebensmittel für die Familie wie Fleisch, Kartoffeln, Öl, Zucker und so viel wie möglich Mehl für das Brot. Auch die Backbleche, Backschieber, Backhopfen für den Teig, auch die Backmulde sollten wir mitnehmen, die zugleich als Futterkrippe für die Pferde an dem Wagen angebracht war. Das Kochgeschirr zum Kochen, die Teller mit dem Besteck zum Essen, alles musste mit. So lautete der Befehl unseres deutschen Kommandanten. Als Schutz vor dem Wetter wurde der Wagen mit Kuhhaut beschlagen. Vater und ein alter Großonkel rackerten und schufteten, bis ihnen der Schweiß auf der Stirn stand. Die Großtante war schon vor Hunger gestorben, sodass sich der alte Mann unserer Familie anschloss.

»Los, Mädchen, schafft die Kinder auf den Wagen, helft Mutter beim Packen!«

»Die Russen sind auf dem Vormarsch, und ihr jungen Frauen seid in höchster Gefahr. Nun macht schon, macht schon, schneller, ihr wisst nicht, was euch sonst blüht!«

Das Wort »Vergewaltigung« fiel immer öfter hinter vorgehaltener Hand.

Katja und ich waren junge unerfahrene Mädchen, und wir wussten nicht, wovon die Rede war.

Es war in der Morgendämmerung und noch eiskalt, als wir für immer unser Dorf verlassen mussten. Die Hähne krähten, die Hunde bellten, die Kühe brüllten, denn sie mussten ja mit uns ziehen. Kleine Kälbchen, die es noch nicht schafften, wurden einfach überrannt und totgetreten. Die drei Kleinen saßen zusammengepfercht auf dem Wagen unter der Plane aus Kuhhaut, Mutter, Katja und ich schritten neben dem Wagen her; Vater hielt die Zügel.

Tag für Tag, immer weiter, über Berg und Tal, über Wiesen und Wälder, durch verschiedene Ortschaften und Länder, durch Bulgarien, Ungarn, Rumänien und durch die Karpaten. Wir hatten einen deutschen Kommandanten, der den Treck leitete. Die Schlange zog sich in die Länge, bis hundert Kilometer lang. Der Weg war hart und grausam, denn es war ja bei unserem Aufbruch erst März.

Die Straßen waren aufgewühlt von den vielen Wägen und den Regengüssen im Frühjahr. An manchen Tagen gab es kein Vorankommen, weil man nicht durchfahren konnte, denn der Weg war so aufgeweicht, dass die Pferde es nicht schafften.

»Alle Wagen müssen umkehren und zurückfahren!«

»Hier geht nichts mehr weiter!«

»Los, Wendemanöver!«

Mein Gott, war das ein Problem auf dem schwer beladenen Wagen auf dem sumpfigen Boden. Da brachen bei manchen Wägen die Räder, und man musste sie aus dem Lehm und Matsch herausziehen.

»Alle für einen, einer für alle, es bleibt keiner zurück!«

Mit weißen Atemwölkchen vor dem Mund schrien sich die Männer und Frauen diese Parolen zu, und selbst Katja und ich mussten mit anpacken, eingesunkene Räder freischaufeln, bei den scheuenden Pferden mit am Halfter anziehen oder schwere Ladungen von den Wägen herunterheben und weiterschleppen, bis sie wieder heraufgewuchtet werden konnten.

So standen wir manchmal zwei bis drei Tage, bis sich die Pferde erholt hatten und alle Wägen repariert waren.

Dann erst ging es weiter, und wir erreichten nach zwei Monaten Bessarabien, heutige Republik Moldau.

30. April 1944

Es hatte den ganzen Morgen in einem eiskalten Regen gegossen; die Kinder saßen zähneklappernd und wimmernd auf dem Wagen, es regnete längst hinein, und unsere Mutter schaufelte mit einem Blechtopf das Wasser hinaus, während Katja und ich die geschwächten Pferde weiterzogen. Eines davon war hoch trächtig, die arme Stute schleppte sich mit Schaum vor dem Maul Schritt für Schritt durch den hart gefrorenen Boden, von dem die Nebelschwaden dampfend aufstiegen. Von Frühling war weit und breit keine Spur, es schien, als habe sich auch der Wettergott gegen uns verschworen. Ich kam mir vor, als watete ich seit Wochen durch die eiskalte Hölle.

Nicht ahnend, dass dies erst die Vorstufe zur Hölle war. Wie gut, dass ich es nicht wusste.

»Jetzt geht der Regen auch noch in Schneeregen über!« Katja stapfte in ihren völlig verdreckten Stiefeln durch kniehohen Morast und zerrte das Pferd am Halfter. Vater hatte die trächtige Stute abgeschirrt und führte sie neben der Kutsche her.

»Komm, Lotte, weiter, Fritz, wir können hier noch nicht rasten!«

Unser alter Fritz trottete ergeben, nun allein unsere Kutsche ziehend, hinter dem Vorderwagen her, von dem klägliches Gewimmer eines Babys seit Stunden nicht verebben wollte.

Nebelschwaden hüllten die feucht glänzenden Wagen und vom Regen durchnässten Fußgänger immer wieder ein, und ich stolperte müde und durchgefroren über Steine, Wurzeln und Geäst. Meine eiskalten Füße in den durchlöcherten nassen Strümpfen spürte ich schon längst nicht mehr. Aber ich war weiß Gott nicht die Einzige und hütete mich zu jammern.

»Wann können wir endlich unser Nachtlager aufschlagen?« Meine Hände waren übersät von blutigen aufgeplatzten Stellen, und meine Füße in den Schnürschuhen voller Blasen.

»Jetzt fängt es auch noch an zu schneien, man sieht die Hand vor Augen nicht!« Unser Hintermann, der Bauer Voss, fluchte laut. »Von wegen alles neu macht der Mai!«

»Vorsicht, der aufgeweichte Weg überfriert!« Vater saß mit dem alten Onkel auf dem Kutschbock, weißer Atem stand auch ihm vor dem Gesicht. Seine Bartstoppeln wurden mit jedem Tag weißer.

»Durchhalten, in einer Stunde werden wir in ein Dorf gelangen, so heißt es weiter vorn!«

Ein dick vermummter Begleiter kämpfte sich durch den dichten Schneefall zu uns zurück. »Da können wir unser Quartier aufschlagen!« Er schlug sich die Hände in den zerlöcherten Handschuhen aneinander warm.

»Frederike kann nicht mehr!« Unser siebenjähriger Bruder Jakob streckte den Kopf unter der Plane hervor. »Sie weint, und ich kann sie nicht mehr trösten!«

Mutter wankte hinter dem Wagen her und blies sich in die eiskalten Hände.

»Du musst aber! Hier wird nicht gejammert!«

Ich biss die Zähne aufeinander und trieb das Pferd weiter. »Erzähl ihr eine Geschichte oder singe ihr etwas vor!«

»Was soll ich ihr denn vorsingen!«

»Da nun der Tag vergangen ist«, stimmte Mutter an, und alle Flüchtlinge um mich herum sangen mit, in traurigem Moll, einen Schritt vor den anderen setzend:

»so bitten wir dich, Jesu Christ:
Sei, wenn es dunkelt, unser Licht,
dann schlafen wir voll Zuversicht.«

Auch die beherzte Sopranstimme unseres siebenjährigen Bruders Jakob war nun aus dem Inneren des Planwagens zu hören:

»Was wir verkehrt und falsch getan,
das rechne nicht als Sünde an.«

Die neunjährige Klementine hielt ihr fünfjähriges Schwesterchen Frederike im Arm und sang tapfer aus einem Spalt der Plane heraus:

»Lösch es in deinem Blute aus,

Herr, segne uns und dieses Haus.«

Unsere Eltern waren sehr fromm und hatten auch uns tief katholisch erzogen. All unser Elend und unsere Not legten wir dem lieben Gott in die fürsorglichen Hände, voller Überzeugung, dass er es gut mit uns meinte und uns aus dieser kalten Finsternis herausführen würde, in ein neues, gelobtes Land, in dem Milch und Honig flossen.

Auch wenn wir kein Haus mehr hatten; so zogen wir noch unsere letzte Kraft aus diesem Lied und unserem tiefen Glauben, bis wir schließlich in der Ferne ein paar fahle kleine Lichter flackern sahen.

»Da, seht ihr! Beten hilft immer!« Unsere Mutter wischte sich mit dem Handrücken verstohlen eine Träne von der Wange. »Dahinten können wir die Nacht verbringen. Es heißt, das Dorf ist leer, so können wir die Leute und das Vieh unterbringen. Danke, lieber Herrgott!«

»Warum ist das Dorf leer?« Jakob lugte unter der Plane hervor. »Wo sind die Leute, die da gewohnt haben?«

»Sie sind schon lange vor den Russen geflohen.« Vater versuchte, seinen einzigen Sohn zu beschwichtigen. »So, runter jetzt von dem Wagen. Die Pferde brauchen Ruhe, und die Lotte wird bald fohlen.«

Mit klammen Händen halfen wir unseren kleinen Geschwistern vom Wagen und reihten uns geduldig in die Schlange der Frierenden ein, die auf ein Quartier warteten und sich dabei feuchten Atem in die eiskalten Hände unter löchrigen Handschuhen bliesen.

»So, hier entlang, fünf Familien in einen Raum, wer seid ihr …?« Ein älterer deutscher Soldat in schwarzem Ledermantel stand mit einem Klemmbrett am Dorfeingang und hakte die Namen ab. »Los, die nächsten dreißig Personen!«

»Die Familie Groß plus die Familien …« Mutter nannte noch vier andere Namen. Die anderen Familien waren weitläufig mit uns verwandt.

»Also los, rein mit euch in den leeren Raum hier, Nächster …«

Wir pferchten uns mitsamt den durchgefrorenen Kindern in einen dunklen, eiskalten Raum, der seit Monaten verlassen war. Ein fauliger modriger Gestank hing zwischen den feuchten Steinen, unter dem Moos raschelte es verdächtig von Ratten und anderem Getier. Fledermäuse stoben aus Ritzen auf und flatterten knapp über unseren Köpfen davon. Vermodertes Holz, kaputte Stühle und ein wackeliger Tisch zeugten davon, dass hier einmal Menschen gelebt hatten.

Wir waren insgesamt neunundzwanzig Personen, davon zwanzig Kinder.

»Mädels, hier ist sogar eine Kochstelle!« Mutter kniete schon vor einem dunklen Feuerloch, und einer der alten Männer warf ein paar alte Holzscheite hinein. »Versorgt ihr die Tiere, die Ställe stehen ebenfalls leer, besorgt Heu und bringt danach Wasser vom Brunnen mit!«

Geschäftiges Treiben setzte ein, und jeder wusste, was er oder sie zu tun hatte. Die Kleinsten wurden auf ihren feuchten Windeln in die Ecke gesetzt, und die Mütter luden die notwendigen Lebensmittel von den Planwagen ab. Katja half Mutter, ich schaute mit Vater nach den Pferden, wischte sie mit Stroh trocken, schleppte Eimer mit Wasser herbei und streute frisches Heu aus.

Als wir gegen Mitternacht endlich auf dem steinernen Fußboden dicht aneinandergepresst saßen und die Kleinen notdürftig versorgt, getrocknet und abgefüttert schliefen, fühlten wir uns zum ersten Mal seit Langem wieder etwas geborgen. Wir hatten seit Wochen kein Dach über dem Kopf gehabt, keine vier Wände um uns herum, und keine Kochstelle. Der Blechnapf mit der heißen Suppe war fast leer, unsere Mägen hatten sich etwas gefüllt, wir hatten uns mit eiskaltem Wasser notdürftig gereinigt.

»Versucht, ein wenig zu schlafen!«

Mutter betete das Nachtgebet.

»Müde bin ich, geh zur Ruh, schließe meine Augen zu. Vater, lass die Augen dein, über meinem Bette sein. Hab ich Unrecht heut getan, sieh's mir, lieber Gott, nicht an …«

Ein Bett war allerdings weit und breit nicht zu sehen. Die Kinder schliefen auf dem nackten Steinboden. Zum Hinlegen war es für uns Größere viel zu eng, aber wir ließen unsere Köpfe an die Schulter des Nachbarn sinken. Die Glut des Feuers war erloschen, gnädige Schwärze umgab uns. Das Getier hatte aufgehört zu rascheln. Auch das Vieh in den Ställen gab keinen Laut mehr von sich, selbst die hoch trächtige Stute Lotte schlief im Stehen. Die Erschöpfung übermannte uns alle, und ich ließ mich in einen unruhigen Schlaf fallen, an die Schulter von Vater gelehnt. Der kalte Atem stand uns allen in gleichmäßigen weißen Rauchwölkchen vor den Gesichtern.

Plötzlich klopfte es ganz stürmisch an der Tür.

Wir zuckten aus dem Schlaf und saßen wie erstarrt, wagten kaum zu atmen.

»Die Russen?!«

»Haben sie uns eingeholt?! Oh Gott, die armen Mädchen! Katja, Lydia, kriecht ganz hinten an die Wand, deckt euch mit Pferdedecken zu!«

»Psst! Wir machen einfach nicht auf!«

Es polterte nun schon viel heftiger. Jemand schlug mit aller Gewalt gegen die Tür. Oder waren es mehrere Fäuste, die da gegen das Holz krachten?

Die Männer, die schon den Ersten Weltkrieg mitgemacht hatten, berieten sich leise flüsternd. »Das sind die Russen, die scheuen vor nichts zurück, auch nicht vor kleinen Kindern.«

Panisch waren Katja und ich auf allen vieren zur Wand gekrochen und hielten den Atem an.

»Weckt die Kinder auf.« Das war Vaters Stimme. »Bevor sie die Tür aufbrechen, macht euch bereit für eine große Gefahr.«

Als die drei Männer schließlich mit zitternden Fingern den Riegel von der Tür geschoben hatten und sie resignierend öffneten, standen da zwei junge Soldaten, mit vermummten Gesichtern und voller Eiszapfen in den Kleidern und an den Haaren.

»Oh Gott, es sind keine Russen!« Erleichtertes Aufseufzen ging durch den Raum. »Es sind Deutsche!«

»Ja, du lieber Himmel, was um alles in der Welt macht ihr denn hier …?« Helfende Hände zogen die beiden fast erfrorenen Gestalten herein. Sie hatten Frostbeulen im Gesicht, ihre Augenbrauen waren voller kleiner Eiskristalle, und konnten sich nicht mehr rühren. Völlig entkräftet fielen sie einfach auf den Steinfußboden. Einige Frauen befreiten sie hilfsbereit von ihren eisgefrorenen Uniformen, die schwer wie Blei auf den kalten Steinfußboden fielen.

»Hier, mach den Rest von der Suppe noch mal heiß!«

»Und das Wasser in der Waschschüssel!«

»Ich hole noch Vorräte vom Wagen!«

»Um Himmels willen, die Füße und Hände, Nase und Ohren sind ja schon abgefroren!«

Eine ältere Frau versuchte, durch Reiben und Blasen den armen Teufeln wieder Leben einzuhauchen, doch sie schrien und wimmerten vor Schmerzen.

»Was ist euch bloß passiert? Seid ihr allein?«

Als die beiden Soldaten etwas zu Kräften gekommen waren und Mutter ihnen Suppe eingeflößt hatte, konnten sie wieder sprechen. Unter Tränen stammelten sie: »Liebe Leute, es sind noch weitere sechs Kameraden da draußen auf dem Feld.«

»Um Gottes willen, bei der arktischen Kälte?«

»Die sind mit ihren Motorrädern nicht mehr weitergekommen, bitte helft ihnen, sonst müssen sie erfrieren!«

»Es ist zwei Uhr in der Nacht!«

»Los, wir holen Verstärkung. In welche Richtung müssen wir?« Die Männer aus unserem Treck waren schon auf den Beinen und in ihren dicken Stiefeln. Sie hämmerten an die anderen Häuser, in denen ahnungslos die anderen Flüchtlinge schliefen. Schließlich eilten sie mit sechs Mann davon, führten die Pferde aus dem Stall und ritten auf das finstere Feld hinaus, um die versprengten Soldaten zu retten. Von innen an das Fenster gelehnt, konnte ich hören, was sie sich in der Nacht zuriefen.

»Die eine Stute ist hoch trächtig, die können wir nicht mehr mitnehmen!«

»Nehmen wir den Hengst und die drei anderen Stuten!«

»Bleibt jemand bei der fohlenden Stute?«

»Schickt Lydia, die kennt sich aus.« Sofort eilte ich gehorsam in den dunklen Stall, während die anderen sich auf die Sättel schwangen und mit klappernden Hufen in der Dunkelheit verschwanden. Lotte trat unruhig wiehernd von einem Huf auf den anderen und schnaubte in der Eiseskälte vor sich hin. Ich sprach beruhigend auf sie ein, hielt ihren Kopf und rieb ihr mit Stroh den zitternden Körper ab. Oh Gott, lass meinen Vater zurückkommen, bevor die Lotte ihr Fohlen bekommt! In meiner Not flüchtete ich mich in die bekannten Gebete, die Mutter uns gelehrt hatte. So überkam mich bald eine zuversichtliche Ruhe, und ich lehnte mit dem Gesicht fast schlafend an dem warmen schwarzen Kopf des Pferdes.

Eine Stunde später kamen die Männer zurückgaloppiert. Jeder hatte einen zu Eis gefrorenen Soldaten vor sich auf dem Pferd festgeschnallt.

»Sie waren hilflos, konnten nicht mehr laufen, sie waren auf ihren Motorrädern im Eis festgefroren!«

»Die Motorräder sahen aus wie Eisklötze! Die konnten wir nicht mehr bergen!«

»Die holen wir morgen, damit die Russen keine Spuren finden!«

»Schnell, die Soldaten haben Frostbeulen im Gesicht, und ihre Gliedmaßen frieren ihnen ab!«

Inzwischen lag über einen halben Meter Schnee, und das in der Nacht zum ersten Mai!

Ich rieb mir verschlafen die Augen und stiefelte hinüber in das Gehöft, um mich nützlich zu machen, während Vater nach der Stute schaute. »Gut gemacht, Lydia. Deine Ruhe ist auf sie übergegangen.« In aller Eile tätschelte er mir die Schulter.

Wieder halfen alle Frauen, die armen Kerle aus ihren Sachen zu schälen, Mutter und Katja hatten Wasser in Schüsseln heiß gemacht, und unter großen Schmerzensschreien wurden die schon schwarz gefrorenen Stellen an Händen und Füßen warm gerieben und verbunden. Auch diesen armen jungen Männern wurde Suppe eingeflößt, und sie weinten vor Dankbarkeit und Erleichterung.

»Ihr seid für uns die rettenden Engel, wir wären sonst bei lebendigem Leibe an unseren Motorrädern festgefroren!«

»Lydia, kommst du, es ist so weit!«

Vater klopfte von außen an das Fenster. Aus dem benachbarten Stall ertönten schon die typischen nervösen Geräusche der fohlenden Stute. Sie schnaufte und stampfte und wieherte in den höchsten Tönen. Ich eilte hinüber durch den hüfthohen Schnee und half Vater, der mit geübten Griffen das Fohlen herauszog, indem ich Lotte die Hinterbeine zusammenband und ihren Schwanz festhielt, mit dem sie wild um sich schlug.

Beruhigend redete ich auf die vor Schweiß und Anstrengung zitternde Stute ein. »Brav, Lotte, das machst du ganz brav, bald ist es geschafft …«

Und wieder halfen meine Gebete.

»Es ist ein wunderschöner kleiner Hengst!« Vater stellte das zitternde Tierchen auf die Beine, und ich begann sofort, es mit Stroh abzureiben.

»Schau mal, Vater, er hat vier weiße Socken an und einen weißen

Stern auf der Stirn!« Ganz verzückt starrte ich auf das kleine Wunder, das sich trotz der Kälte und des Elends einen Weg ins Leben gebahnt hatte. »Und sein Fell ist dunkelbraun, genau wie das seiner Mutter. Wie sollen wir den kleinen Hengst nennen?«

»Das spielt jetzt keine Rolle mehr, Lydia.«

Die Stute hatte sich bereits wieder aufgerichtet und versuchte, das Fohlen sauber zu lecken.

»Aber er ist so süß, schau doch nur, wie er sich freut!«

»Es hat trotzdem keinen Zweck. – Geh hinein, Lydia.«

»Was meinst du, Vater?«

»Ich muss es erschießen.«

»Oh bitte, lass es noch am Leben, Vater!« Den warmen Atem des dankbaren kleinen Tierchens und der Stute an meinen Händen, konnte ich nicht begreifen, was geschehen sollte. Flehentlich blickte ich ihn an. »Wie kannst du das übers Herz bringen!«

»Es muss sein, Lydia.« Vater griff schon nach seinem Gewehr. »Es kann die weite Reise nicht mitmachen, das weißt du doch. Geh hinein und hilf Mutter mit den Kindern.«

Schluchzend rannte ich hinüber in das Gehöft, das inzwischen unter strahlendem Himmel im prächtig glitzernden Schnee stand. Aus dem Schornstein stieg Rauch, es wirkte wie ein heimeliges unschuldiges Haus aus einem Wintermärchen.

Geschäftig schob Mutter mir die Waschschüssel hin, mit der sie gerade die drei Kleinen gewaschen hatte. »Wasch dir die Hände, Lydia.«

Und dann ertönte schon ein Schuss. Ich hielt den Atem an. Das unschuldige kleine Fohlen!

Doch zum Trauern blieb keine Zeit.

»Lydia, eil dich, wir wollen Brot backen. Die Soldaten haben auch Hunger.«

Die halb erfrorenen Männer lagen noch stöhnend und fiebernd in den Ecken, von den Kindern mit schreckgeweiteten Augen beäugt.

»Wie heißt du?« Mein Bruder Jakob war neugierig zu einem von ihnen gelaufen und bestaunte fasziniert dessen schwarz gefrorene Gliedmaßen.

»Ich bin Franz aus München. Und du?«

»Jakob Groß. Ich bin sieben. Und groß und stark, wie du siehst.« Er reckte sein kleines Ärmchen und machte eine Faust.

»Das ist mein Freund Ludwig. Aus Hamburg. Der ist achtzehn.«

»Meine Schwester Katja ist neunzehn, Lydia ist sechzehn, meine Schwester Klementine ist neun, und meine kleine Schwester Frederike ist viereinhalb.«

»Da bist du ja der einzige Junge unter deinen Geschwistern. Du musst gut auf deine Schwestern aufpassen.« Franz schenkte Katja und mir einen dankbaren Blick.

Jakob schaute verlegen drein, wuchs aber vor Stolz ein paar Zentimeter. »Ich hatte mal einen neun Jahre älteren und einen fünf Jahre älteren Bruder, und dazu noch eine sieben Jahre ältere Schwester, aber die sind alle verhungert. Wir schließen unsere toten Geschwister aber jeden Tag in unsere Gebete ein.«

Der Soldat schluckte schwer, und Mutter wischte sich verstohlen über die Augen. »Komm, Jakob, lass den Mann in Ruhe, hilf mir lieber, Mehl zu mahlen. Du hantierst doch so gern mit der Kaffeemühle, komm her.« Sie reichte dem Jungen das braune Mahlgerät, und Jakob drehte eifrig an der Kurbel. Denn er war ja der einzige Bub in der Familie, und sein Name war Programm.

Es hämmerte an die Tür. Wieder zuckten alle zusammen, in der Angst, es könnten Russen sein. Hatten sie die Motorräder schon gefunden? Vom Flugzeug aus konnte man die bestimmt gut sehen, wenn sie im Schnee blitzten.

Es war aber unser Treckbegleiter, ein hoher Offizier der Wehrmacht, der hier das Sagen hatte. In seinem schwarzen Ledermantel stiefelte er herein und sah sich prüfend um.

»Folgende Anordnung ergeht: Die sechs desertierten Soldaten

haben sich beim medizinischen Personal zu melden. Wenn sie wirklich kampfuntauglich sind, können sie mit unserem Treck mitfahren. Jeder wird einem anderen Wagen zugeteilt. Sie …« Er zeigte auf Franz aus München. »… fahren auf dem Wagen der Familie Groß. Der andere …« Er wies auf Ludwig aus Hamburg. »… fährt auf einem anderen Wagen mit. Kommen Sie mit.«

»Ich kann nicht gehen, Herr Major!« Der arme Ludwig fing an zu weinen wie ein Kind. »Bitte lassen Sie mich mit meinem Freund Franz zusammen.«

»Heulen Sie hier nicht rum! Ein deutscher Soldat heult nicht! Schlimm genug, dass Sie desertiert sind, Mann!«

Der Arzt und die Sanitäter stellten schwere Erfrierungen bei den Soldaten fest, und es erging der Beschluss, dass wir einige Tage in diesem verlassenen Dorf bleiben würden, bis sie transportfähig sein würden. Jetzt weinte ich doch um unser kleines Fohlen. Es hätte noch einige Tage am Leben bleiben können!

BESSARABIEN, HEUTIGE REPUBLIK MOLDAU

5. Mai 1944

Schließlich setzte sich der kilometerlange Flüchtlingstreck wieder in Bewegung; Franz aus München durfte bei uns auf dem Wagen mitfahren, während Katja und ich wie gehabt laufen mussten. Auch für Mutter und die neunjährige Klementine war nun kein Platz mehr auf dem Wagen. Mutter zog stoisch das müde Kind hinter sich her, sang ihr Lieder vor oder betete mit ihr. So zogen wir Tag für Tag weiter, ergeben wie die alten müden Klepper, einem unbekannten Ziel entgegen, Richtung Westen. Wir waren Tausende von Flüchtlingen, ein Wagen reihte sich an den nächsten, und die öde Steppe dehnte sich zur endlosen Hölle. Weit und breit kein Baum und kein Strauch, nichts blühte oder spross, und kein Vögelchen war zu hören. Wir hätten auch auf dem Mond unterwegs sein können.

Immer wieder kam der junge Soldat Ludwig auf seinen Stock gestützt angehumpelt und fragte weinend, ob er nicht doch bei seinem Kameraden Franz mitfahren könnte. Er hatte so Heimweh, und die Leute, denen er zugeteilt worden war, waren nicht nett zu ihm. So rückten wir noch enger zusammen und ließen auch den Ludwig auf unseren Wagen.

Die beiden verletzten Soldaten fuhren einen ganzen Monat mit uns, bis in die Tschechei. Oft waren wir hungrig, müde und schlapp und konnten einfach nicht mehr. Doch wir teilten unser weniges Essen mit den verwundeten Soldaten.

»Katja, ich habe solche Bauchschmerzen!« Schmerzgepeinigt schleppte ich mich weiter. Es waren nicht nur die bekannten

Krämpfe, die ich von der Hungersnot als Kind kannte. Es zog sich tiefer diesmal, und zu meinem grenzenlosen Entsetzen lief mir seit Tagen Blut an den Beinen herunter. Panisch hatte ich mich schon heimlich untersucht, wo ich mich verletzt haben könnte, aber es kam direkt aus ... nein, das konnte ich nicht aussprechen. Es kam zwischen meinen Beinen heraus! Ich war dabei, innerlich zu verbluten!

»Ist es Hunger, oder bekommst du ...« Verstohlen zog meine Schwester mich zur Seite.

»Katja, ich glaube, ich muss sterben! Das kann ich doch den Eltern nicht antun, sie brauchen mich doch ...« Schluchzend hielt ich mich an ihrer Schulter fest.

»Nimm dies hier und stopf es dir in den Schlüpfer.« Katja zerrte einen dunklen Stofffetzen aus ihrem Rucksack. »Das brauche ich aber wieder, hörst du? Du musst es jeden Abend auswaschen und auf die Leine hängen! Hier hast du noch ein zweites, zum Wechseln.«

»Wann hört das auf?«

»Bald. Aber es kommt wieder. Ungefähr alle vier Wochen. Das hat der liebe Gott sich so für uns Frauen ausgedacht.«

»Ich kann nicht mehr, Katja! Nicht auch noch das! Warum tut der liebe Gott uns das an?«

»Du musst, Lydia! Reiß dich zusammen, denk doch nur an unsere arme Mutter, was würde sie mit den drei Kleinen ohne uns machen? – Und die hat das auch, stell dir vor. Nur wenn sie schwanger ist, hat sie das nicht. Jede Frau hat das. Also stell dich nicht so an.«

Und so biss ich die Zähne zusammen und setzte weiter einen Fuß vor den anderen, oft bis zu dreißig Kilometer am Tag, wenn kein geeigneter Platz gefunden wurde, bis in die dunkle Nacht hinein. Die Angst vor den Russen, die uns auf den Fersen waren, trieb uns weiter. Wir hörten die schlimmsten Geschichten, was sie mit den Frauen machen würden, egal wie alt, egal ob schwanger, egal ob sie kleine Kinder hatten. Auch wir, Katja und ich, würden von ihren Grausamkeiten nicht verschont werden! Und mein Schmerz in einer gewissen Körperregion gab mir schon eine Vorstellung davon! Schlimmer konnte es kaum noch werden, oder?

Abends hielt der Treck meistens an einem Fluss oder See, dann wurde das Vieh getränkt und gefüttert. Vater kümmerte sich um die vielen Witwen und Waisen, die der monatelangen Flucht noch hilfloser ausgeliefert waren als wir.

»Mädchen, helft mir, Brennholz zu sammeln.« Unsere Mutter war schon von der Kutsche geklettert und hantierte mit unserem kleinen Blechtopf, indem sie auf ebener Erde damit eine Kuhle aushob. »Na los, beeilt euch, es gibt genügend Tannenzapfen und trockene Sträucher im Wald! Die Kleinen weinen schon wieder vor Hunger!«

Mit dem gemahlenen Mehl und der Milch unserer einzigen Kuh, die wir noch hinter uns herzogen, bereitete sie den üblichen pappigen Brei.

Als das Essen fertig war, schmeckte es wie so oft nach Rauch, aber wir hatten wenigstens etwas Warmes im Bauch. Es gab keinen Stuhl, keinen Tisch, kein Licht, wir hockten völlig erschöpft und verdreckt am Boden und aßen alle mit je einem Löffel aus demselben Topf, unsere sechsköpfige Familie und die beiden Soldaten Franz und Ludwig, die nach und nach zu Kräften kamen und auch versuchten, uns ein wenig zu unterstützen. Im Notfall, so hofften wir, würden sie uns Mädchen auch beschützen. Die Wagen standen alle ganz dicht aneinander, die einzige Lichtquelle waren die kleinen Feuer an den Kochstellen.

»So, Kinder, macht das Feuer aus, nicht dass die Russen unseren Treck aus der Luft entdecken.« Mutter rappelte sich auf, wusch die Kleinen mit dem Wasser aus der Schüssel, scheuchte sie in den Wagen und deckte sie mit den Militärmänteln der beiden Soldaten zu. Katja und ich hängten im Dunkeln die Wäsche über die Räder, wobei mir mein blutiger Stofffetzen so peinlich war, dass ich ihn unter dem Wagen versteckte. Franz und Ludwig tränkten und striegelten derweil die Pferde. Um Mitternacht etwa krochen auch wir auf den Wagen, und nachdem die beiden Männer, die tagsüber auf dem Kutschbock saßen, Vater und der alte Großonkel, auch noch darin Platz finden mussten, waren wir elf Personen, die sich unter der Plane aneinanderdrängten. Liegen konnten nur die Kleinen, wir anderen saßen Schulter an Schulter auf den Holzplanken und versuchten, im Sitzen zu schlafen.

Doch mitten in der Nacht rumorte es plötzlich in dem Wagen, der dicht vor uns stand.

»Es geht los. Else hat ihre Wehen.«

Diesmal handelte es sich nicht um eine Stute, sondern um eine Frau.

Nach und nach wurden die schlaftrunkenen Kinder aus dem Wagen gereicht, unser Vater scheuchte uns aus unserer Kutsche: »Los, wacht auf, die Kleinen müssen auch noch hier rein. Der Wagen vor uns wird kurzerhand zu einem Krankenhaus umfunktioniert!«

Franz und Ludwig, Katja und ich, der Großonkel und Vater standen für den Rest der Nacht draußen neben unserer Kutsche, während Mutter der Nachbarin beim Entbinden half. Die Stunden zogen sich endlos hin. Die qualvollen Schreie der Frau und schließlich die kläglichen Schreie des Neugeborenen durchschnitten die Nacht.

AUF DEM TRECK RICHTUNG POLEN

Mai 1944

»So, Leute! Alles anhalten! In einer Reihe aufstellen, ab hier geht nichts mehr weiter!«

Die berittenen Treckbegleiter scheuchten uns auf einen riesigen leeren Platz. »Dichter zusammen, nicht so viel Abstand, das ist Platzverschwendung! Da geht noch was! Noch dichter hier! Da kommen noch Hunderttausende!«

Enger und enger rangierten wir die Wagen aneinander. Mein Gott, war das ein Gedränge und ein Geschrei, die vielen Menschen und Tiere, sodass man kaum einen Platz für eine Gasse zum Laufen fand. Immerhin war es inzwischen sonnig und warm, und in dieser Gegend gab es auch Bäume und Sträucher. Doch wir hatten keine Zeit, um uns an ihnen zu erfreuen.

»Ab hier geht es mit dem Zug weiter!«

»Was, wohin? Was wird aus unseren Pferden und Kühen? Werden die auch verladen?«

»Alle Tiere samt Wagen müssen dem Militär abgegeben werden!«, knarrte es durch Lautsprecher. »Das Kriegsmaterial wird beschlagnahmt!«

Völlig erschöpft saßen wir auf dem sandigen Erdboden. »Da haben wir uns über tausend Kilometer mit unserer Karawane hierher gekämpft, um noch doch unsere Tiere und Kutschen abgeben zu müssen?«

»Seid ihr taub? Wagen und Pferde sind ab sofort im Dienst des deutschen Vaterlandes für unsere Soldaten bestimmt! Wer zuwiderhandelt, wird erschossen!«

Wehrmachtsoffiziere brüllten in ihre Megafone, und Soldaten marschierten mit eisernen Mienen durch unsere armseligen Reihen, um die Pferde auszuspannen und die Kühe wegzuführen.

»Aber das ist unsere einzige Kuh!« Mutter wurde der Melkschemel unter dem Hintern weggetreten, und sie kippte mitsamt ihrem Melkeimer in den Staub. »Womit soll ich meine Kinder ernähren?«

»Für euch wird gesorgt werden. Der Führer hat alles im Griff!« Der Soldat zerrte unsere alte Kuh weg, die stoisch mit ihrem Schwanz die Fliegen zu verscheuchen versuchte. Überall das gleiche Bild: Verzweifelte Familien, zermürbt und verdreckt, rangen flehentlich die Hände und versuchten, mit den Soldaten zu diskutieren.

Mit mahlenden Kiefern half Vater unserer Mutter wieder auf die Beine, die geistesgegenwärtig den Eimer mit unserer letzten Milch vor dem Umfallen gerettet hatte.

»Los jetzt, Abmarsch, zum Bahnhof! In einer Reihe aufstellen!«

In letzter Eile zogen wir an Habseligkeiten und Gepäck, was wir noch zu greifen bekamen, denn in diesem Moment wurden auch schon unsere Pferde samt Kutschen weggeführt. Die Peitschen knallten auf müde Pferderücken, wiehernd versuchten sich die treuen Tiere zu sträuben, manche gingen auf die Hinterhufe und fielen auf die Wagen, die sie zogen.

»Weiter! Weitermachen!« Schüsse knallten in die Luft, Pferde gingen zu Boden.

»Ach Gott, das ist alles so schade …« Mutter rang die Hände zum Himmel. »Unser ganzes Geschirr, die Mehlsäcke, die Kartoffeln, unser ganzer fahrbarer Haushalt, was bleibt uns denn jetzt noch?«

Mutter ließ jedes Kind noch schnell in der Eile aus dem Eimer trinken, sodass die gute Milch noch in unseren Mägen ankam. Das meiste landete auf dem staubigen Boden oder auf unseren ohnehin schon völlig verdreckten Kleidern.

»Abmarsch, los!« Ein dicker rotgesichtiger Soldat blies in seine Trillerpfeife, und der müde Zug setzte sich schlappfolgsam in Bewegung. Katja zerrte den weinenden Jakob hinter sich her, ich hatte Klementine an die Hand genommen. Vater stützte Mutter, die noch die kleine Frederike hinter sich herzog. Der alte Großonkel humpelte mit seinem Stock nach. Franz und Ludwig waren sofort wieder zum Dienst an der Front abkommandiert worden.

»Ihr habt hier lange genug Campingurlaub gemacht!« Sie konnten sich noch nicht mal mehr von uns verabschieden. Deshalb war Jakob auch in Tränen ausgebrochen, hatte er doch die beiden Soldaten in sein Herz geschlossen! Und wir Mädchen hatten uns beschützt gefühlt! In meinen heimlichen Träumen hatte ich mich sogar ein bisschen in Franz verguckt, und heimlich schon Katja und Ludwig als glückliches Paar gesehen.

»Dafür dürft ihr jetzt Zug fahren! Jetzt kann doch alles nur noch besser werden!« Katja versetzte den Kleinen einen aufmunternden Klaps. »Das Schlimmste haben wir hinter uns! Ihr müsst nicht mehr laufen, na, wie hört sich das an?«

In endlosen Reihen marschierten wir zum Bahnhof, mit Sack und Pack. Alles, was wir irgendwie tragen konnten, schleppten wir in Säcken mit uns. Sogar die Kleinen zogen noch ein Bündel hinter sich her. Dennoch fühlte ich mich plötzlich komplett ausgeliefert, unseres fahrbaren Untersatzes mit den gewohnten Gegenständen und Essensvorräten beraubt. Welche fremden Soldaten würden jetzt in unseren Decken schlafen, aus unseren Kartoffel- und Mehlvorräten essen, unsere Waschschüssel benutzen und sich mit unseren zwei alten müden Kleppern an die Front durchschlagen? Das war ein befremdliches Gefühl! Immer und immer wieder sah ich mich nach unserer Kutsche und den Pferden um, die bereits im Gewühl und Chaos in einer Staubwolke verschwunden waren.

»Kommt weiter, Kinder, nicht trödeln!«

Die Eltern schoben uns an den Schultern weiter. »Schneller, lasst euch nicht überholen, sonst werden wir auseinandergedrängt! Wir müssen unbedingt zusammenbleiben, hört ihr? Das ist das oberste Gebot!«

»Unbedingt zusammenbleiben«, echoten wir. Das würde noch unsere Lebensparole werden.

Unbedingt zusammenbleiben. Koste es, was es wolle. Einer für alle, alle für einen.

»In Viererreihen auf dem Bahnsteig aufstellen, jeder Waggon ist mit je fünfzig Personen zu besetzen!«

Der Lautsprecher schepperte uns knarrend seine Befehle entgegen, in endlosen Wiederholungen. Die Menge schob sich irritiert über den langen Bahnsteig. Es war eine Viehverladestation, kein richtiger Bahnhof.

»Das sind ja nur Viehwaggons!« Unserem Jakob stand die Enttäuschung ins Gesicht geschrieben.

»Mit einem Personenzug konnte man wirklich nicht mehr dienen.« Ein Begleitoffizier drängte uns ganz ans Ende des Zuges. »Dahinten passen noch mindestens zehn Leute rein! Also los! Beeilung!«

»Zusammenbleiben! Unbedingt zusammenbleiben!«

Wir hielten uns krampfhaft an den Händen und krabbelten mithilfe helfender Hände in den Viehwaggon. »Geschafft. Alle da? Sind wir vollzählig? Jeder ist für sein jüngeres Geschwister verantwortlich!«

»Ja, Vater. Alle da.«

Noch ehe wir es ganz begreifen konnten, setzte sich der Zug quietschend in Bewegung. Wir standen dicht gedrängt mit anderen Familien in einem von außen verschlossenen Wagen, ohne Fenster, ohne Bänke. Mutter war ermattet auf eine alte Gemüsekiste gesunken, die jemand hier vergessen hatte. Ob Mutter gerade auch solche schrecklichen Krämpfe hatte und ihr das Blut von den Beinen rann? Sie sah so aus, als hätte sie gerade diese schrecklichen Tage. Ihr Gesicht war grau, ihre Augen lagen in tiefen Höhlen, und ihre Kieferknochen standen hervor. Ihr früher so schönes schwarzes Haar lag in grauen Strähnen um ihr kantiges Gesicht.

»Wohin fahren wir denn?« Mit bangen großen Augen sah Klementine unsere Eltern an.

»Das weiß nur der liebe Gott.« Vater schob sich die Mütze in den Nacken und wischte sich über die Stirn. Sein Gesicht war übersät von weißen Bartstoppeln, die aussahen wie viele kleine Läuse, und sein Hemdkragen starrte vor Dreck und Schweiß.

»Kinder, wir sollten beten.« Mutter hatte die beiden Kleinen auf ihren Schoß gezogen und begann mit dem freudenreichen Rosenkranz: »Heilige Maria, Mutter Gottes, den du, oh Jungfrau, vom Heiligen Geist empfangen hast …« Wir Kinder fielen Trost suchend ein: »Heilige Maria, Mutter Gottes, bitte für uns Sünder, jetzt und in der Stunde unseres Todes, amen.«

Mutter betete vor, einen Vers nach dem anderen, und wir murmelten den Refrain.

»… den du, oh Schmerzensreiche, im Tempel wiedergefunden hast …«

Wir lehnten an der wackelnden Eisenwand des Güterzuges und beteten andächtig mit. Das stundenlange Beten gab uns Halt und Sicherheit. Ein Vers folgte sicher auf den nächsten, und unser inneres Chaos wich einer inneren Ruhe.

So fuhren wir mehrere Tage dahin. Zwischendurch wurde auf freier Strecke angehalten, manchmal war Fliegeralarm, dann mussten wir uns unter dem Zug in Sicherheit bringen.

Manchmal standen auch Rote-Kreuz-Helferinnen an einem Bahnhof mit Decken und Suppenkesseln bereit, da konnten wir auch unsere Notdurft verrichten und uns etwas frisch machen. Oft hielt der Zug einfach auf freier Strecke, und wir schlugen uns rechts und links der Bahngleise in die Büsche. Nach einigen Tagen sahen wir alle aus wie lebendige Vogelscheuchen und stanken erbärmlich.

Endlich hielt der Zug quietschend auf einem Bahnhof, die Lok stieß fauchend Dampf aus, und dann knarrte es in den Lautsprechern: »Litzmannstadt, Polen. Alles zügig aussteigen, Papiere bereithalten, registrieren lassen!« Der Rest wurde auf Polnisch durchgesagt.

Mit eingerosteten Gliedern schälten wir uns aus dem Güterwaggon und nahmen die drei Kleinen samt den verbliebenen Bündeln entgegen. Alle Gesichter waren grau und leer, die Augen lagen in tiefen schwarzen Höhlen. So richtig geschlafen hatte keiner von uns, und der Hunger zerrte an unseren Mägen. Ich fühlte mich von innen ausgehöhlt, geschwächt und unendlich erschöpft. Aber wem von uns ging es nicht so? Tapfer biss ich die Zähne zusammen, wie wir es nicht anders gelernt hatten.

Vor dem Bahnhofsgebäude hatten sich bereits lange Schlangen gebildet, und geduldig wie die Schafe reihten wir uns ein. Im Zeitlupentempo schleppten wir uns Schritt für Schritt weiter, unsere Lumpenbündel mit den Füßen vor uns herschiebend, bis wir ins Innere des hässlichen grauen Gebäudes gelangt waren. Hier saßen uniformierte Männer und Frauen in polnischen Uniformen an langen Holztischen und verlangten mit ungeduldigen Handbewegungen die Papiere zu sehen. Vater beeilte sich, alle Ausweise bereitzuhalten.

Sie stellten ein paar unwirsche Fragen, die von einem Dolmetscher übersetzt wurden. Mit unfreundlichen Mienen knallten sie Stempel in unsere Dokumente und ließen uns außerhalb des Bahnhofsgebäudes wieder in Gruppen sammeln.

»Setzt euch in Marsch, immer zweihundert Leute in einer Gruppe!«

Weit und breit waren keine Gefährte zu sehen, die uns weitertransportiert hätten. Alle fahrbaren Untersätze waren für Kriegseinsätze beschlagnahmt worden.

»Vorwärts, Leute! Gesessen habt ihr jetzt lange genug!« Polnische Soldaten trieben uns zur Eile an.

»Sind wir jetzt in Polen eingebürgert?« Scheu stieß ich Katja in die Rippen, die an meiner Seite ging. »Wohnen wir jetzt hier?«

»Weiß ich doch nicht, Lydia! Einfach weitergehen!«

Ergeben trabten wir in dem langen Fußgängerzug mit, tagelang ins Landesinnere, vorbei an zerstörten Dörfern, verlassenen Städten und endlosen Feldern. Es war inzwischen Ende Mai, und die Sonne schien erbarmungslos auf uns herab.

»Hör nur, Katja, wie schön die Vögel singen!«

»Ja, die Glücklichen. Die haben immer noch nicht gemerkt, dass Krieg ist.«

Um den Kleinen das Gehen zu erleichtern, sangen wir Frühlingslieder mit ihnen. »Im Frühtau zu Berge, wir ziehn, fallera …«

Endlich war am Horizont eine Stadt zu erkennen. »Gehen wir dahin?« Klementine und Frederike schauten uns hoffnungsvoll an, während sie kaum noch ihre Füße heben konnten.

»Vielleicht …« Mutter wischte sich den Schweiß aus dem Nacken und band ihr Kopftuch neu.

»Das ist Birnbaum im Kreis Birnbaum!« Jemand hatte ein Ortsschild entdeckt, und die Nachricht wurde sofort nach hinten weitergetragen.

»Międzychód«, stand auf dem Ortsschild, das wir nun selber passierten. »Wo liegt das?«

»Irgendwo unterhalb der Ostsee.« Vater seufzte, während er die kleine Frederike für die letzten Meter auf die Schulter wuchtete. »Ich wünschte, wir wären viel weiter westlich gelandet, nach der monatelangen Odyssee! Aber in Deutschland ist kein Platz für uns. Niemand will uns haben.« Seine Kieferknochen mahlten. »Da vorne ist ein Lager. Wir sind da, Kinder. Wir haben es geschafft.«

IM LAGER BIRNBAUM

Juni 1944

Heil Hitler. Mein Name ist Hugo Schlinge, ich bin Großgrundbesitzer aus Deutschhof und brauche dringend Arbeiter auf meinem Gut. Arbeitsfähige und Arbeitswillige sollen es bei mir gut haben, ich gebe Unterkunft und Brot. Wer will mit?«

Sämtliche Arme schnellten in die Höhe, und Vater, selbst schon abgerissen und ausgemergelt, sprang auf. »Meine Familie kann arbeiten, Herr Schlinge!«

»Wir heißen nämlich Groß und sind stark«, posaunte unser Jakob. Mutter machte gleich eine warnende Handbewegung, dass er Ruhe geben sollte.

»Na gut, dann stellt euch dort auf!« Herr Schlinge dirigierte uns mit seinem Pfeifenstiel, den er aus dem Mund zog, in eine Reihe an der Wand. »Was kannst du?« Er schaute mich an.

»Ich kann alles mit Pferden und Kühen!« Eifrig band ich mir die Schuhe zu, nachdem sein tadelnder Blick auf einen heruntergerutschten Strumpf und ein kaputtes Schnürband gefallen war. »Mein Vater hat mir alles beigebracht!«

»Und ich kann alles auf dem Feld!« Katja sprang schon neben mich und streckte das Kreuz durch. »Wir haben zu Hause in der Ukraine auch einen Hof gehabt, und ich verstehe was vom Kochen, Backen, Einwecken und Putzen.«

»In Ordnung, dann kommen Sie, Sie, du und du ... ihr auch? Gehört ihr alle zusammen?«

Die Kleinen nickten eifrig. »Wir heißen alle Groß.«

»Dann soll es so sein. Ihr dürft zusammenbleiben. Hermann, teil die Leute auf meine Unterkünfte auf ...« Herr Schlinge wandte sich schon anderen eifrigen Bewerberfamilien zu, die alle unbedingt mit auf den Gutshof wollten. Besser als hier im Lager, wo es von Wanzen und Läusen wimmelte, konnte es nur werden.

Es war inzwischen Hochsommer, doch das feuchtkalte Holz der Schlafstätten, Tische und Bänke in diesen Baracken ließ sich einfach nicht erwärmen. Das Lager war ursprünglich ein Militär-Ausbildungslager gewesen; sämtliche Rekruten, die für den großen Kampf an der Front vorbereitet wurden, hatten es durchlaufen, und so sah es auch aus, und so roch es. Die armen Kinder hatten ihre Tage im Dreck vor den Türen verbracht, wo kein Baum und kein Strauch Schatten spendete, während Mutter und wir beiden großen Töchter versucht hatten, etwas Ordnung und Sauberkeit in unserer trostlosen Baracke mit den sechs Doppelstockbetten herzustellen. Wir hatten gescheuert und geputzt, die verdreckten Strohsäcke ausgeschüttelt und die Hinterlassenschaften an der Latrine beseitigt. Doch jetzt konnte nur alles besser werden.

Heilfroh, mit dem Großgrundbesitzer gehen zu dürfen, zogen wir auf dessen Gut um.

Hier wurde jede Hand gebraucht, und alle bis auf die drei Kleinen wurden zu entsprechenden Arbeiten eingeteilt. Vater und Mutter schufteten bis zum Umfallen auf dem Feld, Katja ging den Waschfrauen im Keller zur Hand, und ich durfte im Stall helfen. Die Kinder waren zwar sich selbst überlassen, bekamen aber jeden Abend ihren Kanten Brot und ihre Blechtasse Tee. Es war schon viel besser als das, was wir in den letzten Jahren durchgemacht hatten, und Herr Schlinge war sehr zufrieden mit uns.

»Nichts gegen die Polen, aber ihr Deutschen könnt wirklich arbeiten.« Zufrieden schritt er an seinen Zäunen entlang, hinter denen die Arbeiter gebückt in langen Reihen standen und Kartoffeln ernteten. »Am liebsten würde ich euch hierbehalten.«

Das erschien mir auch keine schlechte Idee, aber wer von uns konnte schon wissen, was das Schicksal noch für uns bereithielt?

Winter 1944/45

So verging der Herbst, und es kam der Winter 1944. Wieder wurde es bitterkalt, weit unter zwanzig Grad minus, aber wir hatten ein Zimmer mit einem heimeligen Ofen darin. Die Kinder schliefen auf der Ofenbank, wir größeren Schwestern hatten uns davor ein Lager errichtet, und die Eltern verfügten sogar über ein schmales Bett. So kam Weihnachten 1944, und der Gutsherr lud uns deutsche Arbeiterfamilien am Heiligen Abend in seine Heiligen Hallen ein. Unter Gesang und bei Lichterschein des riesigen Tannenbaumes begingen wir das Fest der Hoffnung.

»Bald wird der Krieg vorüber sein«, murmelten sich die Männer zu, deren magere Hälse seltsam krötig aus den frisch gewaschenen Hemdkrägen ragten. Mutter sang mit blanken Augen und heller Stimme »Stille Nacht, heilige Nacht«, wir Kinder fielen andächtig ein, und es blieb wohl kein Auge trocken.

Die wenigen Geschenke waren mit Liebe gemacht; hier ein paar selbst gestrickte Socken, da ein selbst gebackener Weckmann mit Rosinen, ein weißer Kragen für meinen Pullover, ein Paar frisch besohlte Schuhe. Wir hatten uns alle herausgeputzt, so gut das möglich war, und ein feierlich anmutendes Gesicht aufgesetzt. Die Dankbarkeit für die letzten sechs Monate unter dem Schutz des Gutsbesitzers stand uns ins Gesicht geschrieben.

»Gebe es Gott, dass wir zusammenbleiben und das nächste Weihnachtsfest im Frieden feiern dürfen.« Mutter wischte sich eine Träne aus dem Augenwinkel und zog der kleinen Frederike die Strümpfe gerade.

»Kinder, so schön habt ihr lange nicht mehr ausgesehen.« Vater kniete vor Jakob und zog ihm mit Spucke seinen Scheitel nach. »Wie wäre es, wenn wir an unserem freien Tag in den Ort gehen und den Fotografen um ein Familienfoto bitten?«

»Da müssen wir Herrn Schlinge um Erlaubnis fragen!«

»Ja, gehen Sie nur, lassen Sie ein schönes Familienfoto machen.« Herr Schlinge lächelte uns Kinder mitfühlend an. »Es dürfte für längere Zeit Ihr letztes sein.«

Da wusste Herr Schlinge wohl schon mehr als wir!

Denn nach Neujahr 1945 kam der Befehl, dass alle Jungen über sechzehn und alle Alten bis fünfundsechzig am 18. Januar 1945 zum Militär müssten. »Sofortiger Befehl zum Antritt der Kurzausbildung im Militärlager!«

So musste unser lieber Vater wieder in das Lager, das wir vor einem halben Jahr verlassen hatten, und eine zweiwöchige Grundausbildung machen. Er war fünfzig Jahre alt und kroch in voller Montur gemeinsam mit sechzehn-, siebzehnjährigen Burschen durch den Schneematsch.

»Lydia, versuch, mir das Bild zu bringen«, raunte er mir zu, als ich zum Lager gelaufen war und ihn beim Exerzieren durch das Gatter beobachtete. Ich wollte ihn unbedingt noch einmal sehen, und mein Herz zog sich vor Liebe und Sehnsucht zusammen. Was für ein demütigendes Bild, meinen geliebten Vater wie ein Tier durch den Matsch robben zu sehen, angeschrien von einem viel jüngeren Unteroffizier, der noch Pickel hatte.

»Ja, Vater, das mache ich!« Mit fliegenden Zöpfen rannte ich in die Stadt Birnbaum, um dem Vater das Familienbild zu bringen. Er hätte es so dringend gebraucht bei seinem Einsatz an der Ostfront, wohin sie ihn schon wenige Tage später schicken würden.

Aber das Bild war noch nicht fertig.

»Was glaubst du denn, Fräulein, was sie plötzlich alle wollen!« Der Fotograf tauchte aus seiner Dunkelkammer auf und rieb sich die Hände an einem Handtuch trocken. »An Weihnachten sahen alle schön aus, da kamen sie alle gleichzeitig auf die Idee, sich fotografieren zu lassen, und jetzt kommen sie alle gleichzeitig an die Front!«

So musste unser Vater am 18. Januar mit den anderen armen

Kerlen in den Krieg ziehen. Unser Vater kam zum Volkssturm. Die Leute sagten zu dem armseligen Zug, der sich in der Eiseskälte in Bewegung setzte: »Kanonenfutter.«

20. Januar 1945

Zwei Tage, nachdem unser Vater einberufen worden war, mussten auch wir fünf Kinder mit unserer Mutter aus Polen flüchten.

Herr Schlinge schlug mit einer Eisenforke an alle Türen: »Schnell raus, die Russen kommen!«

Mein Gott, war das ein Jammer und ein Schreck!

»Katja, Lydia, holt die Kinder raus, schnell, zum Anziehen bleibt keine Zeit!«

Wir schleppten die Kleinen schlafend aus den Ecken und rannten in Panik barfuß über den Hof.

»Wohin? Was passiert?« Mutter hatte die Arme voll mit Federbetten.

»Hier rein, schnell, der Wagen von Herrn Schlinge steht schon bereit!«

Obwohl der Gutsbesitzer selbst uns fuhr, kamen wir nicht weit.

»Halt, stehen bleiben, die Russen haben bereits die ganze Stadt eingekesselt!«

Herr Schlinge fluchte, gab Gas und rumpelte mit seinem Automobil, in dem wir alle angstvoll hockten. »Ab hier aussteigen und laufen, aber leise! Es gibt möglicherweise ein Versteck!«

Barfuß und im Nachthemd, wie wir waren, trugen wir im Eilschritt die Kinder durch den pechschwarzen Wald beziehungsweise zerrten sie hinter uns her. Herr Schlinge leuchtete uns mit einer Taschenlampe. »Schnell, macht schnell, hier entlang, Vorsicht, über den Bach.«

Spitze Steine bohrten sich in meine Füße, doch bei der Eiseskälte spürte ich das stechende Brennen erst später. »Dahinten ist ein Bunker!«

Wir schlidderten und rutschten mehr, als dass wir liefen. Wäre doch nur unser Papa noch bei uns! In dem Moment erhellten auch schon die ersten Raketen den Himmel und zischten pfeifend über unsere Köpfe hinweg. Mit unterdrückten Schreien und Schluchzern rannten wir um unser Leben. »Schnell, rein mit euch!«

Herr Schlinge schaufelte mit bloßen Händen Schnee und gefrorene Erde beiseite.

»Los, Mädchen, helft mir!«

Wir ließen alles fallen, was wir in den Händen hielten, und buddelten, so schnell wir konnten.

Endlich hatten wir eine rostige Eisentür im Boden freigelegt.

»Zur Seite!« Herr Schlinge stemmte sich mit aller Kraft dagegen und hob schließlich die Falltür so weit hoch, dass wir alle einzeln schnellstens hineinschlüpfen konnten. Es war eisig kalt, feucht und stockdunkel darin.

»Leise. Kein Laut. Und Licht aus.« Schluchzend, bibbernd und zagend hockten wir in der Eishöhle, die wimmernden Kinder auf unseren Schoß gezogen. Ihre Zähne klapperten aufeinander vor Angst und Schock. Das war alles so schnell gegangen! Herr Schlinge steckte nach einer Weile seinen Kopf zur Falltür hinaus, die er einen Spaltbreit hochgestemmt hatte.

»Die Russen greifen die Stadt an. Es brennt.«

»Was soll nur werden?« Hatte ich das laut gesagt oder nur gedacht?

»Kinder, lasst uns beten.«

Mutter zog uns alle dicht an sich heran und begann mit dem schmerzensreichen Rosenkranz.

In unserer Not stimmten wir alle leise und andächtig mit ein: »Der für uns Blut geschwitzt hat. – Der für uns gegeißelt worden ist. – Der für uns mit Dornen gekrönt worden ist. – Der für uns das schwere Kreuz getragen hat. – Der für uns gekreuzigt worden ist.«

Die Grausamkeit dieses Rosenkranzes war uns Kindern so in Fleisch und Blut übergegangen, dass wir sie in unserer Situation als Trost empfanden.

Zwei Tage lang hockten wir in diesem Bunker zwischen Feuer draußen und Eiseskälte drinnen. Wir konnten noch nicht mal die Pferde füttern oder die Kühe melken, denn die Kugeln pfiffen uns um die Ohren, sobald jemand den Kopf aus der Falltür steckte.

Endlich, nach weiteren Tagen, war der blutige Angriff der Russen vorbei. Außer Rauch und Ruß, der über die verschneiten Nebelschwaden aufstieg, war nichts mehr zu hören und zu sehen. Der Hunger hatte uns von innen ausgehöhlt, er fraß sich in sämtliche Eingeweide.

Mir wurde immer öfter schwindelig, und mein Magen fühlte sich an wie eine umgekrempelte Socke. Mit Blitzen und Sternchen vor den Augen steckten wir uns immer wieder Schnee in den Mund, die Kinder lutschten an Eiszapfen. Unsere Hinterlassenschaften waren in einer Ecke festgefroren.

»Kommt, Kinder, kommt raus.«

Mit eingefrorenen Gliedmaßen kletterten wir aus dem Loch, in dem wir vier Tage und Nächte gehockt hatten, und schlichen verängstigt zurück zum Gutshof. Doch der war total zerstört und abgebrannt! Kaum ein Stein stand mehr auf dem anderen, Mauerreste ragten wie anklagende Zeigefinger händeringend in den grauen Winterhimmel, überall loderten noch kleine Feuer, es dampfte und rauchte, Pferde und Kühe lagen tot am Boden, und in jedem Raum, den wir mit Grauen betraten, lagen die Leichen von Frauen und Kindern. Es stank so widerlich, dass wir uns nur mit Tüchern vor dem Mund fortbewegen konnten. Die Kinder weinten verstört, wir konnten ihnen diesen Anblick leider nicht ersparen. Saßen sie doch bibbernd im Nachthemd und barfuß auf dem kalten Fußboden! Schluchzend und verzweifelt kramten wir dennoch nach Essbarem und Dingen, die man noch gebrauchen konnte. Mutter zog einer toten Frau und den toten Kindern ihre Mäntel und warmen Pullover aus, und wir mussten die blutverkrusteten, schrecklich stinkenden Sachen anziehen. Unsere eigenen verbliebenen Kleider waren verbrannt und verkohlt. Wären wir in unserem Zimmer geblieben, wären wir ebenfalls bei lebendigem Leibe verbrannt. Herr Schlinge hatte uns im letzten Moment das Leben gerettet.

So schlossen wir uns am nächsten Morgen einem letzten kläglichen Flüchtlingszug an, der sich schweigend in Gang setzte: Mutter, Katja, ich und die drei Kleinen. Und wieder ging es ins Ungewisse.

STEESOW BEI LENZEN AN DER ELBE, »ALTREICH«, OSTDEUTSCHLAND

Februar 1945

»Oh Gott, ihr armen Kinder, kommt mit zu mir! Zu wem gehört ihr denn?«

Eine deutsche Bäuerin war dem Zug entgegengelaufen, und als sie unser Elend sah, stand ihr das Mitleid und das Entsetzen ins Gesicht geschrieben. Ein Engel, den Gott geschickt hatte? Das viele Beten hatte wohl geholfen. Dass es solch barmherzige Mitmenschen noch in all dem Elend und Grauen gab!

»Wir sechs sind eine Familie.« Ich zeigte vage über unsere jämmerliche Schar.

Mutter brach vor Erschöpfung fast zusammen, und auch Katja und ich konnten keinen Schritt mehr weitergehen. Die drei Kleinen hatten wir auf einem Handkarren gezogen, den wir irgendwo am Straßenrand gefunden hatten. Ein Rad war kaputt und blockte, aber Katja und ich hatten ihn einfach weitergezerrt, über Stock und Stein, über Trümmer, an Toten vorbei, an Sterbenden, an Verstümmelten. Verängstigt und zutiefst schockiert hockten die drei Geschwister auf dem Gefährt und klammerten sich aneinander. Ihre Blicke starrten leer, ihre Augen lagen in schwarzen Höhlen. Sie hatten die Hölle gesehen und waren mit uns durch die Hölle gegangen. Vier Wochen lang durch eisige Kälte, vorbei an Trümmern, Leichen und nacktem Elend.

»Drei Personen, die arbeiten können, und drei Kinder.« Mutter schaute der Bäuerin bittend ins Gesicht.

»Jetzt kommt erst mal mit. Arbeiten könnt ihr später.« Die

Bauersfrau zog beherzt am Handkarren mit und führte uns zu ihrem Hof im Kreis Perleberg. »Ich bin Sofia Fabel.«

Mutter stellte uns vor: »Familie Groß aus Hahnhofen in der Ukraine: Katja, Lydia, Klementine, Jakob und Frederike. Der Vater ist noch vor einem Monat an die Ostfront einberufen worden. Seitdem haben wir nichts mehr von ihm gehört.«

Die fabelhafte Sofia nickte und reichte jedem von uns die Hand.

»Mein Mann und meine Söhne sind auch im Krieg. Ich lebe hier mit meiner Tochter Christine, die ist zwölf. So. Nun kommt erst mal rein …«

Ich glaubte meinen Augen nicht zu trauen. In einer heimelig warmen Wohnstube blubberte ein Bollerofen vor sich hin. Ein hübsches Mädchen mit blonden Zöpfen saß auf der Küchenbank und schaute uns mit freundlichen Augen entgegen. Sie schälte Kartoffeln und legte die Schalen auf einer Zeitung ab. »Der Endsieg ist nahe!«

Auf dem Herd köchelte etwas, das unbeschreiblich köstlich roch.

»Christine, hol Wasser und hilf mir, die Wanne damit zu füllen. Lass uns heißen Tee kochen. Und schenk allen etwas Suppe ein. Für die Kleinen haben wir auch noch Milch!«

So viel der unfassbaren Liebesgaben! Jeder einzelne Rosenkranz hatte geholfen!

Überwältigt ließen wir uns bei der wunderbaren Bauersfrau aufpäppeln. Die Kleinen waren nur schwer von ihren völlig verdreckten, blutverkrusteten Sachen zu befreien, die an manchen Stellen schon an ihren Armen und Beinen festgefroren waren. Katja und ich durften sogar das Badezimmer benutzen, um uns aus unseren stinkenden Lumpen zu schälen. Mutter bekam sofort von der hilfsbereiten Bäuerin frische Wäsche, einen warmen Pullover und einen Wollrock. Auch wir Mädchen bekamen zwar abgelegte, aber saubere Kleider, Strümpfe und Schuhe. Nach einer Stunde sahen wir alle schon wieder manierlich aus und schaufelten mit großen Augen heiße Suppe in uns hinein.

»Hört zu, liebe Familie Groß. Ich besitze Wald und Land und schaffe es nicht alleine. Christine geht mir fleißig zur Hand, aber sie ist auch erst zwölf. Wenn ich mich auf euch verlassen kann, soll es euer Schaden nicht sein.« Die Bäuerin schenkte Mutter, Katja und mir frischen Kaffee nach, während die Kinder sich an heißer Milch mit Honig laben durften. »Ich möchte hier keinen fremden Mann, wenn ihr versteht, was ich meine. Wir Frauen haben wohl während des Krieges längst bewiesen, was wir alles leisten können. Wenn wir zusammenhalten und fleißig arbeiten, dann sollte die Arbeit gemeinsam zu schaffen sein.« Und mit einem Seitenblick auf die Zeitung, die samt den Kartoffelschalen am Boden lag, um noch den Weg in den Schweinestall zu finden: »Der Krieg kann ja nicht mehr ewig dauern.«

»Ich passe auf die Kleinen auf!« Christine tätschelte begeistert Kinderhände. »Ich wollte doch immer kleine Geschwister haben!«

Die beiden Frauen tauschten wissende Blicke. »Dann soll das also abgemacht sein!«

Und wieder übernahm ich die Stallarbeit, Katja die Feldarbeit und Mutter die Hausarbeit. Gemeinsam mit der überaus gastfreundlichen und verständnisvollen Sofia Fabel, die Katja und ich heimlich Frau Fabelhaft nannten, und der hilfsbereiten freundlichen Christine verbrachten wir ein paar arbeitsreiche, aber auch vergleichsweise schöne Wochen.

Bis die Russen kamen.

Sie kamen auch hierher, in den verschlafenen Ort Steesow bei Lenzen an der Elbe.

Drei Monate hatten sie gebraucht, um uns einzuholen, doch sie waren unaufhaltsam.

5. Mai 1945

»Panzer! Die Russen kommen!«

In langen Kolonnen von Panzern und Wagen, aber auch zu Fuß in Horden zogen die wilden Männer ein und stürmten jedes Haus.

»Bringt die Frauen in Sicherheit!«

»Wohin?«

»Scheunen, Dachböden, Speicher, egal wohin!«

»Sie machen mit den Frauen, was sie wollen!«

Wie die Blitze schossen wir aus unseren Zimmern, rannten wie gejagte Rehe über das Feld, trippelten Leitern hinauf, vergruben uns im Heu, verkrochen uns in Fässern, hinter Regalen, unter Schränken.

Am 9. Mai war der Krieg aus, und die Siegermächte nahmen sich, was sie für ihr Recht hielten. Alle Deutschen waren nun Freiwild für die Russen, denn sie hatten ja den Krieg gewonnen.

Wir hatten uns mit mehreren benachbarten Bauernfamilien zusammengeschlossen.

Eine alte Frau, vielleicht um die fünfundsechzig, stellte sich mutig vor ihre Schwägerin und ihre Nichte, mit denen sie das Haus bewohnte.

»Wo Frau! Junge Frau rauskommen!«

»Bitte, lassen Sie die beiden! Nein, Soldat, nicht mitnehmen!«

Da zog der Russe seine Pistole und schoss der alten Frau in die Leiste.

Blutend brach sie zusammen. Sie packten die beiden jüngeren Frauen, die vielleicht fünfunddreißigjährige Mutter und ihre fünfzehnjährige Tochter, schleiften die beiden vor Schock und Schreck wimmernden Wesen an den Haaren und vergingen sich an ihnen in einem Nebenraum.

Agnes, die alte Frau, blieb blutend und von Krämpfen geschüttelt vor der Haustür in ihrem Blutbad liegen.

Am nächsten Morgen schleppten sich die beiden mehrfach Vergewaltigten zurück: »Tante Agnes! Lebst du noch?«

Die alte Frau war nicht ansprechbar. Obwohl sie selbst vor Schmerzen und Pein nicht gehen konnten, zogen sie die alte Frau die Treppe hinauf in ihr Schlafzimmer, wuchteten sie auf ihr Bett und verarzteten sie. Sie pressten ihr ein nasses Handtuch auf die frische Wunde, kühlten ihr die fiebernde Stirn und flößten ihr heiße Suppe ein. Doch nach ein paar Wochen starb die alte Agnes an einer Blutvergiftung. So alt war sie eigentlich noch gar nicht. Sie war sehr, sehr mutig.

In einem anderen Nachbarhaus wohnte ein blinder Mann mit Frau und zwei Töchtern. Die ältere Tochter war verheiratet mit einem Mann, der im Krieg war, und stillte gerade einen sechs Wochen alten Säugling, die jüngere war noch nicht fünfzehn Jahre alt. Die Frauen und Mädchen hatte der Blinde in der Waschküche versteckt, und als die Russen an seine Tür hämmerten, öffnete er lächelnd, seinen Blindenhund besänftigend. Er klopfte mit der Hand auf das Fell des knurrenden Hundes, den er an einem Geschirr an sich zog: »Ist gut, Benno. Keiner tut dir was.«

»Frau! Wo Frau!«

»Hier ist keine Frau!«

»Doch Frau! Viel Frau! Wo Frau!« Drei aggressive junge Russensoldaten stießen den Blinden so heftig zur Seite, dass er mit der Schulter gegen das Treppengeländer knallte. Eine Holzsprosse splitterte und krachte zu Boden.

Der Blindenhund fing an zu bellen und versuchte, sein Herrchen zu verteidigen. Es war ein Golden Retriever, ein harmloser, lieber Hund. Da schossen sie dem Hund aus nächster Nähe ins Gesicht, stießen den Blinden zu Boden, rissen die Tür zum Keller auf und fanden die drei wehrlosen Frauen.

Sie vergewaltigten sie alle drei. Der Säugling lag schreiend daneben. Es kümmerte sie nicht.

Nachdem die drei Russen polternd wieder die Treppe hinaufgestürmt und über den verletzten Blinden und den toten Hund gestiegen waren, rissen schon die nächsten Russen die Tür auf. Sie verständigten sich kurz: da unten, drei Frauen – und dann fielen die Nächsten über die bereits blutend am Boden liegenden Frauen her. Das Baby brüllte sich die Seele aus dem Hals, bis es irgendwann verstummte. Keiner kümmerte sich darum.

Und im anderen Nachbarhaus wurde eine junge Mutter von ihren drei Kindern weggerissen und in eine Scheune geführt. Da warteten bereits sieben Männer, von denen sie mehrmals in der Nacht vergewaltigt wurde. Am nächsten Morgen schleppte sie sich zurück, um ihren Kindern Frühstück zu machen. Ja, die armen Frauen waren machtlos, die Russen machten mit ihnen, was sie wollten, und es gab niemanden, der sie beschützen konnte.

Auch Frau Fabel und ihre zwölfjährige Tochter blieben nicht verschont. Während unten in der Küche noch gewütet wurde und Frau Fabel zum Schutz ihrer Tochter sogar zu einem Messer griff, hatte unsere Mutter geistesgegenwärtig reagiert: »Schnell, die Koffer!« Wir rissen die Koffer und die Kiste vom Schrank, die uns inzwischen die liebe Frau Fabel geschenkt hatte, und Mutter baute damit einen Turm.

»Was, sollen wir in die Kiste?«

»Ja, schnell rein, ihr beide!«

Es passte aber nur eine von uns hinein, nämlich ich, die Kleinere. Katja war einen Kopf größer als ich, die kroch in letzter Sekunde unter den Kleiderschrank.

Panisch kletterte ich in die Kiste, Mutter schob sie ganz eng vor den Schrank, klappte den Holzdeckel zu und wuchtete die Koffer obendrauf. Wir hörten schon die Russen die Treppe hinaufstürmen, einer hielt sich fluchend die verletzte Hand: »Frau! Wo Frau!« Da wuchtete Mutter die drei Kleinen auch noch auf den Turm. Eine Neunjährige, einen Siebenjährigen und eine Fünfjährige. Angstvoll starrten sie die Russen an, die auch schon gierig hereingepoltert kamen.

»Wo junge Frau?«

Mutter selbst sah schon so alt und ausgemergelt aus, dass die Russen wohl kein Interesse an ihr hatten.

»Hier ist keine junge Frau. Das sind meine Kinder. Mehr Kinder habe ich nicht.«

Dieses Manöver wiederholten wir Nacht für Nacht, denn es kamen immer wieder neue Russen. Auf diese Weise gelang es uns wie durch ein Wunder, ungeschoren davonzukommen.

Ab Ende Mai 1945 wurde Vergewaltigung streng verboten.

Die Russen hatten nun alle Häuser besetzt, auch das von Frau Fabelhaft und ihrer Tochter Christine. Wir waren alle gemeinsam in ihre Scheune ausquartiert worden, aber wenigstens ließen sie uns dort in Ruhe. Es wurden sogar Tag und Nacht Posten aufgestellt vor der Scheune. Tagsüber gingen wir arbeiten, und nachts verkrochen wir uns im Stroh. Aber wir waren zusammen. So verbrachten wir den Sommer 1945.

Juni 1945

»Habt ihr schon gehört? Alle Russlanddeutschen sollen zurück in die Ukraine!«

Wir Frauen und jungen Mädchen waren gerade bei der Feldarbeit, als sich diese Nachricht wie ein Lauffeuer verbreitete. Der Krieg war aus, die Russen hatten Polen und Ostdeutschland besetzt, und wir arbeiteten inzwischen für sie. Es gab kein Privateigentum mehr, auch die Ländereien von Frau Fabel waren verstaatlicht worden. So standen wir in der heißen Mittagssonne in jenem kleinen Ort in Ostdeutschland, auf unsere Forken gestützt, und wischten uns den Schweiß von der Stirn. Auch unsere drei kleinen Geschwister waren eifrig damit beschäftigt, das frisch gemähte Gras zusammenzukehren und auf einen Heuwagen zu werfen, selbst die fünfjährige Frederike, die mit ihren Händchen kaum an den Wagenrand kam. Die Hälfte ihrer Hälmchen flog immer mit dem Sommerwind zurück aufs Feld.

»Wir können nach Hause?« Mein Herz schlug wild und schnell. »Das wäre ja wunderbar, Mutter, Katja! Was sagt ihr dazu?«

Mutter traute dem Braten nicht. »Wir sollen schon wieder zu einer Zwangsversammlung ins Gemeindehaus. Sie sagen uns nicht die Wahrheit!«

Nach der Arbeit strömten alle Russlanddeutschen, die in diesem ostdeutschen Ort gelandet waren, gehorsam in das Gemeindehaus. Wir quetschten uns mit den Kindern in die letzte Reihe, wo nur noch Stehplätze zu ergattern waren. Vorne saß eine Art Tribunal aus mehreren Russen in Uniform, auch streng blickende Frauen waren dabei.

Wieder und wieder wurden unsere Namen vorgelesen. »Sie kommen alle zurück in Ukraine! Transporte werden vorbereitet.«

Hoffnungsvoll blickte ich Mutter an, doch ihre Gesichtszüge waren verhärtet.

Katja stieß mich in die Rippen: »Du glaubst doch nicht, dass unser Haus dort noch steht?«

Nein, das wäre auch eine allzu schöne Vorstellung gewesen. So wie die Horden seit nun über einem Jahr über Häuser, Vieh und Menschen hergefallen waren, musste ich mich von dieser naiven Fantasie innerlich verabschieden.

»Und Vater ist auch nicht mehr da!« Katja warf mir einen bedeutungsvollen Blick zu. »Es wäre ein Wunder, wenn er noch lebte!«

Mutter blickte steinern zu Boden. Unser Vater war bereits nach drei Tagen als vermisst gemeldet worden. Wir wagten nicht, darüber zu sprechen, aber jede von uns musste davon ausgehen, dass er längst tot war. Irgendwo auf dem Felde gefallen, einsam, ohne das

Familienfoto, das ich ihm nicht mehr hatte bringen können. Unser lieber, tüchtiger, gütiger und lustiger Vater. Wir hatten nur noch den alten Onkel Eduard, der mit uns auf die Flucht gegangen war. Er arbeitete als Stallknecht irgendwo in der Nachbarschaft.

Die Zwangsversammlungen mit dem Thema »Ihr kommt alle zurück in die Ukraine« zogen sich bis Oktober 1945 hin. Und plötzlich war es dann so weit: Wir wurden mit offenen Lastwagen eingesammelt und in ein Lager nach Neustrelitz gebracht.

Der Abschied von unserer lieben Frau Fabelhaft und Christine war tränenreich.

»Passt auf euch auf, und schreibt, wenn ihr wieder zu Hause angekommen seid!«

»Wenn es überhaupt noch ein Zuhause gibt …«

»Es wäre besser, wir dürften in Deutschland bleiben.« Mutter blickte angstvoll auf das Menschengewühl, das wie Vieh verladen wurde. »Ich habe kein gutes Gefühl.«

Frau Fabelhaft umarmte uns alle herzlich und drückte uns an sich. Mutter weinte.

»Danke, danke, danke, du liebe fabelhafte Sofia! Dich hat uns der liebe Gott geschickt …«

»Ihr wart unsere wundervollen Gäste, wenn es nach mir ginge, hättet ihr bleiben können …«

»Ja, wir waren ein guter Haufen Mädels. Tschau, Sofia, Christine, und danke für alles!«

»Vorsicht mit dem Koffer, Katja, hier hinten ist noch Platz!«

»Hast du die drei Kleinen?«

»Ja, sie sind hier. Vorsicht, Kopf einziehen, rückt enger zusammen, das Gepäck muss auch noch mit.«

Frau Fabelhaft reichte uns ein Paket mit Essbarem, das sie für uns organisiert hatte.

So krabbelten wir aufgeregt auf den Lastwagen, nicht wissend, was uns als Nächstes erwarten würde. Sollten wir wirklich nach

Hause dürfen? In unsere geliebte Heimat, die Ukraine? Auch wenn dort kein Stein mehr auf dem anderen stand; wir würden es sicher gemeinsam wieder schaffen! Wie sehnte ich mich nach der Wärme, dem vertrauten Geruch und der lichtdurchfluteten Landschaft der Schwarzmeerküste! Auch wenn dort die meiste Zeit meiner Kindheit Hunger geherrscht hatte und wir hart arbeiten mussten; in meiner Erinnerung verklärte sich meine Heimat. Jetzt war allerdings Oktober, und es herbstelte bereits mit scharfen Winden, die die bunten Blätter von den Bäumen trieben.

Im Lager in Neustrelitz angekommen, sahen wir schon die kilometerlange Schlange von Menschen, die sich stoisch mit ihren Habseligkeiten auf den Eingang zuschob. Ordner mit Klemmbrettern und Rot-Kreuz-Schwestern gingen die Reihen ab, versorgten hier und da Menschen, die dem Zusammenbruch nahe waren, reichten Wasser, Windeln oder Verbandszeug. Babys und Kleinkinder lagen apathisch zwischen den Gepäckstücken. Kinderaugen waren leer und hoffnungslos, ausgemergelte kleine Körper schoben sich, scheu an die Mütter gedrückt, in der endlosen Menschenschlange weiter.

Es gab kein einziges Gesicht, in das die traumatischen Erfahrungen, die Not und die Angst vor dem Unbekannten nicht eingemeißelt gewesen wären. Aber vielleicht würde jetzt alles gut?

Stundenlang, nein tagelang dauerte der Aufnahmeprozess und die Registrierung.

»Wie lange wartet ihr schon?«

»Eine Woche!«

»Wir warten bereits seit drei Monaten!«

Es waren fast keine Männer mehr zu sehen, nur unser alter Onkel Eduard war noch bei uns.

»Achtung, Leute, herhören, alle, die hier noch stehen, kommen jetzt mit zum Bahnhof!«, erging irgendwann der Befehl, und stoisch setzten wir uns in Bewegung.

Dort, auf dem Bahnhof, stand wartend ein ellenlanger schmutziger Güterzug.

Wieder wurden wir mit Hunderten Menschen in einen geschlossenen Viehwaggon gepfercht, und wieder waren wir tagelang in unbekannte Richtung unterwegs. Das endlose Rattern machte uns mürbe und apathisch, das Wimmern der Kinder wurde leiser, die Augen der Menschen leerer, der Gestank immer unerträglicher. Man hätte die Luft mit dem Messer schneiden können. Überall lagen Fäkalien, Urin, Erbrochenes auf dem Holzboden. Unter uns ratterten gnadenlos die Räder über endlose Schienenstränge.

Die ersten Leichen lagen nun zwischen uns auf dem nackten Boden. Menschen, die es einfach nicht mehr geschafft hatten, Hunger, Kälte und den Strapazen standzuhalten. Es waren hauptsächlich Kleinkinder und alte Frauen, die der Lebenswille verlassen hatte.

Manchmal wurde auf freier Strecke angehalten, doch die Türen wurden nicht geöffnet.

Stundenlang riefen wir verzweifelt: »Frau kaputt! Aufmachen! Kind kaputt!«, und hämmerten mit den schon blutigen Fingerknöcheln gegen die Eisenwände. Doch erst nach Tagen wurden die Türen plötzlich von außen aufgeschlossen, und schweigend reichte man die steif gefrorenen Leichen hinaus. Sie wurden auf einen Leiterwagen geworfen und mit zwei alten Kleppern abtransportiert. Dann knallten die Türen auch schon wieder zu, und die Fahrt ins Ungewisse ging weiter.

Nach zwei oder drei Wochen endlich ließ man uns heraus. Mit steifen Gliedern taumelten wir aus dem Zug, konnten kaum die Kleinen herausheben, die leichenblass und verstört in unsere Arme fielen.

»Wo sind wir? In der Ukraine?«

Nach der wochenlangen Dunkelheit kniffen wir die Augen zusammen. Graues Weiß, öde Kälte, schneidende Leere, eiskalte Luft.

Es dauerte Minuten, bis ich sehen konnte, wo wir gelandet waren. Um uns herum öde Baracken, schon wieder ein Lager. Und was für ein grausiges!

»Grodno, Weißrussland«, stand auf einem verwitterten Schild, das blechern im Herbstwind hin und her schaukelte und gegen eine abbröckelnde Betonwand schepperte.

Wir waren an einem Ort gelandet, an dem während der deutschen Besatzung über fünfzigtausend Menschen, die meisten von ihnen Jüdinnen und Juden, ermordet worden waren. In dieser Hölle also waren wir gelandet. Über die Vorgeschichte des Lagers ahnten wir zu dem Zeitpunkt jedoch nichts. Dennoch sahen, spürten und rochen wir die Spuren jahrelangen Elends und der Vernichtung. Kaum hatten wir unsere armselige eiskalte Baracke bezogen, in der die Kleinen zu dritt mit Mutter in einer vermoderten stinkenden Holzkoje lagen und wir zwei Schwestern in der darüber liegenden, als schon wieder ein Befehl durch den knarrenden Lautsprecher ging: »Alle Männer, auch Jungen über fünfzehn, die noch unter den Reisenden sind, haben sich auf dem Hauptplatz unverzüglich einzufinden.«

So musste sich auch unser alter Onkel Eduard unter die alten Männer und die Jungen mischen. Er war inzwischen achtundsechzig Jahre alt.

Katja und ich begleiteten ihn, denn wir wollten ja wissen, was sie mit ihm vorhatten und wie es mit uns weitergehen sollte.

»Deutsche Männer und Burschen«, brüllte ein Offizier in ein Megafon die armselige Truppe an, die nur noch aus ausgemergelten Lumpengestalten bestand.

»Ihr müsst zwei bis drei Wochen hier in der Umgebung helfen, die Ernte einzubringen. Keine Sorge, ihr kommt alle wieder zurück zu euren Familien!«

So trottete auch noch unser alter Onkel Eduard ergeben mit den letzten Arbeitstauglichen davon, ein jämmerliches Bündel geschultert. Katja und ich begleiteten ihn noch ein Stück. Hinter den Baracken führte der Weg an einem weiteren Lager vorbei, und unsere Augen weiteten sich vor Schreck: Hier hockten, standen oder lagen hinter dickem mehrfachen Stacheldraht Hunderte, nein Tausende von deutschen Kriegsgefangenen ausgemergelt unter freiem Himmel auf dem Fußboden; zwischen Pfützen, Schlamm und Dreck. Wachtürme und patrouillierende Wachsoldaten mit scharfen Hunden rundeten das Bild des Grauens ab. Auf der anderen Seite des schlammigen Weges war das gleiche Grauen zu sehen: Hinter Stacheldraht lungerten ausgehungerte Gestalten in abgerissener Uniform; manche auch mit nacktem Oberkörper, alle kahl geschoren, sodass ihre spitzen Gesichter noch kantiger wirkten. Es waren italienische Kriegsgefangene. Mit riesigen dunklen Augen starrten sie uns an, die wir unseren alten Onkel zu den landwirtschaftlichen Gerätschaften begleiteten, die man den Alten und jungen Burschen aushändigte. Vierzehn-, Fünfzehnjährige wurden zur Zwangsarbeit herangezogen.

»So, hier könnt ihr nicht mehr weiter, Mädels. Geht zurück zu eurer Mutter. Nicht, dass sie euch auch noch mitnehmen.« Der alte Onkel scheuchte uns energisch zurück.

»Onkel Eduard, du kommst zurück zu uns, sie haben es gesagt! Wir gehen alle zurück nach Hause! Ohne uns ist die Mutter aufgeschmissen.«

Der alte Onkel schüttelte unmerklich den Kopf. »Behüte euch Gott, Mädchen. Haltet fest zusammen und lasst eure Mutter und eure kleinen Geschwister niemals im Stich. Vergesst eines nicht: Niemals einen zurücklassen! Einer für alle, alle für einen. Dann könnt ihr es schaffen.« Er zeichnete uns mit zitternden Fingern ein Kreuzzeichen auf die Stirn und verschwand in der Menge der anderen grauen, trostlosen Gestalten, die inzwischen Forken und Schaufeln geschultert hatten.

Wir sollten ihn nie wiedersehen.

Mit gesenkten Köpfen eilten wir zurück ins Lager, vorbei an den endlosen Stacheldrahtzäunen, hinter denen die deutschen Soldaten am Boden saßen oder lagen.

Waren es dieselben, die bei uns in der Ukraine begeistert den nahen Endsieg gefeiert hatten?

Zu unserem Entsetzen streckten sich Dutzende von mageren schmutzigen Händen uns entgegen: »Bitte, gebt uns etwas, nur ein Stückchen Brot!«

»Wir haben solchen Hunger!«

Katja und ich blieben stehen. »Wir haben selber nichts …«

»Aber ihr kriegt doch aus der Lagerküche 500 Gramm Brot auf die Seele … und je einen Teller Kuttelsuppe! – Bringt uns das Brot, bitte, nur ein winziges Stück!«

»Ruhe da! Weitergehen!« Plötzlich stand ein russischer Offizier mit einer Peitsche da, wie aus dem Boden geschossen. »Es ist nicht erlaubt, mit den Kriegsgefangenen zu sprechen!«

Mit eingezogenen Köpfen eilten wir weiter und fanden unsere Mutter mit den drei Kleinen in jener Baracke, die wir mit weiteren fünf Familien teilen mussten. Mühsam hatten sich gerade alle mit dem wenigen Platz auf hölzernen Pritschen arrangiert. Es gab keinen Stuhl und keinen Tisch, wohl aber eine Feuerstelle am Boden, wo Mutter bereits mit anderen Frauen hantierte. Unsere Geschwister lagen bäuchlings zu dritt in ihrem Bretterverschlag und starrten auf uns herab, in der Hoffnung, dass wir etwas Essbares bringen würden.

»Mutter, da sind Tausende von hungernden Soldaten hinter dem Stacheldraht!«

»Ich weiß.« Mutter seufzte und starrte auf die schimmelige Wand, von der in schmutzigen Rinnsalen das Wasser herunterlief. »Ich muss das Essen für uns jeden Morgen aus der Kantine holen, wir werden schauen, was wir erübrigen können.«

Die Frauen der Familien Kunz, Mayer, Fuchs und Groß steckten die Köpfe zusammen und rechneten aus, wie viel Essen jedem von uns zustand.

Unsere Mutter musste jeden Morgen mit unserer Essensration an den armen Teufeln hinter dem Stacheldraht vorbei, und immer streckten sich ihr bettelnde Hände entgegen. »Bitte, Mutti, gib uns ein Stück Brot!« Es waren zum Teil so junge Soldaten, dass sie ihre Söhne hätten sein können! Jedoch stand auch immer mindestens ein russischer Aufpasser mit der Peitsche in der Nähe, und unsere Mutter eilte mit gesenktem Blick weiter.

Inzwischen war es schon November geworden, und noch immer wussten wir nicht, wie es weitergehen würde. Die »Erntehelfer« waren jedenfalls noch nicht wiedergekommen.

»Mutti, bitte gib uns ein Stück Brot!«, bettelten die armen frierenden und hungernden Soldaten. Manche saßen immer noch mit nacktem Oberkörper im Schlamm und Regen, ausgemergelt, sodass man jede einzelne Rippe zählen konnte. Andere zogen es vor, in ihren aufgeweichten durchnässten schweren Soldatenuniformen vor sich hin zu frieren. Mit gesenktem Blick eilte unsere Mutter an den bettelnden Händen vorbei, ihre drei harten Brotlaibe an sich gepresst. Die brauchte sie doch für uns, ihre Kinder!

»Sag mal, Mutti, warum gehst du eigentlich immer noch in deinem Sommerkleid und den Sommerschuhen?«, zischte plötzlich einer ganz dicht am Stacheldrahtzaun.

»Weil ich nichts anderes habe …?« Mutter blieb kurz stehen. »Wir alle haben nur die dünnen Sommersachen auf dem Leib, mit denen wir aus Ostdeutschland im Oktober abgeholt worden sind. Es heißt doch, wir kommen alle zurück nach Hause!«

»Weißt du denn nicht, dass ihr alle nach Sibirien kommt?« Der junge Mann presste sich ganz nah an den Stacheldrahtzaun, den Aufpasser genauestens im Blick. Dieser wendete Mutter und ihm gerade den Rücken zu, rauchte und quatschte mit einem Kollegen. Nasskalter Wind fegte bereits über das Lager, und die Russen zogen frierend die Schultern hoch. Der Zigarettenstummel wurde in eine Pfütze geworfen und mit derben Stiefeln ausgetreten.

Mutter erschauerte in ahnungsvollem Entsetzen. »Woher weißt du das, Junge?«

»Wenn wir etwas hier haben, dann Zeit und lange Ohren.« Der junge Mann wies mit dem Kopf auf die beiden Russen. »In Sibirien ist es sehr kalt. Viel kälter als hier. Unermesslich viel kälter. Gib mir einen Laib Brot, und ich besorge dir warme Schuhe.«

Mutter erstarrte, jedes einzelne Haar stellte sich auf. Sie reagierte aber sofort. »Hör zu, Junge, wir brauchen aber drei Paar warme Schuhe! Und Jacken!«

»Achtung, da kommen sie zurück. Ich warte auf dich, Mutti!«

Und so schmuggelte unsere Mutter jeden Tag ein Stückchen Brot durch den Stacheldrahtzaun. Der deutsche Soldat, mit dem sie ins Geschäft gekommen war, reichte ihr nach und nach drei Paar Stiefel, Größe 44 und 45, unter dem Zaun hindurch.

Wären sie dabei erwischt worden, wären sie wohl beide kurzerhand erschlagen worden. Aber sie hatten ihre Aufseher und deren Rauch- und Quatsch-Gewohnheiten genauestens im Blick. Wir Kinder sparten uns jeden Bissen vom Munde ab, und so kamen wir auch noch in den Besitz dreier alter nasser Soldatenjacken, die uns viel zu groß waren und schrecklich stanken. Jetzt war mir klar, warum manche Soldaten lieber nackt in der Kälte saßen. Auch die Schuhe waren uns viel zu groß; hatten wir Mädels doch Größe 37 und Mutter Größe 39. Für die Kinder waren natürlich überhaupt keine Sachen aufzutreiben. Sie hatten dieselben Sommerfetzen am Leib, mit denen sie in Ostdeutschland auf dem Felde mitgearbeitet hatten. Kurze Hosen und ein löchriges Hemd Jakob, Klementine und Frederike abgewetzte kurze Sommerkleidchen. Mutter hatte ihnen je eine Jacke aus Lumpen zusammengenäht. Alle drei hatten nur Sandalen an, die ihnen inzwischen zu klein waren.

Das dunkle nasse Brot war schwer und schmeckte nach Lehm,

aber die jungen Soldaten waren froh über jeden Bissen und rissen es unserer Mutter aus den Händen.

»Danke, Mutti. Und viel Glück in Sibirien!« Das waren die letzten Worte von dem Komplizen, dem ausgemergelten nackten jungen Mann hinter dem Stacheldrahtzaun. Am nächsten Tag fand unsere Mutter ihn tot am Boden liegen. Er war verhungert und erfroren.

Drei Tage später wurden wir wieder in Viehwaggons verladen und fuhren – zum Glück ahnungslos – vom Lager Grodno in Weißrussland in eine ungewisse Zukunft.

SIBIRIEN, BARNAUL, REGION ALTAI, OSJORKE

November 1945

Alles aussteigen, Gepäck mitnehmen!«

Mit geblendeten Augen nach der wochenlangen Fahrt im dunklen Viehwaggon ließen wir uns völlig entkräftet, verhungert und steif gefroren auf den Schnee fallen. Wie durch ein Wunder lebten wir noch: Mutter, Katja, Klementine, Jakob, Frederike und ich. Ich war inzwischen achtzehn, Katja zwanzig Jahre alt. Wir sechs hatten zusammengehalten: einer für alle, alle für einen. Das war unser heiliges Familienversprechen, an das wir uns klammerten.

Mit uns im Viehwaggon waren die Familien Kunz mit acht Personen, Mayer mit fünf Personen, Fuchs mit vier Personen und Hecht mit sechs Personen gewesen. Die meisten davon waren Kinder. Männer waren keine mehr bei uns.

Ich fiel geblendet aus dem Zug und konnte minutenlang nicht begreifen, was mit mir geschehen war! War ich noch auf dieser Erde? Oder war es ein anderer Planet? Die klirrend kalte Luft peitschte mir dermaßen ins Gesicht, dass ich keinen klaren Gedanken fassen konnte. Schneidende Kälte schlug mir wie mit einer Axt entgegen, sie nahm mir die Luft zum Atmen. Es war, als hätte jemand mein Gesicht in tausend spitze Nadeln gepresst! Den anderen ging es nicht besser: Sie schnappten entsetzt nach Luft, hielten sich reflexartig die Hände vor das Gesicht, aber es war pures Eis, das uns in die Lungen gepresst wurde. Unsere Gesichter brannten vor Schmerz, und Tränen schossen uns aus den Augen, die spitzen Nadeln hörten nicht auf, sich in unser Fleisch und in jede Faser unserer Nerven zu bohren. Dass Kälte so wehtun konnte!

Als ich durch einen Spalt meiner Finger spähte, konnte ich erkennen, dass nur noch drei Viehwaggons an der Dampflok hingen, die matt ihre letzten Rauchwölkchen in den grau verhangenen Himmel stieß. Vor drei oder vier Wochen beim Einsteigen waren es sicher zwanzig Waggons gewesen. Wir waren die Letzten, die Allerletzten, die endlich an ihrem Zielort angekommen waren. Hin und her waren wir rangiert, hatten nächtelang im Finstern irgendwo auf freier Strecke gestanden, dann waren Stimmen und Befehle zu hören gewesen, trappelnde Schritte und das Jammern und Weinen derer, die unter harschen Befehlen und Hundegebell irgendwohin geführt oder mithilfe von Stockhieben getrieben worden waren.

Und nun wir. Die Letzten beißen die Hunde.

»Osjorke« stand auf einem verrosteten Blechschild, das im eisigen Wind jämmerlich quietschte. Wir waren in der Hölle angekommen. Als wir uns an die flirrende Helligkeit aus Schnee und Eis und eiskalter Luft unter graugrellem Himmel gewöhnt hatten, konnten wir ein paar Gestalten erkennen, die auf uns warteten.

Es standen ein paar junge, tief vermummte Männer da mit ihren provisorisch zusammengezimmerten Schlitten und einem schwarzen Gaul, der mit Holzstangen davorgespannt war. Der Gaul wehrte sich, und blassblauer Schaum stand ihm vor dem Maul, was die jungen Männer mit Schaufelschlägen auf sein Hinterteil quittierten. Jeder von ihnen hatte einen Zettel in der Hand, beziehungsweise in seinen dicken Handschuhen. Feste weiße Atemwölkchen standen ihnen vor dem Mund, als sie mit russischem Akzent begannen, im Kommandoton zu schreien:

»Familie Kunz!«

»Hier!« Hastig taumelte die Mutter mit ihren Kindern zu einem der Schlitten hin, ihr Gepäck über den Schnee schleifend.

»Mayer!«, brüllte ein Zweiter heiser vor Kälte. Sein Pferd bockte und wurde mit einer Mistgabel traktiert.

»Hier!«

»Groß!«

»Hier!« Mit vor Kälte tauben Händen zerrten wir unsere armen Kleinen in Richtung des Schlittens, der vor der Bahnhofsbaracke stand. Der Gaul trat vor Kälte von einem Huf auf den anderen und wieherte kläglich. Auch er bekam Schläge und Tritte vom jungen Mann.

So wurden wir fünf Familien, die wir in dem letzten Waggon gewesen waren, auf drei Schlitten verladen. Unter Peitschenhieben setzte sich der Gaul in Bewegung. Mein Gott, war das ein Gejammer und Geschrei von den kleinen Kindern und den alten Leuten. Denn es herrschten minus fünfzig Grad, und wir waren ohne Handschuhe und ohne Kopfbedeckung. Das Gelände war steil und hügelig, und die Schlitten schlingerten durch meterhohe Schneewehen. Bergauf kamen sie nicht mehr voran, bergab wäre es ein Ritt in den Tod gewesen! Verzweifelt und fassungslos hockten wir eng zusammengedrückt auf dem Schlitten. Die drei jungen Männer schrien »Joooh!« und schlugen auf ihre Gäule ein, die Pferde blieben wieder stehen. Die Schlitten rutschten zurück, die Kinder und Alten kreischten und purzelten durcheinander, ich konnte mich kaum noch halten, versuchte aber, die kleinste Schwester festzuhalten. Ich konnte vor Kälte kaum atmen, geschweige denn meine Hände oder Füße fühlen. Es war, als wäre ich in der Hölle eingefroren.

»So geht das nicht«, radebrechten die Russen mit Händen und Füßen. »Ihr müsst laufen, sonst erfriert ihr hier auf den Schlitten!«

So mussten wir alle wieder herunterklettern, und die Burschen in ihren Fellanzügen und Mützen gestikulierten uns, sie würden mit unserem Gepäck vorausfahren.

»Ihr folgt den Spuren der Schlitten im Schnee!«

So mussten wir die Kinder tragen, die ja immer noch mit Sommerschuhen unterwegs waren, und die alten Leute mussten wir führen und festhalten, denn der Weg in der Schlittenspur war rutschig, steil und glatt. Rechts und links der schmalen Spur türmte sich der Schnee meterhoch. Jammernd und schreiend bewegten wir uns vorwärts, es wurde bereits dunkel, und die Lichter des Dorfes Osjorke waren noch weit.

Hinter uns spielten sich die gleichen Dramen ab: Auch die Familien aus den anderen beiden Waggons quälten sich unter schneidender Kälte durch den meterhohen Schnee. Der Eiswind jaulte, als wollte er uns ein Todeslied singen.

Nach etwa einer Stunde hatten schließlich alle das Dorf Osjorke erreicht. Die jungen Männer standen feixend neben ihren Schlitten, auf denen das Gepäck bereits zugeschneit war, und wiesen uns mit den dicken Handschuhen den Weg in ein tristes Gebäude, um das der Schneesturm tobte und heulte und pfiff. Schneewehen hatten die kleinen vergitterten Fenster bereits zugeschneit.

Hoffentlich würde das nun unser Nachtlager sein! Wir taumelten steif gefroren in einen großen Saal, in dem schon einige Russen an einem langen Tisch saßen und auf uns warteten.

Die Männer trugen warme Mäntel und Pelzmützen, selbst in diesem geschlossenen Raum!

Wieder wurden wir mit unserem Familiennamen aufgerufen, natürlich mit starkem russischem Akzent: »Grrrosss!«

»Hier!« Mutter schob die völlig verstörten Kinder, die zu Eisklötzen gefroren waren, nach vorne, Katja und ich folgten ihr. Da standen wir klappernd und zitternd vor unseren neuen Herren, selbst im geschlossenen Raum mit Atemwölkchen vor dem Mund. Angst, Panik, Unwissenheit, Hunger und Kälte hatten uns ausgehöhlt, wir konnten nicht mehr. Ich wäre gern auf der Stelle zusammengebrochen, aber ich wusste, dass Mutter auf Katja und mich angewiesen war. Immer wieder hörte ich die Stimme von Vater und Onkel Eduard: Unbedingt zusammenbleiben! Keiner darf zurückbleiben! Nur so könnt ihr es schaffen!

»Pässe abgeben!«

Einer winkte fordernd mit der Hand, und Mutter gelang es kaum, ihren Brustbeutel, in dem sie unsere Dokumente verstaut hatte, unter ihrer zugeschneiten, inzwischen kalt tropfenden Soldatenjacke hervorzuziehen. Ihre Nase lief, und ihre Lippen waren aufgeplatzt.

Katja und ich trugen je eine schmutzige nasskalte Wehrmachtsdecke auf den Schultern, auf die wir die Kinder während der langen Zugfahrt gelagert hatten. Meine Mundwinkel waren eingerissen, die Lippen aufgeplatzt, die Haut im Gesicht rau und rot. So sahen wir alle aus.

Die anderen Familien wurden ebenfalls aufgerufen und mussten ihre Papiere abgeben. Nun waren wir heimatlos, staatenlos und rechtlos. Diesen fremden sibirischen Männern auf Gedeih und Verderb ausgeliefert. Die Panik überrollte mich wie eine Lawine aus blankem Eis! Wie lange würden wir hier bleiben müssen? Ich hatte keine Ahnung, dass es elf lange Jahre werden würden. Elf. Lange. Jahre. In denen es jeweils nur vier Monate über null Grad sein würde. Wie gut, dass ich es nicht wusste.

Bis geregelt war, wer wohin kommen sollte, war es draußen stockdunkel.

»*Dawai.* Ihr könnt gehen.« Die Männer in ihren Pelzmänteln und Pelzmützen winkten uns wie lästige Fliegen davon und griffen zu ihren Wodkaflaschen.

»Wohin?« Panisch blickten wir uns um. Durften wir nicht in diesem Gebäude bleiben? Wenigstens diese eine Nacht?

Da wurden wir von den Schlittenfahrer-Burschen schon wieder aufgerufen.

»Groß?!«

»Ja, hier.«

Als wir aus dem Gebäude ins Stockdunkle traten, schoss uns die Kälte dermaßen beißend und brutal entgegen, als hätte sich ein Raubtier mit seinen Zähnen in unsere Gesichter verbissen.

»Packt die Kinder warm ein«, gestikulierte unser Schlittenlenker. »Die Kinder und die alten Omas, die nicht mehr laufen können, kommen oben auf den Schlitten!«

»Oh bitte, lieber Gott, wie weit ist es denn noch?«

»*Dawai, Dawai!* Trödelt nicht rum, es wird mit jeder Minute kälter!«

Heulend und zähneklappernd wickelten wir die drei Kleinen in unsere Soldatenjacken und hüllten sie zusätzlich in die Militärdecken, während die zwei hilflosen alten Frauen, die schon an die achtzig waren, ebenfalls auf die Säcke und Koffer gewuchtet wurden von den jungen Russenmännern. Wie Gegenstände wurden sie auf dem Gepäck mit Stricken festgebunden und festgezurrt. Unsere Kinder weinten und schrien und jammerten vor Panik und Kälte, als es auf diesem unsicheren wackeligen Turm auch schon losging, mit einem Ruck in die Schwärze der sibirischen Nacht hinein. Wieder knallten Peitschen, die Pferde bockten und wieherten vor Schmerz und Angst. Schneeberge türmten sich rechts und links auf und wirkten wie unheimliche schlafende Riesen unter endlosen weißen Decken.

»Mamaaaaa!«

»Haltet euch fest!«

»Wie weit ist es noch?« Ich rannte neben dem Schlittenrussen her, nur mehr in meiner Bluse und dem dünnen Pulli darüber. Die viel zu großen Soldatenstiefel schlotterten an meinen Füßen und rieben jetzt schon an den frisch entstandenen Blasen, die gleichzeitig Frostbeulen waren. Der junge Russe zog mit den Zähnen seine Handschuhe aus und zeigte mir alle zehn Finger.

»Zehn Kilometer müsst ihr noch laufen, bis wir auf dem richtigen Platz sind«, gestikulierte er im Davonfahren. »*Dawai,* beeilt euch, sonst erfriert ihr! Lauft neben den Schlitten her und haltet die Kinder fest!«

Wir waren noch elf Frauen, die neben den Schlitten zu Fuß

herlaufen mussten. Zum Teil versanken wir dabei hüfthoch im Schnee. Längst waren meine Stiefel gefüllt mit dem eiskalten klumpigen Nass, doch ich kämpfte mich mit stechenden Lungen durch die schwarze Hölle. Zusammenbleiben. Nicht aufgeben. Einer für alle, alle für einen. Keinen zurücklassen.

Bei jedem Hügel hielten wir mit ausgestreckten Armen je ein Kind fest, damit es nicht von dem Gepäckberg hinunterfiel. Es war ein dauerndes Hoch und Runter, durch tiefen Schnee quälten wir uns von einem Hügel zum nächsten, folgten unseren weißen Atemwolken in der schwarzen Nacht. Nicht zurückbleiben. Nicht aufgeben. Zusammenbleiben. Mein Mantra.

Plötzlich hörte ich hinter uns fremde Männer keuchen. Panisch drehte ich mich um. Vier oder fünf komplett eingemummte Gestalten, aus deren Vermummung nur noch die Augen herausschauten, kämpften sich von hinten heran. Ihre Schritte knirschten im Schnee. Wollten sie uns helfen, die schweren Schlitten aus den Schneewehen zu schieben, in denen sie immer wieder hängen blieben? Von hinten warfen sie sich mit aller Kraft gegen die Schlitten und schoben sie an.

»Ho ruck, hooooo ruck, hoooo ruck!«

»Dawai, Dawai«, schrien unsere Schlittenfahrer und peitschten auf die Pferde ein. »Das sind Räuber, die euer Gepäck wollen!«

Die Kinder schrien gellend und in nackter Panik, als die Pferdeschlitten nun doppeltes Tempo aufnahmen. Doch schon bald steckten die Kufen erneut im tiefen Schnee fest.

Wieder hatten die räuberischen Männer aufgeholt und packten hinten an dem Schlitten an. Es waren drei Schlitten, und an jeden hängten sich zwei Räuber.

Aber beim nächsten »Hooo ruck!« schnitten sie mit Messern die Säcke auf und rafften unsere letzten Habseligkeiten und Essensvorräte an sich. Schließlich türmten sie mit ihrer Beute.

Die Schlittenfahrer hatten genauso große Angst vor ihnen wie wir. Sie waren ja selbst erst siebzehn, achtzehn Jahre alt, noch halbe Kinder, ähnlich wie Katja und ich!

Als wir schließlich aus dem Dorf hinaus waren und die letzten Lichter hinter uns gelassen hatten, gab es keine Hügel mehr, und der Weg zog sich endlos lange und gerade dahin.

Völlig taub und gefühllos vor Kälte rannten wir einfach immer weiter, hielten die Kinder fest und sammelten noch letzte verbliebene Gegenstände auf, die aus den aufgeschnittenen Säcken herausfielen wie letzte Geröllbrocken nach einem Murenabgang.

Es musste gegen Mitternacht sein, als die Schlitten irgendwo im Nirgendwo anhielten. In der völligen Finsternis konnte ich mit Mühe die Schatten einiger einsamer Gebäude ausmachen, vielleicht drei oder vier Gehöfte, die wie aus dem Nichts plötzlich da standen, alle unter meterhohen Schneemassen begraben.

Eine Tür öffnete sich knarrend, und eine alte Frau, die bis auf die Augen vermummt war, stand mit einer Petroleumleuchte auf der Schwelle.

»Schnell, schnell, die Kinder runter vom Schlitten!«

Ohne weitere Fragen zu stellen, schlüpften wir in das Haus hinein, die Frau stapfte vor uns her eine Treppe hinauf und öffnete eine Tür zu einem Raum, der mit Stroh vollgestopft war. Wärme schlug uns entgegen, aber auch grässlicher Gestank, irgendwo bollerte in der Ecke ein kleiner Ofen.

»Alle rein, schnell!« Wir vier Familien Kunz, Mayer, Fuchs und Groß wurden mit zweiundzwanzig Personen in diesen Verschlag getrieben. Es waren vier Mütter, zwölf Kinder, vier junge Frauen zwischen vierzehn und zwanzig, zu denen Katja und ich gehörten, und zwei alte Frauen über achtzig.

Die Fahrer zerrten und schleiften unser Gepäck hinauf über die knarrenden Holzstiegen in das Verlies, warfen alles wahllos in die stockdunkle Strohkammer, und dann verschwanden sie mit ihren Schlitten wieder in der eisigen Finsternis.

Ratlos, erschöpft, taub vor Kälte und fassungslos ließen wir uns auf das Stroh fallen. Sollte das für heute Nacht unser Lager sein, würde es morgen weitergehen? Die Kinder klapperten vor Kälte, und ihre kleinen Gesichter waren wund gefroren. Wir rieben ihre kleinen Händchen und bliesen darauf, etwas anderes konnten wir im Moment nicht tun. Der Ofen spendete Wärme, und wir drängten uns so nahe wie möglich daran. Es war immer noch stockdunkel.

»Nicht zu nahe, Kinder. Ihr spürt nicht, wenn ihr euch verbrennt!«

Die alte Frau war wiedergekommen und hielt einen Kienspan mit Glut in der Hand.

»Das hier ist der Ort, an dem ihr nun wohnen werdet.«

Ich konnte es nicht glauben. Mir war, als hätte mir jemand einen Stahlring um die Brust geschnallt und noch fester gezurrt, als er ohnehin schon mein Herz einzwängte. Bei jedem Atemzug zog er sich enger zusammen. Sicher träumte ich das nur. Das hier war ein etwa zehn Quadratmeter großer Raum im ersten Stock eines völlig abgelegenen Gehöfts, der ausschließlich mit Stroh ausgelegt war! Er erinnerte eher an einen Taubenschlag oder einen Kaninchenstall als an eine menschliche Behausung! Es gab ein kleines Fenster, das allerdings so zugefroren war, dass man nicht hinaussehen konnte.

»Legt euch jetzt hin und schlaft!« Die Frau verschwand mitsamt ihrem glühenden Kienspan in der Hand und schloss die Tür hinter sich zu. Fassungslos lagen wir zweiundzwanzig verschleppten unschuldigen Lebewesen in völliger Finsternis auf dem Stroh, so kaputt, dass wir uns nicht mehr rühren konnten. Das Wimmern, Zittern und Zähneklappern ließ jedoch nicht nach: Auf einmal wurde es eiskalt in dem kleinen Verschlag; der Ofen war ausgegangen. Mit jeder Minute fraß sich die Kälte tiefer und tiefer in unsere Körper und Seelen hinein.

Weinend und betend krochen wir tiefer in das nasskalte stinkende Stroh hinein und kuschelten uns aneinander. Herr, erbarme dich, Christus, erbarme dich, Herr, erbarme dich.

Am nächsten Tag klopfte es auf einmal an der Tür. Wir waren in unseren klammen, kalten Kleidern dann doch im Stroh eingeschlafen und schreckten verstört hoch, im ersten Moment ohne Orientierung. War der Albtraum von gestern also Wirklichkeit? Zweiundzwanzig weiße Atemwölkchen standen im Raum. Es stank jämmerlich, denn alle hatten inzwischen ihre Notdurft verrichtet. Es war hell geworden, sodass ich die Jämmerlichkeit des Verschlages begreifen konnte. Frauen, Kinder und Greisinnen lagen und hockten verstört, verdreckt und verhungert im schmutzigen Stroh. Außer dem kleinen Ofen, der ausgegangen war, gab es im Raum – nichts. Man hätte kein Stück Vieh so jämmerlich gehalten.

Ein dick vermummter Russe betrat den Raum. »Ich bin der Natschalnik, der Aufseher, und ich teile euch zur Arbeit ein.« Er blies sich in die Hände, die in dicken Handschuhen steckten. »Warum ist das denn so kalt bei euch?« Er sprach in gebrochenem Deutsch mit stark russischem Akzent. »Habt ihr etwa den Ofen ausgehen lassen? Es sind draußen minus fünfzig Grad, also hurtig auf, Mädchen, und Holz gesammelt!«

Mit einer unwirschen Handbewegung scheuchte er uns vier Mädels vom Strohlager auf. »Ihr lasst ja die Kinder erfrieren! Hier wird nicht faul herumgelegen!« Er klatschte in seine dicken Handschuhe. Auf seinen Schultern hatte sich Schnee angesammelt, der jetzt in kleinen Rinnsalen von seinem Fellmantel rann.

Bange starrten wir ihn an. Mühsam rappelten wir uns hoch, unsere Arme und Beine wollten uns nicht mehr gehorchen. Wir waren am Stroh festgefroren!

»Ja, wird's bald? Draußen im Hof ist Holz, kommt mit!«

Mit bleiernen Gliedmaßen stolperten wir hinter ihm her, die

steile hölzerne Stiege hinunter. Jetzt bei Tageslicht entblößte sich die trostlose Hässlichkeit dieses Gehöfts in seiner ganzen Härte.

Oben, neben unserem Verschlag, befand sich das Zimmer der Frau, die uns gestern in Empfang genommen hatte. Sie bewohnte es allein, und das war schon eng genug. Immerhin stand eine schmale Holzkoje darin, an gleicher Stelle ein kleiner Ofen, ein wackeliger Tisch und ein Stuhl. Darauf stand eine Blechschüssel mit Wasser, womit sie sich wohl schon gewaschen hatte. Sie kramte gerade ihre vielen Lagen Anziehsachen zusammen und stieg in ihre Stiefel. An der Wand hingen zwei Bilder; je eines zeigte einen russischen Soldaten mit Schnurrbart, Helm und Bajonett. Ihre Söhne schienen gefallen zu sein, die Bilder zierte am unteren Rand je ein schwarzer Trauerflor. Dennoch beneidete ich sie darum, trauern zu können, denn wir hatten kein Bild von unserem Vater, und keinen Platz, es aufzuhängen.

Unten befanden sich zwei Räume, der eine war wohl eine Küche, denn in dem kahlen schmucklosen Raum ohne Tisch und Stühle befand sich ein Herd mit zwei Kochstellen, die mit mehreren Ringen abgedeckt waren. Der andere Raum wies sechs nackte Pritschen auf, ohne Decken oder Kissen, auf denen Waldarbeiter geschlafen hatten, Männer wie Frauen, in voller Montur. Sie verließen gerade das Haus und trollten sich wie Außerirdische in den Wald.

»So, raus, Mädchen, da draußen ist das Brennholz.« Der Natschalnik wies auf einen zugeschneiten Haufen, den wir vier Mädels mit bloßen Händen hastig freischaufelten. Die Kälte biss sich in meinem Gesicht und auf meinen Händen fest wie ein wildes Tier. Der Schmerz war unbeschreiblich. Das nasse eiskalte Holz stapelte der Aufseher in unsere Arme, bis wir einknickten.

»Na los, rein mit euch, sonst frieren euch die Ohren ab!«

Das taten sie bereits! Ich spürte sie überhaupt nicht mehr. Meine Hände waren ganz weiß geworden, kein Blut zirkulierte mehr darin. Die tausend Nadeln in meinem Gesicht hörten nicht auf zu stechen. Erst recht nicht, als wir von minus fünfzig Grad wieder in die minus zehn Grad kamen, die im Strohlager herrschten!

Hier wieder angekommen, half der Natschalnik uns, den Ofen einzuheizen.

»Geht mal weg da, ich trete sonst den Kleinen noch auf die Hände … presst euch da an der Wand zusammen!« Die Mütter und Großmütter rissen ihre Kinder und Enkel vom Boden weg, denn der Natschalnik war ein mächtiger Kerl, in seinem grauen Pelzmantel und der tiefgezogenen Pelzmütze furchterregend wie ein Bär.

Doch das nasskalte Holz wollte nicht brennen, und er polterte erneut fluchend die Treppe hinunter, um den glühenden Kienspan zu holen. »So, auf den müsst ihr aufpassen, wir haben nur den einen im Haus! Ihr haltet ihn so lange an das Holz, bis es brennt!«

Das dauerte Stunden! Die Kinder weinten und klapperten mit den Zähnen, ihre Nasen und Wangen waren knallrot bis dunkelblau, ihre Lippen aufgesprungen, und in ihren Haaren und Kleidern hingen Eistropfen. Wir hatten sie mit denselben Militärdecken zugedeckt, mit denen sie gestern auf dem Schlitten festgebunden gewesen waren; alles voller Eiskristalle und klammer Nässe. Der Kleinste war kaum zwei Jahre alt, er würde das hier nicht lange überleben. Aber auch die anderen Kleinkinder hatten kaum eine Chance zu überleben, hier an diesem unfassbar grauenvollen Ort. Ich hatte mir die Hölle immer schlimm vorgestellt, aber das hier war viel schlimmer.

Unsere Mutter mühte sich inzwischen in der hässlichen Küche unten mit den Kochstellen ab. Der Herd brannte gut, aber es gab nichts zum Kochen!

Bei ihr stand inzwischen eine andere Frau, dick vermummt, und schüttete einen halben Eimer gefrorenes Wasser in einen Kessel. »*Tschei*«, gestikulierte sie lachend, wobei sie einen Goldzahn entblößte. »*Tschei* ist gut, wenn Winter kalt!«

Aus einem hölzernen Trog fischte sie eine Menge getrockneter Blätter und Kräuter und warf sie in das heiße Wasser. »Tee! Guter Tee! Gesund für Kälte!«

»Aber wir haben kein Brot …?« Mutter sah sich suchend um.

»Nein, Brot gibt es hier nicht. Auch nicht zu kaufen.« Die Alte entblößte wieder ihren Goldzahn. »Aber ich wünsche euch *Hleb sa Solju!* Das macht man mit Neuankömmlingen so bei uns in Sibirien.«

»Das heißt Brot und Salz«, erklärte nun der Natschalnik, als dessen Frau sich die dick Vermummte mit dem Goldzahn herausstellte. »Brot haben wir keines, aber Hafermehl. Daraus kannst du Mamutschka deinen Kindern einen Brei kochen.«

So saßen wir etwas später auf unserem schwarzfauligen gefrorenen Stroh und tranken den Tee ohne Zucker und aßen jeder ein paar Löffel von dem wässrigen schweren Brei. Damit war der allerschlimmste Hunger gestillt.

»Dann runter mit euch, ins Büro!« Der Natschalnik rieb sich die Hände, die in dicken Handschuhen steckten. »Ihr werdet jetzt zur Arbeit eingeteilt!«

Wir ließen die drei Kleinen mit den anderen Kleinkindern unter der Aufsicht der beiden alten Großmütter auf dem Stroh sitzen und eilten hinunter. Wir Arbeitsfähige, das waren vier Mütter und wir vier Mädels. Das »Büro« war genau jener Raum, in dem die sechs schmutzigen eisernen Pritschen standen! Kein Stuhl, kein Tisch, kein Schrank, nichts.

Ein Kommandant, der sogar noch der Vorgesetzte vom Natschalnik zu sein schien, stand zwischen den Pritschen und hakte unsere Namen auf einer Klemmliste ab. Es war braunes, dünnes Papier, und seine russischen Zeichen darauf nicht zu erkennen.

»So. Ihr untersteht dem Natschalnik, ihr müsst ihm gehorchen, habt ihr das verstanden?«

Beklommen nickten wir.

»Ihr dürft den Ort nicht verlassen ohne seine Erlaubnis. Was er befiehlt, habt ihr zu tun.«

Wieder nickten wir und schauten beschämt zu Boden. Wir waren jetzt also die Sklavinnen dieses Mannes.

»Ihr könnt euch glücklich schätzen, einen beheizbaren Raum für euch beanspruchen zu dürfen«, fuhr der Kommandant mit strengem Tonfall fort. »Andere schlafen beim Vieh im Stall!«

Der Raum mit den sechs Pritschen schien noch der beste im Haus zu sein. Er stank nach verdorbenem Fleisch und Essensresten, war verdreckt und schmierig von oben bis unten.

»So, und jetzt zeigt der Natschalnik euch die Arbeitsgerätschaften, und morgen fangt ihr dann mit der Arbeit an. Die Kinder bleiben ausnahmslos in eurem Raum.«

»Jawohl, Herr Kommandant.«

Wir folgten dem Natschalnik, der uns fast stolz durch die verlassene Ortschaft führte, die unter einer dicken Schneedecke wirkte wie eine verlassene Befestigungsanlage.

Außer unserem Haus gab es noch ein anderes, das ich für einen größeren Misthaufen oder Holzstapel gehalten hatte: Es war so zugeschneit, dass nur der Schornstein herausschaute.

Er rauchte, also lebte da jemand. Wie grauenvoll! Der Natschalnik nahm uns Mädels mit in eine verlassene Werkstatt: »Und hier drin sind die Werkzeuge für die Waldarbeiter: Schlitten, Wagen, Pflüge, Holzschaufeln, Holzeimer. Damit bekommt ihr noch rechtzeitig zu tun.«

Er wies auf allerlei verrostete und zugeschneite uralte Gerätschaften im Dunkeln der gruseligen Scheune. »Hier ist auch noch eine kleine Küche, in der für die Waldarbeiter gekocht wird. Das können dann die alten Frauen erledigen, wie zum Beispiel die zwei Alten, die oben bei den Kindern sind. Eure Mütter werden für Waldarbeiten eingeteilt oder kommen in den Kartoffelkeller.«

Er warf die Schuppentür wieder zu, die quietschend in die rostige Angel fiel. »Dahinten ist das Klohäuschen, aber das kann nur zwischen Juni und September benutzt werden.«

Er wies auf einen besonders hohen Schneehaufen, der gar nicht zu erreichen war. »Wer seine Notdurft verrichten muss, der tut es hinter der Scheune.« Ein deutlich markierter gelblich brauner Trampelpfad wies schon durch seinen beißenden Geruch den Weg. Von Blut bis Kot war alles dabei.

»So, und als Letztes zeige ich euch den Kartoffelkeller.« Der Natschalnik stieg vor uns her eine steinerne Treppe hinunter in einen langen schmalen schwarzen Gang, aus dem bestialischer Gestank nach faulen Kartoffeln hervorquoll. »Der erste Haferbrei war schon ein Vorschuss auf eure Arbeit. Ihr müsst sofort zur Arbeit, sonst gibt es kein weiteres Hafermehl mehr. Denn wer nicht arbeitet, bekommt auch das Mehl nicht.«

»Und die Kinder?«, fragte Katja schüchtern. »Was bekommen die zu essen?«

»Arbeiten die?« Der Natschalnik zog die Nase hoch und wischte sie mit der Rückseite seines dick wattierten Handschuhs ab. Der Rotz darauf gefror in Sekunden.

»Nein, die sind ja noch so klein …«

»Also, was soll die Frage. Ihr alle arbeitet ab sofort für zwei.«

Auch am zweiten Tag mussten die vier Mütter sofort in den Keller, Kartoffeln auslesen. Wir vier Mädels hatten harte Männerarbeit zu leisten, denn wir mussten ja unsere jüngeren Geschwister mit durchfüttern. Die Portion Hafermehl pro Kopf und Arbeiter war etwa eine Handvoll und musste je für einen Tag reichen.

»Als Erstes lernt ihr, Brennholz zu sägen und zu spalten, denn sonst müsst ihr erfrieren.«

Der Natschalnik zerrte eine lange rostige Säge aus dem Schuppen. »Was glotzt ihr so? Packt mit an!«

Die Säge war zweieinhalb Meter lang und so schwer, dass wir sie nur mit vier Mädels halten konnten. Keine von uns hatte Ahnung, wie man Holz sägt oder gar spaltet, und schon gar nicht bei minus fünfzig Grad! Wir waren schon ganz steif gefroren und mühten uns mit dem sperrigen rostigen Gerät ab, das sich in dem gefrorenen Holz keinen Zentimeter hin oder her bewegen wollte. Als sie plötzlich abrutschte und einem von den anderen Mädels in die Hand ratschte, dass das Blut nur so hervorquoll, zerrte uns der Natschalnik in die Werkstatt, wo schon ein paar alte Männer arbeiteten.

»Meine Güte, mit euch ist ja gar nichts anzufangen! Wärmt euch hier auf, aber dann geht es wieder raus auf den Hof! Ich zeige euch, wie man Holz sägt! Fünfzehn Minuten aufwärmen, dreißig Minuten arbeiten!«

Im Dunkeln der Werkstatt werkelten einige Männer an den Geräten herum, und wir Mädchen drückten uns schüchtern an ihnen vorbei an den Ofen. Unter brennenden Schmerzen in Händen und Füßen, im Gesicht und an den Ohren wärmten wir uns ein wenig auf, bis der Natschalnik uns wieder hinausscheuchte.

»So, zwei hier, zwei dort, und drückt die Säge in das Holz hinein … so, und jetzt im Takt bewegen, dann wird euch warm …«, kommandierte er. »Hooo ruck, hoooo ruck …« Und irgendwie schafften wir es nach einer Weile, das Holz zu sägen.

Danach warf er uns zwei Äxte hin, mit denen wir das Holz spalten mussten. Anfänglich hauten wir oft daneben, und die eisigen Splitter und nasskalten Holzstücke flogen uns um die Ohren, aber irgendwann hatten wir den Dreh raus.

So arbeiteten wir, bis es ganz dunkel war, und dann durften wir wieder in unser Haus gehen und bekamen in dem vor Dreck starrenden »Büro« je eine Handvoll Hafermehl »ausgezahlt«.

Die Mutter brachte aus dem stinkenden Keller heimlich zwei weiche, schwarze, faulende Kartoffeln mit hinauf. Das war zwar streng verboten, aber sonst wären wir einfach verhungert.

»Kinder, kommt schnell herunter in die Küche, wir haben drei Handvoll Hafermehl!«

Die Kleinen saßen oben in der Strohkammer und weinten vor Hunger. So schnell wir konnten, trugen wir Schnee in einer Blechschüssel herein und schütteten ihn in den Kessel, in dem wir am Vortag schon den *Tschai* mit den Kräutern gekocht hatten.

Als das Wasser kochte, warfen wir unsere drei Hände grobes Hafermehl hinein. Die drei kleinen Geschwister standen in ihren zerlumpten Wolldecken auf einer alten Kiste und steckten ihre Hände in den heißen Wasserdampf.

»Vorsicht, Kinder, ihr spürt es nicht, wenn ihr euch verbrennt.«

»Verbrennen oder erfrieren, da merkt man auf der Haut gar keinen Unterschied.«

»Wann wird der Brei endlich gar?« Ihre kleinen Gesichter waren rot verkrustet von Frostbeulen, ihre Nasen liefen, und in ihren Augenbrauen hingen Eiskristalle.

»Es dauert heute besonders lange, das verstehe ich gar nicht …« Mutter rührte mit einem abgebrochenen Besenstiel in der wässrigen Brühe herum. »Das ist halb geschroteter Hafer, in dem mehr Spreu als Weizen schwimmt!«

»Der Hafer ist nicht gemahlen, sondern nur grob geschrotet!« Wir rührten und machten stundenlang in dem wässrigen Brei herum und bekamen den Hafer nicht sauber. Die Hülsen quollen nicht auf und lösten sich nicht von den Stängeln, die Körner blieben ganz fest darin eingeschlossen.

»Ich habe solchen Hunger«, jammerte Jakob, der Achtjährige, und die fünfjährige Frederike rieb sich weinend ihr schmerzendes Bäuchlein. Klementine, die Zehnjährige, versuchte alles, um ihre kleinen Geschwister abzulenken. »Kommt, wir hauchen die Fenster an, dann können wir mit dem Finger ein Muster zeichnen …«

»Das tut so weh an den Fingern!«

»Wir müssen sie noch länger kochen«, beschied Mutter mit

einem schmerzvollen Blick auf ihre hungernden Kinder. »Aber mein Gott, die Graupen quellen in den Hülsen nur auf!«

Der Hafer wurde ganz dick, und die Körner lösten sich nicht!

»Wir müssen es einfach noch länger kochen. Bitte habt noch ein wenig Geduld!« Nervös strich ich den Kleinen über die Köpfe, und ihre roten Näschen leuchteten in der dunklen Küche wie Notlampen.

Nach Stunden des geduldigen Rührens war der blubbernde Fraß immer noch nicht genießbar.

»Also, der erste Versuch ist nicht gelungen.«

Wir versuchten, in der kochenden Brühe die einzelnen Körner mit den Fingern herauszuzupfen, doch sie hingen fest an den Hülsen, die nun ihrerseits Flügel bekommen hatten.

»Da schwimmen ja Kakerlaken drin!«

Es war widerlich. »Schütten wir es weg?«

»Nein, wartet, ich gebe die Hoffnung einfach noch nicht auf.« Mutter schob den Kessel beiseite und zauberte ihre beiden Kartoffeln hervor. Es waren mehlige Kartoffeln, die sich beim Kochen fast ganz auflösten. Die Mutter hatte sie zu ganz kleinen Würfeln geschnitten, und so gab es schließlich eine schleimige Brühe zum Trinken. Es gab kein Salz, kein Fett, keine Kräuter, nur heißen Kartoffelschleim von zwei Kartoffeln für sechs ausgehungerte Menschen.

Immer wieder spähten wir in den stinkenden Hafertopf hinein, aber es wurde immer schlimmer und ekelhafter anzusehen. Die Hülsen schwammen wie widerliche Insekten auf der Brühe, und der faulige Wasserdampf verschlug uns den Atem.

Plötzlich sprang die Küchentür auf, und Frau Natschalnik stand da. »Was macht ihr hier denn so lange? Ihr blockiert seit zwei Stunden die Küche!«

Die Frau steckte ihren Kopf in den Topf mit der Brühe und fuhr entsetzt zurück: »Da schwimmen ja Kakerlaken drin! Das ist ja widerlich! Das muss sich mein Mann anschauen! – Schüttet den

Fraß nicht weg, nehmt ihn mit nach oben. Die Küche ist jetzt für die anderen da!« So schleppten wir den stinkenden Fraß in die Heukammer, wo schon die anderen Familien hungrig beieinanderhockten. Bei dem Gestank hielten sie sich ihre Tücher vor die Nase und unterdrückten Brechreiz. »Was haben sie euch denn da Grässliches aufgeschwatzt?«

»Das war der Lohn für viermal zehn Stunden Arbeit!« Jetzt weinte ich doch.

Nach Stunden kam der Natschalnik herauf und steckte ebenfalls seine Nase in den Topf. Angewidert fuhr er zurück und presste sich sein Taschentuch vor den Mund.

»Nicht essen, sondern ausschütten.« Er riss das Fenster auf, das von Eisblumen überzogen war, und kippte den gesamten Inhalt in den Schnee. Innerhalb von Sekunden gefror das kochende Wasser zu Eis. Wir hatten noch immer Hoffnung gehabt, dass sich die Körner von den Hülsen lösen würden, und die Kinder brachen in verzweifelte Tränen aus.

»Habt ihr heute schon was gegessen?« Der Natschalnik rieb sich angewidert die Hände mit dem Taschentuch ab und wischte sich bei der Gelegenheit auch noch die laufende Nase.

»Nein«, schüttelten wir alle sechs die Köpfe. Denn von den zwei Kartoffeln wusste der Natschalnik ja nichts.

Gegen Mitternacht, als unten die Küche wieder frei war, kam Frau Natschalnik mit einem Eimer Kartoffeln und einem Schälchen guter Hafergraupen: »So, nun kocht euch was Schönes und esst euch alle richtig satt.« Sie strahlte mit ihrem Goldzahn: »Und Salz habe ich euch auch mitgebracht.«

Am nächsten Tag stellte sich heraus, dass es Schweinefutter gewesen war, was die Frau, die die Arbeiter »auszahlte«, uns ahnungslosen Mädels in die Hand gedrückt hatte. Die liebe Frau Natschalnik hatte ihre Erkundigungen für uns eingezogen. »Die kriegt noch

Ärger, verlasst euch drauf! – So, und hier habt ihr zwei Säckchen voll mit gutem Hafermehl, denn das von gestern sind wir euch ja auch noch schuldig!« Sie kam mit hinauf in unser Strohzimmer, auf dem die zwölf Kinder mit den zwei alten Omas den ganzen Tag lang gesessen hatten, während Mutter und wir großen Mädels unsere zehn Stunden lang gearbeitet hatten.

»Und wisst ihr was? Ich habe euch ein Sieb mitgebracht.« Sie entblößte grinsend ihren Goldzahn, und in ihrem wettergegerbten Gesicht bildeten sich tausend kleine Falten.

»Jetzt zeige ich euch, was man mit dem Hafermehl alles machen kann!«

Also fing sie an zu sieben. Ihre ganze Seligkeit schien darin zu liegen, uns zu lehren, wie man in ihrem Land überleben konnte. Sie siebte so lange, bis das ganze Mehl ausgesiebt war. Dann schwenkte sie das Sieb, bis man alle Schalen von oben wegnehmen konnte.

»Seht ihr, Kinder? Nur fleißig klauben.« Sie sprach Russisch, und nur unsere Mutter konnte sie verstehen. Der Rest ergab sich durch ihr freundliches Gesicht und ihre liebe Art.

Schließlich hatten wir gelernt, wie man die Graupen durch das Sieb blasen konnte und reines Hafermehl erhielt, und wie man mithilfe der Kräuter und des Salzes eine halbwegs genießbare Schleimsuppe daraus kochen konnte.

»Wo bleibt das Sieb?«, brüllte unten jemand an der Treppe. »Wir sind jetzt dran mit Kochen!«

»Ja, es gibt im ganzen Ort für ungefähr sechzig Personen leider nur ein Sieb.« Die alte Frau stand auf und brachte das kostbare Kleinod herunter. »Haltet euch genau an eure Zeit; jeden Abend von acht bis neun!«

Natürlich lag das Sieb fast nie in der Küche für uns bereit; immer hatte es jemand anders an sich genommen und »vergessen«, es zurückzubringen. So war ein ständiges Gejammer um das Sieb! Ohne Sieb kein Essen! Das Sieb war Gold wert!

»Junge, was willst du denn mit dem alten rostigen Stück Blech? Geh und schmeiß es wieder dorthin, wo du es gefunden hast.«

Unser Jakob war eines Tages in der Werkstatt herumgestreunt, obwohl es den Kindern verboten war, das Strohzimmer zu verlassen, und ganz stolz hielt er unserer Mutter seinen Fund unter die Nase. Er war gerade acht Jahre alt geworden.

»Mama, ich mache dir ein Sieb, damit du das Mehl sieben kannst.«

Unserer Mutter schossen die Tränen in die Augen. »Sag mal, kleiner Mann, hast du dir die ganze Zeit Gedanken über unsere Sorgen gemacht?«

Gerührt strich sie ihm mit ihren schmutzigen Fingern, an denen immer noch der Geruch und Spuren fauler Kartoffeln klebte, über den Kopf.

»Natürlich, Mama, ich bin der einzige Mann in der Familie, und ich will auch etwas dazu beitragen, dass es uns besser geht! Einer für alle, alle für einen, das ist doch unser Familienspruch!«

Gerührt betrachtete Mutter ihren einzigen Sohn und schluckte hastig ihre Tränen hinunter.

»Aber mit dem rostigen Stück Blech kannst du nichts anfangen, Junge.«

»Oh doch, Mama. Ich brauche nur eine Handvoll Sand, dann reibe ich es so lange ab, bis es glänzt!«

»Aber dann hast du immer noch kein Sieb?«

»Ich schlage Löcher in das Blech, und dann kannst du Mehl sieben!« Jakobs Augen leuchteten voller Eifer, und mit dem Handrücken wischte er sich den Rotz von der Nase. »Bitte, Mama, lass es mich wenigstens versuchen!«

»Sand gibt es in dieser Gegend vermutlich sehr viel, aber nicht zu dieser Jahreszeit.« Mutter wischte ihm die Nase mit ihrem Schürzenzipfel. »Es ist doch alles meterhoch mit Schnee bedeckt, das weißt du doch!«

»Aber im Keller, da gibt es Sand.« Triumphierend hielt er seinen kleinen Zeigefinger hoch. »Da liegen doch die ganzen Kartoffeln drin, in schwarzem Sand!«

»Du meinst den Dreck …?« Ihre Augen wurden fast schwarz vor Ekel.

»Mutter, ich hole eine Handvoll!« Schon griff ich nach dem rostigen Stück Blech und stürzte die steile Holzstiege hinunter. Hinter der Kellertür war wieder eine steile Treppe, die in die Schwärze eines stinkenden Loches hinabführte, und ich musste mich beherrschen, um nicht umzukehren. Bis jetzt waren nur die Mütter in den Kartoffelkeller abkommandiert worden, und jetzt sah ich das ganze Elend. Im eisigen Sumpf mussten die Frauen auf Knien die fauligen Kartoffeln ausgraben. Ich benutzte das kleine Blech als Schaufel. Es war zwar widerlich und ekelhaft, in dem stinkenden Kartoffelhaufen herumzugraben, aber es verfehlte seinen Zweck nicht. Kurz darauf brachte ich »Sand« hinauf in das Kinderzimmer. Das Brüderchen begann voller Freude, das Blech blitzblank zu reiben. Und am nächsten Tag schlich ich in seinem Auftrag in die Werkstatt und bat den Schmied mit bittenden Gesten um einen Nagel und einen Hammer.

»Den Nagel kannst du behalten, aber den Hammer brauche ich wieder.«

»Danke, Genosse!« Eine seltsame innere Freude stieg in mir auf, als ich unserem kleinen Jakob den Nagel und den Hammer in unsere Strohkammer hinaufbringen konnte, die inzwischen wenigstens dauerhaft warm war. Eifrig begann er zu hämmern, während ich schleunigst zur Arbeit musste. Wir Mädels hatten jeden Tag zehn Stunden Holz zu hacken, die Frauen hockten im Kartoffelkeller auf dem eiskalten verdreckten Steinfußboden. Die Kinder waren sich selbst überlassen, solange die zwei Omas für die Waldarbeiter kochen mussten.

Als Katja und ich kurz vor unserer eigenen Kochstunde heimkamen, jede von uns mit einem Säckchen voller Hafermehl ausgestattet, saß Jakob schon ganz stolz auf dem Fußboden der dreckigen Küche und strahlte uns an. »Die Frau Natschalnik hat sich beschwert, wer denn da den ganzen Tag hämmert und Krach macht, aber als sie gesehen hat, was ich mache, da hat sie mich gelobt und gesagt, ich soll auf meine Schwestern warten, die helfen mir, das Blech zu einem Sieb zu biegen.«

Seine kleinen Hände waren noch zu schwach dafür, aber mit vereinten Kräften schafften wir es, nachdem wir uns eine Viertelstunde aufgewärmt und in unsere Hände geblasen hatten.

»Ein Sieb! Wir haben ein eigenes Sieb!« Wir strahlten uns an. »Ein Meisterwerk!«

»Und nicht nur das, schau mal, Jakob.« Ich drehte das Sieb um. »Die andere Seite können wir als Reibeisen benutzen!«

In diesem Moment betrat Mutter die Küche und zauberte drei kleine Kartoffeln aus der Kitteltasche.

»Ein Siebreibeisen!« Stolz hielt Jakob ihr seine Errungenschaft hin.

»Ach, Junge!« Mutter wischte sich verstohlen mit dem abgerissenen dreckigen Handschuhfetzen, dessen Finger abgerissen waren, über die Augen. »Aus dir wird noch mal ein Ingenieur oder Erfinder.«

Wenn wir hier jemals rauskommen, zuckte es mir durch den Kopf. Und das wird womöglich nie geschehen. Aber ich riss mich zusammen und lächelte meinen kleinen Bruder aufmunternd an. Wir wuschen die Kartoffeln, rieben die Schalen ab, gaben ein wenig Mehl dazu und backten das Ganze oben auf der Herdplatte. Das Innere von den abgeriebenen Kartoffeln schnitt die Mutter zu kleinen Würfeln, tat ein paar Graupen dazu, und so gab es eine Suppe – jeden Tag das Gleiche, wie wir hofften. So würden wir eine Zeit lang überleben können.

Doch nach einer Stunde, wir waren alle wieder in unsere Strohstube gekrochen mit dem Gefühl, endlich etwas Gutes im Magen zu haben, wurde uns allen fürchterlich schlecht.

»Ich habe so ein Brennen im Hals, und das Essen hat ja auch so widerlich nach faulen Kartoffeln gerochen!«

»Kinder, so viel Essen waren wir einfach nicht mehr gewohnt. Bitte, versucht, es bei euch zu behalten und nicht zu erbrechen!« Mutter wälzte sich stöhnend im Heu. »Bleibt bitte bei Kräften, wenn ihr jetzt noch ausfallt mit dem Arbeiten, müssen wir verhungern!«

Und so rissen wir uns zusammen und schluckten das widerliche brennende Zeug, das mitsamt der Magensäure immer wieder nach oben stieg, die ganze Nacht wieder herunter.

»So, Leute, es sind heute Nacht wieder Neue angekommen, ihr müsst jetzt noch enger zusammenrücken.«

Der Natschalnik betrat am nächsten Morgen in aller Früh unser Heulager. »Was stinkt das denn hier so erbärmlich?« Er riss das zugefrorene Fenster auf, und sofort erschlug uns die eisige Kälte. »Hier stinkt es zwar immer, aber so … habt ihr etwa gekotzt? Macht das weg, aber schnell, bevor die anderen kommen!«

Mit unserem einzigen Arbeitsgerät, dem Siebreibeisen, schoben wir das Erbrochene zusammen und warfen es aus dem Fenster. Draußen gefror es sofort zu Eis und klatschte noch im Fallen gefroren gegen die Scheunenwand. Aber es stank wenigstens nicht mehr.

Da stapften auch schon die anderen Familien, die heute Nacht angekommen waren, zu uns herauf. Wieder warfen die Schlittenfahrer ihre Habseligkeiten ins Stroh, die Kinder krabbelten darauf herum, und zwei sehr alte Frauen taumelten hinterher. Sie sanken an der Wand herunter und starrten einfach ins Leere.

»Wir sind jetzt achtzehn Kinder, fünf Mütter, fünf Mädels und vier alte Omas in einem Raum.«

Unauffällig hatte ich sie alle durchgezählt. Wir waren jetzt zweiunddreißig! Zweiunddreißig Personen auf zehn Quadratmetern! An Schlafen im Liegen würde fortan nicht mehr zu denken sein. Die Kinder mussten quer über unseren Beinen liegen, und wir würden an der Wand sitzen, was wir ja schon gewohnt waren.

»Die Mädels und Mütter zur Arbeit, aber schnell!« Der Natschalnik brüllte ungeduldig unten an der Treppe. »Sonst fällt für euch heute alle das Essen aus. Sagt den Neuen, wo es langgeht!«

An Essen konnten wir sowieso nicht denken, so übel war uns allen noch. Die achtzehn Kinder mussten mit den zwei Omas in dem verseuchten, verschissenen Raum bleiben. Wir hatten nicht genügend Wasser, um uns alle zu waschen, denn das Wasser wurde jeden Tag aus einem zwei Kilometer entfernten See gebracht. Es gab im ganzen Ort keinen eigenen Brunnen. So bekamen wir nur einen Eimer Wasser pro Familie, für das Kochen, Waschen, Wäschewaschen und Trinken! Es war nur eine Frage der Zeit, bis eine Seuche ausbrechen würde.

»Und hier habt ihr noch einen Eimer zum Scheißen«, brachte es der Natschalnik auf den Punkt. Denn die Kleinen hatten in der Nacht auch Durchfall gehabt. Jetzt mussten achtzehn Kinder unter zwölf mit den zwei alten Frauen den ganzen Tag in dem stinkenden Raum zubringen, denn es war inzwischen Dezember und das Thermometer unter minus fünfundfünfzig Grad gesunken.

Ende 1945

Nun waren es schon zwei Wochen, seit wir in Sibirien angekommen waren. Wir hatten außer ein paar Leuten, Kreuz und Elend, verfaultem gefrorenen Holz, grau flirrendem Himmel und Unmengen von Schnee noch nichts gesehen.

»Morgen müsst auch ihr fünf Mädels in den Keller«, beschied der Natschalnik. »Das Holzsägen kann keiner mehr durchhalten, auch keiner von uns, die wir an diese Temperaturen gewöhnt sind.«

Als wir zehn Frauen in den Keller kamen, drückte uns eine vermummte Gestalt hinter der Kellertreppe je ein Öllämpchen in die Hand.

»Sonst kann man nichts sehen«, flüsterte Mutter. »Hier unten gibt es keine Fenster!«

»Es stinkt so entsetzlich nach faulen Kartoffeln, ich muss brechen!«

»Reiß dich zusammen, schluck es wieder runter!« Immer tiefer tasteten wir uns durch den beißenden Gestank, und unsere Öllämpchen gaben weniger Licht als Ruß von sich.

»Wie konntest du es hier unten schon zwei Wochen aushalten?«

»Wie konntet ihr es draußen im Freien aushalten?«

Weil wir zusammenhalten, dachte ich. Einer für alle, alle für einen. Das hatte ich Vater versprochen, das hatte ich Onkel Eduard versprochen. Das war unser Familien-Mantra. Wir hatten drei unschuldige kleine Kinder am Leben zu erhalten, die für das wahnsinnige Kriegselend dieser Welt nichts konnten.

Als wir ganz tief in den Katakomben unter dem gruseligen Gehöft angekommen waren, zeigte Mutter uns ihren Arbeitsplatz. Wir mussten angefrorene Kartoffeln aus dem schwarzen Eisklumpen ausklauben und in einen Eimer legen.

»Und bei jedem Eimer lasst ihr eine Kartoffel heimlich in eurer Jackentasche verschwinden!«, wisperte sie, nachdem sie sich vergewissert hatte, dass niemand in der Nähe war. Wir knieten also zehn Stunden lang auf Eis und Dreck und legten mit bloßen Fingern die fauligen Kartoffeln aus dem stinkenden kalten Schlamm frei. Unsere Atemwolken standen uns dicht vor den Gesichtern. Die Schmerzen nagten in jedem Nerv unseres Körpers und fraßen sich wie bösartige Krebsgeschwüre in jede Zelle. Dazu der unbeschreiblich bestialische, scharfe Gestank! Wir husteten und röchelten in unsere Krägen hinein, zumal uns immer noch so schlecht war!

Als wir zehn Stunden später aus dem Keller wieder herauskamen, sahen wir aus wie Bergarbeiter, voller Ruß, bis in die Nasenlöcher. In unserer Strohkemenate angekommen, klaubten wir unsere Kartoffeln aus den Hosentaschen hervor und legten sie wie seltene Schmuckstücke nebeneinander auf den Fußboden: »Fünfunddreißig!«

»Wir sind zweiunddreißig Personen mit den Kindern. Was können wir damit anfangen?«

»Lasst uns Pellkartoffeln kochen. Mit der Schale hat es etwas mehr Nährwert.« Mutter band ihr Kopftuch neu und wusch sich die Hände.

»Aber der Dreck und das Faule?« Katja ließ sich auf die Hüfte gleiten und massierte ihre eingefrorenen Knie unter der dreckigen Arbeitshose.

»Kocht sich raus.« Ich griff schon zum Kochlöffel, der genau für eine Stunde für uns reserviert war.

So aßen wir jeder eine Kartoffel, und drei der besonders schwachen Kinder bekamen auch zwei. Völlig geschafft von der harten Arbeit, sanken wir Schulter an Schulter, komplett angezogen in unseren stinkenden Arbeitsklamotten, nebeneinander auf das Stroh. Die Kinder lagen über unseren Beinen und wimmerten noch lange vor Hunger und Kälte, aber schließlich waren alle eingeschlafen.

»Mama, mir ist so schlecht!« Schon hörte ich das erste Kind würgen und brechen, dann kam das zweite und das dritte, der einzige Eimer wurde hastig herumgereicht, aber der reichte nicht aus. Mir selbst brannte es wieder ganz fürchterlich im Hals, und diesmal konnte ich es nicht herunterschlucken, sondern fiel würgend und kotzend auf das Stroh.

In dem stockdunklen Raum erbrachen wir uns alle gleichzeitig und mussten auch alle gleichzeitig auf den Topf. In unserer Not ließen wir dem Durchfall freien Lauf. Als es endlich Morgen wurde, stieß der Natschalnik wütend über unser Nichterscheinen die Tür auf.

»Was liegt ihr alle hier faul herum, ihr solltet schon längst bei der Arbeit sein!« Er stieß einen deftigen russischen Fluch aus: »Was stinkt das hier, das ist ja nicht zum Aushalten!«

Wieder wollte er über die Leute steigen, um das Fenster aufzustoßen, aber er kam nicht weit. Wir lagen so eng beieinander und aufeinander, dass kein Fuß mehr dazwischen passte.

»Was liegt ihr hier alle wie die Säue und Ferkel im Stroh?« Er prallte zurück und hielt sich mit seinen dicken Handschuhen die Nase zu. »Nein, dieser Gestank ist schlimmer als alles, was ich je bei den Schweinen gerochen habe!«

»Wir können heute nicht zur Arbeit gehen, wir wären heute Nacht beinahe alle gestorben!« Mutter erklärte ihm auf Russisch die Situation. In jeder Ecke kniete ein Kind und spuckte. Viele Kinder hatten zusätzlich die Grippe. Auch Katja und ich husteten, dass man meinte, die Galle käme uns hoch.

»Ja, verdammt. Das ist ernst.« Der Natschalnik schob sich die Mütze in den Nacken und stieß weitere russische Flüche aus. »Habt ihr etwa die Kartoffeln aus dem Keller gegessen?«

Stier starrte er uns an. Sein Blick wurde glasig. »Sagt, dass ihr das nicht getan habt!«

Keiner von uns wagte zu antworten. Alle zitterten und röchelten in Todesnot vor sich hin.

»Ja, seid ihr denn verrückt geworden?« Der Natschalnik riss sich die Mütze vom Kopf und schleuderte sie auf die Erde. »Die Kartoffeln im Keller sind ungenießbar, die liegen in einer faulen Brühe und sind vergiftet!«

»Dann haben wir alle eine Vergiftung.« Mutter sank stöhnend

und ganz wächsern im Gesicht auf das schmutzige Stroh zurück. »Dann werden wir jetzt alle sterben, dann hat das Elend ein Ende. Kommt, Kinder, lasst uns beten.«

»Nix da!« Der Natschalnik polterte heftig fluchend die Treppe wieder hinunter. Seiner Frau brüllte er zu, dass sie uns Wasser bringen solle, aber *dawai, dawai.*

Eine Stunde später kam er wieder. »Der Arzt hatte keine Zeit, aber er hat mir Tropfen für euch mitgegeben, die wirken gegen die Vergiftung. Der Arzt hat euch für eine Woche von der Arbeit befreit.« Er schwenkte ein dünnes braunes Papier, auf dem akribisch unsere Namen in russischen Lettern aufgeführt waren. »Die Kinder sind natürlich am übelsten dran.« Er schob sich mit inzwischen vertrauter Geste die Mütze in den Nacken, kratzte sich am Kopf und schien uns nicht wirklich böse zu sein. »Ich kann ja verstehen, dass ihr vor lauter Hunger die faulen Kartoffeln gegessen habt. Ihr habt ja nichts anderes, armes Lumpenpack.«

Inzwischen hatten wir alle die Magen-Darm-Grippe und husteten, röchelten und rangen nach Luft. Zwischen Schüttelfrost und Hitzeschüben fantasierten die meisten im Fieberwahn vor sich hin. Nach wie vor wütete draußen eine Kälte von minus fünfundfünfzig Grad, sodass sogar der Arzt es nicht schaffte, vom Dorf Osjorke mit dem Schlitten herzukommen. Unsere drei versprengten Gehöfte lagen zehn Kilometer außerhalb.

Außerdem plagten uns Wanzen und Läuse, sodass wir uns bis aufs Blut aufkratzten. Es war schier unglaublich, dass diese kleinen Blutsauger trotz der Kälte überlebten. Sie nisteten sich in jeder Falte unserer Haut und Haare ein und legten dort weiter und weiter ihre Eier.

Der Natschalnik stand verlegen an der Tür und hörte uns wimmern und jammern.

Wieder polterte er fluchend davon, man hörte ihn draußen den Schlitten anspannen, und als er nach Stunden wiederkam, brachte er einen großen Beutel Läusepulver. »Streut euch das in die Haare ein, damit die Läuse kaputtgehen. Und hier ist Salbe gegen die Krätze.«

Wir bestäubten uns bis zur Unkenntlichkeit mit diesem grauen Staub, der auch noch widerlich stank, doch wir bekamen das Ungeziefer nicht los. Wir Frauen hatten alle langes dickes Haar, das völlig verfilzt war, denn wir hatten seit Wochen und Monaten keinen Kamm und keine Bürste mehr gesehen. Auch das Stroh, auf dem wir lagen, war ein gutes Versteck für das Ungeziefer. Wasser zum Waschen war auch keines da, und nicht das kleinste Stück Seife. So vegetierten wir schlimmer als jedes Vieh vor uns hin, vom Herrgott und aller Welt vergessen.

Nach etwa einer Woche kam der Natschalnik und schleppte einen großen Holzkübel die Treppe herauf, den er mit Mühe in unseren überfüllten Raum hineinschob. Dann polterte er abwechselnd mit seiner Frau wirklich zwanzig Mal die Treppe hinunter und kam mit je zwei Eimern Wasser wieder hinauf. Auch die Frau schleppte sich ab, so gut sie konnte. Wir konnten uns ja alle vor Krämpfen und Schwäche nicht mehr rühren.

»Macht das am Ofen warm, dann könnt ihr eure Kinder baden.« Als Letztes brachte er noch einen Eimer mit Schmierseife. »Ihr Deutschen seid doch kluge Leute, ihr macht aus einer Konservendose eine Panzerfaust.« Er warf unserer Mutter und den anderen Frauen ein paar ungegerbte Schafshäute hin und schüttelte weitere davon aus einem stinkenden Sack.

»Ihr habt doch jetzt Zeit. Seht zu, dass ihr was Sinnvolles daraus macht.«

»Was hat er denn da für einen Dreck gebracht?« Angewidert wichen wir davor zurück.

Ungeziefer aller Art schwirrte und krabbelte uns daraus entgegen, und es stank bestialisch.

»Die Schafshäute sind so zusammengeschrumpft, dass man sie

gar nicht auseinanderbekommt!« Die Frauen hatten schon danach gegriffen, zuckten aber angewidert zurück.

»Da ist nur noch mehr Ungeziefer drin! Schafft das widerliche Zeug raus und schmeißt es weg!«

Doch unsere Mutter wäre nicht unsere Mutter gewesen, wenn sie nicht darin einen Sinn gesehen hätte. Und etwas, das man gebrauchen kann.

»Wartet mal. Nicht so voreilig. Wir können das Geschenk vom Natschalnik nicht zurückweisen.« Mutter stand auf und bahnte sich einen Weg zu dem Holzzuber, in dem inzwischen alle Kinder mit ein und demselben alten Lappen abgeschrubbt worden waren. In die inzwischen kalte Restbrühe warf sie mit unserer Hilfe die starren verfilzten Schafshäute. Sie waren schwer wie Blei.

»Morgen können wir sie vielleicht auseinanderzerren.«

Womit sie recht behalten sollte. Als wir die vor Dreck starrenden Häute aus der schwarzen Brühe hievten, waren sie weich und biegsam. Und nass, natürlich. Mithilfe einer Drahtbürste schrubbten wir den Dreck heraus. Bis auf ein paar verfilzte Stellen, die hart und verkrümmt waren, ließen sich die Häute auseinandernehmen. Die Frauen schnitten die guten Stellen heraus, die weich und biegsam waren.

»Das könnten fünf Paar Socken werden! Die könnten wir unseren Mädels in die Stiefel stecken, sozusagen als Futter, die sollen hoch bis zu den Knien reichen!«

Unsere Mutter hatte einfach die findigsten Ideen und machte aus jeder Not eine Tugend.

»Mädels, ihr näht erst mal alle Teile zusammen, möglichst ohne grobe Nähte, denn darauf müsst ihr laufen.« Sie reichte uns Nähnadeln und Garn, das die Frau Natschalnik inzwischen für uns organisiert hatte. Nach einigen Tagen war aus den verfilzten, gammeligen und zusammengefrorenen Schafshäuten ein ansehnliches Stück geworden, etwa einen Quadratmeter groß. Unermüdlich kämmten und schrubbten wir abwechselnd darauf herum, so wie andere Kinder Ponys striegelten. Das große Stück, inzwischen frei von Ungeziefer und Läusen, denn diese waren ja in der Drecksbrühe in der Nacht ertränkt worden, schnitt Mutter nun in lauter gleich große Teile, und dann begannen wir Mädels zu nähen.

»Mein Gott, sind die Dinger hässlich!«

»Damit kannst du als Teufel durch die Hölle schreiten!«

»Aber sie sind gut warm!«

Als wir sie in die Stiefel gesteckt hatten, war die eine Woche Krankenurlaub vergangen. Aber wir hatten zwei Fliegen mit einer Klappe geschlagen: Die Soldatenschuhe waren nun nicht mehr viel zu groß, und sie waren gefüttert. Der Natschalnik lachte sich kaputt, als er uns zum ersten Arbeitstag kommen sah. »Gute deutsche Mutter, immer gute Ideen!«

Und zur Belohnung brachte uns die Frau Natschalnik auch noch ein Stück Lammfell.

»Das kannst du deinen Mädchen vorne auf die dünnen Militär-Jacken nähen, dann haben sie Fell auf der Brust!«

So ausgerüstet, sahen wir zwar eher aus wie Tiere, aber wir wurden als tauglich erklärt, in den minus fünfzig bis sechzig Grad draußen zu arbeiten.

Januar 1946

»Hört zu, deutsche tüchtige Mädels.« Der Natschalnik stand mit allerlei Hacken, Schaufeln und Forken vor der Werkstatt und sah uns fünf junge Damen bedeutungsvoll an.

»Es sind noch so viele Leute dazugekommen …« Er wies mit dem Kopf in Richtung des völlig zugeschneiten kleinen Hauses, aus dem nur noch der Schornstein hervorschaute, »dass es nötig sein wird, einen eigenen Brunnen zu graben. Ich kann das Wasser für so viele Leute nicht mehr herbeischleppen.«

Entgeistert starrten wir ihn an. »Aber wir können doch nicht das Eis aufhacken! Es ist metertief!« Das war das erste Mal, dass ich mich traute, ihm ein Widerwort zu geben.

Er lachte nur und winkte ab.

»Ihr seid fünf Mädels, ihr schafft das. Und ich bin ja auch noch da.«

Die Mädels von der Familie Mayer waren einen Kopf kleiner als ich, ich war einen Kopf kleiner als Katja, die mit fast einundzwanzig Jahren Älteste war, und dann gab es noch ein Mädel von der Familie Fuchs, das war dreizehn. Sie sah aber aus wie elf, und auch die Mayer-Mädels waren durch ihre Unterernährung eher zart und gebrechlich. Ich mit meinen achtzehn wirkte wohl am kräftigsten.

»Ja, schaut mich nicht so an! Der Brunnen muss groß werden, damit er für die etwa achtzig Leute, die hier leben, und das entsprechende Vieh ausreicht. Also ich denke mal an zwanzig Meter Tiefe.«

Immer noch starrten wir ihn fassungslos an. Der Schnee war meterhoch, und das Eis darunter hart wie Stahl. Wie sollten wir hier einen Brunnen graben? Warum nahm er nicht einfach eimerweise den Schnee und ließ ihn auf dem Ofen erwärmen?

»Das Schmelzen auf dem Ofen dauert viel zu lange, für so viele Personen. So viele Töpfe und Feuerstellen haben wir nicht.«

Aha. Da war sie, die Erklärung, die er uns eigentlich nicht schuldete. Wir waren Arbeitssklaven und hatten jede noch so harte Arbeit zu verrichten. Ohne Wenn und Aber.

»Nun bewegt euch, sonst friert ihr fest.« Der Aufseher warf uns die Hacken, Forken und Schaufeln sowie ein paar Äste zu. »Ich besorge inzwischen noch mehr Holz vom Wald, damit wir den Boden auftauen können.«

Wir fünf Mädels begannen, das bereits vorhandene Holz aufzuschichten und auf dem vorgesehenen Platz in Brand zu setzen. Inzwischen hatten wir den Umgang mit dem zu Eis gefrorenen Holz und dem Sägen und Spalten gelernt. Mit unfassbar viel Geduld gelang es uns schließlich, so viel Glut zu entfachen, dass der steinharte Boden aufzutauen begann.

»So, Mädels, das habt ihr gut gemacht, jetzt machen wir eine halbe Stunde Pause.«

Der Natschalnik kippte uns weitere Mengen von nassem Holz vor die Füße. »Das kommt dann später dran.«

Wir durften uns in der bekannten Werkstatt aufwärmen, eine Bretterbude, hinter der jeder seine Notdurft verrichtete. Der Urin und sämtliche anderen menschlichen Ausscheidungen waren festgefroren, bevor sie überhaupt den Boden erreichten. Lauter gelbe und braun gesprenkelte Eissplitter säumten die Rückseite der Werkstatt. Und ganz dezent, weiter hinten, auch rote. Wir Mädels hatten inzwischen alle regelmäßig unsere Periode. Und schützten uns mit dreckigen Lappen. Etwas anderes gab es nicht. Darüber wurde peinlichst geschwiegen, sogar innerhalb der Familien.

Nach der Pause in der Werkstatt, in der sich die Männer mit Wodka aus Wassergläsern aufwärmten und wir Mädels immerhin an einem heißen starken *Tschai* nippten, war die Glut schon etwas abgeklungen. »Na los, Mädels, tretet näher heran, verteilt die Glut und fangt an zu schaufeln! So warm wie bei dieser Arbeit wird es euch nie wieder!« Der Natschalnik lachte goldzahnig und warf uns die Schaufeln hin. Wir konnten froh sein, dass uns die Männer in der Werkstatt und die Waldarbeiter nicht zu nahe traten. Dafür hatten wir den Natschalnik, der beschützte uns.

Als die Glut dann abgeklungen war und keine Wärme mehr spendete, war es auch schon dunkel. Jetzt im Winter wurde es um vier Uhr finster.

»Ja, nicht dass ihr denkt, das war es für heute! Los, holt neues Holz und belegt die gesamte Fläche erneut!«, gestikulierte der

Natschalnik. »Bei dieser Arbeit kann man auch im Dunkeln weitermachen, seht nur, wie schön die Glut leuchtet!«

Wir schufteten bis spät in die Nacht.

»Der Brunnengräber kommt jetzt aus dem Nachbardorf, der ist zuständig dafür, dass die Glut heute Nacht nicht ausgeht. Ihr dürft nach Hause gehen, holt euch eure Essensration bei der Küchenfrau, aber morgen früh um acht steht ihr alle wieder hier!«

Die Küchenfrau war die, die uns am ersten Abend empfangen hatte, und die neben uns in der Kammer wohnte. Sie bewohnte ihre Kammer allein, wir waren mit über dreißig Personen in unserer. Dennoch wagten wir nicht aufzubegehren.

Erleichtert stapften wir davon, völlig durchgefroren und mit heftigem Kreuzweh. Wir hatten den ganzen Tag Baumstämme geschleppt, gesägt und über die Brunnenstelle gelegt.

Dafür durften wir uns je eine Handvoll Weizenmehl abholen. Bei jener Küchenfrau, die uns am ersten Tag den Schweinefraß gegeben hatte. Inzwischen hatte sie Respekt vor uns. Beziehungsweise vor unserer Mutter. Es tat ihr wohl auch leid, dass wir alle Brechdurchfall bekommen hatten. Sie händigte uns jedem eine Handvoll Körner aus, die essbar waren.

Am nächsten Morgen hatte der Brunnengräber bereits die Erde so weit aufgetaut, dass wir mit dem Graben beginnen konnten. Immer wieder wurde die Glut hin und her getragen, und wir mühten und plagten uns, die steinharte nasse schwere Erde wegzuschaufeln. Diese Prozedur machten wir eine Woche lang, jeden Tag zehn Stunden, mit fünfzehnminütigen Pausen zum Aufwärmen. Vor Rückenschmerzen konnten wir uns kaum noch rühren.

Doch der Natschalnik ließ nicht locker: »Immer weiter, Mädels, ihr seid kräftig und jung!«

Nach einer Woche hatten wir vier Meter Tiefe erreicht, bei zwei mal zwei Metern Umfang.

Der Brunnengräber zeigte uns, wie man Holzsprossen in das

Loch einlegen musste, um darauf in der Tiefe Tritt zu finden. Die Temperatur sank und sank. In dem Loch dort unten mussten etwa minus sechzig Grad herrschen. Die Erde fror sofort wieder zu, und wir mussten mit Fackeln arbeiten. Immer abwechselnd hielt eine von uns die Fackel, und die andere schaufelte. Es ist unbeschreiblich und unvorstellbar, was unsere jungen geschwächten Körper da durchmachen mussten. Wir fühlten uns schwer angeschlagen und krank, ich sah weiße Sterne vor meinen Augen tanzen, und meine Lungen schmerzten bei jedem Atemzug, als hätte jemand einen glühenden Dolch hineingebohrt. Der Bleigürtel um meine Lungen zog sich enger und enger. Auch meine Schwester Katja sah entsetzlich aus: im Gesicht Frostbeulen und Risse, aufgesprungene Lippen, die Augen in tiefen schwarzen Höhlen, und die Gesichtsfarbe ging vom Gräulichen ins Bläuliche. Wir sahen aus wie Schreckgespenster, waren wir doch nach unserer Vergiftung noch nicht wieder gesund gewesen, als wir zum Arbeitseinsatz abkommandiert wurden.

Der Brunnengräber war selbst krank. »Leute, ich kann nicht mehr. Mich schüttelt es am ganzen Körper. Ich kotze und scheiße. Ich glaube, ich kann morgen nicht zur Arbeit kommen.«

»Dann musst du dir eine ärztliche Bescheinigung besorgen, du darfst nicht unentschuldigt fehlen!« Der Natschalnik stützte sich auf seine Forke und schrie mit weißen Rauchwolken vor dem Spalt in seiner Mütze in das dunkle Loch hinein. »Sonst nehmen sich die Mädels an dir noch ein schlechtes Beispiel!« Er war in Fellmützen, Fellmäntel, Schals und Stiefel gekleidet, dass man außer seinen Augen und seinen Lippen nichts mehr von ihm erkennen konnte.

Wir verfügten inzwischen immerhin über gefütterte wattierte Arbeitshosen und Jacken, Mützen und Handschuhe, aber waren der unmenschlichen Kälte immer noch gnadenlos ausgeliefert. Zwei von uns Mädels hingen mit dem Brunnengräber auf den Sprossen balancierend und leuchteten ihm mit den Fackeln, zwei andere hackten in fünf bis sechs Metern Tiefe auf dem eisigen Boden herum. Aber der Vorarbeiter hatte Schüttelfrost, Brechdurchfall und hohes Fieber und konnte kaum noch aus dem Schacht herausklettern.

Auch er war ein deutscher Zwangsarbeiter, irgendein armer Kerl, der noch in letzter Minute in den Krieg abkommandiert und dann unschuldig nach Sibirien verschleppt worden war. »Zieht ihn hoch, Mädels, hooo ruck, hoooo ruck, hoooo ruck!«

Der Mann fiel wie ein großer Fisch neben dem Loch in den Schnee und konnte nicht mehr aufstehen.

»Nun geh schon nach Hause, sonst frierst du hier fest!« Der Natschalnik half ihm auf die Füße. Der arme Mann musste sich noch zwei Kilometer ins Nachbardorf schleppen. In der Dunkelheit taumelte er davon. Wir waren nicht sicher, ob er nicht unterwegs sterben würde.

Am nächsten Tag kam er nicht zur Arbeit.

»Der Brunnengräber liegt mit vierzig Grad Fieber auf seinem Lager. Der hat die sibirische Grippe und kommt mindestens drei Monate nicht wieder.« Der Natschalnik wedelte mit der Krankmeldung des Arztes, die der arme Teufel noch hatte beibringen müssen.

»So, dann wieder runter mit euch in den Kartoffelkeller! Aber nicht wieder essen, hört ihr. Die Kartoffeln sind ausschließlich als Schweinefutter gedacht!«

So mussten wir wieder mit Mutter und den anderen Frauen in dem eisigen stinkenden Schacht unter unserem Haus am Boden knien und die fauligen Kartoffeln aussortieren.

Der giftige Geruch löste bei uns allen sofort wieder Brechreiz aus. Ich wusste nicht, welche Hölle schlimmer war! Wollte ich eigentlich noch leben? Zusammenhalten, hörte ich Vaters Stimme. Einer für alle, alle für einen. Keiner wird zurückgelassen. Wir sind eine Familie.

»Halt, Mädels!« Eines Morgens hielt der Natschalnik mich am Arm fest, bevor ich mit den anderen in den Keller hinuntersteigen konnte. Die vermummte Frau von nebenan drückte uns gerade wieder jeder eine Öllampe in die Hand. »Eine von euch muss heute mit dem Wassermann auf dem Schlitten zum See fahren und Wasser holen, damit ihr wisst, wo das ist und wie das geht. Der Wassermann fühlt sich auch nicht gut, er hat heute seinen Sohn geschickt, aber der ist als Waldarbeiter eingeteilt, und eine von euch Mädels muss die Arbeit in Zukunft übernehmen.« Dabei schaute er Katja an, die die Älteste und Größte von uns war. Doch meine arme große Schwester brach in Tränen aus, denn sie hatte Angst vor Kühen, Ochsen und Pferden. Der Wasserschlitten wurde ja von einem Ochsen gezogen!

»Oh bitte, ich kann nicht, lieber sterbe ich … Lydia, kannst du das für mich tun?«

Ich holte tief Luft. Einer für alle, alle für einen. Unser Familien-Mantra.

»In Ordnung, Katja, ich versuch's.« Erleichtert fiel mir meine Schwester um den Hals, wobei sie mich fast zu Fall brachte in dem tiefen Schnee mit unseren dicken Kleidungsschichten.

»Gutes Mädel. Tapferes Mädel.« Der Natschalnik grinste sich eins und stapfte mir voraus zu einer freien Fläche hinter den Baracken, wo schon der Schlitten mit dem Ochsengespann in der Schneewüste bereitstand. Es pfiff ein eisiger Sturm, in dem tausend kleine Eispartikel wie Pfeile auf mein Gesicht trafen. »Heute zeigt dir der junge Mann noch den Weg, und in Zukunft musst du es dann allein machen.« Was für ein Weg? Es war alles eine einzige Schneewüste, der eisige Sturm türmte jaulend und heulend immer neue Schneeberge auf!

Mein Herz raste vor Angst, der Stahlring um meine Lungen zog sich enger. Meine Lungen stachen, und meine Arme und Beine waren abgefroren, bevor wir überhaupt losgegangen waren.

Ein junger Russe, komplett vermummt bis auf die Augen und die Nasenspitze, stand schon mit einem Stock in der Hand neben dem Schlitten, auf dem ein großes Fass verschnürt war.

»Da passen vierzig Eimer Wasser rein, also füllt es bis oben hin, sonst haben die achtzig Leute hier heute nicht genug Wasser! Ihr seid verantwortlich für ihr Leben!« Der Natschalnik stapfte schon davon. Das hieß, ich musste mindestens zweimal gehen!

Zum Glück hatte ich keine Angst vor Tieren, denn ich hatte meinem Vater seit frühester Kindheit im Stall geholfen, und so fasste ich beherzt an das eiskalte eiserne Halfter. Der Ochse hatte Schaum vor dem Maul, der beim Runtertropfen bereits gefror. Der Ochse war mit Seilen und Ketten am Schlitten festgebunden. Der junge Russe begann, mit seinem Stock auf den Ochsen einzuschlagen, und dieser setzte sich widerwillig und mit dem Schwanz um sich schlagend in Bewegung.

Schweigend arbeiteten wir uns durch den hart gefrorenen Schnee, immer darauf bedacht, nicht plötzlich krachend bis zur Hüfte einzusinken. Passierte mir das doch, fing der junge Russe an zu lachen. Meine Stiefel waren längst gefüllt mit Schnee, der sich durch die Reibung meiner Füße in Eiswasser verwandelte. Da halfen auch die Schaffelle nicht, die unsere Mutter dort eingenäht hatte.

Sie sogen sich voll mit eisigem Wasser und machten jeden Schritt umso schwerer.

Hätte ich nur einmal in meinem Leben das Recht gehabt zu sagen: »Ich habe keine Lust mehr, ich gehe nach Hause.« Aber das hatte ich nicht. Ich war eine Zwangsarbeiterin.

Nachdem wir das Dorf hinter uns gelassen hatten, blieb der Ochse plötzlich stehen und wollte umkehren. Auch er hatte allerdings kein Recht auf eigene Befindlichkeiten. Der junge Russe fluchte und schlug mit dem Stock dermaßen auf den Ochsen ein, dass ich es kaum mit ansehen konnte. Was der arme Kerl zusammengeflucht und mit seinem dicken Stock auf den Ochsen gedroschen hat, das war unsäglich.

Ich sprach beruhigend auf das vor Schmerzen brüllende Tier ein und zog es am Zaum, und plötzlich setzte es sich wieder in Richtung See in Bewegung. Aber nur ganz langsam, widerwillig und laut brüllend, und bei jeder neuen Schneewehe wollte es wieder umkehren. Der junge Mann schlug immer wieder auf den Ochsen ein, damit er nur nicht stehen blieb.

Nach über einer Stunde hatten wir den See erreicht. Trostlos, grau, öde und von dürrem Gestrüpp umgeben, klirrend kalt, eine eisige Hölle. Ein endloser weiter See, dessen grauweiße Eisschicht bis an den Horizont reichte und im grauen tristen Nichts verschwand. Das Wasserloch, das täglich in Gebrauch war, war schon wieder über einen halben Meter zugefroren. Der junge Russe fing an, mit einer Axt das Eis aufzuhacken. Ich bot ihm mit Gesten an, ihm zu helfen, aber er deutete mir, den Ochsen festzuhalten, damit der nicht umkehrte mit dem leeren Fass auf dem Schlitten! Der Ochse riss mir fast die Arme aus dem Körper, so sehr zerrte er in Panik an seinen Ketten! Er blieb nicht eine Sekunde ruhig stehen, schnaubte, brüllte und tobte, er wollte nur weg von dem schlagenden Russen. Ich durfte das wild gewordene Tier nicht loslassen, denn dann wäre es sofort mit dem leeren Schlitten zurückgerannt, und wir hätten uns alle Mühe umsonst gemacht! Tapfer biss ich die Zähne zusammen und redete beruhigend auf den sturen Ochsen ein. Immer wieder warf er den Kopf hin und her und schleuderte mir seinen gefrorenen Schaum ins Gesicht.

Endlich war das Wasserloch so weit offen, dass wir Wasser schöpfen konnten, doch die zwei Meter über das Eis hin zu dem Loch wollte der Ochse partout nicht gehen. Wieder mit ein paar kräftigen Prügeln gelang es dem Russen schließlich, ihn noch die letzten Meter zu bewegen. »So, und jetzt füllst du das Fass mit Wasser, ich halte inzwischen den Ochsen fest!«

Mit Gesten bedeutete er mir, dass ich jetzt an der Reihe sei mit Arbeiten!

Der Eimer war dick mit Eis zugefroren, ich spürte meine Hände und Füße nicht mehr. Ich legte mich bäuchlings auf das Eis und schöpfte. Sofort war ich komplett durchnässt. Der Kübel war so schwer, dass ich ihn kaum aus dem Wasserloch ziehen konnte. So musste ich mich damit begnügen, den Eimer immer nur halb zu füllen, und aus vierzig Eimern Wasser wurden achtzig. Das dauerte eine Ewigkeit! Ich reichte dem Russen den Eimer, den er mit hastigen Bewegungen in das Fass füllte, bevor ihm der Ochse wieder stiften ging. Endlich war das Fass voll, und der junge Russe gab sich mit meiner Leistung zufrieden. »Jetzt bist du wieder dran damit, den Ochsen festzuhalten«, bedeutete er mir. »Los, wir laufen zurück!«

Der Schmerz in meinen Händen und Füßen war unbeschreiblich. Wie mit tausend Messern attackiert, und auch mein Gesicht schien mir abgefallen zu sein.

Bis jetzt hatte der Natschalnik ja immer, mal nach dreißig, mal nach fünfzehn Minuten, eine Aufwärmpause angeordnet, aber jetzt war ich schon seit Stunden bei minus fünfundfünfzig Grad weit von jeder menschlichen Behausung draußen. Der junge Russe bedeutete mir plötzlich, schneller zu laufen: »Backe kaputt, Gesicht kaputt! Ohr fällt ab!«

Als wir zurück im Ort ankamen, erwartete uns die Frau Natschalnik schon auf der Treppe mit einem Eimer Wasser. Entsetzt starrte sie auf meine Frostbeulen im Gesicht: »Kaputt, oh, kaputt, *oj, oj, dawai, dawai,* schnell Schnee darauf! Rauf ins Zimmer, schnell!«

Halb tot schleppte ich mich zentimeterweise die steile hölzerne Stiege hinauf, und da kam sie schon mit einem Eimer Schnee hinter mir hergerannt. Die Erwachsenen waren alle bei der Arbeit, die Frauen im Kartoffelkeller, nur die Kinder und die zwei Omas starrten mir entsetzt entgegen. Ich fiel nur noch auf das Stroh, unfähig, mir die Handschuhe oder die Stiefel auszuziehen.

Frau Natschalnik war schon über mir und rieb mein Gesicht mit Schnee ab, bis die erfrorenen Stellen im Gesicht nicht mehr weiß, sondern rot wurden. Dann machte sie mit meinen Händen weiter, die ich nicht mehr bewegen konnte. Als sie dann meine Schuhe auszog, erschrak sie: »*Oj, oj,* die sind ja ganz weiß, wie tot!« Sie schälte regelrecht die Schaffelle ab, und ich hatte keine Ahnung, ob sie damit meine Haut, meine Knochen und mein rohes Fleisch mit abzog, denn genauso fühlte es sich an. Ich zitterte vor Schmerzen und war steif, wie gelähmt. Sie rieb auch meine Füße so lange mit Schnee ab, bis sie wieder Farbe bekamen. Die höllischen Schmerzen sind nicht zu beschreiben.

»Kind, Kind, jetzt trinke *Tschai,* hier, mindestens zwei große Tassen heißen *Tschai!*«

Sie werkelte und rannte um mich herum, während mich achtzehn Kinderaugenpaare fasziniert anstarrten und die vier Omas vor Mitleid laut weinten und beteten.

»So, und jetzt ruh dich aus und schlaf etwas, Lydia.« Frau Natschalnik deckte mich mit allem zu, was sie an Decken, Mänteln und Fetzen finden konnte. »Kinder, kein Mucks, lasst sie in Ruhe. Sie wäre mir fast gestorben!«

Abends, als Mutter, Katja und die anderen Frauen aus dem Kartoffelkeller kamen, brachen sie in entsetztes Weinen aus. »Um Gottes willen, Kind, was haben sie dir angetan …«

Der Natschalnik kam ganz schuldbewusst an die Tür: »Ja, wo waren die jungen Leute denn auch so lange! Beim Wassermann dauert das höchstens eine Stunde, aber die Kinder waren fast vier Stunden unterwegs! Das kann kein Mensch überleben!«

Mutter übersetzte und erklärte dem Natschalnik, dass das Mord gewesen wäre, mich mit dem unerfahrenen jungen Russen, mit dem ich mich nicht verständigen konnte, und dem sturen Ochsen in die Hölle des Eises zu schicken! Ich sei gerade mal achtzehn Jahre alt!

Daraufhin räumte der Natschalnik ein, dass ich so lange im Strohlager bleiben dürfe, bis die Frostbeulen im Gesicht und an Händen und Füßen verheilt seien. Und, keine Sorge, danach käme ich wieder in den Kartoffelkeller.

März 1946

»Das Wetter bleibt stabil, es sind nur noch minus fünfundvierzig Grad.« Der Natschalnik lugte durch ein Guckloch, das er sich an unserem kleinen Fenster gehaucht und mit dem Ärmel freigerieben hatte: »Zeit, Erbsen zu dreschen.«

Nach inzwischen weiteren drei Wochen im Kartoffelkeller war ich wieder bereit für die frische Luft. Wir fünf Mädels mussten raus auf den Dreschplatz, um ihn vom Schnee zu befreien. Weitere fünf Frauen aus einem russischen Dorf stießen dazu, sodass wir zehn Frauen waren. Die russischen Frauen waren Tagelöhnerinnen, sie bekamen, wenn auch nur wenig, Geld für ihre Arbeit. Aber sie hatten schon den Dreh heraus, wie sie mit möglichst wenig Arbeit den Tag herumbrachten. Denn wir waren ja die Zwangsarbeiterinnen, und sie waren ziemlich gut im Zusehen. Die Dreschmaschine lag meterhoch im Schnee vergraben, es gab allerdings nur drei Schaufeln. Die Russenfrauen waren also fein raus.

Es ist unvorstellbar, wie primitiv die Menschen dort leben konnten. Sie konnten alle nicht lesen und schreiben, noch nicht mal ihren Namen. Sie bekamen einen kleinen Hungerlohn für ihre Arbeit und unterschrieben mit einem Kreuzchen.

»Na los, schaufelt die Dreschmaschine frei, worauf wartet ihr?«

Der Natschalnik warf uns die Schaufeln hin. Immer drei Frauen schaufelten, die anderen sieben standen tatenlos dabei. Die Russenfrauen machten keinen überflüssigen Handgriff, sie warteten nur auf ihren Lohn am Abend.

»Ja, was! Grabt im Schnee herum, ihr werdet weitere Schaufeln finden!« Tatsächlich buddelten wir mit den Händen noch weitere vier Schaufeln aus. Immer abwechselnd schaufelten wir nun den riesigen freien Platz frei und buddelten auch einen Erbsenhaufen aus, der bei der letzten Ernte wohl vergessen worden war. Ein riesiges verdorrtes vereistes Gestrüpp. Die Dreschmaschine lag ebenfalls nach einem Tag Arbeit endlich erkennbar im Eis. Sie war aber komplett festgefroren. Selbst mit allergrößter Kraft gelang es uns nicht, auch nur einen Zentimeter des Eisblockes zu knacken.

»Halt, nicht mehr drauf rumhacken! Der Maschinenmeister muss kommen und die Maschine auftauen, macht sie nicht kaputt! Es gibt weit und breit keinen Ersatz!«

Während der Natschalnik nach dem Maschinenmeister schickte, mussten wir jungen Frauen den riesigen Erbsenberg auftauen. Er war so zusammengefroren, dass man mit einer Hacke nicht hineinstechen konnte. So mussten wir das ganze Gestrüpp mit einer Axt zu kleinen Brocken zerhacken, damit man es auf den Schlitten laden konnte.

Mit dem Schlitten wurde es dann zur inzwischen freigelegten Dreschmaschine gezogen, an der meine Schwester Katja stand. Sie musste das gefrorene Erbsengestrüpp in den Trichter der Maschine stopfen, und wenn die Brocken zu groß waren, half sie noch mit der Axt nach. Die Dreschwalze machte fürchterliche knackende Geräusche, als sie schließlich das Eis zersplittern ließ. So kamen wir ganz mühsam voran. Aufwärmen konnten wir uns nirgends, und es waren immer noch minus fünfundvierzig Grad.

Die gedroschenen Erbsen kullerten als Eiswürfel aus der Maschine, und zwei von uns mussten die einzelnen Erbsen noch vom Eis befreien, bevor sie schließlich in den Sack gefüllt werden durften.

»Nehmt bloß keine Erbsen mit nach Hause«, warnte uns der Natschalnik eindringlich. »Es kann sein, dass eine Kontrolle kommt und die Leute durchsucht. Auf Diebstahl von Erbsen steht ein Jahr Gefängnis! Und das wollt ihr nicht erleben. Ihr werdet es nämlich nicht überleben!«

Doch kaum hatte er sich umgedreht, stopften sich die Russenfrauen die Taschen voll. Eine zog ihre Strümpfe aus, füllte sie mit Erbsen und band sie sich unter den Brüsten fest.

Sie gaben uns durch Handzeichen zu verstehen, dass wir das auch tun sollten! »Ihr müsst auch nehmen, so viel, wie ihr könnt! Aber schnell, *dawai, dawai,* er schaut gerade nicht hin.«

Und dann zeigten sie uns, dass wir uns die Stiefel vollfüllen sollten mit Erbsen. Katja und ich, wir füllten unsere Stiefelschäfte bis zu den Knien mit den zu Eis gefrorenen Erbsen, sodass wir kaum die zwei Kilometer vom Dreschplatz nach Hause laufen konnten. Aber die Kinder strahlten, als wir ihnen die Erbsen vor die Füße schütteten. Und Mutter und die Kleinen sammelten sie hastig mit den Fingern ein, gerade noch rechtzeitig, denn… es kam wirklich eine Kontrolle! Drei Mann in Pelzmütze und Pelzmantel stiefelten polternd die Treppe hinauf, der Natschalnik machte warnende Gesten, und in Windeseile schob Mutter den Holztopf mit den Erbsen unter ein Kleinkind, sodass es aussah, als säße es gerade auf dem Töpfchen. Mir schoss trotz aller Kälte die Hitze ein: Was, wenn sie noch eine herumkullernde Erbse am Boden finden würden? Wenn Katja und ich ins Gefängnis kamen, würden sie verhungern!

Die drei Kontrolleure sahen sich alles an; unser Lager, die Küche, die anderen Räume und den Keller. Unsere Herzen polterten lauter als deren schwere Schritte. Aber sie fanden nichts oder wollten nichts finden, das Kleinkind saß ahnungslos auf der Beute, und schließlich gingen sie wieder.

Nachdem es eine ganze Woche geschneit hatte, stand eines Tages der Brunnengräber wieder da. »So, jetzt müssen wir schnell machen, dass wir die Quellader erreichen, bevor der Schnee anfängt zu schmelzen!« Der Brunnen wurde immer tiefer, die Erde immer schwerer und klebriger, dass man sie kaum aus dem Eimer herausbekam.

»Mädels, wir müssen schnellstens den Brunnenspund hinunterlassen, bevor die feuchten Wände, die da unten nicht mehr gefrieren, im Lehm zusammenbrechen!«

Aus der Werkstatt schleppten die Männer die Brunnenringe herbei; dicke Hölzer von zwei Metern Durchmesser, die man an vier Stellen auseinandernehmen und einzeln in den Brunnenschacht hineingleiten lassen musste.

»Ihr bindet jedes einzelne Teil an starke Stricke, hier, schaut her, beim nächsten macht ihr das schon alleine!« Der Brunnenmeister zeigte uns, wie man das schwere Holzteil mithilfe zweier Seile zentimeterweise hinunterließ, ohne den Mann, der da tief drinnen stand, zu verletzen. »Wenn ihr es fallen lasst, ist der da unten tot.«

Katja und ich bildeten ein Team, die zwei Mädels von Mayers das andere. Je zu zweit ließen wir die schweren Holzteile an dicken Stricken zentimeterweise durch unsere Hände gleiten, bis der Mann unten schrie:

»Hoooooiiijj!« Dann befestigte er da unten die Spundteile, bis sie die schwere nasse Erde abstützten. Sie waren für uns Mädels viel zu schwer. Wir bissen die Zähne zusammen und schwitzten trotz der eisigen Kälte, um die riesigen Balken nicht fallen zu lassen! Doch das ging dem Brunnenbauer da unten zu langsam.

»Dawai, dawai«, brüllte er hinauf, »ich erfriere hier unten! Das muss schneller gehen!«

Als wir schon fünf fertige Spunde unten hatten – also zwanzig Einzelteile im Zeitlupentempo heruntergelassen hatten –, schrie der Mann von unten: »Holt mich rauf, ich erfriere hier!«

Mit aller Kraft zogen wir den Mann hinauf. Wie ein Sack fiel er neben dem Brunnenschacht in den Dreck. Seine Zähne klapperten, er war über und über mit Lehm und schwarzem Dreck beschmiert, seine Hände bluteten, und er konnte nicht mehr aufstehen. Wir zogen ihn mit fünf Mädels an Armen und Beinen in die Werkstatt, wo der Natschalnik mit einem heißen Tee in der einen und einer Flasche Wodka in der anderen Hand am Ofen stand.

»Was ist los, Mädels, habe ich schon eine Pause angeordnet?«

Der Brunnenmeister konnte erst nicht sprechen vor Kälte, aber plötzlich brüllte er den Natschalnik an: »Du stehst hier am Ofen und wärmst dir deinen Arsch, und ich muss mit fünf Kindern da draußen fast erfrieren!« Erschrocken und mit den Zähnen klappernd standen wir dabei. »Das sind zwölfjährige Mädchen, bis auf diese beiden …« Er zeigte auf Katja und mich, »das sind die Einzigen, die richtig anpacken! Die müssen die Arbeit für die anderen mitmachen!«

»Die sind nicht zwölf, die sind nur so schmächtig«, versuchte der Natschalnik, sich herauszureden, doch der Brunnenmeister hatte die Nase voll. »Wenn du mir keine starken Männer zur Verfügung stellst, dann gräbst du morgen den Brunnen mit den Kindern allein!«

»Ist ja schon gut, beruhige dich, Brüderchen …« Der Natschalnik spürte wohl, dass er zu weit gegangen war, denn der Brunnenmeister war ja kein Zwangsarbeiter, sondern er wohnte hier und wollte für seine Arbeit Geld. Fluchend verließ er die Werkstatt und spuckte noch einmal kräftig aus. Selbst der Schnaps, den der Natschalnik ihm angeboten hatte zum Aufwärmen, hatte ihn nicht mehr umstimmen können. »Zur Hölle mit dir, Natschalnik. Kinderschänder, Sklaventreiber. Aber nicht mit mir!«

Eine Woche lang kam er nicht wieder, und wir mussten wieder in den Kartoffelkeller.

Zehn Stunden in der fauligen Brühe hocken, auf den Knien, und die giftigen Gase einatmen.

Ich wusste nicht, was schlimmer war. Von der einen Höllengruft in die andere – wobei wir im Kartoffelkeller in der Nähe unserer Mutter waren. Und diese betete unablässig mit uns.

Aber dann kam eines Tages der Brunnenmeister in Begleitung zweier alter Männer, die aber noch recht kräftig waren, und hämmerte an die Tür des Natschalniks.

»So, und jetzt geht das hier zügig voran, aber mit gutem Lohn! Was zahlst du?«

Die Männer verhandelten und fluchten und tranken Schnaps, und schließlich waren sie sich einig. Nur wir Mädchen mussten ohne Lohn arbeiten, wir waren ja Kriegsgefangene.

Die Männer packten nun so zügig mit an, dass es eine Freude war. Wollten wir wie gewohnt unser schweres Joch schleppen, nahmen sie uns die sperrigen Holzteile von den Schultern: »Lass mal, Mädchen, das ist viel zu schwer für eine junge Frau.«

So arbeiteten wir uns vor, Meter für Meter. Inzwischen waren wir schon bei dreiundzwanzig Metern Tiefe angelangt, und noch immer wollte kein Quellwasser erscheinen.

»Es gibt hier mehrere kleine Rinnsale von Wasseradern, die das Graben allerdings nur erschweren«, brüllte der Brunnenmeister herauf. Er stand inzwischen schon hüfthoch im eiskalten schwarzen Wasser. »Die Mädels sollen Wasser schöpfen, das muss schneller gehen!«

An manchen Tagen taten wir nichts anderes, als an langen Seilen über eine Seilwinde Wassereimer hinaufzudrehen, um den armen Mann da unten nicht im Eiswasser erfrieren zu lassen.

Als wir bei fünfundzwanzig Metern Tiefe angekommen waren, schien unser Unterfangen aussichtslos: »Es ist stockfinster hier, ich sehe nichts mehr! Zieht mich herauf, ich bin am Erfrieren!«

Der große Haufen nasser kalter Erde um den Brunnenrand

wurde immer größer. Bereits vier oder fünf Meter hoch türmte sich der eiskalte Schlamm, von dem ununterbrochen das dreckige schwarze Wasser in reißenden Rinnsalen zurück in den Brunnen rann.

»Schaufelt das Zeug in die Schubkarre und fahrt es hinter den Werkzeugschuppen! Aber schnell, das geht auch im Laufschritt!«

Wir trabten wie die Lasttiere mit dem kalten Schlamm durch die inzwischen auftauende Kloake und kippten ihn über die Jauchegrube.

»Jetzt kann die Quellader nicht mehr weit sein«, brüllte der Brunnenmeister eines Tages.

»Wir brauchen Verstärkung! Mindestens fünf starke Männer, die hier das Wasser raufziehen, bevor ich ertrinke! Die Mädels schaffen das nicht mehr!«

Meine Schultergelenke schmerzten so fürchterlich, dass ich meinte, sie seien ausgekugelt. Und der Muskelkater in den Armen brannte trotz der nasskalten Kälte wie Feuer.

Wieder bequemte sich der Natschalnik, sein Geldsäckchen zu ziehen, und so wechselten sich in Folge fünf weitere starke Männer da unten im Schacht ab. Er war jetzt siebenundzwanzig Meter tief. Plötzlich dröhnten Schreie herauf: »Schnell, zieht mich herauf, ich habe die Quellader gefunden! Das Wasser schießt von allen Seiten auf mich herein!«

Mit vereinten Kräften zogen wir den klatschnassen Mann aus dem schwarzen eisigen Schacht und trugen ihn in die Werkstatt, vor den Ofen. Die Männer lachten und klatschten einander ab und ließen die Wodkaflasche kreisen. Und wir Mädels standen stumm dabei.

Mai 1946

Die Schneeschmelze hatte mit Macht eingesetzt, und die Wassermassen peitschten wie reißende Flüsse um unsere Beine, oft bis zu den Knien oder sogar bis zu den Hüften.

Der Moment, in dem das eiskalte Wasser in die Stiefel hereinströmte und sie bleischwer machte, war meistens zehn Minuten nach Arbeitsbeginn, gegen sieben Uhr morgens. Wir hatten die Stiefel auf unserem Strohlager ja bereits nass wieder angezogen! Da nützten auch die eingenähten Schaffelle nichts, die sich voller Wasser gesogen hatten.

»Schnell, es müssen noch viele Spundteile eingesetzt werden, sonst bricht der Brunnen wieder zusammen! Mädels, sputet euch, holt sie in Einzelteilen aus der Werkstatt, *dawai, dawai!*«

Wir wateten durch das kniehohe Eiswasser und schleppten die passenden Holzteile herbei. Es musste im Rekordtempo geschehen, denn die Wassermassen trotzten mit ihrer eisigen Kraft den mit Menschenhand erbauten Spundteilen. Die sieben Männer fluchten und hämmerten, ihre Schläfenadern traten hervor, und ihre Muskeln spielten, während sie die Spundteile einsetzten und feststampften.

»Mädels, ihr müsst verhindern, dass das ganze Dreckswasser wieder in den Brunnen läuft! Los, schnappt euch die Schaufeln und baggert dagegen an!«

So schnell konnten wir gar nicht gegen die tobende Gewalt der Natur arbeiten.

Wie im Wahn schaufelten Katja, die anderen Mädels und ich die zu Eis gefrorene Erde in die Schubkarren und stolperten damit im Laufschritt hinter die Werkstatt. Inzwischen mussten wir schon weiter laufen, denn die Werkstatt war schon bis zu den Fenstern zugeschüttet, und höher kamen wir nicht mit unseren schwachen Armen. Während unserer Dauerläufe in die Prärie war die Erde schon wieder festgefroren, und um sie abladen zu können, mussten wir sie erst mit der Axt aufhacken.

Da kam sogar der Natschalnik ins Schwitzen. »Verdammt, da braucht es wohl Pferde und Schlitten, was das wieder kostet!«

Und nun ging es in den Endspurt! Mit weiteren sieben Männern, Pferden und Schlitten wurde das ganze Drecks- und Wasser-Chaos in wenigen Tagen beseitigt. Bis zu drei Kilometer weit trugen wir den Schlamm durch das unwegsame Gelände. Der eisige Wind peitschte uns dabei ins Gesicht, und weit und breit fand das Auge keinen Baum, keinen Strauch und keinen freundlichen Anblick. Ich funktionierte wie ein Tier, immer die kleine Handvoll Getreidekörner vor Augen, die ich am Abend für meine Geschwister würde in Empfang nehmen können.

»Es sind schon elf Meter Grundwasser!« Katja und die Mädels meldeten mir mit roten Nasen, aber glänzenden Augen die triumphale Neuigkeit, ohne mit dem Schaufeln aufzuhören.

Schließlich stieg der Wasserstand im Brunnen über Nacht auf fünfzehn Meter, dann auf zwanzig.

Dic Natur arbeitete endlich mit uns, nicht mehr gegen uns! Ob das Mutters Gebete waren?

Der Natschalnik war jedoch nach Tagen immer noch nicht zufrieden. Gestützt auf seine Schaufel, brüllte er zu uns herüber: »Das verdammte Wasser ist immer noch nicht richtig klar! Das können wir noch nicht mal dem Vieh zum Trinken anbieten!«

Es dauerte Wochen, ja Monate, bis wir den Brunnen in Trinkwasserqualität hatten.

Der Brunnen musste während des folgenden Sommers noch ein paarmal leer geschöpft werden, bis sich die Quellader gereinigt hatte und nur noch klares Wasser nachkam.

Fünf Monate lang, von Dezember 1945 bis Ende Mai 1946, hatten wir fünf Mädels an dem Brunnen gearbeitet. Und das bei bitterer Kälte und bei höchstens dreihundert Kalorien am Tag. Wir waren nun erlöst von der Qual, täglich das Wasser mit einem Ochsen vom See holen zu müssen.

Die Einzigen, die vom ersten bis zum letzten Tag dabei gewesen waren, waren Katja und ich.

BEI OSJORKE, SIBIRIEN

Juni 1946

Schaut nur, Kinder, wie schön es draußen geworden ist!« Mutter lehnte mit Klementine, Jakob und Frederike am Fenster, das nun endlich weit offen stand. »Seht nur, die Vöglein sind alle froh! Sie hüpfen und springen herum und singen die schönsten Lieder, ein jedes nach seiner Art!« So versuchte unsere Mutter, den drei Kleinen wieder ein wenig Lebensfreude einzuhauchen. Sie hatten seit unserer Ankunft im November ausschließlich in dem kleinen stickigen Raum gesessen, mit achtzehn Kindern und vier Omas. Und wie durch ein Wunder waren alle noch am Leben. Sie wirkten zwar wie klapprige Gespenster, grau, ausgemergelt und mit tiefen Augenhöhlen, aber sie atmeten.

Wenigstens konnten wir uns inzwischen alle regelmäßig waschen, und auch unsere Kleidungsstücke und Reste zerschlissener Wäsche flatterten nach jeder Brunnenwäsche lieblich im Wind. Das Waschen und den »Haushalt« organisierten wir Mädels und Mutter ja noch nach unserem zehnstündigen Arbeitseinsatz auf dem Feld.

Katja und ich kamen gerade vom Acker, wo wir den Ochsen am Gespann durch die Furchen geführt hatten. Wir mussten immer zu zweit pflügen und eggen; die eine führte den Ochsen am Halfter in der Furche, die andere schob hinten mit beiden Händen den Pflug an. Dabei wechselten wir uns Furche für Furche ab, da musste Katja ihre Angst überwinden, denn es wimmelte von Ungeziefer: Bremsmücken, Schnaken, genannt *Moschi* und *Slipzi,* wie wir von unseren russischen Kolleginnen gelernt hatten, stürzten sich auf die bloßen Hände und Füße, sodass das Blut in kleinen Strömen floss. Zu Hunderten und Tausenden gleichzeitig umschwirrten sie unsere Köpfe, Hände und Arme. Das aggressive Brummen und Surren klang wie im Krieg die Tiefflieger und war auch gefährlich, denn die Biester stachen ununterbrochen zu und saugten das Blut aus der ohnehin schon verbrannten, aufgeplatzten Haut. Diejenige, die vorne beim Ochsen ging, hielt auch noch einen Zweig in der freien Hand und wedelte damit der Schwester ein wenig das Ungeziefer vom Leib. Viel half es nicht: Wir waren vollkommen zerstochen. Dazu kamen unsere Kopfläuse und Kleiderwanzen, derer wir nicht Herrin geworden waren. Es gab wohl keinen Zentimeter mehr auf unserer Haut, der nicht zerstochen, zerbissen und vernarbt war. Es juckte entsetzlich.

»Alle Vögel sind schon da, alle Vögel, alle«, stimmte Mutter an, während sie unseren täglichen Mehlbrei kochte, und wir großen Mädels fielen sofort mit ein.

»Sonst lernen die Kinder gar nicht mehr, welche Vogelarten es auf dieser Welt gibt!«

»Amsel, Drossel, Fink und Star … seht nur, wie bunt und vielfältig sie hier sind!« Die Kinder reckten ihre Hälse und staunten aus dem Küchenfenster, das nun immer weit offen stand.

Katja und ich wuschen uns die Hände und das verschwitzte Gesicht mit kaltem Wasser, das unser bald neunjähriger Bruder Jakob inzwischen vom fertigen Brunnen geholt hatte. Was für eine unendliche Erleichterung, nun genügend Wasser zur freien Verfügung zu haben! Auf unsere juckenden Wunden sprenkelten wir das kostbare Nass, hielten unsere Arme und Beine in den kalten Eimer, doch es half nur wenig.

»Die drei Kleinen sollen ab sofort im Dorf Osjorke zur Schule gehen.« Mutter ließ die üblichen Mehlweizen-Kartoffelküchlein in die Pfanne gleiten und wendete sie geschickt. »Der Natschalnik besteht darauf. Alle Kinder aus unserer Baracke zwischen sechs und dreizehn werden in die erste Klasse gesteckt.«

Katja und ich wechselten betroffene Blicke. »Wir haben das auch schon mitgemacht, weißt du noch, Katja? Wir waren die einzigen Deutschen, haben nichts verstanden und wurden ausgelacht.«

»Und mit Steinen beworfen.« Katja trocknete sich die Hände an einem Fetzen ab.

»Das ist nicht lustig, also lasst euch nichts gefallen!«

»Die armen Kinder sind völlig verschüchtert, haben bisher kein russisches Wort gelernt und kein anderes Kind kennengelernt«, wisperte ich meiner Schwester zu, als Mutter sich mit ihnen an den Tisch gesetzt hatte, um ihnen ein paar Vögel zu zeichnen. Inzwischen hatten wir einen Tisch und zwei wackelige Stühle. »Woher hat sie denn den Bleistift?«

»Den hat mir der Natschalnik geliehen.« Mutter zeichnete einen kunstvollen langen Schwanz mit vielen Federn daran. »Damit ich den Kindern die ersten russischen Buchstaben beibringe.«

Mutter war bis jetzt die Einzige, die Russisch konnte, und sie mühte sich mit den Kindern ab.

Die konnten ja noch nicht mal das deutsche Abc, wie sollten sie da die kyrillischen Schriftzeichen lernen?

»Das mit der Schule wird eh nicht so lang.« Mutter überließ Klementine den Bleistiftstummel, die sofort emsig begann, einen Baum zu zeichnen. Die beiden Kleinen harrten schon geduldig des unfassbar kostbaren Schatzes. »Nicht so fest aufdrücken, Vorsicht, sonst bricht er ab, und wir haben keinen Spitzer.«

»Du meinst, weil die Kinder nur im Sommer zur Schule gehen können?« Ich verteilte die Holzlöffel, und Mutter stellte die Pfanne auf den Tisch.

»Na ja, hier in Sibirien sind drei Monate Sommerferien, weil die Kinder alle auf dem Feld und bei der Ernte helfen müssen. Und ab Oktober fängt es wieder an zu schneien. Sie haben ja noch immer keine Winterkleidung. Nur das, was sie auf dem Leibe tragen seit unserer Flucht in Ostdeutschland vor einem Jahr.«

Mitleidig schaute ich auf unsere drei kleinen Geschwister, die mit herausgestreckter Zungenspitze übereifrig dem Bleistiftstummel mit den Augen folgten. Sie trugen seit einem Jahr Tag und Nacht dieselbe Kleidung! Inzwischen zerschlissen, zerrissen und fadenscheinig.

»Doch zum Glück können wir jetzt waschen.« Mutter schöpfte vom Wassereimer etwas in einen Topf und erwärmte es auf dem Herd. »Kinder, wenn ihr nachher gewaschen seid, schlüpft ihr in Unterwäsche ins Stroh, und ich wasche derweil eure Hosen und Hemden, sodass sie morgen früh wieder trocken sind.«

Wir empfanden diese Erleichterungen als so wohltuend, dass wir vor Dankbarkeit und Glück später singen mussten. »Kein schöner Land in dieser Zeit, als wie das unsre weit und breit, wo wir uns finden wohl unter Linden zur Abendzeit …« Katja sang den Alt und ich den Sopran, Mutter improvisierte eine dritte Stimme. Sogar der Natschalnik und seine Frau schauten wohlwollend aus dem Fenster.

»Gute Frau, gute Mädchen, gute Familie.«

»Mutter, meinst du, wir sehen unsere Heimat jemals wieder?«

Hand in Hand arbeiteten wir draußen vor unserer Baracke am Brunnen, die Kleinen spielten halb nackt daneben im Gras, und wir drei Großen wuschen alles, was die Omas uns von oben herunterwarfen. Natürlich auch die Kleider der anderen Familien. Einer für alle, alle für einen.

»Nein, Kinder, daran dürfen wir jetzt gar nicht denken.«

»Hast du je wieder etwas von Vater gehört …?«

Mutter schüttelte den Kopf und vertiefte sich umso emsiger in das Schrubben der Wäsche, die sie in den großen Holzzuber stopfte. »Reich mir mal die grobe Bürste.«

»Alles voller Wanzen und Flöhe, schaut euch das an, ein Loch neben dem anderen.«

»Wir haben aber Nadel und Faden, das werden wir reparieren!«

»Wenn wir doch nur aus unserem Loch da oben ausziehen könnten!« Mutter wischte sich eine nasse Strähne aus der Stirn. »Die Läuse und Wanzen werden wir sonst nie los. Das Heu da oben sieht aus wie im schlimmsten Schweinestall, und nachts wird es so unerträglich heiß, dass es die Schnaken und Stechmücken durch unseren Schweiß nur so anlockt!«

Das stimmte. Das Summen und Sirren, das aggressive Stechen der kleinen Blutsauger ließ nachts nicht eine Sekunde nach.

»Man müsste Netze um die Gesichter haben wie die Imker«, überlegte Mutter. »Wir haben damals in der Ukraine Bienen gezüchtet, und da hatte euer Vater …«

»Ich habe das Gefühl, dass unser Vater noch lebt …«, platzte es aus mir heraus. Das liebe gütige Gesicht von ihm war mir noch so präsent, als hätte ich ihn gestern zum letzten Mal gesehen. Sehnsuchtsvoll ließ ich meinen Blick in die Ferne schweifen. »Irgendwo dahinten, weit hinter dem Horizont, da wartet er vielleicht auf uns … der Krieg ist doch schon aus, oder nicht?«

»Na, deutsche Frauen? Immer noch fleißig bei der Arbeit?« Der Natschalnik kam um die Ecke spaziert, er hatte uns von seinem Fenster aus gehört. »Ich hätte da vielleicht eine Idee, wo ihr, die Familie Groß, wohnen könntet…«

»Ja?« Wie die Zinnsoldatinnen standen wir vor ihm stramm, vergaßen sogar, nach den Schnaken zu schlagen.

»Es gibt einen Stall, der jetzt im Sommer leer steht.« Er schob sich mit vertrauter Geste die Mütze in den Nacken und kratzte sich am Kopf. »Den müsstet ihr euch halt herrichten.«

»Dürfen wir den mal sehen?« Katja und ich waren sofort Feuer und Flamme. Lieber ein Stall zu sechst als ein Zimmer mit neunundzwanzig Personen!

»Morgen nach der Arbeit, meinetwegen. Es ist der Rinderstall, der schon gut ausgelüftet und trocken ist.« Er bot uns einen Stall an? Einen trockenen? Nur für uns alleine? Ja, war denn Weihnachten?

Wir wären ihm vor Freude fast um den Hals gefallen!

Am nächsten Tag nach den zehn Stunden Feldarbeit liefen wir nicht nach Hause, sondern zu dem besagten Stall. Der Natschalnik stand schon da und begutachtete ihn fachmännisch.

»Die Handwerker müssen hohe Liegen einbauen, damit ihr nicht auf dem Boden schlafen müsst!«

»Und wann könnten die das tun?«, wäre es mir fast entfahren, bevor Katja mir beim ersten Wort in die Rippen stieß. Wir hatten hier keine Forderungen zu stellen.

»In den Rinderstall sollen vier Familien einziehen.« Der Natschalnik betrachtete prüfend die Strohwände und das Strohdach. »Dann können die Arbeiter hier vierundzwanzig Liegen einbauen, aber ihr müsst vorher die Jauche aus den Gruben schöpfen.«

Mir blieb meine Freude im Halse stecken. Der Traum von ein wenig Privatsphäre zerplatzte wie eine mit Blut vollgesogene Mücke.

Nach zwei Wochen mit vier Familien im Rinderstall kam der Natschalnik schon wieder mit einer neuen Idee. »Es ist noch eine neue Familie angekommen, die wohnt jetzt mit der verbliebenen letzten Familie in dem alten Raum. Wenn der Winter kommt, könnt ihr dahin nicht zurück.«

Abwartend schauten wir ihn an. Wir hatten den Rinderstall nicht nur pieksauber geputzt, sondern auch frisches Heu besorgt und die Kinder alle mit Läusepulver behandelt, sodass wir endlich von der Plage befreit waren!

»Wir müssen so schnell wie möglich neue Unterkünfte bauen! – Der Sommer ist kurz, wir haben jetzt schon Juni und müssen uns beeilen, bevor der Winter kommt.«

Die Kinder lagen oben bäuchlings auf ihren sauberen frischen Pritschen und sahen ihn mit großen Augen an. Nie hätte eines von uns gewagt, eine Frage zu stellen. Auch Mutter und wir beiden Arbeiterinnen nahmen alles hin, was der Natschalnik für uns beschied.

»Wir fangen gleich morgen nach der Arbeit damit an. Es werden zwei Räume übereinander sein, mit einem Schrägdach, damit das Wasser abfließen kann. Ich habe auch schon den passenden Platz dafür ausgesucht.«

Wir Heumäher-Mädels hatten während des Sommers Arbeitszeiten von sechs Uhr früh bis zwölf Uhr mittags, und dann wieder von vier Uhr nachmittags, bis es dunkel wurde. Das war jetzt nicht vor zehn Uhr abends.

»In der Mittagspause fangt ihr an!« Der Natschalnik schritt davon, und wir freuten uns.

Am nächsten Tag in der Mittagspause war auf dem Platz, wo das Hüttchen gebaut werden sollte, schon der Grundriss in den Boden gezeichnet. Er stellte sich so eine Art Hühnerstall vor. Für zwei sechsköpfige Familien. Drei Spaten lagen schon bereit.

»Als Erstes müsst ihr einen Meter tief die Erde ausgraben, damit die Handwerker mit ihrer Arbeit beginnen können.«

So wurde es ein harter Sommer. Es waren sechs Stunden Mähen morgens, dann vier Stunden Erde ausheben für das Haus und dann noch mal fünf Stunden Mähen. Der Platz zum Heumähen lag zwei Kilometer von unserer Baustelle entfernt, sodass wir täglich auch noch acht Kilometer laufen mussten. Dabei wurden wir immer schwächer, denn wir bekamen nach wie vor nur einen Löffel Hafermehl pro Kopf und Tag, den wir ja auch noch mit einem jüngeren Geschwisterkind teilen mussten.

»Marianna, deine Töchter fallen ja vom Stängel!« Die Frau vom Natschalnik stand eines Tages bei der Baustelle und beobachtete unsere Knochenarbeit. »Du hast wirklich Pech, dass sie die Größten und Stärksten von allen Mädels sind, so bekommen sie immer die härteste Arbeit zugeteilt!«

Mutter sah sie hoffnungsvoll von der Seite an. »Ja meinen Sie denn, Sie könnten für meine Töchter ein gutes Wort bei Ihrem Mann einlegen?«

»Lass mich nur machen, Marianna. Du musst heute Abend nicht für sie kochen, ich habe schon dafür gesorgt, dass die Heumäher-Mädels heute etwas aus der Arbeiterküche bekommen.«

Und so trauten Katja und ich unseren Augen nicht: Als wir nach fünfzehn Stunden Arbeit nach Hause kamen, gab es Fleischküchle und Kartoffelpüree! Die Mutter hatte unsere beiden Rationen heimlich abgeholt, um uns zu überraschen. Natürlich teilten wir sie mit unseren kleinen Geschwistern! War das eine Freude! Nie werde ich den Geschmack von diesen knusprig würzigen Fleischküchlein vergessen, und das grobflockige Kartoffelpüree war himmlisch! Es war sogar ein Stich Butter darin. Dieser Nachgeschmack! Wir leckten uns noch tagelang die Lippen, und die Kleinen nahmen ihren Holzlöffel mit ins Bett und rochen daran.

Umso eifriger halfen unsere Mütter und die kleinen Geschwister uns in den nächsten Wochen beim Hausbau. Wir schufteten eine Woche lang, bis wir die Erde ausgegraben hatten. Während unserer Feldarbeit hatten die Mütter und Kinder die drei Spaten, während der Mittagspause wir. So blieb das kostbare Arbeitsgerät nie ohne Verwendung.

»In der Tiefe wird es ganz schön glitschig«, meldete Mutter, die schon bis zu den Schultern in der Baugrube stand. »Bisher war der Boden ja eher sandig.«

»Wie gut, dass es nach den heftigen Regengüssen immer so schnell wieder trocknet!« Katja strich sich die Haare nach hinten zu einem Dutt und band ihr Kopftuch neu. »Gib schon her, den Spaten, Mutter. Das ist alles kein Vergleich zu dem Brunnen, den wir im Winter gebaut haben, nicht wahr, Lydia?«

»Nein, denn diesmal bauen wir etwas für uns ganz allein!« Mit Eifer füllte ich die Fläche, auf der das Schrägdach gebaut werden sollte. »Wo bleiben denn nur die Handwerker, die der Natschalnik uns schon vor Wochen versprochen hat?«

Die Kleinen wieselten wie die Ameisen mit den halb gefüllten

Eimern zwischen der Baugrube und dem großen Erdhaufen hin und her, der für das Dach vorgesehen war.

»Der Winter kommt mit großen Schritten, es hat jetzt im August schon Nachtfröste!«

»Ja, das zu versprechen ist gut, aber zu halten ist es scheinbar schwer!«

Mal kam ein Arbeiter, mal zwei, dann blieben sie wieder über Tage weg, und wir arbeiteten der Natur entgegen. Ich fürchtete mich dermaßen vor dem nächsten Winter, dass ich manchmal die Luft anhielt, in der Hoffnung, ich könnte damit die Zeit stillstehen lassen.

Bitte, lieber Gott, lass es noch nicht Winter werden, bitte nur noch ein kleines Weilchen ... ich will auch all deine lieben Mücken und Schnaken ertragen, denn sie sind ja auch deine Wesen ... Und so arbeitete ich wie besessen weiter.

Schließlich kamen sechs Männer, die den Dachkasten auf die fest eingegrabenen Holzpflöcke aufsetzten. »So, jetzt könnt ihr das Dach so schnell wie möglich decken. Kinder, füllt den Dachkasten mit Stroh und lasst oben in der Mitte für beide Räume im Dach ein Loch offen für den Schornstein!«

Mutter hatte an alles gedacht. Sie hatte ja schon in der Ukraine eigenhändig mit Vater und den Großeltern unser Haus gebaut.

Der Dachbelag musste ein bis zwei Tage ruhen, damit das Stroh sich mit dem Sand gut zusammenpressen ließ. »Kinder, holt Sträucher und setzt sie zwischen das Stroh und den Sand, die Erde wird sich zwischen die Wurzeln setzen, und die Sträucher bindet sie auf natürliche Weise!«

Unsere Mutter besaß einen klaren Menschenverstand, und mit den wenigen Mitteln, die ihr zur Verfügung standen, schaffte sie es, mithilfe ihrer emsigen Kinder ein taugliches Dach zu decken. Einer für alle, alle für einen! Unser Familien-Mantra hatte sich bewährt. Nun hatten wir ein Dach über dem Kopf und sogar je ein Dachfenster! Durch das man zurzeit den stahlblauen Himmel sah!

»Na Donnerwetter, was die deutschen Frauen anfangen, das bringen sie auch gut zu Ende!«

Der Natschalnik staunte nicht schlecht, als das Dach sogar regensicher und stabil war!

So ein perfektes kleines Gebäude hatte er noch nie gesehen. Es hatte etwa die Größe eines kleinen Saunahäuschens, wie wir sie später in Lettland kennenlernen würden.

»Morgen kommen zwei Herdplatten und auch die Ziegelsteine für den Herd. Wann der Ofensetzer kommt, weiß ich allerdings nicht.«

»Der Ofensetzer braucht nicht zu kommen, das machen wir selbst.« Mutter hatte genug von Natschalniks Versprechungen. »Ein Mann, ein Wort, eine Frau, eine Tat«, zwinkerte sie uns zu.

Unter Mutters Anleitung bauten wir zwei Herde mit einem Schieber, den man schließen konnte, wenn das Feuer im Ofen völlig abgebrannt war. »Die Wärme bleibt dann trotzdem im Ofen und geht uns nicht über den Schornstein verloren!«

»Das ist eine gute Idee, das habe ich noch nie gesehen!« Der Natschalnik war so begeistert, dass er seine Frau holte, damit auch sie dieses Werk begutachten konnte. »Ja, damit kann man viel Wärme sparen, und dass die Deutschen kluge Leute sind, ist ja bekannt!«

»Aber jetzt müssen deine Mädels wieder aufs Feld hinaus, Marianna.« Frau Natschalnik klatschte in die Hände. »Es gibt viel zu tun, also ran an die Arbeit!«

Und während wir die zwei Kilometer zu unserem Arbeitsplatz durch harsches Gestrüpp in Angriff nahmen und dabei die Schnaken aufscheuchten, die uns für den Rest des Weges wie Düsenjäger um die Köpfe und Beine flogen, hatte der Natschalnik zum Lohn oder zur Anerkennung eine ungeheure Überraschung für uns: »Es gibt hier ganz in der Nähe ein Stück Brachland, das ihr bepflanzen könnt. Hier, ein Geschenk von mir und meiner Frau.« Mit stolzer Miene überreichte er uns einen kleinen Eimer Kartoffeln. Es waren jene guten Kartoffeln, aus denen das Kartoffelpüree entstanden war. Keine schwarzen fauligen aus dem Keller! Wir starrten auf das unfassbare Geschenk. Mindestens dreißig essbare kleine frische Kartoffeln, zum Teil noch grün.

»Da wird unsere Mutter ein Festmahl von zaubern! Wie werden sich die drei Kleinen freuen!«

»Nein, Mädels, ihr seid viel schlauer. Meine Frau wird euch zeigen, wie man aus einer Kartoffel möglichst viele Keimlinge bekommt, und ihr sollt sie hier in die Erde setzen.«

Pfeife paffend wies der Natschalnik auf ein paar Quadratmeter Brachland mitten im Gestrüpp, auf dem nichts als Unkraut vor sich hin wucherte, aus dem die Schnaken aufschossen, als sie unsere Schatten über sich spürten. »Hängt es nicht an die große Glocke, ihr dürft natürlich nichts besitzen, schon gar kein Land, aber es muss ja keiner mitkriegen.«

Der Natschalnik stieß ein paar Rauchwölkchen aus und sah sich um, ob uns auch niemand belauschte. »Wenn es heute Nacht dunkel ist, setzt ihr die Keimlinge hier in die Erde und ... mit etwas Glück ... habt ihr nächstes Jahr hier eure eigenen Kartoffeln.« Er ließ wie zufällig eine Forke fallen und wanderte paffend davon. Wenn das keine Verschwörung war! Bestimmt durfte er als unser Aufseher und Kommandeur uns nicht dermaßen bevorzugen. Aber offensichtlich mochte er uns, jedenfalls auf seine bärbeißige, raue Weise. Und wir hatten ja bewiesen, dass wir anpacken konnten.

Wir Heumäher-Mädels mussten Mutter mit den drei Kleinen für den Rest des Hausbaus sich selbst überlassen, denn unsere Aufgabe war es, von frühmorgens bis abends spät mit unseren Handsensen zu mähen. Über Mittag sollten wir nun das feuchte Heu zum Trocknen wenden und das trockene Heu auf große Haufen aufsetzen, für die Männer, die es später abholen würden. Mittagspausen gab es nicht mehr. Nun war es schon September, und die Tagesfröste kamen immer häufiger. Wir wohnten immer noch im Kuhstall, da der vordere Teil unseres kleinen Hauses noch offen stand, und es kam tagsüber schon zu Frösten. Das arme Vieh stand immer noch draußen auf der Weide! Doch eines Tages, es war schon November; hatten wir es endlich geschafft, auch die vordere Wand unserer kleinen Hütte mit Holz zu verkleiden, eine Tür einzubauen und diese zu vernieten. Es hatte in etwa die Maße einer kleinen Garage, in die wir dann überglücklich bei minus dreißig Grad mit sechs Personen einzogen. Je drei Stockbetten aus Holz waren mit frischem Stroh gefüllt. So konnten wir gut und gemütlich schlafen ohne Wanzen und ohne Läuse. Wir hatten genügend Wasser zum Trinken, Kochen, Waschen oder für die Wäsche. Inzwischen hatte Mutter aus kleinen Zweigen für uns Zahnbürsten geschnitzt. Was für eine Wohltat, uns nach Jahren wieder in diesem Maße pflegen zu können.

Nach der Arbeit hoben wir noch fleißig unter unserer Hütte den Keller aus, damit unsere selbst geernteten Kartoffeln eines Tages dort einen geeigneten Lagerplatz haben würden.

So hatten wir uns selbst fast aus nichts eine winzig kleine eigene Existenz geschaffen.

Das erfüllte uns mit Stolz und Dankbarkeit und war die beste Lehre für mein weiteres Leben.

Dezember 1946

»So, Mädels, neuer Befehl vom Kommandanten: Ihr müsst den ganzen Winter über in einem Wald, der fünfzehn Kilometer von hier entfernt ist, Bäume fällen.«

Der Natschalnik stand betreten vor unserem winzigen Häuschen und scheuchte uns vier junge Frauen heraus. Neben uns in der winzigen Hütte wohnte ja noch die Familie Mayer mit den zwei Töchtern, die beide aussahen wie zwölf. Die beiden fingen sofort an zu weinen. Weihnachten stand doch vor der Tür! Aber hier in Sibirien gab es kein Weihnachten.

»Dieser Arbeitsbefehl gilt von Dezember 1946 bis Februar 1947. Ihr geht Montag früh hin und kommt Freitagabend zurück. Dafür bekommt ihr pro Tag und Kopf noch ein ganzes Stück Brot zusätzlich zu dem Weizenmehl.«

»Aber Natschalnik, sieh doch nur, die Mädchen haben viel zu dünne Kleidung!« Die Mutter zeigte auf unsere Soldatenjacken, die wir nun seit zwei Jahren trugen. »Wie sollen sie das überleben, bei minus fünfzig Grad?«

»Na, das sehe ich ein. Ich besorge euch warme Kleidung.« Der Natschalnik brachte wattierte Jacken, Pelzmützen, Wattehosen, gepresste Filzstiefel und warme Handschuhe, die er in irgendeiner Waldarbeiter-Scheune gefunden hatte. Sie waren nass und schwer und natürlich gebraucht, aber sie waren besser als das, was wir bis jetzt auf dem Leib getragen hatten.

»So, und jetzt will ich kein Gejammer mehr hören!«

Und so mussten wir vier Mädels an jenem stockdunklen frühen Morgen im Dezember 1946 bei minus fünfzig Grad losmarschieren, hinter dem Schlitten her, mit dem der Natschalnik uns den Weg zeigte und gleichzeitig eine Schneerinne bahnte.

»Aber nur einmal, beim nächsten Mal müsst ihr den Weg allein finden!«

»Und wenn er zugeschneit sein wird?« Und das wird er, dachte ich entsetzt. Fünfzehn Kilometer!

»Dann stapft ihr eben bis zu den Hüften hindurch! Oder ihr bleibt gleich im Wald, das würde ich euch sowieso raten Da gibt es kleine Holzhütten für die Waldarbeiter!«

Ob herausgekommen war, dass er uns zum Hausbau und zu dem kleinen Kartoffelacker verholfen hatte, oder ob die Entscheidung, uns weit entfernt beim Bäumefällen einzusetzen, auf seiner eigenen Willkür beruhte, haben wir nie herausgefunden. Jetzt traten wir die härteste aller Zwangsarbeiten an! Als wir gegen Mittag endlich in diesem dichten Tannenwald angekommen waren, wendete der Natschalnik den Schlitten und rief uns im Wegfahren zu, ein Waldarbeiter werde uns die Arbeit zuweisen.

Völlig verfroren, erschöpft und mit Frostbeulen im Gesicht warteten wir auf weitere Anweisungen, als ein tief vermummter Russe aus dem dichten Geäst trat und uns den Weg in eine versteckte Bretterhütte wies. »Hier, das ist eure Unterkunft für die nächsten drei Monate. Wärmt euch erst mal auf, in eurem Zustand könnt ihr heute nicht mehr arbeiten.«

So hockten wir mit anderen Zwangsarbeitern, die wir noch nicht kannten, in diesem winzigen feuchtkalten Bretterverschlag mitten im finsteren dichten Wald, und versuchten, die Nacht dort zu verbringen. Wir waren zwölf Personen; wir vier Mädels, einige deutsche Zwangsarbeiter und ein paar Russen, auch Frauen, die hier mit dieser schweren Arbeit wenigstens Geld verdienten. Eingehüllt in nasse schwere Kleidung, die wir hier nicht trocknen konnten, hockten wir dicht aneinandergepresst vor dem winzigen Ofen. Die hasserfüllten Blicke der Russen und Russinnen versuchte ich zu ignorieren.

Am nächsten Morgen kam der Vorarbeiter wieder, dick vermummt hämmerte er an die Tür.

Wir hatten im Sitzen aneinandergekauert und so gut wie nicht geschlafen. Es gab nur etwas Tee und ein wenig Haferbrei, aber erst nach der Arbeit, natürlich. Für die Neuankömmlinge gab es nichts.

»So, wer von euch hat schon mal Bäume gefällt?«

Einige der Russen brummten etwas Unverständliches, wurden mit Sägen und Äxten ausgestattet und trollten sich in Richtung der dicht stehenden Bäume in das Innere des schwarzen Waldes. Noch war es stockdunkel, und außer dem kurz darauf einsetzenden Hacken und Sägen war kein Laut von einem Tier zu hören. Nur der eisige Wind jaulte und pfiff um die feuchtkalte Holzhütte, und meterhohe Schneeverwehungen gruben uns ein.

»Und ihr?« Übrig waren noch wir vier deutschen Mädels und zwei Russinnen.

»Keine Ahnung vom Bäumefällen!« Die beiden Russinnen hatten wettergegerbte Gesichter und nur noch bräunliche Zahnstummel im Mund. Ihr Alter zu schätzen, war mir völlig unmöglich.

»Dann kommt mal mit!« Der dick Vermummte stapfte vor uns her: »Es sind allerdings vier Kilometer in das Waldesinnere, hier gibt es Bären und Wölfe, also Achtung. Aber ihr habt ja jede eine Axt, und lange Sägen!«

Wir stapften durch hüfthohen Schnee, über zugefrorene Bäche und Wasserfälle, von denen meterdicke Eiszapfen hingen, durch unwegsames Gelände, die vereisten Äste der dicht stehenden Nadelbäume peitschten uns ins Gesicht, denn der Vorarbeiter ließ sie einfach zurückschnellen, nachdem er sie passiert hatte. Mit den Händen vor dem Gesicht versuchten wir, ihm so dicht wie möglich zu folgen. Im Zickzack arbeitete er sich den steilen Hügel hinauf, weit und breit war kein Pfad und kein Weg. Vor meinem inneren Auge pirschte sich hinter jedem Baum und Hügel ein Wolf heran, und manchmal dachte ich, wenn er uns fräße, hätte das Elend ein Ende. Aber dann ging mir unser Familienmantra durch den Kopf: Einer für alle, alle für einen. Wir durften Mutter und die Geschwister nicht im Stich lassen!

»Warum sollen wir so weit gehen, um Bäume zu fällen, man sieht ja den ganzen Wald vor Bäumen nicht?« Katja keuchte hinter mir her. »Vorsicht, der tief hängende Ast!«

»Sie machen das nur, um uns zu demütigen und zu quälen«, flüsterte ich über die Schulter zurück. »Einen Sinn hat das Ganze nicht.«

»Ruhe dahinten«, brüllte der Vermummte uns an. »Wenn ihr noch Kraft zum Reden habt, werdet ihr noch mehr Bäume fällen!«

Endlich blieb er stehen. Der keuchende Atem vor seinem Mund bildete ganze Wolkengebilde, die in die graue Morgendämmerung hinaufstiegen. »Diese vier Bäume hier, die fällt ihr heute.«

Die riesigen knorrigen Fichten waren bis zum Boden mit dicken wirren Ästen bestückt, an den Stamm war kein Rankommen.

Die Sägen, die er uns hingeworfen hatte, waren zweieinhalb Meter lang, außerdem vier kleine Äxte.

»Davon schaffen wir nicht mal einen!« Katja hatte Tränen in den Augen. »Das schaffen wir nie!«

»Die Bäume kann er selber fällen, der hat zu viele zu dicke Äste!« Eine der Russinnen demonstrierte uns mit Gesten, was der Vorarbeiter sie mal könne. »Der Baum da, da oben auf dem Berg, der da ganz alleine steht, den nehmen wir uns vor!«

Da sie offenbar eine bezahlte Arbeiterin war und keine Kriegsgefangene, hatte sie auf jeden Fall das Sagen. Wir kletterten zu sechst den Hügel hinauf und standen auf einer zugigen Anhöhe, auf der der wütend heulende Schneesturm uns in tausend kristallenen Eisnadeln ins Gesicht peitschte. Manchmal glaubte ich schon, ein Wolf oder Bär würde mir das Gesicht zerfleischen, ich konnte den Schmerz nicht mehr davon unterscheiden.

»Na los. Für den brauchen wir zwei Wochen!« Die Russin warf uns die Äxte hin.

Der Wucherbaum war so dick, dass wir sechs Frauen bei ausgestreckten Armen ihn nicht umfassen konnten! Aber er hatte unten keine Äste.

»Also, wir sägen jetzt den Baum ein, wie der Meister es uns erklärt hat. Sägen auch die andere Seite ein, hacken die eine Seite tief aus, damit der Baum eine Neigung zum Fallen bekommt.«

So erklärte und gestikulierte die Wortführerin uns ihr Vorhaben.

Ich sah es als ausgeschlossen an, dieses Monstrum jemals mit so lächerlich kleinen Äxten und zwei rostigen Sägen zum Fallen zu bringen.

Doch was blieb uns anderes übrig. Wir probierten es von allen Seiten aus: Einsägen, Aushacken, Einsägen, Aushacken, Stunden und Stunden, aber der Baum stand.

»Jetzt gehen wir nach Hause, es wird schon dunkel!« Die Russin befahl uns, das Arbeitsgerät mitzunehmen. »Ihr seid verantwortlich für die Werkzeuge. Die müssen in gutem Zustand beim Meister wieder abgegeben werden!« Und so schleppten wir auch noch die zwei großen Sägen und all die Äxte wieder mit zurück.

Im Nachtlager drängelten sich inzwischen schon doppelt so viele Menschen wie gestern.

Von überallher waren sie zu Waldarbeiten herangezogen worden, bei minus fünfzig Grad, möglichst weit weg von ihren mühsam errichteten Unterkünften und ihren Familien.

Wir saßen dicht gedrängt Schulter an Schulter auf dem nackten Fußboden und versuchten, mit den Fingern einen Wärmehauch des Feuers zu erhaschen. Unter den russischen Männern ging der Wodka herum, wir Frauen stopften uns die extra verdiente Scheibe Brot in den Mund. Mit geschlossenen Augen kaute ich an jedem Bissen mindestens zehn Minuten lang, bis sich der säuerliche harte kalte Teig mit Speichel endlich meine Kehle hinunterwürgen ließ. Schließlich lag das Gegessene wie ein Stein im Magen, aber mit kochend heißem *Tschai* spülte ich schlückchenweise hinterher. Katja machte es genauso. Wir klammerten unsere vor Kälte tauben Finger mit den zerlöcherten Handschuhen an unsere Blechtassen und starrten benommen in die Flammen, bis wir irgendwann erschöpft aneinandergelehnt einschliefen.

Drei Tage lang folgten wir den Befehlen der russischen Frau und sägten und hackten an diesem Monsterbaum herum, der nun schon von allen Seiten angesägt und angenagt war wie von einem riesigen Biber, sich aber nicht im Geringsten fällen lassen wollte.

Am vierten Abend im Quartier hörten wir die Russin damit

prahlen, was sie uns für eine Aufgabe gegeben hätte. Sie lachte mit ihrem Goldzahn und zeigte schadenfroh auf uns.

Zwanzig Minuten später polterte der Vermummte in den Raum: »Was höre ich da? Habt ihr euch etwa meinen Anweisungen widersetzt? Morgen zeigt ihr mir den Monsterbaum, der seit vier Tagen nicht fallen will!«

Wir schliefen gar nicht erst ein vor Angst. Am nächsten Tag schrie der Meister, den die Russinnen ganz stolz zu dem Monsterbaum geführt hatten: »Ja, seid ihr denn verrückt? Wollt ihr mich ins Gefängnis bringen? Wenn der kippt, seid ihr alle tot! Bleibt weg von dem Baum, los, rein da mit euch ins Geäst, wehe, eine rührt sich, ich hole Verstärkung!«

Mit klopfendem Herzen standen wir da im Dickicht, die Atemberge türmten sich vor unseren Gesichtern, jedes Knacken der eisigen Zweige jagte mir einen Schauer über den Rücken.

Denn hier im Dickicht wimmelte es laut Erzählungen der Russinnen von Wölfen und Bären, die nichts anderes im Sinne hatten als junges Menschenfleisch!

Auf der Lichtung oben war es zwar noch kälter, und es pfiff der Eiseswind, aber man hätte einen Wolf wenigstens kommen sehen.

»Los, kommt, das ist unser Baum, und wir machen uns so lange an ihm zu schaffen, bis er fällt!«

Die Russin hatte schon wieder das Kommando übernommen, und wir wussten nicht, was wir tun sollten. »Was ist, ihr wisst ja, worauf Arbeitsverweigerung steht?« Sie stapfte bereits voran und wies auf die beiden riesigen Sägen. »In eurer Haut möchte ich nicht stecken!«

Also gingen wir zu unserem standfesten Baum, den wir inzwischen längst ins Herz geschlossen hatten, sägten und hackten, sägten und hackten, sägten und hackten, einen ganzen weiteren Tag lang, bis es dunkel wurde.

Auf einmal fing der Baum an zu krachen und zu knirschen,

drehte sich ganz langsam wie ein Betrunkener, der sich nicht mehr auf den Beinen halten kann, torkelnd, stöhnend, knisternd, blieb dann aber immer noch stehen, trotzte unseren Sägen und Beilen, trotzte der Natur.

»Mein Gott, der wird doch nicht noch eine Nacht stehen bleiben?«

Erst blieb er lange still und starr, wir starrten auf die dünne Mitte, die wie eine viel zu eng geschnürte Taille ganz wund und mager wirkte. Bei der nächsten Sturmbö jedoch konnte sich unser lieber Baum nicht mehr halten. Ganz unheimlich schaurig knirschte und seufzte es, stöhnte und wimmerte, und dann fiel der Baum, ganz langsam wie ein wuchtiger Stier, der sich im Todeskampf noch einmal dreht, um dann schließlich schnaufend sein Leben auszuhauchen.

»Schnell weg! Vorsicht!«

»Er fällt in unsere Richtung!«

Der Aufprall knapp neben uns ließ ihn noch einmal zurückschnellen, er wand sich und schien sich erneut aufrichten zu wollen, die riesigen dicken Äste wirkten wie tausendfach verzweigte Flammen, die aus dem Fegefeuer züngelten. Sie wirbelten unter tosendem Krachen und infernalischem Seufzen aus dem Inneren des Stammes meterhohe Schnee- und Staubwolken auf und hüllten schließlich den Gefallenen in graue, eisige Fontänen.

Wir pressten die Fäuste vor die Münder und starrten mit einer Mischung aus Ehrfurcht, Entsetzen und purer Angst auf dieses gewaltige Naturereignis. Noch lange bebte die Erde nach. Wenn ein Wolf in der Nähe gewesen war; den hatten wir für immer vertrieben.

»Na bitte«, schrie die Russin begeistert. »Nun haben wir es doch allein geschafft! Der Vorarbeiter kann scheißen gehen!«

Sie tanzte mit der anderen Russin begeistert im Kreis herum, und wir vier deutschen Mädels wussten nicht, ob wir uns freuen oder schämen sollten.

Plötzlich krachte es im störrischen Geäst, und der Meister kämpfte sich durch das eisige Dickicht.

»Ihr habt es wirklich geschafft!« Weiße Atemwolken hüllten sein vermummtes Gesicht komplett ein. »Sechs kleine Frauen haben das wirklich geschafft!«

Endlich löste er seinen Blick von dem Monsterbaum: »Ist euch auch nichts passiert, seid ihr unverletzt?«

»Ja, Meister. Alles in Ordnung.«

»Dann geht jetzt nach Hause. Ihr habt für den Rest der Woche frei. Das reicht, ihr habt mehr getan, als ich euch je aufgetragen habe.«

»Nein, wir bleiben.« Die zähe Russin blieb hart. »Den haben wir gefällt, und jetzt zerlegen wir den Teufel.«

Oh, wie gern wären Katja und ich für ein langes Wochenende nach Hause gelaufen, zu unserer Mutter, zu unseren drei kleinen Geschwistern! Aber wir hatten nichts zu melden. Die Russin hatte offensichtlich ein persönliches Hühnchen mit dem Vorarbeiter zu rupfen, und das leider auf unsere Kosten. Was wollte sie dem Mann beweisen?

Jeder Baum musste laut den Anweisungen des Meisters in einer Länge von sechseinhalb Metern zugeschnitten werden. »Los, ihr deutschen Mädchen. Denkt ja nicht, ihr könntet euch jetzt auf die faule Haut legen!«

So packten wir vier deutschen Zwangsarbeiterinnen die zwei langen rostigen Sägen und begannen, den dicken Stamm zu zersägen. Doch plötzlich steckten die Sägen im Holz, wir bekamen sie nicht mehr vor und zurück. Aus unseren Handflächen quoll längst das Blut. Tränen schossen mir in die Augen: Wie sehr wollten sie uns denn noch quälen? Das Blut klebte an den rostigen Werkzeugen, unsere aufgeplatzten Hände konnten sie nicht mehr herausziehen.

»Die müsst ihr am Abend in der Unterkunft abgeben, ihr seid

verantwortlich für das Werkzeug«, giftete die Russin uns an. »Wehe, ihr behandelt die Werkzeuge nicht gut!«

»Wir versuchen es ja, aber die Sägen stecken fest!«

»Weiter versuchen!«

Wir mühten und plagten uns stundenlang, doch wir konnten nichts mehr ausrichten.

Es half nichts, wir stapften bei Einbruch der Dunkelheit ohne die Sägen zurück ins Nachtlager. »Auf Veruntreuung von Staatseigentum steht ein Jahr Gefängnis«, zischte die Russin uns zu. Wir spürten unsere Beine nicht mehr, und unsere Hände sahen aus wie blutige Fleischstücke. Doch mir war inzwischen alles egal. Ich glaubte nicht daran, jemals lebend aus dieser eiskalten Waldhölle zu kommen.

»Meister, die Deutschen haben die Sägen kaputt gemacht«, schwärzte uns die Russin an, sobald wir die Bretterhütte erreicht hatten.

»Sie stecken im Baum fest«, gestikulierten wir unter Tränen und zeigten unsere Hände.

»Ihr deutschen Mädchen macht mich krank«, lallte der Meister, der schon dem Wodka ordentlich zugesprochen hatte. »Erst fällt ihr den Teufelsbaum, den noch niemand hier je zu fällen vermocht hat, und dann lasst ihr die Sägen darin stecken!«

Laut grölend erzählte er die Geschichte seinen Kollegen, die darauf in schallendes Gelächter ausbrachen. »Ja, die deutschen Mädels, die geben nicht auf!«

»Solche Frauen sind gut für die Ehe! Mit denen kann man zwanzig Kinder machen, und sie beklagen sich nicht!«

Er kam mir mit seinem alkoholgeschwängerten Atem so nahe, dass ich schon das Schlimmste befürchtete. Doch er lallte mir ins Ohr: »Morgen ist Freitag, wartet, bis alle bei der Arbeit sind, und dann geht ihr nach Hause. Die russische Schlampe hat euch nichts zu sagen. Die will sich nur mit mir anlegen, aber der werde ich es schon zeigen. Die zieht morgen die Sägen eigenhändig heraus, und wenn ich ihr Feuer unter dem Hintern machen muss.« Er erhob sich schwankend, um hinter der Hütte seine Notdurft zu verrichten, und lallte im Weggehen: »Ihr habt mehr geleistet als je jemand vor euch, und für den Rest des Winters könnt ihr wieder vor eurer Hütte Brennholz hacken.«

OSJORKE, SIBIRIEN

Mai 1947

Lydia, wasch dir die Hände, du sollst sofort ins Büro des Kommandanten kommen!« Mutter stand schon ganz aufgeregt vor unserer Hütte, als Katja und ich mit den anderen Mädels vom Heumähen nach Hause kamen. Fünf Monate waren seit der Sache mit dem Teufelsbaum vergangen, und wir kämpften wieder den Schnaken- und Stechmückenkampf. Aber das war paradiesisch gegen die Waldhölle vom letzten Winter. Mein Herz setzte aus, als ich das Wort Kommandant hörte. Mit zitternden Händen lehnte ich die Sense und die Forke gegen die Wand der kleinen Hütte und wusch mir schnell die Hände an unserem Brunnen. Auch Katja war unter ihren zahlreichen Mückenstichen und zerkratzten Schürfwunden ganz weiß im Gesicht.

»Oh Gott, Mutter, was hat Lydia denn angestellt?«

»Der Natschalnik kommt doch sonst immer selbst vorbei, wenn es was zu besprechen gibt?«

Vor lauter Angst fing ich an zu weinen. Zum Kommandanten bestellt zu werden, konnte lediglich Schlimmes bedeuten. Der Kommandant verhängte harte Strafen, wenn man sich nur das Kleinste hatte zuschulden kommen lassen! Wie oft war uns mit einem Jahr Gefängnis gedroht worden, für die geringste Nichtigkeit!

»Ich weiß schon«, schluchzte ich, und meine Beine wollten in sich zusammensacken.

»Es ist das Gedicht!«

»Welches Gedicht?!« Mutter hob entsetzt eine Augenbraue. Ihr werdet doch keine Schmähverse auf die Sowjetunion oder einen wichtigen Vertreter des mächtigen russischen Großreiches verbreitet haben?

»Nein, Mutter, die Lydia hat nur ein Gedicht über unsere Arbeit gemacht, und wir haben es beim Sensenschwingen gesungen.«

»Du liebe Zeit …« Mutter schlug die Hände über dem Kopf zusammen. »Sag schnell, wie geht es?«

Unter Schluchzern sangen wir es der Mutter vor.

»Mit Ho Ruck schwenken wir Mäher die Sense
Und laufen der anderen nach wie die Gänse.
Beim Sensensetzen dürfen wir nicht hetzen
Denn wenn man an die Schneide kommt beim Wetzen
Kann man sich ganz schlimm die Hand verletzen.
Als junger Mäherin ist es jeder schon mal passiert
Dann haben die roten Tropfen das Gras geziert.
Kein Arzt weit und breit, um zu ihm zu gehen,
das würde auch keiner von uns zustehen.
Doch gibt's im grünen Gras ein Wunderblatt
Das für jede Wunde die richtigen Tropfen hat.«

Schuldbewusst und stockend vor Schluchzern brachten wir mein etwas holpriges Gedicht zu Gehör. Die Kleinen waren ganz begeistert und wollten es noch mal hören.

Sie verstanden den Ernst der Lage wohl nicht.

»Es ist mir beim Arbeiten einfach so eingefallen, und ich wollte uns allen den Tag damit ein bisschen versüßen, weiter nichts! Wir haben ein bisschen gesungen und gelacht dabei …«

»Ihr habt gelacht?« Mutter drückte mich tröstend an sich. »Meinst du, es ist dem Kommandanten zu Ohren gekommen? Und er wertet es als politische Hetze oder Aufstand oder so was?«

Mir zitterten die Beine, und in meinen Ohren sirrte ein hässlicher Pfeifton. »Ich will nicht ins Gefängnis deswegen! Wenn ich als Arbeitskraft ausfalle, habt ihr nur noch Katja …«

Mutter rieb mir mit dem Schürzenzipfel die Tränen ab und nahm mich bei der Hand. »Weißt du was, Kind? Ich gehe jetzt mit dir. Wenn es wirklich so ist, dann verteidige ich dich. Du kannst ja kaum Russisch, und ich werde bezeugen, dass du keinerlei politische Absichten hast. Du bist ja noch ganz blutjung.«

Mit rasendem Herzklopfen und einem Dauerrauschen zwischen den Ohren stapfte ich neben Mutter her, fünf Kilometer ins Dorf Osjorke. Mein Mund war wie ausgedörrt, und meine Knie wollten bei jedem Schritt einknicken vor Angst. Ununterbrochen peinigten uns die sirrenden Quälgeister, die ich kaum noch wahrnahm.

»So, atme tief durch, Kind, wir stehen das jetzt gemeinsam durch.«

Mutter strich mir über den Arbeitsdrillich und zupfte mein Haar unter dem Kopftuch zurecht.

»Binde dir dein Kopftuch neu und hör auf zu heulen.«

Ich atmete tief durch und straffte mich. Lieber Gott, steh mir bei.

Drinnen im Büro, das inzwischen mit einem Tisch und Stühlen ausgestattet war, saßen der Kommandant, der Natschalnik und ein gut aussehender junger Mann von ungefähr dreißig Jahren, auf knarrenden Holzstühlen. Mit strengen Blicken musterten sie uns.

»Guten Tag, die Herren«, grüßte Mutter höflich auf Russisch. »Ich möchte ausdrücklich das Verhalten meiner Tochter entschuldigen. Falls sie etwas Unpassendes gesagt oder gesungen hat, so war das nicht ihre Absicht. Ich werde ihr erklären, wie man sich zu benehmen hat.«

»Halten Sie den Mund«, fuhr der Kommandant dazwischen. »Es geht hier nur um Ihre Tochter. Sie haben hier nichts zu melden.«

Mir lief der Angstschweiß den Rücken hinab, und ich blickte demütig auf meine Schuhe.

Der Natschalnik nahm seine Pfeife aus dem Mund und wies damit auf mich: »Das ist die junge Frau, die ich Ihnen vorgeschlagen habe.«

Sofort durchfuhr meine ohnehin in heller Panik befindlichen Gehirnzellen ein Stromschlag. Es ging nicht um das Spottlied, sondern sie wollten mich … ich sollte den jungen Russen … sie hatten doch gesagt, Frauen wie mich könne man heiraten und ihnen zwanzig Kinder machen … oh Gott, bitte nicht! Das würde mich von meiner Familie wegbringen, und sie könnten ohne mich nicht überleben! Ich würde meine Familie nie wiedersehen! Der junge Russe würde mich … oh nein, das wollte und konnte ich mir nicht vorstellen.

Meine Schläfenadern pulsierten, eine innere Zange drückte meine Schläfen zu. Ich sah grüne Mücken vor meinen Augen tanzen.

»Also, kommen wir gleich zur Sache.« Der junge Russe in Uniform stand auf, verschränkte die Hände auf dem Rücken und schritt einmal um mich herum. Er betrachtete mich wie ein Viehhändler eine junge Stute. »Sie wirkt stabil«, brummte er und nickte zufrieden. »Sie scheint mir tauglich.«

»Bitte, meine Herren, sie ist doch viel zu jung, noch nicht mal zwanzig!« Mutter rang flehentlich die Hände. »Wir brauchen sie dringend, die Kleinen können uns noch nicht ernähren …«

»Halten Sie den Mund«, bellte der junge Russe im Kommandoton. »Das geht Sie gar nichts an! Oder wollen Sie für ein Jahr ins Gefängnis?«

Mutter schwieg geschockt. Sie rang die Hände und versuchte, das Zittern ihrer Finger zu unterdrücken, indem sie sie unter die Kittelschürze steckte.

Der junge Russe sprach auf Mutter ein. »Hier in diesem Betrieb gibt es viele kranke Tiere, die vernachlässigt wurden und alle gereinigt und verarztet werden müssen. – Übersetzen Sie das!« Mutter übersetzte es mir.

»Er scheint hier der Tierarzt zu sein, und du seine neue Helferin.«

Eine Mischung aus Erleichterung und erneuter Panik breitete sich in mir aus.

»Ich habe die alte Veterinärin entlassen, sie hat die Viecher verwahrlosen lassen.« Mutter übersetzte.

Der Russe hielt mir seinen Zeigefinger direkt zwischen die Augen: »SIE sind von nun an die neue Veterinärin und ab jetzt für alle Tiere der Kolchose verantwortlich.«

Als Mutter mir das übersetzte, hörte ich ihre Erleichterung, aber auch neue Besorgnis heraus.

»Also du bist nicht seine Helferin, sondern du musst jetzt allein …« Sie schluckte.

»So, kapieren wir es jetzt? Ich habe nicht viel Zeit, ich möchte Ihnen alles zeigen, was Sie zu tun haben.« Der junge Russe nahm mich bei der Schulter und schob mich vor sich her. Der Natschalnik lief dienstfertig hinterher, und der Kommandant schnauzte meine Mutter an, ob sie nichts anderes zu tun habe, als hier Maulaffen feilzuhalten. Daraufhin rannte sie hastig nach Hause.

»Hier entlang, da sind die Ställe, in denen alle kranken Tiere sind.«

Der junge Russe, der sich als Tierarzt dieser Kolchose herausgestellt hatte, schob mich in einen übel stinkenden dunklen Gang hinein, von dem seitlich unzählige verrostete, kotbeschmierte Gitterstäbe abgingen. Hinter jedem Gatter lagen oder vegetierten in ihren Exkrementen kranke Kühe, Kälber, Pferde, Schweine und Schafe vor sich hin. Der Gestank war atemberaubend, aber mein Mitleid für die armen Kreaturen noch größer. Sie wiesen offene Wunden auf, waren übersät von Ungeziefer und konnten kaum noch kraftlos mit ihren Schwänzen oder Rüsseln den schwarzen Fliegenschwärmen trotzen. Das Stroh, in dem sie lagen, war bestialisch stinkende schwarze Gülle, und Ratten und anderes Ungeziefer huschten hindurch und piesackten die armen Tiere. Bei lebendigem Leibe wurden sie von den frechen Ratten angenagt! Ihre Schmerzensschreie, das elendigliche Grunzen und Quieken malträtierten mein tierliebes Gemüt. Früher hatte ich doch mit Vater …

»So, Genossin Groß. Hier ist der Schlüssel zum Arzneischrank.« Der russische Tierarzt warf mir einen weißen Kittel zu. »Dann mal los. Ich traue es Ihnen zu, dass Sie hier Ordnung und Sauberkeit reinbringen, und wenn ich in zwei Wochen wiederkomme, sieht es hier bestimmt schon ganz anders aus.«

Damit drehte er sich um, und weg war er. Draußen sprang er auf sein Pferd und galoppierte davon.

Fassungslos starrte ich den Natschalnik an.

»Ja, Genossin Groß, ich habe ihm so von Ihnen vorgeschwärmt, dass Sie mich jetzt keinesfalls blamieren dürfen!« Er schob wie immer, wenn er ratlos war, seine Mütze in den Nacken und begutachtete das stinkende Chaos modernder Morbidität. Russische Flüche ausstoßend, schob er verrostete Gülleeimer, Mistgabeln und den völlig eingekoteten Wasserschlauch zur Seite, an dem schon Mäuse nagten: »Da haben Sie aber was zu tun!«

Damit verließ er mich. Nun stand ich allein in dem riesigen dunklen Stall, in dem die armen Viecher um ihr Leben blökten, schrien und keuchten, und in dem die schwarzen Fliegenschwärme surrten und das Rattenvolk sich tummelte.

Als Erstes brachte ich den Wasserschlauch wieder zum Einsatz und spritzte den größten Dreck aus den Ställen. Dann gab ich den armen Tieren frisches Wasser zu trinken. Quiekend und grunzend balgten sich die Schweine und Ferkel um jeden einzelnen Tropfen aus dem Schlauch. Sie schienen ihr Glück gar nicht begreifen zu können.

»Immer mit der Ruhe, ihr kriegt ja alle was!«

Gerne hätte ich gesagt; stellt euch alle in einer Reihe auf, der Größe nach. Aber es war ein Toben und Rangeln, ein Grunzen und Stoßen, ein Quietschen und Beißen, dass ich mich selbst kaum in Sicherheit bringen konnte. Immer wenn zwei Tiere zusammenstießen, stieg eine meterhohe Staub- und Dreckwolke auf, aus der Flöhe und Wanzen stoben, sodass ich heftig husten musste.

Stundenlang war ich damit beschäftigt, die armen Kreaturen zu säubern und zu tränken. Dabei wurde ich nicht nur einmal regelrecht umgehauen oder zu Boden getreten, und mein weißer Kittel war nach kurzer Zeit genauso verdreckt wie die rangelnden Viecher. Die blauen Flecke an meinen Hüften und Beinen waren gar nicht mehr zu zählen.

Der Natschalnik, der zum Glück alsbald vom Pfeiferauchen zurückkam, schleppte mir eine alte verbeulte Zinkbadewanne herbei: »Du musst die Schweine zweimal in der Woche baden und sie dann mit Salbe einreiben, dann wirst du der Seuche Herr!« Er drehte und knetete seine Kappe in der Hand und schaute zu mir herab, wie ich wieder einmal auf dem nassen Boden saß und mir das Hinterteil rieb.

Ich sah ihn von unten hockend von der Seite an und dachte mir: Hättest du mal uns zweimal in der Woche baden lassen, als wir die Krätze und Läuse hatten!

»Und hier hast du Desinfektionsmittel!« Der Natschalnik kramte ein Päckchen aus seinem Drillich. »Du musst täglich damit die Ställe ausspritzen. Weißt du, wie das geht?« Er nahm meine Hände, half mir auf und führte mich zu einem stinkigen Trog. »Du schüttest das zusammen mit Wasser in einen Eimer, im Verhältnis eins zu zehn…«

Er hatte mir aufgeholfen! Er hatte Respekt vor mir! Er mochte mich sogar!

»Ich weiß, Genosse Natschalnik. Geben Sie mir das, ich mach das schon.« Sein Wodka- und Knoblauch-Geruch, vermischt mit Schweiß und den Ausscheidungen der Tiere, war nicht zu ertragen.

Zum Glück hatte ich keine Angst vor Tieren, denn ich war ja schon zu Hause in der Ukraine Vaters Stallknecht gewesen. Und ich ekelte mich auch nicht vor deren Hinterlassenschaften.

Die Stalltür knarrte und kreischte in ihren rostigen Angeln, und trippelnde Schritte von Holzpantinen malträtierten das morsche Holz.

»Ist hier die neue Fräulein Doktor?« Eine alte Frau mit Kopftuch kam atemlos in den Stall gelaufen. »Meine Kuh kalbt, es geht nicht vor und nicht zurück, Sie müssen mit mir kommen und helfen!«

Es war schon spät am Abend, und ich hatte mich danach gesehnt, endlich zu Mutter und meinen Geschwistern in unsere Hütte zu kommen. Auch wollte ich mich mit frischem Wasser aus unserem selbst gebauten Brunnen abwaschen und endlich meine Schüssel Brei essen!

»Ja, das ist unsere neue Fräulein Doktor, nehmen Sie sie gleich mit!« Der Natschalnik riss mich von meinen Viechern weg und schob mich mit dem alten Mütterchen zur Stalltür hinaus. »Geh nur, Fräulein Groß, ich räume das hier auf.«

Mein Gott, mir wurde schlecht vor Angst, als ich neben der alten Frau hertrabte, die keinen einzigen Zahn mehr in ihrem Mund hatte und mir mit panischen Gesten völlig unverständliches Kauderwelsch zurief. In ihrem erbärmlichen Bretterverschlag stand ihre einzige Kuh brüllend und trat vor Schmerzen von einem Hinterbein auf das andere. Zwei magere Beinchen des Kälbchens hingen schon halb heraus, dazu eine große nasse Blase voller Fruchtwasser, die jeden Moment zu bersten drohte. Es war also allerhöchste Zeit.

Die alte Frau schrie mich an, dass ich doch etwas tun solle, sonst stürbe ihr die einzige Kuh!

»Lieber Gott, hilf mir, dass alles gut geht«, flehte ich innerlich, hockte mich auf den einbeinigen Melkschemel und schob meine Arme bis zu den Schultern in die Kuh hinein. Sie brüllte und schlug mit dem Schwanz nach mir und trat aus, und die Alte hielt die Kuh bei den Ohren und schrie zahnlos etwas auf Russisch hinein, und mir war so schlecht vor Angst und vor Hunger, denn ich hatte den ganzen Tag noch nichts gegessen, aber irgendwann kam ein Schwall von Fruchtwasser und Blut und anderen Ausscheidungen in einem riesigen Strahl und prasselte mir mitten ins Gesicht, aber ich konnte das Kälbchen mit herausziehen. Da lag es zuckend im Stroh, ich hatte es geschafft! Die alte Frau freute sich unbändig und reichte mir einen schmierigen Lappen, mit dem ich mir wenigstens die Augen wischen konnte.

Die Frau lachte mich aus, ich verrieb schließlich gerade den Inhalt der Kuh auf meinem Gesicht! Ich zog noch die Nachgeburt heraus, wie ich es immer bei Vater gesehen hatte. Gemeinsam rieben wir das Kälbchen trocken, und dann rannte sie in ihren Verschlag jenseits des Stalles und kam mit einer Blechschüssel wieder, in der etwas Braunes klebte. »*Chleb, chleb*«, munterte sie mich auf und machte mir vor, wie ich mit den Fingern das feuchte warme Brot aus der Schüssel nehmen sollte. Ein unbeschreiblicher Duft stieg daraus hervor, und mein Magen zog sich vor Wonne und Vorfreude zusammen wie ein Schwamm.

»Darf ich mir vorher die Hände waschen?«, gestikulierte ich bittend.

»Ah, ja, natürlich, Fräulein Doktor …« Sie zeigte mir, wo ich zwar abgestandenes, aber immerhin Wasser finden konnte, in einer ranzigen Blechschüssel neben dem Herd auf dem Boden.

Und während die Mutterkuh inzwischen beruhigt und glücklich ihr Kälbchen abschleckte, schleckte ich heißhungrig den wohl köstlichsten Brotteig aus der Schüssel, den ich seit unserer Verschleppung bekommen hatte.

»Na, das sieht ja alles sehr manierlich aus! Nicht wiederzuerkennen!« Der junge Tierarzt, der sich den ganzen Sommer nicht mehr hatte blicken lassen, inspizierte die Ställe, die zwar nicht vor Sauberkeit blitzten, aber im Rahmen meiner Möglichkeiten gepflegt aussahen.

»Die Tiere sind so weit wieder gesund.«

»Ich habe mein Bestes getan, Genosse Tierarzt.«

»Na, dann ist es ja gut. Kommen Sie, Doktor …« Er wies einem älteren Mann mit einer Petroleumlampe den Weg in das Innere der Katakomben. »Hier ist die junge Frau, von der ich Ihnen erzählt habe.« Ich war inzwischen zwanzig Jahre alt geworden. »Die junge Deutsche kann zupacken und schreckt vor nichts zurück.«

»So, dann machen wir uns jetzt mal ans Kastrieren. Ich bin ebenfalls Russlanddeutscher, und du kannst Onkel Johann zu mir sagen.«

Endlich hörte ich mal vertraute deutsche Töne, aber ich glaubte trotzdem, meinen Ohren nicht zu trauen. »Kastrieren …?«

»Ja, das machen wir heute den ganzen Tag. Ich zeige es dir, du wirst meine Handlangerin sein, und wenn du verstanden hast, wie es geht, machst du ab morgen allein damit weiter.«

Der Tierarzt hatte sich schon den jungen Stieren genähert, die plötzlich in schlimmer Vorahnung wie von Sinnen brüllten und um sich traten.

»Nein, das kann ich nicht, wirklich, bitte, ich habe schon so viel gemacht, aber das schaffe ich nicht …«

»Keine Tränen, keine Widerrede, das Wort ›nein‹ gibt es hier in Sibirien nicht! Das solltest du inzwischen begriffen haben!« Onkel Johann band dem ersten Stier die Hinterbeine mit einem Strick eng zusammen und schnippte schon mit den Fingern. »Halt den Schwanz hoch … Messer, Skalpell …?« Zitternd reichte ich ihm die gewünschten Werkzeuge, während ich mit der anderen Hand den wild zuckenden Schwanz hochhielt. Der Bulle brüllte wie am Spieß und trat um sich. Vor lauter Angst ließ der junge Stier erst mal einen schwarzen Strahl aus seinem After schießen, der mir dampfend auf die Füße prasselte. Es waren ja schon wieder Minusgrade hier im schönen Sibirien.

Ich biss die Zähne zusammen und beobachtete aus nächster Nähe, wie der alte Tierarzt dem Bullen beherzt in die Hoden griff, begleitet von entsetztem Brüllen, Stampfen und Schnauben des Tieres, das wie von Sinnen um sich trat. Während er mit der riesigen Rohrzange die Hoden abklemmte und einen gekonnten Schnitt mit dem Skalpell vollzog, wandte ich rasch den Blick ab und stieß ein zischendes Geräusch aus. Der Stier brüllte um sein Leben und versuchte, um sich zu treten, was ihm aber in seiner misslichen Lage nicht gelang. Aus seinem schaumigen Maul stiegen Dämpfe auf, seine Augen quollen fast aus seinen Höhlen, und das Brüllen zerriss mir fast das Trommelfell.

»Los, worauf wartest du, reich mir eine Schüssel …« Der Tierarzt riss mit geübten Griffen den Hoden aus dem Hodensack. »Zange! – Ja, schau schon hin, du musst es ab morgen selber machen! Hier, ich unterbinde die Blutzufuhr, und jetzt werden die Hoden abgeklemmt, bis sie abfallen. Halt die Schüssel darunter, damit das Wundsekret abfließen kann.«

Mit Brechreiz kämpfend, kniete ich tapfer unter dem brüllenden und stampfenden Tier.

»So, du wirst sehen, aus einem kämpferischen Bullen wird ein friedlicher Ochse.«

Der alte Arzt klopfte sich das Stroh vom Kittel und half mir schließlich auf die Beine. »Gar nicht so schlecht für den Anfang, junges Fräulein. Du hast gar nicht gekotzt. Schau, das fehlende Testosteron macht die wilden Stiere bald ganz friedlich, Bullen fechten ja gerne mal Rangkämpfe aus, Ochsen sind entspannt.

Und die braucht ihr hier ja schließlich für eure Feldarbeit, nicht wahr?«

Stunden später saßen wir ermattet auf zwei Melkschemeln an die Wand des Stalles gelehnt, sicher schon ein Dutzend ehemals wilder Stiere waren der Kastration durch den alten Johann und meine Wenigkeit zum Opfer gefallen. Wir bliesen in unseren *Tschai* und wärmten uns an den Blechnäpfen die Hände. In unseren Gesichtern klebten Reste von Blut, Bullenurin und anderen Sekreten, die die Biester in ihrer Not von sich gegeben hatten.

»Deine Hände sind rissig und bluten, du solltest sie mit einem jodhaltigen Mittel desinfizieren, bevor du morgen selber loslegst.« Der alte Johann kippte sich Wodka in seinen Tee. »Aber für den Anfang hast du dich recht geschickt angestellt. Immerhin sind solche Viecher gerne mal siebenhundert Kilo schwer.« Er spähte über seinen Tassenrand: »Und du wahrscheinlich keine fünfzig.«

»Na, Johann, wie stellt sich unsere neue Fachkraft an?« Der Russe kam aus dem Nachbarstall zurückgestapft und genehmigte sich ebenfalls ein paar Schlucke wärmenden Wodka.

»Sie hat alles kapiert.«

»Na dann.« Der Russe wies auf einen letzten Verschlag, hinter dem sich ahnungsvoll die jungen Stiere schnaufend gegenseitig mit den Hörnern stießen und auf die Hufe traten. Schillernde Schmeißfliegen umsurrten ihre riesigen Haufen, die sie in ihrer Not klatschend unter sich gelassen hatten. Auch strullerten sie im harten Strahl dampfend und angstvoll gegen die Wand. Ich ahnte, wie sie sich fühlten.

»Das sind die Jüngsten, die haben wir für dich übrig gelassen.« Der Doktor trank seinen Tee aus.

»Aber ich kann nicht … bitte, ich kann es nicht alleine!«

»Keine Widerrede, du weißt doch, das Wort ›nein‹ gibt es in Sibirien nicht!«

Der Russe wusch sich die Hände und drückte mir das Skalpell in die Hand. »Los, probiere es, wir sind deine Handlanger.« Mit einer auffordernden Kopfbewegung dirigierte er mich hinter den ersten Stier. »Was tust du als Erstes?« Er nahm einen Schluck Wodka.

»Ihnen die Hinterbeine zusammenbinden?«

»Ja. Dann tu es, statt zu heulen.«

Der alte Johann half mir bei den ersten beiden Stieren noch ein wenig, aber dann musste ich es wirklich ganz alleine machen. Der Schwanz flog mir nur so um die Ohren. »Den Schwanz musst du gleich mit den Hinterbeinen zusammenbinden. Kleiner Tipp vom alten Haudegen.«

Das versuchte ich. Schließlich war es gelungen, ähnlich wie bei den Garben auf dem Feld.

»So, die letzten beiden Biester überlassen wir dir. Komm, Johann, genehmigen wir uns noch einen aus der Feldflasche.«

Es ging auf Mitternacht zu, und im Stall herrschten bereits dreißig Grad minus, als wir alle neunzig Stiere kastriert hatten. Die letzten beiden hatte ich ganz alleine geschafft.

»Gutes Fräulein!« Der Russe tätschelte mir die schmerzende Schulter. »Gutes deutsches Fräulein! Kann viele Kinder kriegen.«

Und der alte Johann half mir sogar aus dem blutverschmierten Kittel: »Du hast es schnell begriffen, Lydia. Du wirst sehen, das ist mal ein zusätzliches Stückchen Brot für dich und deine Familie. Weißt du, was du heute gelernt hast, das kann dir keiner wieder nehmen.«

OSJORKE, SIBIRIEN

Juni 1948

»Liebe Familie Groß, heute bringe ich euch eine traurige Nachricht.«

Der Natschalnik stand schon im Morgengrauen vor unserem Hüttchen und drehte verlegen seine Mütze in der Hand. Der Schweiß stand ihm im Nacken und auf der Stirn.

Im ersten Moment erstarrte ich, und mein Herz setzte aus: Der Vater ist tot. Jetzt ist es gewiss. Doch natürlich wusste er nichts vom Vater, und es hätte ihn auch nicht interessiert.

»Ihr werdet alle verlegt in einen weit entfernten Waldbetrieb, ich weiß nicht, wohin! Ich werde euch vermissen, ihr wart die fleißigsten und tüchtigsten Zwangsarbeiter, die wir je hatten.«

Wie erstarrt standen wir vor ihm: Mutter, Katja, ich und die drei kleinen Geschwister. Die anderen waren gerade im Begriff gewesen, aufs Feld zu gehen, während ich die umgekehrte Richtung nach Osjorke in die Viehställe aufbrechen wollte.

»Ja, es ist ein Befehl von der Kommandantur; ihr könnt hier nicht mehr wohnen. Es kommen Russen, bezahlte Arbeiter, für die habt ihr all das hier gebaut.«

Mir fiel das Herz auf die Füße: unser kleines, mit solcher Mühe und Fleiß erbautes Häuschen, das wir zwei Winter und einen Sommer lang bewohnt hatten, sollte nun von einer anderen Familie bewohnt werden?

Und unser Brunnen, siebenundzwanzig Meter tief, an dem wir fünf Monate lang gebaut hatten, sollte nun für andere Menschen von Nutzen sein? Mir wollte das Herz brechen, aber es half kein Heulen und kein Jammern.

»Ja, geht nur hinein und packt eure Sachen, in einer Stunde fährt ein Lastwagen vor, der holt euch alle ab.«

Der Krieg war seit drei Jahren aus, aber ich wagte nicht, einen Zipfel Hoffnung zu erhaschen, dass wir vielleicht nach Hause dürften. Und wo war denn überhaupt noch unser Zuhause?

Unter Weinen und Wehgeschrei folgten die anderen seinem Befehl, während ich mit dem Natschalnik in die Ställe laufen musste: »Der Arzt will eine Bestandsaufnahme machen, ich hoffe für dich, dass alles in bestem Zustand ist!«

Verwirrt und verstört rannte ich hinter ihm her. Wir hatten uns inzwischen mit diesem Leben halbwegs arrangiert! All das, was wir uns hier so mühsam aufgebaut hatten, mit unseren bloßen Händen, sollte wieder in fremde Hände kommen? Und was würde aus uns werden?

Der junge Tierarzt stand schon da und forderte die Schlüssel zum Arzneischrank.

»Deutsches Fräulein, gute Arbeit, ich habe schon gesehen, dass alle Tiere gesund und die Ställe blitzsauber sind.«

»Ja, da kann man sehen, was deutsche Ordnung heißt.« Der Natschalnik weidete sich sichtlich an seinem Lob und seiner Anerkennung. »Ich habe Ihnen damals ja gesagt, dass ich die Richtige für Sie weiß!«

»Dann bist du hiermit von deinem Posten als Veterinärin enthoben.« Der junge Tierarzt hatte einen ganz amtlichen Ton drauf, wendete sich um, und ich war ihm keines Blickes mehr würdig.

»So, Lydia, nun lauf schon und spring auf den Lastwagen, bevor er ohne dich fährt!«

Wie ich bemerkte, waren es sämtliche deutschen Familien, die abgeholt wurden! Wir hatten hier unter härtesten Mühen mit bloßen Händen etwas aufgebaut, und nun würden es die Russen nutzen.

Weinend verabschiedeten wir uns von den Menschen, mit denen wir doch seit zweieinhalb Jahren auf engstem Raum zusammengelebt und gearbeitet hatten. Die russischen Bewohner wünschten uns wieder *Hleb sa Solju*, Brot und Salz, für den neuen Platz, wo immer der auch sein würde.

»Hier habt ihr dreißig Kilo Hafermehl, das wäre eure nächste Wochenration gewesen.« Keuchend wuchtete der Natschalnik einen Sack zu unseren Habseligkeiten auf den Lastwagen, auf dem wir zwölf deutschen Familien nun eng zusammengequetscht saßen. Wir alle weinten und schluchzten in unsere Ärmel, wussten wir doch nicht, in welches neue Jammertal der Lastwagen uns bringen würde!

Vorbei an unserem Feld, das wir beackert und besät hatten, vorbei an dem kleinen Grundstück, das der Natschalnik uns überlassen hatte, welches wir mit so viel Liebe gehegt und gepflegt hatten und in dessen Erde »unsere« geheimen Kartoffeln wuchsen! Würden nun die Russen sie ernten?

Nach Stunden rumpelnder Fahrt auf offenem Lastwagen kamen wir in einen großen trostlosen Ort, der von endlosen Reihen grauer Baracken umsäumt war.

»Osero-Petrowski«, stand an der Wand eines hässlichen Betriebsgeländes, in dem Tausende von Baumstämmen aller Größe und Dicke und aller Art aufgestapelt lagen. Kilometerweit sah man nichts als Baumstämme. Und Arbeiter, unzählige deutsche Zwangsarbeiter, Männer wie Frauen, junge Burschen und Mädchen in unserem Alter, die seit 1945 hier Baumstämme schleppten, aufstapelten und mithilfe von primitiven Flaschenzügen auf eiserne Loren luden, deren Schienen bis zu einem riesigen Umschlagbahnhof führten. Es war ein Gewirr von Holzstößen, Menschen, Kränen und Pferdewagen.

»Lydia, ein großes Dorf!« Katja stieß mich in die Rippen. »Das heißt, viele Menschen, viele Deutsche, viele junge Leute in unserem Alter! So schlimm wie bisher kann es gar nicht werden!« Sie machte eine ausladende Handbewegung über das riesige Barackenlager.

»Da gibt es sogar Geschäfte, hast du gesehen? Vielleicht können wir irgendwann was kaufen!«

»Womit denn? Wir bekommen kein Geld für unsere Arbeit. Schon vergessen?« Ich schluckte einen dicken Kloß herunter und wischte mir hastig über die Augen. Überall schufteten unterernährte Menschen, deren Schläfenknochen hervorstanden, in abgewetzten Arbeitsanzügen wie Lasttiere, während russische Aufseher mit Schlagstöcken sie laut brüllend zur schnelleren Arbeit antrieben.

»Da sind die Neuen! Alles runter vom Wagen, Gepäck mitnehmen, aber schnell!«

Wir sprangen vom Laster und reichten unserer Mutter und den drei Kleinen hilfreich die Hand.

»Mitkommen!« Im Gleichschritt marschierten wir zwölf deutschen Familien, bepackt mit unseren Habseligkeiten, hinter einem Kommandanten her, der uns in eine der Baracken hineinführte.

»Ihr werdet hier aufgerufen. Papiere bereithalten!«

Er begleitete uns in einen großen Raum, in dem am Kopfende unter dem Fenster mehrere uniformierte Russen an einem langen Tisch saßen und uns ohne jede Regung betrachteten.

»Ihr seid Zwangsarbeiter und meinem Kommando unterstellt«, herrschte der Lager-Vorsteher uns an. Inzwischen konnten wir so viel Russisch, dass wir ihn verstehen konnten. Allein sein strenger Tonfall und sein Blick aus kalten Augen, die keinerlei menschliche Anteilnahme verrieten, ließen keine Zweifel offen. »Ihr fangt morgens um sechs mit der Arbeit an, und sie endet abends um neun mit einer halben Stunde Mittagspause. Euer Essen verdient ihr euch täglich selbst. Wer nicht arbeitet, bekommt auch nichts zu essen. Ihr werdet in Baracken eingeteilt, die ihr ausschließlich zur Arbeit verlassen dürft. Eure Arbeit ist, Waggons zu beladen und Bäume zu fällen. Dazu werdet ihr täglich eingeteilt. Ihr habt euch morgens um sechs im Arbeitslager anzumelden mit eurer Unterschrift, und abends um neun wieder abzumelden. Ihr dürft das Lager nicht ohne ausdrückliche Erlaubnis verlassen, wer nicht arbeiten kann, braucht dazu ein ärztliches Attest.« Er zog seine buschigen Augenbrauen hoch: »Habt ihr eine Ahnung, wie man Bäume fällt?«

»Nein«, murmelten alle sofort mit gesenktem Blick. Es waren zwölf Familien, fast ausschließlich Frauen und Kinder, drei sehr alte Männer, die kaum noch laufen konnten, und die zwei noch lebenden alten Omas, die früher mit uns im Strohlager gehaust hatten.

»Die Aufnahmekontrolle ist nun vorbei. Wartet darauf, aufgerufen zu werden, und dann nehmt ihr euer Gepäck und stellt euch sofort im Hof auf.«

Wir saßen alle eingeschüchtert auf einer hölzernen Bank an der schmutzigen Wand dieser schäbigen Baracke und warteten. Eine Familie nach der anderen wurde aufgerufen, nur wir nicht.

»Hoffentlich dürfen wir zusammenbleiben«, flüsterte Katja mir heimlich zu.

»Das ist das oberste Gebot, das habe ich Vater versprochen«, wisperte ich zurück.

Doch schließlich waren alle bekannten Gesichter weg, auch die Mayers, mit denen wir uns das winzige Häuschen geteilt hatten. Die Familien, die noch mit uns warteten, kannten wir nicht.

»Jetzt warten wir schon drei Stunden …« Unbehaglich rutschte ich auf der Bank hin und her.

»Warum sind alle schon weg und nur wir nicht?«

Zusammenbleiben, zusammenbleiben, zusammenbleiben, knirschte ich heimlich mit den Zähnen vor mich hin. Vater, ich habe es dir versprochen.

Endlich kam ein Mann in die Baracke und herrschte uns an: »Gepäck nehmen und wieder aufsteigen!«

Es war ein viel kleinerer dreirädriger Lastwagen, auf den wir unser Gepäck wuchten mussten. Als es verschnürt war, mussten wir oben draufklettern. So knatterte der Lieferwagen, auf den normalerweise gerade mal ein Schaf gepasst hätte, los, und wir hielten die Kinder fest, damit sie bei dem Gerumpel und den engen Kurven nicht herunterfallen konnten.

»Oh wie schade, ich hatte mich so gefreut, in einer großen Siedlung zu leben!« Katja hatte Tränen in den Augen. »Warum fährt der denn immer noch weiter weg von den Menschen?«

Der Kleinlaster rumpelte durch die Prärie, weder Straße noch Weg noch Ort waren zu erkennen, nur Wälder, undurchdringliche, endlose dichte Wälder.

»Da vorne kommt ein kleiner Ort!« Katja hielt sich an meiner Schulter fest, und ihre langen Haare wehten mir ins Gesicht.

»Nein, da fährt er ebenfalls hindurch … noch weiter in die menschenleere Einöde …«

Immer noch weiter und immer noch weiter … nahm denn diese grauenvolle Hölle nie ein Ende?

Nach Stunden hielt der Fahrer an, sprang heraus und klappte die Ladewand herunter.

»So, hier ist der Platz, an dem ihr wohnen werdet.«

Fassungslos starrten wir ihn an.

»Na los, worauf wartet ihr noch?«

»Aber hier ist nichts und niemand!« Es war zum Weinen und zum Schreien.

»Absteigen, Gepäck abladen, ich muss weiterfahren!«

Der Mann warf uns unsere Säcke hin, sprang auf seinen dreirädrigen Lieferwagen und knatterte davon. Erst als die Staubwolke sich gelegt hatte, die er auf dem sandigen Boden aufgewirbelt hatte, erblickten wir eine einsame, dunkelbraune, heruntergekommene Baracke aus Holz mit drei Eingangstüren und sieben winzige Hüttchen rundherum. Sie waren mit hohem Gras zugewachsen, sodass wir sie erst bei näherem Hinsehen als Häuschen identifizieren konnten. Die winzigen Fenster starrten vor Dreck, sodass man nicht hindurchsehen konnte.

»Na los, gehen wir hinein und schauen, wie es darin aussieht.« Die Mutter klatschte in die Hände. »Wir können hier nicht am Boden festwachsen, auch wenn wir es gern täten.«

Mit einem grässlichen Gefühl im Magen betraten wir die dunkle verwitterte Holzhütte, aus der uns modriger Geruch entgegenströmte.

»Hier ist nichts. Gar nichts.«

»Doch, schaut mal, die Bretter an den Wänden, die kann man herunterklappen. Hier haben schon Menschen gewohnt. Wahrscheinlich Zwangsarbeiter wie wir.«

Mutter entriegelte schwere rostige Riegel, und auf drei Etagen kamen schwere feuchte Holzpritschen herunter, die in den Scharnieren quietschten. Es gab kein Stroh, keine Matratzen, keine Decken. Nur nasses, schweres, altes modriges Holz. Ungeziefer schoss aus sämtlichen Ritzen, ganze schwarze Schwärme krabbelten aus den Löchern wie Panzergrenadiere.

Wir zerrten unsere Säcke herein und wuchteten sie auf die Pritschen.

»So legt euch denn, ihr Brüder, in Gottes Namen nieder, kalt ist der Abendhauch …«, stimmte Mutter an, während sie die drei Kleinen zu »Bett« brachte. Geduldig wie die Schafe folgten wir ihrem Beispiel, gottergeben.

»Verschon uns Gott mit Strafen und lass uns ruhig schlafen, und unseren lieben Papa auch.«

OSERO-PETROWSKI, SIBIRIEN

Am nächsten Tag

Mein Gott, war das eine plagende Nacht!« Wir hatten kein Auge zugetan. Ein Summen und Brummen, ein Flirren und Scharren, ein Krabbeln und Flattern – grauenvoll!

»Schaut euch das an, die Decke, die Wände, der Fußboden, die Stockbetten – alles schwarz vor Wanzen!« Erst jetzt, bei Tageslicht, waren sie zu sehen: ganze Straßen dieser widerlichen Blutsauger! Die ekelhaften kleinen gepanzerten Käfer krabbelten aus allen Ritzen und Fugen und ließen sich von der Decke auf uns fallen, um sich an unseren Körpern festzubeißen.

»Schaut euch die arme Frederike an; der ganze Rücken eine einzige Wanzenbissstrecke!«

»Und Jakob hat die Arme und Beine voll!«

Klementine kratzte sich im Gesicht, das völlig zerbissen und voller Schrunden war.

Auch ich musste mich ohne Unterbrechung kratzen. Während wir noch gegenseitig unsere frischen Bisswunden begutachteten, klopfte es an die Tür des Wanzenblocks.

Ein altes mageres Hutzelweiblein mit Kopftuch stand davor: »*Hleb as Solju!*« Sie hatte einen Teller mit kleinen zugeschnittenen Stückchen Brot dabei, den sie uns mit alten rissigen Händen reichte. Uns kamen die Tränen vor Dankbarkeit. Wir kannten ja inzwischen den Willkommensbrauch der Russen: »Brot und Salz« für einen guten Neuanfang.

»Haben Sie gut geschlafen?« Auch ihre Haut war braun gegerbt wie altes Leder, und Tausende von Fältchen durchzogen ihr Gesicht. Statt des typischen Goldzahns hatte sie einfach gar keine

Zähne mehr im Mund. Wir stürzten uns auf das trockene Brot und stopften es uns hungrig in den Mund.

Unsere Mutter bat die Nachbarin herein, und da sie als Einzige Russisch sprach, konnte sie der guten alten Frau ihre Frage auch gleich beantworten.

»Nein, schauen Sie sich das an, der ganze Raum ist schwarz vor Ungeziefer!«

Die alte Frau schrie vor Entsetzen. »Oje, oje, die muss man herunterfegen, bevor sie sich in die Ritzen verkriechen! – Kommt mit, Mädels, wir holen Besen und eine Kehrschaufel!«

So rannten Katja und ich mit der alten Frau in ihre Behausung; es war eines der mit Gras zugewachsenen kleinen Häuschen, die wir gestern beim Ankommen noch gesehen hatten.

»Hier haben früher die Aufseher und ihre Familien gewohnt.« Geschäftig kramte sie nach einem Besen und einer Schaufel. »Wo ihr wohnt, das war ein Konzentrationslager, aber das ist schon seit Kriegsende aufgelöst. Auch der Stacheldraht ist fort, und die Aufseher und ihre Familien sind nach und nach weggezogen. Der furchtbare Krieg ist ja zum Glück vorbei ... Ich bin eine der Letzten, die hier noch wohnen, und ich helfe euch.« Die zahnlose Alte bückte sich und zog unter einem verblichenen Vorhang, der den Nachttopf verdeckte, einen Eimer hervor. »Dahinten im Kuhstall findest du auch noch einen Sack!«

Ausgestattet mit Blecheimer und modrig riechendem Sack, rannten wir wieder hinüber in unseren Lagerblock, in dem wir nun hausen mussten.

Mutter war inzwischen damit beschäftigt, den drei Kleinen im Freien mit bloßen Händen die Wanzen abzubürsten und mit Spucke ihre schlimmsten Bisswunden zu bestreichen.

»Ich fege jetzt die Wände ab, und ihr seht zu, dass ihr die Wanzen so schnell wie möglich auf die Schaufel bekommt und sie sofort in den Sack schüttet, bevor sie sich im Fußboden verkriechen können!« Die alte Frau hatte sich schon tatkräftig ans Werk gemacht. »Haltet die Kinder draußen, sie können auch zu mir rübergehen und sich an der Pumpe waschen!«

Was für eine wunderbare Nachbarin! Nachdem sie gesehen hatte, dass all ihre Bemühungen nichts halfen, stemmte sie die Hände in die Hüften: »Wir reißen die Stockbetten ab und stellen die Betten frei mitten in den Raum, damit die Wanzen von den Wänden nicht wieder ins Bett krabbeln können!«

Mit vereinten Kräften rissen wir die Pritschen aus ihren morschen Halterungen, während es von der Decke nur so auf uns herabregnete. »Autsch! Verdammte Biester!«

»Sagt den Kleinen, sie sollen aus meiner Hütte Wasser bringen!«

Wir stellten unter jeden Bettstollen eine kleine Schüssel mit Wasser, damit die Wanzen nicht vom Fußboden wieder in die Betten gelangen konnten.

Sicher war das eine große Hilfe, denn am nächsten Morgen waren die Schüsseln schwarz vor Wanzen, die im Wasser ertrunken waren oder sich allenfalls noch schwach bewegten. Die Wanzen, die wir in den Säcken gesammelt hatten, trugen wir weit in den Wald hinein.

»So, habt ihr euch schon eingelebt?« Plötzlich stand ein schmächtiger Russe da, der sich als »Herr Meister« vorstellte. »Ich bin euer Vorarbeiter und teile euch zur Arbeit ein.«

Er hatte einen Zettel in der Hand, auf dem wir drei Personen namentlich draufstanden, die zur Arbeit eingeteilt werden sollten. »Die Kinder gehen dann ab September in Osero-Petrowski zur Schule!«

Er las die Namen der Familien vor, die in den anderen Wanzenblocks untergekommen waren.

»So, zu euch, Familie Groß, gehören also nur zwei Arbeiterinnen.«

»Ja.« Katja und ich nickten. Katja war inzwischen dreiundzwanzig Jahre alt, ich einundzwanzig. Mutter war einundfünfzig, die drei Kleinen vierzehn, zehn und acht.

»Dann kommt ihr beiden jetzt mit, damit ich euch den Arbeitsplatz zeigen kann, auf dem ihr morgen früh um sechs zu sein habt. Es sind vier Kilometer zu Fuß, also geht rechtzeitig los.«

Zu Fuß trabten wir hinter dem Russen her, zurück über die staubige Landstraße zu der riesigen Holzverladestelle, die wir gestern schon gesehen hatten. »Hier.« Der Herr Meister nahm uns mit in eine schäbige Blechhalle, in der einige Arbeiter und Arbeiterinnen an langen hölzernen Tischen saßen und eine wässrige Suppe löffelten. Sie waren schwarz vor Dreck und Staub, ihre Kleidung zerrissen und zerschlissen, ihre ausgehöhlten Gesichter ohne Leben, ihre Augen ohne Glanz. Dennoch roch es verführerisch.

»Das Essen müsst ihr euch erst verdienen. Wenn ihr gut gearbeitet habt, kann eure Mutter jeden Tag im Ort Petrowski auf Bezugsschein zweimal fünfhundert Gramm Brot abholen. In zwei Wochen bekommt ihr euren ersten Lohn.«

Lohn? Also doch Geld? Wir wagten nicht zu fragen.

Er führte uns in einen weiteren Raum, eine Art Geräteschuppen: »Hier habt ihr Stricke, mit denen ihr das Holz vom Stapel auf die Waggons hochrollen werdet. Die anderen Arbeiter zeigen euch morgen, wie es geht. Außerdem zwei Äxte und eine lange Säge, die ihr gemeinsam benutzen werdet. Hier müsst ihr unterzeichnen, dass ihr die Gegenstände in gutem Zustand in Empfang genommen habt. Wenn ihr sie beschädigt oder gar verliert, habt ihr für den Schaden aufzukommen.«

Er tippte mit seinem schwarzen Zeigefinger auf ein braunes Papier, auf dem schon mehrere Namen in kyrillischer Schrift mit Bleistift geschrieben in einer Liste standen. Da wir sie nicht lesen konnten, unterschrieben wir einfach in unserer Kinderschrift.

»Außer euch gibt es noch zwei andere Gruppen, eine deutsche und eine russische, die mit euch die Waggons beladen werden. – Das wäre also besprochen. Noch Fragen?«

Wir hatten viele Fragen, trauten uns aber nicht, sie zu stellen. Unser Russisch war immer noch zu schlecht, und so schüttelten wir nur stumm und eingeschüchtert die Köpfe.

Den Rückweg mussten wir alleine finden, beladen mit unserem Arbeitswerkzeug. Die schwere rostige Säge war wieder zweieinhalb Meter lang, und wir schleppten sie zu zweit.

Mutter war inzwischen mit der netten alten Nachbarin ins Gespräch gekommen. Sie besichtigten gerade den kleinen Stall, der neben ihrem grasbewachsenen Häuschen stand und damit verwachsen schien.

»Hier drinnen stehen zwei Kühe, schaut euch das an, Mädels!«

»Ich kann euch eine der beiden verkaufen, denn ich brauche selbst nur eine.« Die alte Frau tätschelte den mageren Kühen die Köpfe und ließ sie uns begutachten. »Die eine davon ist sogar trächtig, na, das wäre doch was für euch!«

»Wir haben kein Geld.« Das konnte sogar ich auf Russisch sagen. »Wir haben seit zweieinhalb Jahren keinen Rubel Geld mehr gesehen, und auch hier bekommen wir erst in zwei Wochen unseren ersten Bezugsschein.«

»Oje.« Die alte Frau nickte. »Ja, natürlich. Ihr bekommt ja keines.« Sie kramte in einer wackeligen Kommode herum: »Ich kann euch fünfzig Rubel leihen. Davon könntet ihr euch die Kuh kaufen, und vielleicht sogar einen Eimer Kartoffeln.«

»Das wäre wunderbar, denn wir haben nichts als die dreißig Kilo Graupen, die uns unser letzter Meister mitgegeben hat, für zweieinhalb Jahre gute Arbeit. Davon kann ich meinen Kindern höchstens abends eine Wasserschleimsuppe kochen.« Mutter faltete bittend die Hände. »Würden Sie uns wirklich als Vorschuss Geld leihen? Sie bekommen alles auf Rubel und Kopeke zurück.«

»Ja.« Die alte Frau lachte und entblößte ihren Goldzahn. »Denn die Deutschen sind zuverlässig und fleißig. Ich weiß, dass ich das Geld von euch auf Rubel und Kopeken zurückbekomme.« Sie wies auf den Melkschemel: »Nur zu, melkt eure Kuh, denn sie gehört ja jetzt euch.«

Überglücklich ließ ich mich auf den Melkschemel plumpsen und molk »unsere« Kuh, die sogleich ein paar dünne Strahlen hergab und mir ihren Schwanz ins Gesicht schlug, als raue, aber herzliche Begrüßung.

»Oh, da werden sich unsere drei kleinen Geschwister freuen. Damit hätte heute Abend wohl niemand mehr gerechnet.«

»Du bist ja eine wahre Könnerin«, lachte die alte Russin, die mich beim Melken beobachtete, und Mutter erklärte ihr, dass ich in Osjorke bereits als Veterinärin gearbeitet hatte.

»Ihr könnt eure Kuh bei meiner stehen lassen, das Stroh reicht für beide.« Die alte Nachbarin füllte schon die Milch in eine Flasche. »Die könnt ihr euch jeden Abend nach der Arbeit abholen. Und jetzt wünsche ich euch für den Anfang viel Kraft.«

Am nächsten Tag ging unsere harte Arbeit in der Holzfabrik los, während Mutter mit den geliehenen Rubel in den Ort lief, um für unsere drei kleinen Geschwister wärmere Sachen zu ergattern. Sie erstand auf dem Markt gebrauchte wattierte Kleidung, warme Filzstiefel, die sie erst reinigen und herrichten musste, denn die Kinder würden ja demnächst auch die vier Kilometer in den Ort laufen, und ab September waren schon wieder Fröste zu erwarten.

Dann ging die Mutter von Tür zu Tür, um sich ein paar Kartoffeln zu erbetteln, doch immer wurde sie abgewiesen. Entweder waren die Kartoffeln noch nicht reif, oder sie waren zu alt, man speiste sie mit Ausreden ab. Wir Deutsche waren einfach Dreckspack für die Russen.

Und unser eigener Kartoffelacker war viel zu weit weg.

OSERO-PETROWSKI, SIBIRIEN

September 1948

»Lydia, wir haben zwei Tage frei! Sollen wir es wagen, zurück nach Osjorke zu gehen und nach unserem Kartoffelacker zu schauen?«

Inzwischen wohnten wir seit drei Monaten im Wanzenblock, und die Kinder waren derart abgemagert und ausgehungert, dass sie schon oft auf das Dach kletterten, um zu schauen, wo die Mutter blieb. Katja und ich hatten so hart gearbeitet, dass wir nicht nur unsere Schulden bei der alten Nachbarin abgestottert hatten, sondern Mutter auch noch hier und da auf Bezugsschein eine Kleinigkeit ergattern konnte. Und nun erinnerten wir uns in Anbetracht zweier freier Tage und des nagenden Hungers wieder an unseren Eigenanbau.

»Die Kartoffeln müssten doch jetzt reif sein!«

»Die sind noch nicht reif, Katja. Aber wenn wir sie nicht ernten, wird es jemand anderes tun!«

Mutter gab uns ihren Segen, und so machten wir zwei Schwestern uns mitten in der Nacht auf, um zu Fuß nach Osjorke zu gehen. Es waren über dreißig Kilometer über Stock und Stein, und wir kamen mittags in unserer alten »Heimat« an.

»Meine Güte, wie heruntergekommen schon wieder alles wirkt! Als wären wir nie hier gewesen!« Doch es blieb keine Zeit, den Natschalnik oder andere Bekannte zu begrüßen, und es hätte uns auch zu wehgetan, nach unserem ehemaligen Häuschen zu schauen.

So begaben wir uns gleich zu dem besagten Stück Land, das uns der Natschalnik »geschenkt« hatte.

»Hier muss es sein …« Katja stocherte schon mit einem Stock in der Wildnis herum.

»Meine Güte, es ist ja nur hohes Gras zu sehen! War es wirklich hier, oder weiter dort drüben?«

»Nein, Lydia, hier ist es!« Katja fiel auf die Knie und fing an zu buddeln. »Hier! Ich habe eine!«

»Meine Güte, die ist ja noch ganz winzig und grün!«

»Aber die Kartoffeln können nachreifen, wenn wir sie sorgsam in unserem Raum aufbewahren!«

»Nun, dann lass uns keine Zeit verlieren.«

Stundenlang buddelten wir mit bloßen Händen »unsere« Kartoffeln aus und füllten damit zwei ganze Säcke.

»Es ist eine sandige und gute Erde, und die Sonne hat unserem Acker viel Kraft gegeben.«

Nach einem ebenso langen Rückweg, den wir während der kommenden Nacht mit zwei Kartoffelsäcken bewältigen mussten, kamen wir am Sonntagnachmittag wieder in Petrowski an, todmüde und völlig erschöpft. Die Kinder erwarteten uns schon heißhungrig: »Gibt es Kartoffeln?«

»Nein, noch nicht, ihr müsst noch Geduld haben, sie sind noch nicht reif.«

Mutter tröstete sie: »Solange wir Katja und Lydia haben, werden wir nicht verhungern. Und nun deckt die Säcke mit Stroh ab, damit sie im Dunkeln liegen und von der Helligkeit nicht grün werden.« Sie stellte Katja und mir heißen *Tschai* und je einen Teller Mehlsuppe hin: »Es ist doch ein Segen, dass die Mädchen es geschafft haben, unsere Kartoffeln zu ernten, bevor der große Frost kommt!«

»Oder die Russen.«

Und gerade als wir unsere blutigen Strümpfe von den Füßen gerollt hatten und die Mutter uns eine Schüssel mit warmem Wasser für ein Fußbad brachte, klopfte es an die Tür.

Wir schreckten zusammen und erstarrten.

»Oh Gott. Man hat uns mit den Säcken bestimmt gesehen!«

»Das war Diebstahl von Staatseigentum!«

»Versteckt sie unter den Betten!«

»Wenn sie uns damit erwischen, sperren sie uns für Jahre ins Gefängnis …« Wir zitterten vor Angst. Dann wären Mutter und die drei Kleinen verloren. Ich presste die Hände an die Schläfen und duckte mich, schon darauf gefasst, sogleich von russischen Ordnungshütern weggerissen zu werden. Meine Beine und Füße brannten vor Schmerzen, ich konnte keinen Schritt mehr gehen! Mutter öffnete zaghaft und lugte hinaus. Dann riss sie die Tür vollends auf. Es war die alte zahnlose Matka, unsere Nachbarin, die Einlass begehrte!

»Ich habe gute Neuigkeiten!« Sie schlüpfte zu uns herein und begutachtete die blutigen Blasen an unseren Füßen. »*Oj, oj, oj,* das sieht ja übel aus! Das wird sich hoffentlich nicht entzünden? Ich habe Kräuter dafür, wartet, die streue ich euch ein!«

Mit einer Mischung aus Erleichterung und Schmerz steckten wir die Füße in das lindernde Wasser.

»Ich werde mit der letzten Ladung ehemaliger Aufseher dieses Lagers meine kleine Hütte verlassen, und ihr könnt sie haben!« Unsere liebe Nachbarin tätschelte den Kleinen die Köpfe. »Und dann ist es vorbei mit der Kälte und den Wanzen, was denkt ihr? Ich habe sogar einen kleinen Herd, eine *Petschka,* und wisst ihr was? Auf dem Ofen könnt ihr Kinder sogar schlafen. Ich lasse euch ein paar Decken und Kissen da, und eure trächtige Kuh steht ja sowieso schon im Stall. Mit etwas Glück habt ihr bald zwei.«

Vor lauter Freude umarmten wir alle die liebe alte Russin, die es so gut mit uns meinte. Sie war die Mutter eines Aufsehers gewesen, der mit seiner Familie längst über alle Berge war. Er hatte sie einfach in dem aufgelassenen Konzentrationslager einsam zurückgelassen.

Wir freuten uns, dass wir nun wieder ein eigenes, warmes, kleines Häuschen haben würden, sogar mit einem Keller, in dem wir unsere Kartoffeln lagern konnten. Wir freuten uns, dass unsere Geschwister von nun an ein warmes Zuhause vorfinden würden, wenn sie aus der Schule kamen. Wir freuten uns, dass die Mutter einen eigenen Herd haben würde. Wir freuten uns, dass wir vielleicht bald schon zwei Kühe unser Eigen nennen durften, die uns Milch geben würden! Wir freuten uns, weil wir bereits das Futter für die Kühe mit unseren Handsensen gemäht und bei der alten Frau im Stall trocken gelagert hatten. Wir freuten uns, weil wir das ganze Holz für den Winter bereits zugesägt, aufgehackt und im Stall aufgestapelt hatten. Das hatten wir alles für die alte Nachbarin getan, nach der Arbeit im Holzverarbeitungsbetrieb, und nun sollte es uns alles selbst zugutekommen!

Wir waren arm, aber trotzdem froh und zufrieden mit all dem bisschen, das wir hatten.

Denn wir waren zusammen. Alle für einen, einer für alle. Ich konnte meinem verstorbenen Vater eines Tages im Himmel in die Augen schauen.

OSERO-PETROWSKI, SIBIRIEN

Dezember 1948

»Nanu, der Becher tropft ja nicht mehr?« Katja und ich waren gerade im Dunkeln bei minus fünfzig Grad von der Arbeit zurückgekommen, und uns war eher zum Heulen zumute als zum Plaudern. Mit Frostbeulen im Gesicht und roten Nasen wärmten wir uns erst ganz langsam am Ofen auf, bevor ich vor Durst zum Wasserbecher gegriffen hatte. Unser Trinkwasser kam vom Brunnen im Hof der alten Frau, doch der war ja in diesem kältesten aller sibirischen Winter komplett eingefroren, und Mutter hatte immer einen Eimer Schmelzwasser in der Stube stehen.

»Ja, der Becher tropft nicht mehr.« Bildete ich mir das ein, oder lächelte die Mutter uns an, im Schein der Petroleumlampe, die auf dem Tisch stand?

»Mutter, ich habe dich seit Jahren nicht mehr so lächeln sehen. Ist es wirklich der Becher, der nicht mehr tropft?«

Fragend schaute ich mich in der dämmrigen Stube um. Oben auf dem Ofen hockten die drei kleinen Geschwister und kicherten unter ihren groben Decken verstohlen in ihre Fausthandschuhe.

»Du hast einen Verehrer.«

»Ich?« Ich riss mir die oberste Pelzjacke von den Schultern. Darunter waren immer noch vier Schichten an wattierten Jacken, die ich erst innerhalb von Stunden würde ausziehen können.

Katja trank nun auch bedächtig aus dem Wasserbecher, der nicht mehr tropfte.

»Ja, du hast einen Verehrer. Der war hier und hat gefragt, wo du bist. Und der hat den Becher repariert.«

»Was denn für ein Verehrer, so ein Quatsch!« Verlegen rollte ich mir die nassen Strümpfe von den langsam auftauenden Füßen.

»Und dann hat er gesehen, dass auch die Waschschüssel ein Loch hat und der Eimer auch, und am nächsten Wochenende will er wiederkommen und das auch noch reparieren.«

Klementine steckte keck ihren bemützten Kopf über den Ofenrand. »Der ist patent!«

»Er stammt sogar aus derselben ukrainischen Stadt wie ich: Speier!« Die Mutter lächelte immer noch. »So, könnt ihr eure Finger nun wieder bewegen? Dann esst erst mal, Mädchen. Ich habe Kartoffelküchlein gemacht.«

»Die hat der Verehrer auch schon bekommen«, quakte Frederike von ihrem Ofenplatz herunter. »Und er hat gesagt, noch nie hat ihm etwas so gut geschmeckt!«

Nachdem Katja und ich uns mit brennenden Füßen und morschen Knochen an den kleinen Tisch begeben hatten und uns dabei bewegten wie Hundertjährige, machten wir uns heißhungrig über die heißen krossen Kartoffelküchlein her. Heute schmeckten sie wirklich besonders gut. Als hätte Mutter ein besonderes Gewürz dazugetan. Oder war das etwa ein Schuss Öl, den sie sich geleistet hatte?

»Der junge Mann heißt Thomas und ist siebzehn Jahre alt.« Mutter schob das kleine Salzfässchen näher an meinen Teller. »Er ist 1930 geboren und der Jüngste von vier Kindern.«

»Und warum erzählst du mir das alles?« Ich tupfte mit dem Finger die Krümel vom Teller. »Dann ist er an die vier Jahre jünger als ich und ein Bub noch.«

»Er hat dich schon oft heimlich beim Arbeiten auf dem Holzverladeplatz beobachtet, und du gefällst ihm, weil du so tüchtig und fleißig bist und dabei noch gute Laune hast.«

Katja und ich schauten uns groß an. Wenn überhaupt eine von uns Anspruch auf einen Verehrer hatte, dann sie! Sie war die Ältere, und sie musste zuerst heiraten!

»Ah, so. Und du meinst, mit so einem Kleinkind gebe ich mich ab?« Mit einem Kanten Brot fegte ich den letzten Rest der köstlichen Kartoffelspeise auf den Holzlöffel.

»Ich weiß überhaupt nicht, von wem du sprichst.« Doch so langsam ahnte ich, wen sie meinen könnte. Einen der deutschen Zwangsarbeiter, der mit seinem älteren Bruder da war. Ein Milchbubi. Er hatte mich tatsächlich bei den Aufwärmpausen in der verrauchten Bretterbude, wo wir die vereisten Arbeitsgeräte auftauten, schon öfter von der Seite angestarrt. Aber ich hatte ihn gar nicht beachtet. Wenn es wirklich der war, den Mutter meinte, dann war der einen Kopf kleiner als ich! Der sah aus wie höchstens vierzehn!

»Die deutschen Jungen suchen sich gerne ältere Frauen.« Mutter stellte die Teller zusammen und räumte die Pfanne vom Tisch. »Er sagt, seine älteren Brüder haben sich alle schon mit einer sechs bis acht Jahre älteren Frau zusammengetan, denn die Frauen finden keine gleichaltrigen Männer mehr, und die jungen Männer fühlen sich gern geborgen und beschützt.«

»Aber doch nicht von mir!« Aufgewühlt rieb ich mir die immer noch eiskalten Hände und hauchte hinein. »Soll er doch Katja nehmen, die ist als Erste dran.«

»Aber er will ausdrücklich dich kennenlernen und nicht Katja!« Mutter drückte mir noch eine Tasse heißen *Tschai* in die Hand, und ich blies dankbar hinein.

»Den würde ich auch sicher nicht wollen«, beeilte sich Katja zu beteuern. »Es kommt doch überhaupt nicht infrage, dass eine von uns beiden auf Hochzeitsgedanken käme! Dann würde sie ja als Ernährerin in dieser Familie fehlen!«

»Oder aber …« Die Mutter reichte auch Katja eine Blechtasse mit heißem Tee … »der junge Mann zöge hier bei uns ein und sorgte ebenfalls für uns.«

Sie sandte einen langen, bedeutungsvollen Blick in die Runde, und die Kinder oben auf ihrem Ofen hielten die Luft an.

Sie meinte doch nicht … sie wollte doch nicht etwa … Wir starrten uns an und wussten nicht, was wir daraufhin noch sagen sollten. Die Kinder oben auf dem Ofen hatten die Debatte mit großen Augen verfolgt und starrten mich erwartungsvoll an.

Wir waren streng katholisch, und es wäre völlig unmöglich gewesen, dass ein männliches Wesen bei uns einziehen würde, ohne eine von uns vorher zu heiraten.

»Aber ich kenne ihn ja noch gar nicht…« Mir wurde ganz schwindelig, und ein unwohles Gefühl breitete sich in meinem Inneren aus. Am liebsten hätte ich das gute Essen wieder von mir gegeben.

»Deshalb kommt er ja am nächsten Wochenende wieder.« Die Mutter drückte mir aufmunternd die Schulter. »Die Kleinen und ich werden zur Nachbarin gehen, und ihr Mädels könnt ihn in Ruhe kennenlernen.«

OSERO-PETROWSKI, SIBIRIEN

Januar 1949

»Mädels, wacht auf, es ist so weit, unsere Kuh muss heute Nacht kalben!« Mutter rüttelte uns bei der Schulter. Katja und ich krabbelten verschlafen von unserem Strohlager, während die Mutter im Bett der alten Frau geschlafen hatte und die Kleinen auf dem Ofen nur müde ihre Köpfe reckten.

Hastig zogen wir uns unsere fünf, sechs Schichten Kleidung an, schlangen Schals und Mützen über unsere Köpfe, bis nur noch die Augen herausschauten. In unseren Filzstiefeln wateten wir durch den hüfthohen Schnee um die Hütte herum, in unseren kleinen Stall. Unsere Kuh brüllte und trat von einem Bein auf das andere. Ihr Kuhmist war zu einem eisigen Stein zusammengefroren.

»Wie gut, dass wir eine Veterinärin unter uns haben!« Mutter hielt den vor Eis klirrenden Strick, an dem die Kuh eng angebunden war, und redete beruhigend auf das Tier ein. Der Schwanz, mit dem sie um sich schlug, war ebenfalls hart gefroren und peitschte mir ins Gesicht.

»Mutter, bring mir den Strick!«

»Ja, Else, wir werden das gemeinsam schaffen, und dann bringen wir dein Kälbchen gleich in die gute Stube, denn hier draußen würde es erfrieren.«

Katja balancierte bereits mit hocherhobenen Armen frisches Stroh durch den meterhohen Schnee in unsere Behausung und verteilte es auf dem Fußboden, damit das neugeborene Kälbchen darauf liegen konnte. Wir warteten etwa eine halbe Stunde und vertraten uns im eisigen Stall die Beine. Die Kuh brüllte und schrie und trat um sich. Endlich war es so weit. Die Fruchtblase platzte und ergoss sich schäumend und dampfend auf den Stallboden, um dort sofort zu gefrieren. Das Kälbchen musste augenblicklich ins Warme, sonst würde es am Stallboden festfrieren!

»Es kommt, schnell, bring eine Decke, damit wir es hineintragen können!«

Mit geübten Griffen zog ich das schleimige Kälbchen aus der brüllenden Mutterkuh, und mit vereinten Kräften trugen wir drei es durch den tiefen Schnee hinüber in unsere mollig warme Hütte, eingehüllt in weiße Wolken unseres Atems. »So, vorsichtig, stoß dir nicht den Kopf an dem Eiszapfen!«

»Vorsicht, Stufe! Nicht ausrutschen, es ist glatt!«

Inzwischen waren die drei Kleinen auch wach geworden und knieten in ihre Decken gehüllt vor dem winzigen, noch blinden Tierchen, um es mit Stroh trocken zu reiben. »*Oj, oj, oj,* wie süß, macht doch schnell die Tür zu, sonst erfriert es beim ersten Atemzug!«

Nachdem wir das Kälbchen versorgt und trocken gerieben hatten, schaufelten Mutter und ich uns den frisch zugeschneiten Pfad zurück in den Stall, ausgerüstet mit der Petroleumlampe.

»Mal schauen, ob sie sich schon gesäubert hat. Dann bringe ich ihr frisches Wasser.«

»Mein Gott, schau dir das an!« Mutter hielt die Petroleumlampe ein Stück höher.

»Die arme Kuh steht ganz steif auf einem Fleck!« Sie konnte keinen Schritt mehr machen, weil ihr die Füße festgefroren waren! »Und die Nachgeburt hängt bis auf den Boden! Sie wird sie nicht los, sie ist hart gefroren!«

»Oh Gott, Mutter, was sollen wir tun? Sie stirbt uns weg!«

»Dann stirbt auch das Kälbchen!«

»Oh lieber Gott, hilf uns!«

»Schnell, Mutter, wir holen Decken und alte Säcke und decken sie ab und reiben ihr die Beine mit Stroh so lange, bis sie ein paar Schritte gehen kann!«

Wir riefen noch Katja um Hilfe, und zu dritt rubbelten wir verzweifelt an der festgefrorenen Kuh herum, von der wir nicht mehr wussten, ob sie noch lebte oder schon tiefgefroren da stand. Sie gab keinen Laut mehr von sich …

»Bitte, lieber Gott, lass uns die Kuh am Leben …«

»Wir müssen sie ins Häuschen bringen.«

»Was? Die Kuh?«

»Das ist unsere letzte Möglichkeit. Sie kann sich sonst nicht von der Nachgeburt reinigen, und dann wird sie beides: erfrieren und innerlich vergiften.«

»Wir kriegen doch die riesige Kuh nicht durch den hohen Schnee in die winzige Behausung!«

»Es sind doch nur ein paar Schritte um die Ecke, wir müssen das schaffen!«

»Ich bestreue den Weg mit Asche.« Katja war schon aufgesprungen und holte die Schaufel mit der alten Glut aus dem Ofen. Während die zischende Glut zu Boden fiel, fror sie schon zu.

»Die Kuh muss erst mal was Warmes trinken.« Wir schleppten einen Eimer mit heißem Wasser herbei, das auf den wenigen Metern fast schon wieder zufror. Die Kuh soff dankbar das schon wieder kalte Wasser. »Gut. Sie ist wieder unter den Lebenden. Jetzt müssen wir es versuchen.«

Wir rieben ihr noch einmal die Füße mit Stroh gut durch und versuchten, sie in den Stallgang zu bringen. Wir weinten und beteten und sprachen mit der Kuh wie mit einem Menschen.

»Else, du schaffst das, bitte, geh doch nur einen kleinen Schritt!«

Doch Else stand starr und steif und rührte sich nicht.

»Wir können dich nicht hierlassen, Else, du musst jetzt mit uns kommen!«

Die Mutter gab ihr eine halbe Scheibe von unserem kostbaren Brot, und Else verschlang es dankbar und heißhungrig. Ihre große rote, raue Zunge verlangte nach mehr.

»Ja, den Rest kriegst du, wenn du jetzt ein paar Schritte gehst!« Mutter lockte Else mit dem Brot. Mein Gott, es war zum Weinen und zum Schreien, wie die arme Kuh Mutter mit kleinen unsicheren Schritten hinterhertrottete, zuerst zaghaft tastend aus dem Stall hinaus und dann in die eisige dunkle Nacht, Zentimeter für Zentimeter. Sie schwankte und schleifte die festgefrorene Nachgeburt auf dem Schnee mit.

»Ja, gut machst du das, Else, nun noch über die Schwelle ins Häuschen, dann hast du es geschafft!«

»Hoch die Vorderfüße, Else, du musst hinübersteigen!« Wir lockten und schnalzten mit der Zunge und redeten auf sie ein wie auf ein verstörtes Kind.

Doch die erschöpfte, steif gefrorene Else schaffte es einfach nicht! Ihre Vorderfüße stießen immer wieder an die eine Stufe, über die man gehen musste, um ins Häuschen zu gelangen, und der weiße Atem fror ihr über dem Maul fest!

Das jämmerliche arme Vieh sah schon sein Kälbchen auf dem Stroh liegen und wollte zu seinem Kind, hatte aber nicht mehr die Kraft, die Füße zu heben!

»Katja, komm, wir drei müssen sie gemeinsam darüber hieven!«

Mit Hooo-ruck, hooo-ruck gelang es uns schließlich, die Vorderhufe in das Häuschen zu wuchten. Jetzt stand Else auf der Schwelle, sichtlich in Panik geraten, denn sie musste ja auch noch die Hinterbeine hineinbekommen! Es war spiegelglatt auf der Schwelle.

»Wir haben schon alles mit Stroh ausgelegt, und eine Decke ausgebreitet!« Eifrig kamen die Kleinen uns entgegen, obwohl sie selbst fast am Boden festfroren, lockten und schnalzten, während wir von hinten schoben. Mit letzter Kraft versuchte Else mit einem großen Schritt, vollends ins Innere zu gelangen, doch ihre Hinterbeine schafften die Schwelle nicht.

Sie rutschte aus und platschte wie ein Sack auf die Seite. Dabei stieß sie ein grauenvolles Stöhnen aus, als ob sie sich etwas gebrochen hätte.

»Oh Gott, lieber Gott, hilf uns doch in unserer großen Not!«

Zu sechst zogen wir die arme Kuh, die vor Schmerzen brüllte, auf der Wolldecke in die Stube hinein, damit wir endlich die Tür hinter ihr zumachen konnten! Die eisige Kälte hatte sich schon so ausgebreitet, dass auch unsere Betten zufroren.

Immer wieder gab Mutter der armen Kuh etwas Warmes zu saufen, und sie nahm es auch dankbar an. Mutter rieb ihr ununterbrochen die Beine mit Stroh ab, wobei sie vorsichtig darauf achtete, das möglicherweise gebrochene Bein nicht allzu groß zu quälen. Die Kuh schaute schon ganz munter wieder aus den Augen und leckte auch ihr Kälbchen ab.

Wir hatten so gut wie keinen Platz mehr, um uns selbst schlafen zu legen.

»Mehr können wir heute Nacht nicht mehr tun, Kinder. Mädels, nehmt mein Bett, ihr müsst morgen früh raus zur Arbeit, ich kümmere mich um unsere beiden Patienten. Die Kuh liegt jetzt im Warmen und wird sich hoffentlich bald säubern können.«

Am nächsten Morgen lag die arme Kuh immer noch da, sie hatte im Liegen Wasser und einen Fladen gelassen, ohne sich jedoch zu säubern. Die riesige blutige Nachgeburt hing immer noch seitlich an ihr heraus, es sah fürchterlich aus. Möglichst ohne in die Bescherung auf dem Fußboden zu steigen, zogen wir uns und den Kindern so schnell wie möglich unsere sieben Schichten an und verließen noch in der Dunkelheit des Januarmorgens bei minus fünfzig Grad die Hütte. Katja und ich, um zu unserem Holzverladeplatz am Rangierbahnhof zu gelangen, die Kinder, um in die Schule zu gehen. Mutter blieb mit der armen Kuh und dem Kälbchen in der Stube allein.

Als wir am Abend zurückkamen, stand unsere Else ganz munter in der Stube und fraß.

»Mutter, wie hast du das geschafft?«

Wir pellten uns nach und nach aus unseren Watteschichten und drückten uns alle fünf an den Ofen, um langsam aufzutauen.

»Die Nachgeburt hängt aber immer noch da!« Jakob hielt sich die Augen zu. »Das sind ganz schrecklich aus!«

»Sie säubert sich nicht.« Mutter schenkte *Tschai* ein, und nachdem wir nur einen einzigen Trinkbecher hatten, der aber immerhin kein Loch mehr hatte, war Katja als die Älteste zuerst an der Reihe. »Ich habe das Stroh unter ihr weggenommen, damit sie nicht ausrutscht. Sie hat es immer wieder versucht, aufzustehen, und schließlich mit großer Anstrengung geschafft.« Mutter begann, unsere tägliche Ration Maismehl in die Schüssel zu füllen, und stellte die Pfanne auf den Herd. »Wie war euer Tag?«

»Schrecklich!« Ich zog mir die zweite Jackenschicht aus und blies mir in die eiskalten Hände.

»Ihr Verehrer hat sie wieder angestarrt.« Katja blies in ihren Tee und schaute mich prüfend von der Seite an. »Der arme Kerl hat geweint und gejammert und darum gefleht, dass er bei uns einziehen darf. Sein Vater schlägt ihn jeden Tag windelweich. Seine Mutter ist auf der Flucht gestorben, in Polen. Seine Geschwister sind alle schon ausgezogen, nur er ist mit dem alten Tyrannen noch allein in der Baracke und dessen Wutanfällen hilflos ausgeliefert. Er ist wirklich ein armer heimatloser Bursche.«

Ich zog die Stirn in Falten und sah Katja erstaunt an. So viele Sätze an einem Stück hatte sie lange nicht mehr gesprochen. Nimm du ihn doch, flehten meine Augen.

»Trink schneller, Katja, ich will auch *Tschai.*« Ich wedelte mit der Hand und blies mir auf die abgestorbenen Fingerspitzen. »Er heißt übrigens Thomas, das weißt du doch.«

»Ja, Thomas hat gesagt, bei uns sei es so gemütlich, und wir wären alle so nett miteinander, und bei seinem Vater kann er es keinen Tag mehr aushalten. Er würde uns auch alles reparieren und überall mit anpacken, wo es nötig ist, er ist stark und ein Mann.«

»Wir haben ihm von der Kuh erzählt.« Endlich trank Katja ihren Tee aus und reichte Mutter den Becher. Sie schüttete sofort dampfendes Gebräu nach und streute Kräuter hinein.

»Seht ihr, wenn Thomas heute Nacht hier gewesen wäre, hätten wir die Kuh bestimmt viel leichter über die Schwelle gebracht!« Mutter sah mich flehentlich an.

»Aber wieso denn ich? Wieso nicht Katja …? Was machen dann schon an die sechs Jahre Altersunterschied?«

»Thomas will dich, Lydia.«

Einer für alle, alle für einen, hörte ich meinen Vater sagen. Ich sah seine lieben gütigen Augen mich eindringlich anschauen.

»Ja, aber wie sollen wir denn diesen Thomas hier auch noch in die Hütte kriegen?« Ich rollte unter stechenden Schmerzen meine nassen schweren Strümpfe herunter und presste meine weiß gefrorenen Füße an den Ofen. »Jetzt stehen noch eine Kuh und ein Kalb hier drin.« Von den Hinterlassenschaften der Kuh auf dem letzten freien Quadratmeter gar nicht zu reden.

»Ich würde euch mein Bett überlassen.« Mutter zog die nassen Strümpfe über einen Stock und hängte sie über den Ofen. »Überleg es dir, Kind. Mit einem Mann im Haus würde es uns viel besser gehen! Er könnte nicht nur kräftig mit zupacken, wir hätten auch noch seine Ration Brot! Er würde mit den Kindern teilen!«

»Au ja, bitte, Lydia, bitte heirate ihn doch!«, flehten auch die drei Kleinen, die sich bereits aus Platzmangel oben auf den Ofen verzogen hatten.

Da saß ich nun auf der Ofenbank und blies in meine Tasse. Wie sie mich alle drängelten!

Ich kannte den Jungen doch kaum! Ja, er war noch ein-, zweimal hier gewesen und hatte gebettelt und geweint wie ein Kind. Er hatte schon mit vierzehn seine Mutter verloren, in einem polnischen Lager, und wir unseren Vater. Es verband uns ein schweres, grausames Schicksal. Wir waren sogar in dem gleichen Zug nach Sibirien gekommen, aber dann in verschiedene Orte verteilt worden. Nun, nach mehreren Jahren Sibirien, saßen wir in den Pausen mehrmals täglich gemeinsam in der Aufwärmbude mit den Gerätschaften, und er hatte Gelegenheit, mich mehrmals täglich anzustarren.

»Bitte heirate ihn, Lydia. Tu es für die Familie. Es hängt unser aller Leben davon ab!«

»Bitte drängt mich nicht. Jetzt ist erst mal die Else wichtig.« Ich trank meinen Tee aus und reichte Mutter den Becher, damit sie ihn für Klementine neu füllen konnte.

»Wie geht es jetzt weiter mit der Nachgeburt?«

Nun war schon der dritte Tag, an dem Else sich nicht gesäubert hatte. Dafür kam beim Wasser- und Fladenlassen ein übler, strenger Geruch mit.

Mutter hatte eine Nachbarin gefragt: »Gibt es hier irgendwo einen Tierarzt?«

»Ja, fünf Kilometer von hier gibt es einen, in Osero-Petrowski, aber dass der zu uns rauskommt bei der Kälte, halte ich für unwahrscheinlich.«

Also machte sich die Mutter zu Fuß auf den Weg in den Ort Osero-Petrowski und fragte nach dem Tierarzt. Er war schon ein alter Herr und eigentlich nicht mehr im Dienst. Die Mutter schilderte ihm ganz genau, was mit der Kuh geschehen war und auch die Sache mit dem Urin und dem nach Fäulnis stinkenden Mist.

»Oh, das hört sich an, als würde die Kuh von innen verfaulen«, war seine Ferndiagnose. »Ich kann ja mal vorbeischauen, aber sie muss wahrscheinlich geschlachtet werden.«

Weinend kam die Mutter am Abend zurück, und als wir fast gleichzeitig von der Arbeit heimkamen, stand die Kuh immer noch da mit ihrer riesigen, übel riechenden Nachgeburt, die ihr zwischen den Hinterbeinen heraushing.

Da nahm die Mutter beherzt ein Messer und schnitt einen großen Teil von der Nachgeburt ab, damit es für die Kleinen nicht mehr so schlimm aussah. Wir brachten sie hinaus und vergruben sie tief im Schnee, denn sie stank inzwischen ganz fürchterlich.

Am nächsten Tag kam der alte Tierarzt mit dem Schlitten, gezogen von einem alten Klepper, tatsächlich in unsere abgelegene Gegend. Die Mutter hatte ihm wohl leidgetan. Er schälte sich aus seinem Fell und wärmte sich erst mal mit *Tschai* am Ofen auf.

»Oje, das ist ganz, wie ich gesagt habe; sie verfault bereits von innen.«

»Aber was machen wir denn jetzt?« Mutter fing wieder an zu weinen. »Sie ist alles, was wir zum Leben haben, und das Kälbchen schafft es auch nicht ohne sie!«

Der Arzt schickte die Kinder hinaus. »Ich versuche, den Rest der festgewachsenen Nachgeburt von innen herauszuschälen, kann mir jemand assistieren?«

Mutter und Katja zeigten auf mich. »Sie war mal Veterinärin.« Eilig zogen sie sich und die Kinder an und verschwanden aus der Hütte.

Und während ich noch in Gedanken dabei war, wie es mir gelingen könnte, diesen Thomas sanft loszuwerden, band ich dem armen Tier die Beine zusammen und hielt dem Arzt den Eimer, während die arme Kuh um ihr Leben brüllte, dass mir fast das Trommelfell platzte.

Mit einem Schwall Blut und Flüssigkeit zog der Tierarzt schließlich den restlichen Teil der Nachgeburt heraus, und die Kuh stand zitternd und brüllend da und war am Pressen.

Unentwegt schoss das Blut aus ihr heraus, und ich fühlte, dass wir sie verlieren würden.

Der Arzt zog seine Handschuhe aus und warf sie mit in den

Eimer: »Die Kuh darf auf keinen Fall zurück in den Stall. Sie muss im Häuschen bleiben, bis sie gesund ist, das heißt den restlichen Winter lang. Falls sie ihn überhaupt überlebt. So, und das macht jetzt fünfundzwanzig Rubel.« Er riss sich den blutigen Kittel ab und genehmigte sich einen großen Schluck Wodka aus seiner mitgebrachten Flasche, bevor er wieder seine sieben Schichten Fell anlegte und schließlich auf seinen Schlitten kletterte. Das Pferd trat, schon ganz taub vor Kälte, von einem Huf auf den anderen.

»Aber wir haben kein Geld, Genosse Doktor!« Verzweifelt war ich ihm nachgerannt, in meine Hände blasend.

»Das könnt ihr mir in Monatsraten abstottern. Ich weiß ja, ihr Deutschen seid zuverlässig und fleißig.«

Kaum war der Tierarzt mit seinem alten Klepper durch den zugeschneiten Pfad verschwunden, klopfte es zaghaft an die Tür.

»Ihr könnt wieder reinkommen, wieso klopft ihr denn?« Ich war noch dabei, den Boden aufzuwischen und die Eimer mit Schnee auszureiben. »Der Doktor sagt, wir können …«

Mir blieb das Wort im Munde stecken. Langsam drehte ich mich um. Wer da zaghaft die Hütte betrat, das war nicht meine Familie. Es war Thomas.

»Muh!«, brüllte Else ihn in ihrer Panik an, er könne der Nächste sein, der sie quälen würde.

Thomas zuckte erschrocken zusammen. »Ja, was ist denn da los, ein Kalb und dann auch noch eine Kuh in dem kleinen Zimmer? Was riecht hier denn so streng? Und was brüllt die so? Ist sie krank?« Er blies sich in die Hände. »Ich wollte dich eigentlich fragen, ob du mich heiraten willst, aber hier gibt es im Moment wohl Wichtigeres zu tun.«

OSERO-PETROWSKI, SIBIRIEN

Mai 1949

»Was ist los, Leute? Hier wird noch nicht Feierabend gemacht!« Wir hatten den ganzen Tag geschuftet, ohne etwas zu essen und zu trinken, und bei nasskaltem Schneeregenwetter und schneidendem Wind unzählige Eilwaggons mit Bauholz beladen. Das nasse schwere Seil ratschte durch meine maroden Handschuhe und riss meine Handflächen auf, und mir tat der Rücken so entsetzlich weh. Wir hatten den ganzen Tag dickes und schweres nasses Holz aufladen müssen, ich konnte nicht mehr! Außerdem war mir dauernd schlecht, mein Kreislauf spielte noch mehr verrückt als sonst, und ich durfte mich weder setzen noch eine Pause machen. Immerhin war ich jetzt als verheiratete Frau in derselben Brigade eingeteilt wie Thomas, sodass ich immer zwei hilfsbereite Arme in der Nähe hatte.

»Hier setzt sich niemand hin! Aufstehen, aber schnell!« Der Aufseher ließ seine Gerte sirrend in der Luft schwingen. »Heute wird die ganze Nacht durchgearbeitet, es kommen noch weitere Planwaggons, die dürfen nicht über Nacht im Regen stehen, sonst verdirbt das Holz!«

Der Meister brüllte uns an, wir sollten schneller arbeiten, die Kontrolle sei heute besonders streng, und immer wieder kamen neue, voll beladene Lastwagen angefahren, die unter grellem Scheinwerferlicht zwischen den öden Baracken entladen werden mussten.

»Schneller, das kostbare Holz muss sofort in die Waggons! Warum geht das nicht voran dahinten?«

»Ich kann nicht mehr, Thomas!« Taumelnd sank ich zusammen,

mir wurde schwarz vor Augen. Wir waren schon um sechs Uhr früh zu Fuß in das Arbeitslager gelaufen, ohne etwas zu essen oder zu trinken, und nun ging es auf Mitternacht zu. Es waren immer noch zwanzig Grad unter null.

»Hilfe, meine Frau ist zusammengebrochen!« Thomas kniete über mir, andere eilten herzu, ich sah Gesichter und hörte Stimmen, alles flirrte und surrte, und mein Magen drehte sich um, dann schwanden mir die Sinne, und ich wurde ohnmächtig.

Als ich wieder zu mir kam, lag ich in einer fremden Baracke mit Blick auf schmutzige kalte Wände, von denen das Wasser rann, und eine deutsche Zwangsarbeiterin beugte sich über mich. Mein schwerer Arbeitsanzug lag nass neben der Holzpritsche auf dem Boden.

Die Frau hatte eine löchrige Militärdecke über mich gebreitet.

»Hallo, ich bin Frieda. Sie haben dich zu mir gebracht, und ich habe versucht, einen Arzt zu holen. Der kommt aber erst morgen wieder.«

Sie flößte mir etwas Tee ein, den ich aber sofort wieder erbrechen musste.

»Kindchen, bist du etwa schwanger?« Sie tätschelte mir besorgt die Wange und strich mir mit einem kalten Lappen über die Stirn. »Deine Augen glänzen so seltsam.«

»O bitte, lieber Gott, nicht auch das noch!« Mit ausgedörrten Lippen stammelte ich ein Stoßgebet. »Ich kann doch jetzt nicht auch noch ein Kind in die Welt setzen …«

»Ja, bist du denn … ich meine, hast du denn …?« Sie sah mich besorgt und fragend an.

»Ich bin seit vier Monaten verheiratet!«, stammelte ich mit blutleeren Lippen.

»Dann ist ja alles gut.« Frieda tupfte mir weiter auf der Stirn herum. »Dann schenkt euch der liebe Gott ein Kind der Liebe. Ach, dass es in diese grausame Welt hineingeboren werden muss …«

Sie drückte mir die Schulter und wischte sich verstohlen über die Augen.

Doch nichts war gut! Schon wieder schwanden mir die Sinne, und ich dämmerte einer gnädigen Ohnmacht entgegen. Bitte, lieber Gott, lass mich einfach sterben. Ich kann nicht mehr. Und schon gar kein Baby in diese Welt setzen!

Als ich erwachte, saß bereits ein Arzt an meinem Lager. Auch er war ein deutscher Kriegsgefangener, er erinnerte mich in seiner Güte und Besorgnis an meinen Vater.

»Ja, Kindchen, was ist denn passiert?«

Mit schwacher Stimme schilderte ich ihm meine Nöte und meinen Verdacht, schwanger zu sein. Er drückte auf meinem Bauch herum und horchte mich ab.

»Wenn, dann sieht es so aus, als verlören Sie Ihr Kind. Sie müssen sofort ins Krankenhaus, so oder so!«

»Aber wie soll das gehen, ich muss doch arbeiten …?« Schon wollte ich mich aufrichten, sackte aber kraftlos auf dem Lager zusammen.

»Hören Sie, Lydia. Wie heißen Sie weiter?«

»Groß. Nein, jetzt natürlich Lydia Judt. Das ist der Name meines Mannes.«

»Frau Judt. Ich überweise Sie in das Krankenhaus. Das ist allerdings zwanzig Kilometer von hier entfernt.« Er kritzelte eilig etwas auf einen Block. »Ihr Mann soll Sie sofort dorthin bringen, der Ort heißt Troizkoj, das ist die nächstgelegene Kreisstadt.« Er riss den Zettel vom Block und drückte ihn mir in die Hand. »Sonst werden Sie womöglich an inneren Blutungen sterben.«

Das Bild von unserer armen Else vor Augen, geriet ich vollends in Panik.

»Aber wie sollen wir dahin kommen, zu Fuß schaffe ich es einfach nicht mehr!«

»Es gibt einen Elektro-Waggon, der fährt zweimal täglich. Lassen

Sie sich die Genehmigung für einen Fahrschein ausstellen.« Der Arzt erhob sich und packte seine Tasche. »Ich muss jetzt weiter, junge Frau. Es ist mir nicht gestattet, mich länger als nötig bei einem Patienten aufzuhalten.« Er setzte sich seine Fellmütze auf und schüttelte mir die Hand. »Ich wünsche Ihnen alles Gute.«

»Aber der Kommandant muss mir auch noch seine schriftliche Erlaubnis geben!« Das hatte man uns immer wieder eingebläut: *Nur* mit zweifacher Genehmigung, vom Arzt und vom Kommandanten, durfte man im äußersten Notfall der Arbeit fernbleiben. Alles andere galt als Fluchtversuch und wurde auf das Härteste bestraft!

»Der Kommandant muss Ihnen sofort einen Fahrschein ausstellen lassen.« Der Arzt drehte sich noch einmal zu mir um, bereits vor der Tür stehend. »In Ihrem Fall geht es um jede Minute.«

Frieda hatte bereits nach Thomas rufen lassen, und dieser erschien leichenblass und völlig überarbeitet nach der zusätzlichen Nachtschicht in der Baracke.

»Komm, den Frühzug erreichen wir noch!« Mein Mann schleifte mich mehr, als dass ich allein gehen konnte, und verfrachtete mich in den bereitstehenden Personenzug. Wir hatten weder den Fahrschein noch die Genehmigung! Der Kontrolleur sah jedoch meinen Zustand und ließ uns weiterfahren, immerhin hatten wir das ärztliche Attest. Ich sah wohl mehr tot als lebendig aus, mein Gesicht war aschfahl, und ich klapperte vor Schüttelfrost.

So hätte ich nie und nimmer weiterarbeiten können.

Im Krankenhaus angekommen, wurde ich gründlich untersucht. Diesmal von einem russischen Arzt.

»Massive Blutarmut, Unterernährung, Kreislaufversagen«, verstand ich aber doch inzwischen. »Akute Lebensgefahr für Mutter und Kind.«

»Hören Sie, junge Frau.« Besorgt beugte er sich über mich, und seine buschigen Augenbrauen zogen sich zusammen. »Es ist eine Schwangerschaft, vierter oder fünfter Monat. Verstehen Sie mich?«

»Da, ya ponimayu!« Die Blicke zwischen Thomas und mir flackerten ungläubig und verzweifelt hin und her.

»Aber Sie haben fast keine Chance. In so einem Fall ist es besser, eine Abtreibung machen zu lassen. Allerdings liegt die Entscheidung bei Ihnen.«

Mein Herz setzte aus. Abtreibung! Das war doch Mord an meinem unschuldigen Kind! Das war eine Todsünde, und für so was kam man in die Hölle!

»Ich bin streng katholisch erzogen, eine Abtreibung kommt für mich nicht infrage!«

Der Arzt nickte bedächtig und zog sich seine Handschuhe aus, um sie in einen Eimer an der Wand zu werfen. »Dann bleiben Sie jetzt ein paar Wochen hier im Krankenhaus.«

Er schrieb etwas auf einen Zettel und reichte ihn der Krankenschwester, die meine fahrbare Liege in einen großen Raum schob, in dem mindestens noch zwanzig andere Frauen lagen.

Thomas musste sich verabschieden und zu seiner Schicht eilen, bevor er nachträglich die Genehmigung für meine Krankschreibung beantragen würde.

So durfte ich sechs Wochen im Krankenhaus bleiben, was eine einzige Wohltat für mich war.

Endlich konnte ich mich ausruhen, schlafen und liegen, und mir wurde dreimal am Tag eine zwar spartanische, aber doch genießbare Mahlzeit gebracht. Es war besser als alles, was ich in den letzten Jahren erlebt hatte. Obwohl es eine Risikoschwangerschaft mit allen Ängsten und höchst unangenehmen Untersuchungen war: Es fühlte sich an wie ein schöner Traum, und ich wollte am liebsten nie wieder aufwachen. Als ich schließlich im sechsten Monat Schwangerschaft entlassen wurde, hatte ich ein ärztliches Attest in der Hand, auf dem stand, dass ich bis zur Geburt nicht mehr arbeiten und auch keine weiten Strecken mehr laufen durfte.

OSERO-PETROWSKI, SIBIRIEN

November 1949

Kind, bist du sicher, dass du das Brot entbehren kannst?« Mutter besuchte mich in meiner Baracke, die ich nun seit meiner Entlassung aus dem Krankenhaus mit meinem Mann Thomas bewohnte. Ich war fast im neunten Monat schwanger. Weil ich keine weiten Wege mehr laufen durfte, hatte man uns ein Zimmer direkt am Verschiebebahnhof mit den großen Holzstapeln zugeteilt, in unmittelbarer Nähe des Büros, der Läden und der Werkstätten. Es lärmte, quietschte, klapperte und hämmerte ununterbrochen, Tag und Nacht drangen die russischen Befehle und Rufe durch unser winziges Fensterchen, und ich sehnte mich so unendlich nach meiner lieben Familie.

»Mutter, ich arbeite nicht mehr, also brauche ich auch nicht mehr so viel Brot.« Heimlich steckte ich ihr die drei Scheiben zu, die Thomas nun für uns beide verdiente. »Meine arme Schwester Katja muss nun für fünf Personen arbeiten, ich fühle mich so schuldig und schlecht, dass ich euch nicht mehr unterstütze!« Mit beiden Händen fuhr ich mir über den runden Bauch, in dem sich leise Leben regte. »Nun kommt sogar noch ein Esser mehr!«

Mit der Heirat und durch die ungewollte frühe Schwangerschaft war genau das Gegenteil dessen eingetreten, was Mutter sich für uns gewünscht hatte: nicht Thomas arbeitete für uns mit, sondern ich fiel als Arbeitskraft aus.

»Wie geht es Else, unserer Kuh, und was macht Rudi, das Kälbchen?«

Mutter sank schluchzend auf die untere Pritsche, die mein Bett geworden war.

»Kind, es ist so fürchterlich, ich wollte es dir in deinem Zustand eigentlich gar nicht sagen, aber die Kuh ist letzte Nacht gestorben!« Sie weinte bittere Tränen. »Der Schlachter hat sie heute früh schon abgeholt!«

»Aber Mutter, das ist ja fürchterlich, wir haben sie doch erst vor einem Jahr gekauft und mit so viel Liebe großgezogen, haben jeden Halm Heu mit der Sense von Hand gemäht und bündelweise auf dem Rücken nach Hause getragen … da war ich noch ledig …« Nun schluchzte auch ich hemmungslos. Alles war schiefgegangen! »Wovon wollt ihr nun leben?!«

»Ich weiß es nicht, Kind, ich bin manchmal wirklich am Ende mit meinem Gottvertrauen!« Sie wischte sich mit dem Kittelschürzenzipfel über die rot verweinten Augen. »Aber das sollte in deinem Zustand gar kein Thema sein. Wie fühlst du dich denn, mein liebes Kind?«

»Ach Mutter, ich habe so schreckliches Heimweh …« Schon liefen mir die Augen wieder über. Ich schluchzte so sehr, dass es meinen ganzen Körper schüttelte. »Wenn ich doch die Zeit zurückdrehen könnte! Ich möchte so gerne wieder zu euch!«

»Aber Kind, versündige dich nicht …« Mutter schüttelte den Kopf. »Der Ehestand ist ein heiliges Sakrament, und das Kind in deinem Leib ein Geschenk Gottes!«

Doch ich konnte nicht aufhören zu weinen. Es zerriss mich förmlich vor Schluchzern. Mühsam brachte ich heraus: »Wir haben zwar jetzt alles Wichtige in der Nähe, den *Predsedatel,* den Lager-Vorsteher, den Brotladen, den Arbeitsplatz und sogar den Arzt, aber wie gerne würde ich wieder tauschen und täglich die fünf Kilometer hin und abends zurücklaufen mit Katja, wenn ich nur wieder in unserer gemütlichen Stube bei dir unterschlüpfen könnte …«

Mutter und ich lagen uns weinend in den Armen. »Wir vermissen dich doch auch so, Lydia! Nicht nur als Arbeitskraft!« Sie hielt mich an beiden Schultern und wischte mir die Tränen aus dem Gesicht. »Auch als stets positiver Mensch, der in den schlimmsten Momenten noch singen und dichten und den Kleinen Geschichten erzählen konnte. Du warst immer die robuste Natur unter meinen Kindern und hast auch mir so viel Kraft gegeben …« Schon wieder lagen wir uns weinend in den Armen. Dass ich meine Mutter im Stich gelassen hatte, tat mir so unendlich weh! Ich schluchzte und weinte und konnte gar nicht mehr damit aufhören.

»Was ist mit Thomas?« Mutter schnäuzte sich in ihr Taschentuch und steckte es verlegen in ihren Ärmel. »Ist er lieb zu dir?«

»Wir sehen uns ja kaum.« Ich putzte mir ebenfalls die Nase und versuchte, ein heftiges Ziehen im Rücken zu ignorieren. Schon jetzt konnte ich kaum noch sitzen oder liegen oder stehen, jede Position tat so weh, als hätte ich ein Messer im Rücken. »Er muss oft Doppelschichten arbeiten, immer wenn er glaubt, Feierabend zu haben, heißt es: Die Arbeiter, die in den Baracken wohnen, müssen noch bleiben und eine Nachtschicht einlegen! Wir teilen uns seine Essensration, wobei ich dir abgebe, was ich kann …«

»Liebes, was ist? Du fasst dich an den Bauch und verziehst das Gesicht …?«

»Ach Mutter, ich habe solch schreckliche Schmerzen …« Das Messer bohrte sich tiefer in meinen Rücken und stach in meine Eingeweide. Plötzlich wurde es zwischen meinen Beinen ganz nass. »Was ist das? Hilfe, Mutter, da läuft mir das Wasser an den Beinen herunter …«

»Kind, leg dich schnell auf die Pritsche, ich glaube, dein Kind kommt!«

»Aber ich habe doch noch ein paar Wochen, dachte ich … Oh Gott, es zerreißt mich, Hilfe, Mutter, bleib bei mir, geh nicht weg …« Panisch streckte ich die Arme nach ihr aus. Ich hatte oft genug mit ansehen müssen, wie die Kühe litten, wenn sie kalbten.

Mutter riss die Tür zur Baracke auf und rannte wild gestikulierend hinaus. »Hilfe, meine Tochter bekommt ein Kind, hallo, ist hier jemand, Hilfe …!«

Ich stöhnte unter heftigen Wehen. Wenn ich jetzt sterben muss, lieber Gott, dann lass es bitte schnell geschehen, flehte ich innerlich. Solche Schmerzen hatte ich noch nie gehabt! Es zerriss mich förmlich, und ich hatte das Gefühl, meine Eingeweide alle gleichzeitig herauspressen zu müssen!

»Mutter!«

»Ja, Liebes, hier bin ich schon wieder, und ich habe eine alte Frau mitgebracht, die wird mir helfen.« Sie krempelte sich bereits die Ärmel hoch und riss den löchrigen Vorhang, der unsere Pritschen von der Waschvorrichtung und dem Nachttopf trennte, in längere Streifen.

»Versuche, ganz ruhig zu bleiben, und beiße hier drauf, damit du nicht so laut schreien musst!«

Die beiden Frauen arbeiteten sehr konzentriert und wussten genau, welche Handgriffe zu tun waren. Die alte Frau erhitzte Wasser und holte aus ihrer Baracke noch weitere halbwegs saubere Tücher, während Mutter mir die Stirn kühlte und gut zusprach.

»Du hast es doch schon so oft bei den Tieren gesehen, Lydia. Genauso musst du es jetzt auch machen, tief und ruhig atmen, du schaffst das … und dann regelmäßig … pressen, pressen, pressen!«

Sie stützte meinen Kopf und hielt meine Hand, während die alte Frau das winzige Kind auffing, das nach heftigen Presswehen auf der Pritsche des Gefangenenlagers das Licht der Welt erblickte.

Routiniert reinigte sie es: »Es ist ein kleiner Junge, Lydia. Das hast du großartig gemacht, mein tapferes Mädchen, du!«

»Oh Gott, er ist viel zu klein, er hätte noch gar nicht geboren werden dürfen …« Fassungslos streckte ich meine Arme nach dem Winzling aus. »Wie sollen wir dich nennen, Kleiner?«

»Wir nennen ihn Josef.«

»Nach Vater?«

»Ja. Wenn er da oben im Himmel ist, wird er beim lieben Herrgott ein gutes Wort für ihn einlegen.« Mutter besprühte den Neugeborenen mit Wassertropfen: »Ich taufe dich… im Namen des Vaters… und des Sohnes… und des Heiligen Geistes… auf den Namen Josef.«

Erschrocken und noch ganz benommen starrte ich sie an. »Nottaufe, Mutter?«

»Ja. Wir haben keine Zeit mehr, auf den Pfarrer zu warten. Er ist vielleicht noch nicht lebensfähig!«

»Dann möchte ich, dass Katja seine Taufpatin wird!«

»Darüber wird sie sich sehr freuen, Lydia. Morgen nach ihrer Arbeit bringe ich sie dir ans Kindsbett, gebe es Gott, dass dein kleiner Junge dann noch lebt.« Mein Herz polterte dumpf.

»Bitte bleib doch, Mutter! Ich habe solche Angst!«

Mutter drückte mir einen Kuss auf die verschwitzte Stirn: »Gott segne dich und deinen kleinen Sohn. Wenn der liebe Gott bei dir ist, musst du keine Angst haben.« Sie drückte mir liebevoll den Arm, in dem mein kleiner Winzling ganz zerknautscht und mit geschlossenen Augen lag. Mutter hatte ihn in einen dieser Fetzen gewickelt, die einmal ein zerschlissener Vorhang gewesen waren. Er sah so jämmerlich aus! So erbärmlich, so armselig, als gehörte er nicht in diese Welt.

»Versuch, ihn zu stillen. Anders kriegst du ihn nicht durch.«

Vorsichtig half Mutter mir dabei, den Kleinen anzulegen. Der Wurm war aber viel zu schwach, um zu trinken. Die alte Frau hatte sich schon verabschiedet und versprochen, heute Nacht noch einmal nach mir zu sehen. Denn mit Thomas war erstens nicht zu rechnen und zweitens: Wie hätte der inzwischen Achtzehnjährige mir bei Problemen helfen sollen?

»Ich muss jetzt zu den Kindern und ihnen das Brot bringen, du kannst dir vorstellen, wie hungrig sie sind! Sie stehen sicher schon seit Stunden auf dem Dach unserer Hütte und schauen, wo ich bleibe!« Mutter zog sich ihre wattierte Jacke wieder an, stieg in ihre wattierten Hosen und band sich ihr Kopftuch fest zu. »Erhol dich und versuche jetzt zu schlafen.«

»Sag ihnen, dass ich sie alle sehr liebe und mir wünsche, dass wir wieder zusammen sind!«, hauchte ich hinter ihr her.

Dann starrte ich hoffnungslos in die Dunkelheit der trostlosen Baracke. Die winzige Scheibe war schon längst wieder mit Eis beschlagen. Von draußen ertönten die Kommandos der Vorarbeiter, das Quietschen der Loren auf den Schienen, das Knattern der Laster, die das Holz brachten, das Klirren der Ketten und das Rasseln der Sägen, das Hooo-ruck, hooo-ruck der Zwangsarbeiter und das Weinen der hungrigen Kinder. In was für eine Welt hatte ich mein Kind nur geboren? Und der liebe Gott entschied, dass Josef dieses Elend nicht lange erleben sollte.

Josef wurde dann auch nur fünf Wochen alt. Er starb kurz vor Weihnachten 1949.

OSERO-PETROWSKI, SIBIRIEN

16. November 1951

»Es ist ein Mädchen, Lydia, du hast einem kleinen Mädchen das Leben geschenkt!«

Fast genau zwei Jahre nach dem zu früh geborenen und viel zu schwachen Josef durfte ich erneut ein Kind in meinen Armen halten, und wieder hatte mir Mutter bei der Geburt in unserer Baracke beigestanden. »Diesmal sieht es besser aus. Es hat vielleicht eine Chance zu überleben!«

Dankbar drückte ich das Kindchen an meine Brust, und es trank auch bald. Das dunkelhaarige kleine Mädchen mit den tiefschwarzen Augen schaute mich dabei ernsthaft an, fast als wollte es fragen: »Mama, was machen wir in dieser eiskalten, trostlosen Hölle?«

Unsere Jahre waren vergangen mit harter Arbeit, bitterer Kälte und unfassbarer Trostlosigkeit. Mutter lebte mit den drei kleinen Geschwistern Klementine, Jakob und Frederike noch immer in der winzigen Hütte fünf Kilometer außerhalb von Osero-Petrowski, während Thomas und ich einen spartanischen kleinen Raum in der Arbeiterbaracke direkt im Zentrum des Straflagers bewohnten. Thomas arbeitete Tag und Nacht in der Holzverladestelle, ich hatte erst in den letzten Tagen der Schwangerschaft pausieren dürfen. Diesmal war die Schwangerschaft relativ problemlos verlaufen; kein Arzt hatte nach mir geschaut, und bis zum Schluss war ich nicht geschont worden. Nun sparte ich mir das Brot vom Munde ab, um es heimlich meiner Familie zu geben. Zwischen Thomas, inzwischen fast einundzwanzig, und mir, inzwischen vierundzwanzig, herrschte keine innige Liebe. Es war eher eine Zweckheirat gewesen, Mutter und den Geschwistern zuliebe, doch immerhin war sie nun von einer kleinen Tochter mit großem Überlebenswillen gekrönt.

»Rosa«, befand ich. »Sie soll Rosa heißen!« Auch mit diesem Baby hatte ich als Erstes einen harten Winter zu überstehen, mit bis zu fünfzig Grad minus. In dem kleinen Zimmer der Baracke stand ein winziger Ofen, den ich ununterbrochen mit dem Restholz befeuerte, das beim täglichen Beladen der Güterzüge übrig blieb und das Thomas mir hereinschmuggelte.

Es gab kaum je einen freien Tag, denn ich musste sofort wieder arbeiten, aber als es sich unverhofft doch ergab, da wanderte ich mit meiner kleinen Rosa, die ich mir unter meine wattierten Jacken eng um den Bauch gebunden hatte, sogleich die fünf Kilometer durch den tiefen Schnee hinaus zur Hütte meiner Familie. Meine Sehnsucht zu ihr war ungebrochen.

»Liebste Schwester, wen bringst du mir denn da, ist das etwa mein Patenkind Rosa?« Katja, inzwischen sechsundzwanzig, lag schwer röchelnd auf dem Strohlager unserer Mutter und streckte die Arme nach meiner kleinen Tochter aus. Natürlich hatte ich sie auch diesmal wieder zur Taufpatin gemacht, denn sie selbst war nach wie vor unverheiratet und kinderlos. Es wäre undenkbar gewesen, dass auch Katja unsere Mutter und die drei Geschwister ihrem Schicksal hätte überlassen müssen.

»Katja, du siehst mir aber nicht gut aus …« Ich sank auf ihr schmales Bett und schälte das Baby behutsam aus den vielen wattierten Schichten. »Hier, nimm sie, aber ganz vorsichtig, sie kann ihr Köpfchen noch nicht halten.«

»Ich weiß doch, wie man ein Baby hält …« Ihr sanfter Protest wurde von einem rasselnden Hustenanfall unterbrochen, der gar nicht wieder aufhören wollte.

»Oh bitte, huste ihr nicht ins Gesicht!« Hastig riss ich ihr mein Kind wieder weg und legte es auf die Decke neben den Ofen, wo es ganz allerliebst mit seinen Händchen spielte und offensichtlich die Wärme sehr genoss. Ich musste nur aufpassen, dass es nicht zu dicht an der Hitzequelle lag, denn das Brennen der Kälte und das Brennen der Wärme war selbst für mich kaum zu unterscheiden. Mutter war in den kleinen Stall gelaufen, um das inzwischen erwachsene Kalb zu melken, das ihnen geblieben war. Welch ein Segen, dass es ein weibliches Kälbchen war! Sie balancierte vorsichtig ein kleines Blechgefäß vor sich her, emsig darauf bedacht, nur keinen einzigen Tropfen zu verschütten.

»Trinkt sie schon Kuhmilch? Ich wärme sie gleich auf dem Ofen.«

»Aber nein, Mutter, ich kann sie zum Glück vollständig stillen. Die Kuhmilch behalte lieber für euch.« Und mit einem Seitenblick auf Katja, die gar nicht aufhören wollte zu röcheln und zu husten: »Seit wann hat sie das?«

»Ach Lydia, schon lange.« Vorsichtig goss Mutter die bereits festgefrorene Milch in den kleinen Kochtopf und wärmte sie an. »Deine Schwester schleppt eine Grippe nach der anderen hier an, geht oft mit hohem Fieber zur Arbeit und ist am Ende ihrer Kräfte.«

Während ich mein Töchterchen stillte, mit dem Rücken wohlig an den Ofen gelehnt, flößte Mutter Katja die heiße Milch ein. Die Augen meiner Schwester glänzten fiebrig, und ihre Hände zitterten bei dem Versuch, die Blechtasse zu halten.

»Hat sich das mal ein Arzt angesehen?« Ich schob das Köpfchen des Kindes an die andere Brust und knöpfte die vielen Schichten Blusen und Jacken dazwischen wieder zu.

»Ach Lydia. Alle Arbeiterinnen sind inzwischen so krank, dass sie kaum noch aufstehen können. Das ist nichts Besonderes.« Mutter schüttelte traurig den Kopf, in ihren Augen standen dicke Tränen. »Das ist jetzt unser fünfter voller sibirischer Winter. Wie lange müssen wir das noch aushalten? Die ganze Welt hat uns vergessen, und wann erbarmt sich der liebe Gott?«

Ich wusste es auch nicht. Niemand wusste es. Wir weinten alle drei, oder besser gesagt, alle vier, denn als die kleine Rosa unser aller Elend sah und spürte, weinte sie gleich mit. Ihr kleines Köpfchen lief ganz dunkelrot an, und sie schrie das Elend unserer Familie in die Welt hinaus.

Später kamen unsere drei jüngeren Geschwister mit den üblichen Frostbeulen im Gesicht und an Händen und Füßen nach Hause und brauchten ebenfalls heiße Milch und viel Zeit am Ofen, um sich halbwegs wieder aufzuwärmen. Sie hatten einen Arbeits- und Schulweg von je um die fünf Kilometer, den sie morgens im Dunkeln und nachmittags wieder im Finstern bewältigen mussten.

»Oh, wie süß ist unsere kleine Nichte, darf ich sie mal halten?«

»Nein, ich zuerst, du hast noch zu kalte Hände!«

Katja hustete und röchelte derweil ununterbrochen auf ihrem Krankenlager, auf ihrer Stirn stand der kalte Schweiß, ihre Augen waren glasig geworden, und heftiger Schüttelfrost schleuderte ihre mageren Ellbogen und Knie gegen die Holzbalken. Es war nicht zum Aushalten. So konnte ich Mutter unmöglich mit ihr alleine lassen.

»Kinder, könnt ihr wohl mal eine Nacht allein zu Hause bleiben?« Entschlossen stand ich auf.

»Ihr schafft das, denn Klementine ist jetzt schon sechzehn, und du, Jakob, dreizehn. Ihr könnt auf die elfjährige Frederike aufpassen und euch euren Mehlbrei heute einmal selber bereiten.«

»Nein, wir fürchten uns, die Mutter soll nicht weggehen!«

»Wir müssen Katja zu einem Arzt bringen«, beharrte ich. »Sie schafft den Weg nicht mehr allein.«

Und so liehen wir von einer Nachbarin einen Schlitten aus, auf den wir Katja unter dicke Decken betteten, und legten ihr das sechs Wochen alte Baby Rosa auch noch hinein. Wir zurrten sie mit Stricken fest zu, legten uns die Schultergurte um, und dann stapften Mutter und ich mit unserer kostbaren Fracht durch die stockfinstere Nacht und meterhohen Schnee zurück in die Strafkolonie, in der wir wohnten. Dort verbrachten wir den Rest der Nacht dicht aneinandergekuschelt in der Baracke, in der auch der völlig erschöpfte Thomas schlief.

Gleich am nächsten Morgen kam der Arzt, und dieser schickte Katja sofort ins Krankenhaus. Mithilfe dieses ärztlichen Attests bekam ich noch einen weiteren Tag frei. Mutter und ich fuhren mit unserer hustenden und röchelnden Patientin in dem Elektro-Waggon nach Troizkoj. Natürlich hatte ich mein Baby dabei, denn wo hätte ich es sonst lassen können. Außerdem stillte ich Rosa ja. Einen Kinderwagen hatten wir natürlich nicht, ich hatte mein Baby immer fest um meinen Bauch gebunden, unter vielen Schichten Kleidung. Nur ihr Näschen schaute noch zwischen zwei offen gelassenen Knöpfen hervor.

Im Krankenhaus sagte der Arzt Katja frei ins Gesicht, dass sie viel zu spät gekommen sei.

»Sie haben Tuberkulose, junge Frau.«

Entsetzt schluchzten Mutter und ich auf. Wir hatten es geahnt! Ich drückte mein Baby noch fester an mich, das unter meinen wattierten Jacken nur noch mit der rot gefrorenen Nase herausschaute und jetzt ebenfalls herzzerreißend schrie. Wir beruhigten und trösteten meine arme Schwester und hielten ihre Hand. Der Arzt nahm sich einen kurzen Moment Zeit, um der erschütterten Katja und uns die Krankheit zu erklären. »Tuberkulose wird durch Bakterien verursacht, die in der Regel die Lungen angreifen. Arbeiten Sie in der Holzfabrik?«

»Ja …«

»Dann ist es kein Wunder. Tuberkulose verbreitet sich durch die Luft von Mensch zu Mensch. Wenn Erkrankte mit akuter Lungen-TB husten, niesen oder ausspucken, gelangen TB-Keime in die Luft. Eine andere Person braucht nur ein paar dieser Keime zu inhalieren, um sich anzustecken.«

Entsetzt wichen Mutter und ich zurück, mit Entsetzen dachte ich an mein Baby. Bitte, lieber Gott, flehte ich innerlich, nimm mir nicht auch noch dieses Kind!

Konzentriert horchte der Arzt Katjas Brust und Rücken ab.

»Häufige Symptome der akuten TB sind Husten mit Auswurf. Haben Sie das?«

»Ja, und teilweise auch Blut!«

»Schmerzen in der Brust, Schwäche, Gewichtsverlust, Fieber und Nachtschweiß?«

»Ja, das alles hat sie seit Wochen, Herr Doktor! Aber wir dachten nicht, dass es so schlimm ist! Sie geht ja immer noch zur Arbeit!« Mutter starrte ihn entsetzt an, sie war ganz grau im Gesicht, und unter ihren Augen lagen schwarze Schatten.

»Diese Symptome können zunächst über Monate hinweg in milder Form auftreten. Das kann dazu führen, dass der Erkrankte zunächst keine medizinische Versorgung in Anspruch nimmt und die Bakterien somit weiter verbreitet. Ich kann mich nur wiederholen: Sie hätten viel früher kommen sollen, junge Frau.« Er tätschelte ihr mitleidig die Schulter. »Ohne die richtige Behandlung sterben im Durchschnitt siebzig Prozent der Menschen hier unter diesen Bedingungen.« Der Arzt beendete seine Untersuchung und steckte sein Stethoskop wieder ein. »Ich kann Sie nur noch nach Hause entlassen. Denn hier kann ich nichts mehr für Sie tun, und Sie stecken mir nur meine anderen Patienten an.«

»Bitte, Herr Doktor, können Sie veranlassen, dass meine Schwester zu mir in die Baracke ziehen darf?« Ich flehte ihn mit erhobenen Händen an, das Baby an meine Brust gedrückt.

»Sie kann nicht mehr da draußen in der Wildnis wohnen, bitte stellen Sie ihr doch einen Berechtigungsschein für einen Barackenplatz aus!«

Nachdem wir dem Arzt unter Tränen unsere Wohnverhältnisse geschildert hatten, erbarmte er sich unser. »Na, dann stelle ich wohl mal der Mutter auch gleich einen Wohnberechtigungsschein aus, denn Sie müssen ja arbeiten, und jemand muss sich um die Patientin und um Ihr Baby kümmern.«

Das bedeutete zwar, dass unsere drei Jüngeren von nun an allein in der Hütte hausen mussten, aber es gab keine andere Lösung. Wir dankten dem Arzt unter Tränen und fuhren mit unserer todkranken Patientin zurück zum Barackenlager.

Nach einigen Bittgängen zum Kommandanten und dem Baracken-Vorsteher schaffte ich es schließlich, einen Raum in der gleichen Baracke für Mutter und Schwester zu bekommen, in der wir wohnten. Dafür musste eine andere Familie ausziehen, und vielleicht sogar in die Einöde. Das tat mir furchtbar leid, aber für uns war es eine kleine Erleichterung in den Schrecken der Hölle. Hier in den Baracken wohnten viele Deutsche, die das gleiche Schicksal hatten wie wir. Und nach Wochen des Flehens und Bettelns durften wir auch noch die drei kleinen Geschwister nachholen, die ohne Mutter vor Angst und Einsamkeit und Hunger fast durchdrehten. Sie alle fünf hausten in einem winzigen Raum. Die junge Kuh hatten sie verkauft.

OSERO-PETROWSKI, SIBIRIEN

Sommer 1953

Wir machten uns große Hoffnungen, dass Katja es schaffen könnte, doch wieder gesund zu werden. Die liebevolle Pflege durch Mutter, die zusätzliche Brotscheibe morgens und abends, aber besonders die Gesellschaft ihres kleinen Sonnenscheins Rosa ließen Katja zwischenzeitlich wieder zu Kräften kommen. Sie blühte noch einmal auf wie ein Baum, der im Herbst in voller Farbenpracht steht.

»Da kommt ja mein kleines Patenkind, oh Lydia, gib sie mir ruhig, du kannst getrost zur Arbeit gehen!« Katja saß im Bett, ihr Gesicht hatte eine leicht rosige Farbe angenommen, und streckte sehnsüchtig beide Arme nach meinem Kind aus. »Komm her, Süße, ich habe was für dich!«

»Ich weiß nicht, Katja, wo ist denn Mutter?« Unschlüssig stand ich auf der Schwelle.

»Mutter ist im Ort, Besorgungen machen, schau nur, Rosa, was ich für dich gemacht habe.«

Schon schleppte Katja sich aus dem Bett, zog sich die Decke enger über die Schultern und suchte in dem wackeligen Holzschrank nach etwas. »Sieh nur, na, was ist das?« Da sie leicht taumelte, hielt sie sich unauffällig an dem Schränkchen fest.

»Püppchen!« Rosa strahlte und wackelte auf ihren Beinchen auf ihre Tante zu.

»Das habe ich selbst genäht, aus Lumpenresten und Stroh.« Hustend zog sich Katja wieder in ihr Bett zurück und spuckte unauffällig in ihr Tuch. Sollte ich wirklich meine Anderthalbjährige bei ihr lassen? Mutter war noch nicht zurück, und ich musste zur

Arbeit! Es gab zur Strafe Doppelschichten, wenn man nicht pünktlich war!

»Geh nur, Lydia, geh«, winkte meine Schwester mich hustend und röchelnd aus der Baracke.

So eilte ich wie jeden Morgen zu meinem Arbeitsplatz und schaffte es gerade noch, mich in die Reihe der Frauen in Arbeitskleidung zu quetschen, bevor der Kommandant mit dem Klemmbrett sie abschritt und jeden Namen aufrief.

»Lydia Judt!«

»Hier!«

»Nie wieder zu spät, ist das klar?!« Sein stechender Blick traf mich hart. »Sonst wird aus der Doppelschicht eine Dreifachschicht!«

»Jawohl, Herr Kommandant!«

Eilfertig gliederte ich mich in die Gruppe der Frauen ein, die heute dazu eingeteilt waren, die angelieferten Baumstämme mit Sägen und Äxten zu zerkleinern und zu spalten. Alle arbeiteten mit gebeugtem Rücken und wischten sich den Schweiß unter ihren Kopftüchern.

Es wurde wieder eine Zehn-Stunden-Schicht, nur mit zwei kurzen Pausen, in denen wir zu den Plumpsklos eilen durften. Mein Rücken wollte schier durchbrechen vor stechenden Schmerzen, aber wen kümmerte es. Den anderen Frauen erging es nicht anders.

Als ich gegen Abend in meine Baracke zurückrannte, kam mir wütend der Arzt entgegen.

»Sind Sie eigentlich von allen guten Geistern verlassen?« Er hielt mich am Arm fest und giftete mich an. »Was soll das denn, dass Sie ein anderthalbjähriges Kind auf einer todkranken Patientin herumkrabbeln lassen?«

»Ich wollte nicht … ich wusste nicht … wieso denn todkrank, sie ist doch auf dem Weg der Besserung …?«

»WAS wussten Sie nicht?« Er riss mich heftig am Arm. »Waren

Sie etwa nicht dabei, als ich Ihnen erklärte, wie hoch ansteckend Tuberkulose ist? Und dass Ihre Schwester keine Chance mehr hat?«

»Ja, schon, aber ich dachte … ich meine …« Verdammt, zuckte es innerlich durch meinen Kopf. Wo ist Mutter? Ich ging doch davon aus, dass sie längst wieder zurück sei!

»Holen Sie Ihr Kind gefälligst sofort aus der Baracke, und lassen Sie es bei sich!«, brüllte der überforderte Arzt mit hochrotem Kopf. »Habe ich Ihnen nicht erklärt, wie gefährlich und ansteckend die Krankheit Ihrer Schwester ist?!«

»Wir dachten nur, sie wird so schneller wieder gesund«, hauchte ich mit blutleeren Lippen. Mein Herz raste und schlingerte wie der ellenlange Güterzug, der gerade mit Tausenden von Baumstämmen schwer beladen an uns vorbeischepperte.

»Sie WIRD nicht mehr gesund, Sie dummes Frauenzimmer!« Der Arzt ließ endlich meinen Arm los. »Andere Kleinkinder verbringen auch den Arbeitstag ihrer Mütter allein in der Baracke! Mit dem Unterhaltungsprogramm hören Sie sofort auf! Haben Sie mich verstanden!«

»Ja, Herr Doktor!«

»Lauter, ich hör nichts!«

»Ja, Herr Doktor!«

»Kleine Kinder sind sehr empfindlich«, polterte er noch im Weggehen, die alte Ledertasche an sich gepresst. »Ich bin mir nicht sicher, ob die Kleine sich nicht schon längst angesteckt hat!«

Das Blut pulsierte mir in den Ohren. Wenn mein armes Kind krank wurde, war das meine Schuld! Gramgebeugt schlich ich mich in die Baracke, wo Katja apathisch auf dem Bett lag und die kleine Rosa rotznasig und mit voller Windel auf dem kalten Boden saß und heulte. Der Arzt hatte sie einfach heruntergerissen vom Bett.

Es stellte sich heraus, dass es Mutter selbst nicht gut gegangen und sie im Ort bei ihren Besorgungen zusammengebrochen war.

So waren Katja und Rosa stundenlang sich selbst überlassen geblieben, und in diesem Zustand hatte der Arzt sie vorgefunden: Katja fiebrig und röchelnd im Bett, das spielende Kind mit dem Püppchen auf ihr herumkrabbelnd, beide Gesichter mit Blutspritzern bedeckt.

Es war nichts zu machen, ich durfte Katja mein Kind nicht mehr bringen. Heimlich betete ich sämtliche Rosenkränze rauf und runter, dass Gott mein Kind von der teuflischen Krankheit verschonen möge.

»Lydia, warum kommst du in letzter Zeit immer ohne das Kind?« Katja lag fiebernd und fantasierend im Bett und hob nur noch schwach den Kopf. Ihr schönes schwarzes Haar war schon von grauen Fäden durchzogen, glanzlos und spröde klebte es ihr am Kopf.

»Ich … ähm, sie schläft gerade«, redete ich mich heraus. Oder: »Sie spielt gerade mit den Nachbarskindern.« Oder: »Mutter ist gerade mit ihr im Ort unterwegs.«

Ich wollte meine liebe Schwester Katja nicht kränken, und ich konnte ihr unmöglich sagen, dass sie sterben würde, wie es der Arzt mir ins Gesicht geschrien hatte!

»Du, liebe Schwester, hast wohl Angst, dass ich dein Kind anstecke?« Katja lachte spöttisch.

Ich presste die Lippen zusammen und putzte angelegentlich ihren Spucknapf aus.

»Lydia, es ist doch mein Patenkind, ich habe es so gerne, ich habe kein eigenes, also ist Rosa auch mein Kind!« Katja sank schwer atmend auf ihr Kissen zurück. »Und nun willst du mir das auch noch nehmen!« Tränen quollen ihr aus den Augen und rannen über ihr schon grau gewordenes fahles Gesicht.

»Komm, Katja, ich flechte dir neue Zöpfe, das hast du doch so gern …« Schon löste ich ihr wirres langes Haar und versuchte ganz vorsichtig, es ein wenig zu kämmen.

»Au, du ahnst nicht, was das für Schmerzen macht!« Zitternd fasste sie sich an die Schläfen und wehrte meine Hände ab. »Das Kämmen ist zu nichts mehr nütze, du Heuchlerin!«

Erschrocken zuckte ich zurück. Noch nie war der Ton zwischen uns anders als liebevoll gewesen! Sie schrie mich hustend an: »Ich bin achtundzwanzig Jahre alt und muss sterben, und du bist jung und gesund und hast einen Mann und ein Kind! Du kannst noch viele Kinder haben, und nun gönnst du mir nicht mal dieses eine …« Sie brach in Tränen aus.

»Aber liebste Katja, so hör doch, es ist nicht so, dass ich es dir nicht gönne …«

»Ach, du Heuchlerin, geh doch nach Hause!« Sie starrte an die Decke, ihr schon leicht geöffnetes Haar umrahmte wie ein Kranz schwarzgrauer Dornen ihr Gesicht. »Du lügst mir nur was vor! Morgen bin ich tot, und dann hast du das Kind für dich alleine!« Ihre geballte Faust sauste auf die Bettdecke wie ein Stein.

Ich stand wie erstarrt da. Wenn sie wirklich sterben würde, durften wir nicht im Streit auseinandergehen!

Mit plötzlicher Entschlossenheit marschierte ich hinüber in unsere Kammer, befreite Rosa, die ich während meiner Abwesenheit vorsichtshalber unter dem Tisch angebunden hatte, damit sie nicht zu nah an das Feuer ging, nahm sie an die Hand und führte sie zurück zu meiner Schwester Katja. Leise klopfte ich an die Tür und schob sie einen Spaltbreit auf: »Schau mal, liebe Tante Katja, hier ist Besuch für dich gekommen …«

Sicherheitshalber ließ ich aber zwei Meter Abstand und blieb im Türrahmen stehen, ohne das Kind loszulassen. Sogar Rosa spürte, dass der Tod im Raume stand, und presste ihr Gesicht an meine Beine.

»Verzeih mir, wenn ich dich beleidigt habe«, kam es nach einer Weile rasselnd vom Bett her. »Denk an die schweren Zeiten, in denen wir immer alles geteilt haben.«

»So bringe ich dir hier ja auch mein Kind.«

Doch Katja reagierte nicht mehr darauf. Ihr Atem ging flach und schnell, ihre Hände glitten über ihre Bettdecke, als suche sie ständig nach etwas, was sie greifen, aber nicht halten konnte. So entglitt ihr regelrecht das Leben. Ich stand noch eine Weile stumm da. Dann ging ich mit Rosa wieder zurück in unsere Kammer.

Am nächsten Morgen weckte mich unsere Mutter: »Komm schnell, Katja fragt nach dir! Ich bleibe solange bei dem Kind.«

Mit heftigem Herzklopfen tappte ich eiligst hinüber zu meiner sterbenden Schwester, griff nach ihrer Hand, die schlapp über dem Bettrand hing, und drückte sie an meine Lippen.

»Katja, meine liebe Schwester, bitte geh nicht von uns!« Schon brach ich in Tränen aus.

»Lydia, ich will, dass du mir etwas aus dem Gebetbuch vorliest!«, kam es röchelnd. »Es geht zu Ende. Bleib bei mir in meiner letzten Stunde. Wir haben doch so viel zusammen erlebt und erlitten …«

Das tat ich. Weinend saß ich an ihrem Bettrand und las mit brechender Stimme: »Der Herr ist mein Hirte, mir wird nichts mangeln, er weidet mich auf grüner Au. Und ob ich auch wandelte im finsteren Tal … er führt mich zum Ruheplatz am Wasser. Er stillt mein Verlangen; er leitet mich auf rechten Pfaden, treu seinem Namen.«

Da verließ uns unsere Schwester für immer und ewig. Sie starb am 9. November 1953, kurz vor Rosas zweitem Geburtstag. So standen wir da und konnten nichts mehr für sie tun. Sie war achtundzwanzig Jahre alt. Wir begruben sie im selben Grab mit unserem kleinen Josef, ihrem ersten Patenkind. Beide ruhen in Sibirien auf dem Friedhof im Ort Osero-Petrowski, Kreis Altai.

OSERO-PETROWSKI, SIBIRIEN

Ende November 1953

»Alle Arbeiter und Arbeiterinnen, aber auch alle Hausfrauen müssen heute Abend zu einer wichtigen Vollversammlung ins Gemeindehaus kommen!«

Wir hatten noch Tränen in den Augen, als uns diese Aufforderung durch den blechernen Lautsprecher über dem riesigen Holzverladeplatz und an den Baracken entgegenschallte.

»Die Teilnahme ist Pflicht!«

»Mein Gott, das kann nichts Gutes bedeuten!« Wir Arbeiterinnen mit unseren dunkelblauen wattierten Jacken und Kopftüchern stützten uns mit durchgestrecktem Kreuz auf unsere Arbeitsgeräte und sahen einander kopfschüttelnd an. »Immer wenn zu einer Vollversammlung gerufen wird, kommt es knüppeldick.«

»Wir haben uns doch nichts zuschulden kommen lassen!«

»Was wollen sie denn noch von uns!«

»Vielleicht ist unsere Zwangsarbeit zu Ende und sie entlassen uns nach Deutschland!«

»Träum weiter, Kameradin.«

»Vielleicht werden wir verlegt?«

»Oh bitte, nicht schon wieder …«

So kursierten die Gerüchte, Befürchtungen und zaghafte Hoffnungen über dem nebligen düsteren Arbeitsplatz, auf dem bereits wieder die grellen Scheinwerfer angeschaltet wurden. Es war nachmittags gegen vier und wurde schon dunkel.

»He, weitermachen, das ist hier kein Kaffeekränzchen!« Der Aufseher knallte mit seiner Peitsche ein paarmal auf das nasse

Pflaster, dass es nur so krachte. »Zu privaten Unterhaltungen habt ihr nach der Versammlung noch Zeit!«

So rackerten und schufteten wir weiter, bis um acht Uhr abends die schrille Alarmglocke kreischte. Dichte nasse Schneeflocken fielen seit Stunden vom Himmel wie endlose graue Fäden. »Feierabend.«

»Vollversammlung!«

In langen Reihen dunkelblauer Jacken, Hosen und Kopftücher trotteten wir wie schmutzige Arbeitstiere in den Saal. Dort ließen wir uns erschöpft auf Holzbänken nieder, eng an eng, Schulter an Schulter, schmutziger Stiefel an schmutzigem Stiefel. Die Arbeitshandschuhe zogen sich manche mit den Zähnen aus, andere bliesen in ihre eiskalten Hände, manche hatten noch schnell ihre kleinen Kinder aus den Baracken geholt, die seit Stunden dort angebunden gewesen waren. Es herrschte wirres Gemurmel und unterdrücktes Weinen.

»Guten Abend, Arbeiter.«

Tausend Menschen erhoben sich zackig und standen stramm. »Guten Abend, Herr *Predsedatel.*«

»Setzt euch.« Scharren, Murmeln. Alle verdreckten Gesichter waren auf ihn gerichtet.

Auch der Vorsteher setzte sich hinter einen langen Tisch, an dem schon andere Kommandanten und Offiziere saßen, und scharrte umständlich mit seinem Stuhl. Plötzlich herrschte absolute Ruhe. Man hätte eine Stecknadel fallen hören können. Selbst die Kinder hatten aufgehört zu wimmern.

»Ich muss euch sagen … ihr Deutschen seid gute und zuverlässige Arbeiter. Ihr habt euch schnell und gut an die sibirische Kälte und die harten Arbeitsbedingungen angepasst.«

Der *Predsedatel* ließ seinen Blick wohlwollend über uns schweifen, und für den Bruchteil einer Sekunde breitete sich die törichte Hoffnung in meiner Brust aus, dass sein nächster Satz sein würde: Und deshalb werdet ihr morgen in die Freiheit entlassen.

»Wir haben ein großes Problem«, fuhr er langsam fort. »Wir haben nicht mehr genügend Arbeitsplätze hier in Osero-Petrowski, denn ihr habt alles an Wäldern in dreißig Kilometern Umkreis abgeholzt, verarbeitet und auf die Güterzüge in Richtung der ganzen Sowjetunion verfrachtet. Hier gibt es also nichts mehr zu tun.«

Und deshalb werdet ihr morgen in die Freiheit entlassen, klopfte und zog es in meiner Brust. Sag es, sag es, bitte sag es … Unruhig rutschte ich auf meinem Platz hin und her. Alle Gesichter, in denen noch Spuren von Staub und Ruß und Kohle klebten, waren starr auf ihn gerichtet. Aus verdreckten Augenhöhlen leuchtete weiß und blank die törichte Hoffnung, ab morgen in die Freiheit entlassen zu werden.

Auch wenn das bedeutete, heimatlos zu sein.

»So wird der Waldbetrieb hier stillgelegt.«

Tausend Menschen saßen da wie eingefroren. Keiner regte sich, niemand wagte zu atmen.

Und deshalb werdet ihr morgen in die Freiheit entlassen …, flehte ich den lieben Gott an. Bitte lass ihn das sagen, wir haben doch wirklich schon genug Grauen und Elend ertragen.

»Und deshalb fahrt ihr in Kürze in einen anderen Ort, wo noch nie ein Baum gefällt wurde. Da gibt es für die nächsten Jahre genug zu tun.«

Unzählige Herzen fühlten sich schwer wie Steine an, immer noch herrschte Totenstille.

»Wir haben dort bereits Baracken gebaut, wo alle eine Wohnung bekommen.« Der Lager-Vorsteher faltete die Hände über dem Holztisch und ließ seine Augen genüsslich schweifen. »Jeder von euch bekommt ein eigenes Bett, einen eigenen Zugang zum Wasser, einen eigenen Ofen und sogar eigenes Geld. Es geht nach Taischet in die Taiga, und zwar noch in diesem Jahr.«

Plötzlich wurde es laut im Raum, als wäre die Starre aus einem Bild gefallen, und alle schrien und weinten durcheinander.

Aufregung und Enttäuschung waberten im dunklen kalten Raum wie kalte Rauchschwaden.

»Wir wollen zusammenbleiben, oh Gott, um jeden Preis müssen wir zusammenbleiben!«

Mutter, die drei jüngeren Geschwister, die kleine Rosa, Thomas und ich klammerten uns aneinander. »Wir haben es Vater versprochen! Um jeden Preis!«

Dramatische Szenen spielten sich ab, Stühle fielen um, Menschen fielen einander um den Hals und klammerten sich aneinander fest. Kinder schrien und weinten in Panik, Mütter und alte Frauen sanken verzweifelt in sich zusammen, selbst Männer wischten sich zornig die Augen. Thomas und ich schauten uns in unserer ungewohnten Umarmung mit den anderen nur stumm und ratlos an.

»Ruhe im Saal!« Der *Predsedatel* schlug mit einem Holzhammer auf den Tisch. »Ihr wisst ja noch gar nicht, wer von euch dahin abkommandiert wird, und schon so eine Panik!« Er winkte seinem Nebenmann mit der Hand im Fellhandschuh fordernd entgegen, und dieser reichte ihm eine lange Liste, die an ein Klemmbrett befestigt war.

Da herrschte sofort wieder Ruhe. Nicht jeder also sollte dorthin, wo noch nie ein Baum gefällt worden war? Nur einige arme verfluchte Teufel!

Der *Predsedatel* begann nun mit schnarrender Stimme, fünfhundert Namen vorzulesen. Mein Herz hämmerte, je näher er dem Buchstaben »J« kam.

Bitte, lieber Gott, nicht wir, bitte verschon uns, die Rosa ist doch noch so klein, und Mutter braucht uns doch so sehr, jetzt, wo Katja tot ist … bitte nicht wir, bitte nicht wir.

Und dann brach meine Welt erneut zusammen.

»Thomas Judt, Lydia Judt, Rosa Judt.«

Die Verzweiflung, die sich meiner Brust bemächtigte, ist nicht zu beschreiben. Wo waren denn die anderen Namen, Mutter und die drei noch lebenden jüngeren Geschwister? Die Reihenfolge war nicht alphabetisch, es war ganz unklar, wen er noch aufrufen würde.

Nach dem nächsten großen Wirbel mussten alle wieder ruhig sein, er schlug mit dem Hammer auf den Tisch. »Ruhe! Ihr wisst ja noch gar nicht, was mit den anderen ist!«

»Lass sie nach Hause dürfen, lieber Gott, lass sie nach Hause dürfen …« Ich schloss die Augen und betete inbrünstig. Wenn erst Mutter und die Geschwister zu Hause sind, holen sie uns sicher ganz bald nach, dann stellen sie einen Antrag auf Familienzusammenführung …

»Die Älteren und Schwächeren und diejenigen, die viele Kinder haben, die kann ich im Wald nicht gebrauchen.« Der Lager-Vorsteher ließ seinen Blick über die Liste schweifen.

»Deswegen schicke ich sie in Gnaden zurück in die Freiheit«, betete ich mit geschlossenen Augen.

»Deswegen müssen sie in eine nahe gelegene Kolchose und dort in der Landwirtschaft arbeiten. Ihre Namen sind …« Er las die Leute vor, die in den staatlichen Landwirtschaftsbetrieb mussten. Ich kniff die Augen zu und hielt die Luft an.

»Groß«, rief er mit seinem russischen Akzent. »Groß Marianna, Groß Klementine, Groß Jakob und Groß Frederike.« Er zögerte einen Moment, und ich hoffte so sehr, er würde meinen Namen auch noch vorlesen. Aber ich hieß ja nicht mehr Groß. Ich musste in die Taiga.

Mein Gott, war das ein Schreck und ein Heulen im Raum. Nun war die Versammlung zu Ende, und alle gingen weinend und mit gestutzten Flügeln nach Hause. Hatten wir ernsthaft von der Freiheit geträumt? Es war alles noch viel schlimmer gekommen! Wir sollten getrennt werden!

Um jeden Preis zusammenbleiben, hörte ich Vater eindringlich auf mich einreden. Versprich mir das, Lydia. Lasst euch niemals trennen, denn dann schafft ihr es nicht mehr.

»Das halte ich nicht aus, das schaffe ich nicht mehr, vorher sterbe ich! Wir haben es doch Vater versprochen!« Mutter wankte an meinem Arm wie eine Greisin, rang asthmatisch nach Luft, und auch ich schluchzte und jammerte: »Wie soll ich das ohne dich schaffen, Mutter, ich bin ja schon wieder im vierten Monat schwanger!«

Ja, der liebe Herrgott hatte uns schon wieder mit einem neuen Kind gesegnet, das ich nun unter dem Herzen trug.

Wir schleppten uns nach Hause in unsere Baracke, wo wir einander schluchzend umklammerten.

»Wir sollen getrennt werden, wir werden auseinandergerissen, nach all dem, was wir zusammen durchgemacht haben!« Mutter bekam einen Weinkrampf, der ihr den Atem nahm. »Das schaffe ich nicht mehr, ich bin am Ende meiner Kräfte, lieber Gott, was lastest du mir denn noch auf meine schwachen Schultern? Was soll denn aus meinen Kindern werden, wenn ich nicht mehr bin?« Asthmatisch röchelte sie und steigerte sich in einen Schreikrampf hinein. Dabei war ich selbst so elend, dass ich fürchtete, eine Frühgeburt zu erleiden. Das ewige Schluchzen und Weinen zogen mir die Eingeweide aus dem Körper!

»Mutter, was ist, du wirst ja ganz blau!« Entsetzt ließ ich von der kleinen Frederike ab, die sich in Panik an mich geklammert hatte, und riss Mutter an den Armen hoch. Sie war auf dem Fußboden zusammengebrochen. Ohnehin nur noch Haut und Knochen.

»Schnell, sie bekommt keine Luft mehr! Holt Wasser!«

In Panik stoben die Kinder auseinander, fächelten ihr Luft zu und versuchten, ihr einen Becher Wasser an den Mund zu halten, doch ihre Lippen krampften und waren schon ganz weiß, und sie verdrehte schon die Augen, sodass nur noch das Weiße zu sehen war.

»Mein Gott, sie erstickt mir hier«, schrillte es mir panisch durch den Kopf. »Vor zwei Wochen erst ist Katja in diesem Raum gestorben, und jetzt stirbt hier unsere Mutter! Was soll nur aus den Kindern werden!«

Ungeschickt klopfte Thomas ihr auf dem Rücken herum, während die kleine Rosa, von dem Geschrei ganz schockiert, ebenfalls brüllend dabeistand. Der Rotz lief ihr aus der Nase, und ihre Schlafanzughose war plötzlich nass.

»Mutter, beruhige dich, bleib bei uns, atme ganz ruhig ein und aus«, beschwor ich sie.

Doch Mutter hatte sich in einen Panikanfall hineingesteigert, sie rang pfeifend um Luft und drohte zu ersticken.

»Bitte, Mutter, du darfst uns jetzt nicht im Stich lassen!« Ich war auf die Knie gefallen und flehte sie weinend an. »Bitte, Mutter, bleib bei uns!« Rosa klammerte sich wiederum an mich.

»Ich halte dies Kreuz nicht mehr aus«, stieß Mutter asthmatisch röchelnd hervor. »Ich kann nicht mehr. Ich gehe zu Vater.«

»Nein, Mutter, du darfst uns nicht im Stich lassen!« Jammernd warf ich mich über sie.

»Hör zu, Lydia, ich halte das hier nicht mehr aus, ich gehe mit Rosa in unsere Baracke und ins Bett.« Thomas riss das Kind von mir weg und klemmte es sich unter den Arm wie ein Gepäckstück. »Morgen muss ich früh raus zur Arbeit. Das Heulen und Jammern hilft ja auch nichts. Befehl ist Befehl, das solltest du inzwischen kapiert haben.«

Ich war froh, dass er weg war. Die ganze Nacht kauerte ich bei Mutter und den drei Geschwistern, eng umschlugen auf dem Boden, wir schafften es nicht, Mutter in ihr Bett zu hieven. Sie hatte sich aufgegeben! Irgendwann krochen die drei Geschwister in ihr Bett, denn sie mussten ja morgen früh raus – auf Fehlen und Schwänzen standen harte Strafe –, und ich blieb bei Mutter sitzen, die vollkommen apathisch nach Luft rang. »Bitte, stirb mir nicht,

Mutter«, flehte ich inbrünstig. Ihre Atemzüge wurden immer langsamer und seltener. »Bitte, gib nicht auf! Wir gehen morgen früh zum *Predsedatel,* und ich werde für uns kämpfen!« Einer für alle, alle für einen, beschwor ich mich mit letzter Kraft. Vor meinen Augen sah ich das liebe gütige Gesicht von Vater: »Unbedingt zusammenbleiben! Versprich mir das, Lydia! Einer für alle, alle für einen!«

Dabei war mir selber so schlecht, wo ich doch wieder schwanger war!

Mutter schlief erst gegen Morgen ein. Ich kauerte die ganze Nacht bei ihr, redete beruhigend auf sie ein und strich ihr über den Kopf.

Am nächsten Morgen in aller Herrgottsfrühe, als die Kinder unterwegs zur Schule und Thomas bei der Arbeit war, schnappte ich mir meine Rosa an der einen Hand und Mutter, die kaum laufen konnte, mit der anderen, und gemeinsam wankten wir zum Büro des Lager-Vorstehers. Nach schüchternem Anklopfen kam ein herrisches »Herein!«.

»Bitte, Herr *Predsedatel,* wir bitten Sie flehentlich, uns nicht zu trennen!« Mein Herz raste, mein Mund war ausgedörrt, meine Knie zitterten, aber ich hatte Vaters Gesicht vor Augen. Auf Widerrede stand härteste Strafe, galt es doch als Meuterei.

»Wir müssen als Familie unbedingt zusammenbleiben. Bitte. Wir flehen Sie an.«

Wir drei standen da, Hand in Hand, in Tränen aufgelöst, und baten ihn demütig um Gnade.

»Name? Wer seid ihr? Wo steht ihr auf der Liste?«

Es dauerte eine Weile, bis er begriffen hatte, dass wir nicht mehr denselben Nachnamen hatten. Wo ich doch behauptet hatte, eine Familie zu sein.

Er fuhr mit dem Finger die Namen ab und knallte seine Liste auf den Tisch.

»Judt kommt in die Taiga, Groß geht in die Kolchose. Befehl ist Befehl, da gibt es nichts zu ändern.«

»Oh bitte, Herr *Predsedatel*, ich habe erst vor zwei Wochen meine älteste Tochter verloren und noch drei jüngere Kinder, bitte nehmen Sie mir nicht auch noch diese Tochter ...« Mutter rang flehentlich die Hände und fing schon wieder an zu taumeln und zu röcheln. Es gab noch nicht mal einen Stuhl, auf den sie sich hätte setzen können. Die Bittsteller mussten stehen. Verzweifelt suchte sie nach Halt und rang nach Luft. »Bitte, ich flehe Sie an, trennen Sie uns nicht ...« Sie taumelte.

Der *Predsedatel* machte eine abwehrende herrische Handbewegung, sie solle still sein.

Mutter war auf die Knie gefallen und wimmerte um Gnade. Auch ich sank in die Knie, in dem Bemühen, sie aufzurichten.

»Was wollen Sie?«, herrschte der Mann mich von oben herab an. »Wenn hier jeder mit Sonderwünschen käme, wäre ich in einem Monat noch nicht fertig! Sie sind hier nicht im Wunschkonzert! Befehl ist Befehl, und jetzt machen Sie, dass Sie rauskommen mit Ihrer Bagage! Judt geht in die Taiga und Groß in die Kolchose! So ist das beschlossen, und so wird das gemacht!« Meine kleine Rosa stand da im Raum und weinte lautlos. Sie verzog ganz jämmerlich ihr Gesichtchen, traute sich aber nicht, auch nur einen Laut von sich zu geben. Ihre Tränen tropften auf den kalten Steinfußboden.

Da packten mich plötzlich ungeahnte Löwinnen-Kräfte.

»Meine Mutter ist fünfundfünfzig Jahre alt und steht allein mit drei minderjährigen Kindern da.« Meine Stimme wackelte, aber ich riss mich zusammen. »Sie soll in die Kolchose und ich in die Taiga, viele Tausend Kilometer von hier, sodass wir uns nie wiedersehen werden. Ich fahre nicht in die Taiga und lasse meine Mutter nicht im Stich, und meine Geschwister auch nicht.«

So. Jetzt konnte er mich schlagen oder erschießen oder für viele Jahre lang einsperren, aber ich hatte es gewagt.

Sein Gesicht lief dunkelrot an vor Zorn, seine buschigen Augenbrauen hatten sich zusammengezogen wie vor einem Gewitter, und er sprang brüllend auf: »Ihr habt hier nichts zu bestimmen! Ihr habt den Mund zu halten und dorthin zu fahren, wohin man euch schickt!«

»Ich bin kein Waldarbeiter mehr«, brüllte ich zurück. »Ich habe hier schon zwei Kinder geboren, eins davon ist gestorben, das zweite steht hier, und das hier ist mein drittes!« Ich zeigte auf meinen Bauch, hob Rosa auf den Arm und drehte ihr verzweifeltes Gesichtchen zu ihm. »Ich nütze Ihrem Wald in der Taiga gar nichts mehr, nur noch mein Mann!« Und plötzlich steigerte sich meine Wut zu ungeahnter Kraft, und ich brüllte weiter: »Auch meine große Schwester ist durch die harte Arbeit bei eisigen Temperaturen beim Beladen von Waggons gestorben. Ihr habt sie auf dem Gewissen! Ich gehe nicht von meiner Mutter weg, und wenn Sie uns hier auf der Stelle erschießen! Bitte, tun Sie es! Bitte, tun Sie es gleich, erschießen Sie uns alle! Und denken Sie dabei an Ihre Familie!«

Auf einmal bekam ich einen solchen Weinkrampf wie die Mutter vor nicht Langem, der Stahlring um meine Lungen zog sich zusammen, und meine Atemwege schnürten sich zu, ich rang nach Luft und taumelte vor seinen Augen, setzte Rosa ab und suchte nach einem Platz, wohin ich mich fallen lassen konnte, aber mir blieb nur, neben Mutter auf die Erde niederzusinken. Einer Ohnmacht nahe, dachte ich, ich verliere mein ungeborenes Kind, und das sollte der *Predsedatel* ruhig sehen.

Plötzlich sprang der Mann hinter seinem Schreibtisch hervor, zog mich unter beiden Achseln hoch und schleifte mich an die Wand.

»So, es reicht. Keine weiteren Aufregungen mehr. Beruhigen Sie sich endlich, ich werde sehen, was sich machen lässt.«

Damit stürmte er aus dem Büro.

Mutter, Rosa und ich kauerten weinend und schluchzend da und umfassten einander.

Mir schlotterten dermaßen die Knie, dass ich nicht wieder aufstehen konnte. Da saß ich an der Wand im Büro des Lagerführers und umklammerte meine Mutter und meine Tochter. Er hätte uns schon alle drei als Paket in die Taiga tragen müssen.

Nach einer Weile polterte er wieder herein und hielt einen braunen Zettel in den Fingern.

»Sie können aber weinen!«

Vorsichtig spähte ich unter meinen wirren Haaren hervor, und langsam lösten wir uns voneinander.

»Sie haben sich aus Ihrer schweren Situation herausgeweint, junge Frau.« Er knallte den Zettel vor uns auf den Fußboden. »Sie dürfen mit Ihrer Mamotschka und Ihren Geschwistern in die Kolchos fahren. – Und jetzt machen Sie, dass Sie rauskommen, bevor ich es mir anders überlege.«

Mit einem Satz waren wir drei auf den Beinen und aus seinem Büro hinaus.

OSERO-PETROWSKI, SIBIRIEN

Dezember 1953

»Wer möchte als Erstes nach Gartejewka umziehen?« Der Buchhalter der neuen Kolchose war mit einem Pferdeschlitten angereist und offensichtlich auf der Suche nach Freiwilligen. »Ich bin Wolgadeutscher und lebe seit 1941 in dieser Kolchose. Es gibt viele Deutsche dort, die alle aus dem Wolgagebiet stammen und sich über neue deutsche Nachbarn freuen würden!« Wir Arbeiterinnen saßen gerade zur Aufwärmpause auf langen Holzbänken in dem Aufenthaltsraum und tranken *Tschai* aus heißen Blechkesseln, die über der Feuerstelle an langen Ketten hingen. Jede von uns hatte ihren Becher einmal eintauchen dürfen und pustete nun hinein. Es waren draußen wieder über fünfzig Grad minus, und wir hatten noch ein paar Arbeitsstunden vor uns. Mutter hütete in der Baracke Rosa und ihre Kinder. Seit sie wusste, dass wir zusammenbleiben durften, hatte sie sich etwas erholt. Thomas durfte sogar auch bei uns bleiben. Ich wusste nicht so recht, ob ich mich darüber freuen sollte, aber es war vom *Predsedatel* sicher gut gemeint.

»Also, welche Familie übersiedelt zuerst?« Der Buchhalter hob den Kopf und ließ seinen Blick über unseren verfrorenen Frauenhaufen gleiten.

»Wir!« Mein Arm schnellte hoch, bevor er die Frage überhaupt zu Ende ausgesprochen hatte.

Der Mann verzog das Gesicht unter seinen Fellmützen und lachte. »Da ist aber jemand wild entschlossen!«

Ja, das war ich! Bevor es sich der *Predsedatel* wieder anders überlegte, wollte ich bei einer der ersten Familien sein, die umgesiedelt wurden! Dann waren wir aus dieser Hölle heraus!

»Das ist schön, junge Frau, und das wird Ihnen gefallen!« Der Buchhalter zog mit den Zähnen seine dicken Handschuhe aus und bemühte einen Bleistiftstummel, den er mit verfrorenen Fingern aus seiner Jackentasche klaubte. »Name?«

»Lydia Judt mit Rosa Judt, Thomas Judt, dazu Margarethe Groß mit Klementine, Jakob und Frederike Groß.« Der Bleistiftstummel krakelte linkisch und umständlich wie ein verirrter Borkenkäfer über das dünne, braune Papier. Immer wieder hauchte der Mann auf seine Fingerspitzen, die aus abgeschnittenen Strickhandschuhen herausragten.

»Na, wer ist noch so schnell entschlossen?« Der Mann ließ seinen Blick über den dunklen verrußten Saal schweifen. »Es gibt viel Land, es gibt viele Pferde, Ochsen und Schweine. Übrigens …« Er nahm den Bleistiftstummel aus dem Mund und zeigte damit auf die unentschlossene Meute: »Man darf dort eine Kuh und ein Schwein zum Eigenbedarf halten!«

Plötzlich flogen noch andere Arme in die Luft. »Wir! Ja, unsere Familie geht auch mit!«

»Wir auch, notieren Sie bitte unsere Namen …« Die Frauen sprangen auf und drängelten sich um den Mann. Was er uns versprach, hörte sich wie der Himmel auf Erden an!

Gott, was war ich froh, mich sofort gemeldet zu haben. Es konnte nur besser werden!

»Leute, nicht alle auf einmal!« Der Bleistiftstummel wanderte kritzelnd über das Papier.

»Da wir derzeit noch Wohnungsmangel haben, darf ich fürs Erste nur zehn Familien mitnehmen. Sobald wir noch mehr Wohnungen gebaut haben, holen wir so viele wie möglich nach.«

Innerlich machte ich drei Kreuzzeichen. Der Buchhalter erhob sich. »Ihr müsst weiterarbeiten, Leute. Sobald wir drei Wohnungen hergerichtet haben, kommen die Fahrer mit ihren Schlitten und holen die ersten drei Familien auf dieser Liste ab.« Er wiederholte noch einmal unsere Namen. »Bereitet euch mal lieber darauf vor, dass es noch vor Weihnachten sein wird!« Er schälte sich wieder in seine Kluft, bestehend aus fünf, sechs Kleidungsschichten und darüber einem riesigen Pelzmantel mit einem Kragen, der bis über die Ohren ging, und setzte sich seine mächtige Pelzmütze wieder auf. Zum Abschied genehmigte er sich ein paar Schlucke Wodka aus seiner mitgebrachten Flasche.

»Kann meine Mutter ihre Ziege mit zwei Jungtieren mitnehmen?« Ich sprang auf und vertrat ihm den Weg.

»Natürlich, ihr dürft alles mitnehmen, was ihr habt.« Er ließ die Flasche in seiner Jackentasche verschwinden.

»Auch die Betten und Bretter und das Heu?«

»Alles. Denn hierher gibt es für euch kein Zurück.« Er steckte die Flasche zurück in die Jackentasche, streifte sich die dicken Handschuhe über und wankte aus dem Saal.

Die Arbeitssirene schrillte über meinem Kopf. »Weitermachen, Nachtschicht, alles wieder raus auf den Platz!«, gellte das harsche Kommando aus dem knarrenden Lautsprecher. »Aufwärmpause ist vorbei!«

Plötzlich zog sich in mir alles zusammen, innere Messer stachen auf mich ein, und ich hielt mir stöhnend den Bauch und den Rücken.

»Lydia! Was ist?« Eine meiner Kolleginnen legte besorgt den Arm um mich.

»Au, ich weiß nicht, mein Kind …«

»Oh nein, du Arme, nicht schon wieder! – Hilfe!« Sie drehte sich um und wedelte mit einem weißen Tuch. »Hier! Notfall! Eine Schwangere!« Und in dem Moment brach ich auch schon ohnmächtig zusammen.

IM KRANKENHAUS TROIZKOJ

18. Dezember 1953

»Lydia! Du musst sofort entlassen werden, der Umzugsschlitten steht vor der Tür!«

Thomas kam in seinen schweren Stiefeln in mein Krankenzimmer gepoltert und rüttelte mich an der Schulter. »He! Komm auf die Füße, Lydia! Wir müssen heute noch los!«

Verwirrt hob ich meinen Kopf und schälte mich unter Kissen und Decken hervor. Ich hatte so wunderschön geträumt! Ich war mit meiner kleinen Rosa und mit Mutter und den Geschwistern auf einem Schlitten durch die Wolken geflogen, dem Vater entgegen, wir schwebten alle und waren ganz leicht, und mein Baby im Bauch schwebte in einer rosafarbenen Seifenblase neben uns her, die ich an einer goldenen Schnur hielt wie einen Luftballon. Und unter uns war alles grün und blühte und duftete, und unser Vater saß zu Hause in der Ukraine vor unserem Haus und winkte und lachte. »Ich habe es euch doch gesagt! Zusammenbleiben um jeden Preis! Dann schafft ihr es zurück ins Paradies!«

Doch das Rütteln an meiner Schulter katapultierte mich in die raue Wirklichkeit zurück. Seit zwei Wochen lag ich wegen erneuter Schwangerschaftsrisiken im Krankenhaus und schlief und schlief.

»Lydia! Die anderen sitzen quasi schon auf den Schlitten! Nur du fehlst noch!«

»Aber ich soll mich doch noch bis Ende des Jahres schonen dürfen ...«

»Nichts da.« Thomas riss mir die Bettdecke vollends weg und warf mir meinen Trainingsanzug hin. »Das geht nun mal nicht anders. Die frieren da draußen fest, wenn du jetzt nicht sofort kommst!« Wir alle trugen blaue Trainingsanzüge mit Reißverschluss, die wir bei Bedarf bis zum Kinn hochziehen konnten. Darüber trugen wir je nach Witterung noch mehrere wattierte Jacken, eine gefütterte Hose und das obligatorische Kopftuch. Aber jetzt und hier trug ich ein krankenhauseigenes warmes weiches Nachthemd!

»Na los, zieh das an, die anderen warten!« Thomas warf mir die übliche Arbeitsmontur hin.

»Moment mal, was soll das werden?« Mein behandelnder Arzt, der sich in dem großen Saal an einem der anderen dreißig Betten mit einer anderen Patientin beschäftigt hatte, eilte mit großen Schritten herbei. »Frau Judt ist noch bettlägerig.« Er äugte auf das Klemmbrett, das an meinem Gitterbett am Fußende befestigt war: »Schwangerschaft mit besonderen Risiken, fünfter Monat. Akute Gefahr in Vollzug für Mutter und Kind. – Guten Tag. Ich bin ihr Arzt.«

»Ich bin ihr Mann. Das geht jetzt nicht anders.«

Thomas riss das Blatt ab, kritzelte mit dem Bleistift, der daran mit einer Schnur befestigt war, seine Unterschrift darunter und riss mich mit sich. Er zerrte mich in den Elektro-Waggon, für den er bereits eine Erlaubnis ergattert hatte, und ich konnte es gar nicht begreifen, dass meine Schonzeit nun schon wieder zu Ende war. Frierend starrte ich aus dem Fenster auf die unendlichen Schneemassen, die mit dem weißgrauen Himmel zu einer eisigen Einheit verschmolzen. Von Thomas kam kein liebes oder tröstendes Wort.

Vor unserer Baracke angekommen, standen tatsächlich bereits vier vollgeladene Schlitten, auf denen Mutter und die Geschwister unter Decken hockten, fest in alles eingewickelt und verschnürt, was die Baracke an Stroh, Decken und Vorhangstoff hergegeben hatte.

»Mami!« Rosa saß unter dem Tisch angebunden, als Thomas die

Barackentür aufschloss. »Mami so lange weg!« Sie überschüttete mich mit feuchten Küssen. »Nicht weg ohne Rosa!«

»Ja, mein Herz, das verspreche ich!« Mir zerriss es schier das Herz. Zusammenbleiben, um jeden Preis. Für immer.

»Schnell, iss das.« Thomas schob mir meinen Blechnapf hin, der mit inzwischen kalt gewordenem Brei gefüllt war. »Der Weg ist mit viel Neuschnee bedeckt, und die Pferde können nicht die ganze Strecke fahren. Aber die ersten dreißig Kilometer will dein Fahrer heute noch schaffen, bis zu einem Einkehrhof, da können die Pferde und die Ziege mit den Zicklein untergebracht werden, und ihr verbringt dort die Nacht.«

»Und du? Wo fährst du mit?« Mir blieb der Löffel im Munde stecken. Ich sollte allein mit dem Fahrer in einen Einkehrhof, mitten in der eisigen Prärie?

»Nun hab dich nicht so. Ich fahre auf einem der Gepäckschlitten mit, nicht, dass die uns was klauen. Die Gepäckschlitten brauchen länger, weil sie schwerer sind.« Er brachte Rosa nach draußen, kam sogleich zurück und riss mir die Schüssel mit dem Brei schon wieder weg. »Also, bist du so weit?«

Folgsam stand ich auf. »Darf ich noch mal schnell auf die Toilette hinausgehen?«

»Verkneif es dir, das Mädchen sitzt schon und ist festgeschnallt. Sie erfriert sonst. Ihr müsst los!«

So krabbelte ich in meinem Trainingsanzug und meiner wattierten Jacke und Hose zu Rosa auf den Schlitten. Von dem dick eingepackten Bündel Kind schauten nur noch die Augen und die rote Nasenspitze heraus.

»Wo wollen Sie in dem Aufzug hin?« Der Schlittenfahrer, ein grobschlächtiger Kerl in riesiger Pelzmontur mit Pelzkappe und Pelzkragen, zeigte mit der Peitsche auf mich. »Ihr Ernst?«

»Nach Gartejewka?« Mir schlugen bereits die Zähne aufeinander, und meine Haut brannte, als hätte man mir ein Nadelkissen mit tausend Nadeln ins Gesicht und an den Körper gedrückt. Meine zwei Wochen im Krankenhaus bei gnädigen Temperaturen hatten mich vergessen lassen, wie grausam diese Kälte war.

»Das sind sechzig Kilometer, und es hat minus sechzig Grad! Man hat mir gesagt, Sie seien bettlägerig, deswegen fällt für uns der Einkehrhof aus!« Er zerrte aus dem Inneren des Schlittens eine zweite Montur Pelzmantel samt Pelzstiefeln, die er in Reserve hatte. »Ziehen Sie das an!« Mühsam schälte ich mich in die zentnerschwere Kleidung hinein. Die mit Eisen beschlagenen Stiefel gingen bis über die Knie und wogen jeder für sich bestimmt fünf Kilo. Auch der schwere Pelzmantel zog mich schwache kleine Person herunter, als hätte man mir viele Eimer mit Steinen an den Saum gehängt. Die gebrauchte Montur war stark verdreckt und stank nach kaltem Schweiß, Rauch und Wodka.

»Na endlich. Dann los.« Der Kutscher knallte mit der Peitsche, sodass das Pferd einen Satz machte und durch den meterhohen Pulverschnee davonstob.

Mit zusammengekniffenen Augen klammerte ich mich an das verschnürte Bündel Rosa und versuchte, mich noch einmal nach den anderen Schlitten umzudrehen, aber die waren schon weit hinter uns. Wir stoben unter tausend Nadelstichen in die eisige einsetzende Dunkelheit.

»Du! Frau! Absteigen! Pause!«

Einige Stunden waren wohl vergangen, in denen ich den Atem immer wieder angehalten hatte vor stechender Kälte und Rosas und meinen Kopf auf den Schoß gedrückt hatte, damit wir nicht von dem eisigen Fahrtwind und dem aufgewirbelten Schnee erstochen wurden. Der scharfe Schmerz im Gesicht, aber auch in den abgefrorenen Händen und Füßen fraß sich mit jeder Sekunde tiefer fest. Noch einen Kilometer weiter, und wir wären zu Stein erfroren gewesen. Ob das Kind in meinem Leib noch lebte?

Mühsam kletterten wir vom Wagen, der nun doch vor dem Einkehrhof stand. Eine einsame, zugeschneite Kneipe mit ein paar Ställen und einer schwach beleuchteten Wirtsstube, aus der Rauch quoll und uns laute Männerstimmen entgegenschollen.

»He, Ljoscha! Was hast du denn da für eine *Tschutschelo* mitgebracht!« Dröhnendes Gelächter aus betrunkenen Männerkehlen schallte uns entgegen. »Die sieht ja aus wie eine Vogelscheuche!«

»Und ein Vogelscheuchenkind! Aus welcher Höhle hast du denn die ausgegraben?«

Ich hatte Mühe, in meinem schweren, viel zu großen Pelzmantel und den riesigen Stiefeln überhaupt in den Raum hineinzustolpern, noch dazu mit meinem verpackten Bündel Kind in den Armen.

Wir waren dreißig Kilometer gefahren, und der aufgewirbelte Neuschnee hatte uns in lebendige Schneemänner verwandelt. »Fehlt nur noch die Möhre als Nase und die Kohlen als Augen«, lästerten die Kerle besoffen weiter und schlugen sich auf die Schenkel vor Lachen. »Oder hast du die Mohrrübe noch in der Hose, Ljoscha? Zeig sie, zeig ihr deine Mohrrübe!«

Sie knallten ihre Wodkagläser auf den verrußten Holztisch, der sich vor allerlei essbaren Köstlichkeiten bog: Brot, Butter, Milch, Quark, Eier, Salzspeck, Salzheringe, Knoblauch, Zwiebeln und eben Wodka. Wodka aus großen Teegläsern.

»Zeig uns mal dein Eisbären-Weibchen! Wie sieht sie denn unter dem stinkenden Pelzmantel aus? Hat sie da unten noch mehr Pelzchen zu bieten?«

»Ach, haltet doch eure versoffenen Mäuler, ihr Dreckskutscher.« Unser Fahrer schien hier freundschaftlich bekannt zu sein. Er schnappte sich meine Rosel, befreite das zugeschnürte Kind aus seinen Federbetten und setzte es mit Schwung zwischen sich und einen der Männer auf die Bank.

»Nun hau schön rein, Kindchen, so was Gutes kriegst du so schnell nicht wieder!«

Das ließ sich mein Roselkind nicht zweimal sagen! Mit vollen Backen mampfte sie Salzheringe mit Zwiebeln in sich hinein. Da es kein Wasser gab, nur Wodka, bekam sie eben gar nichts zu trinken. Nach kurzer Zeit schon war unser Fahrer ebenfalls stockbetrunken.

»Madame, möchten Sie auch etwas essen?« Eine alte Frau, die hinter dem Tresen stand, bot mir einen Teller mit Salzheringen und Salzspeck an.

Ich musste würgen. »Nein danke. Ich hätte gern bitte nur einen heißen Tee.«

Gerade noch als schwache Schwangere im Krankenhaus, und jetzt in der sibirischen Tundra, mitten unter sturzbetrunkenen Kutschern, und das mit meiner zweijährigen Tochter, fühlte ich mich mehr als unwohl.

Immer wieder schielte ich hoffnungsvoll zur Tür, in der Annahme, dass der Rest meiner Familie jeden Moment hereinschneien würde. Aber es tat sich nichts.

Nach weiteren Anzüglichkeiten der lauten, betrunkenen Männer, die rauchten und fürchterlich stanken, tippte ich unseren Kutscher auf die Schulter.

»Wollen wir nicht weiterfahren? Es war doch vereinbart, dass wir die Strecke in einem Rutsch bewältigen? Wegen meiner …« Ich tippte mir auf den Bauch. »… Bettlägerigkeit.«

»Oh, die will ins Bett, Ljoscha, so trag sie schon rauf in eine der Kammern, aber warte auf uns, wir kommen nach!« Tosendes Gelächter, Fäuste knallten auf die Tischplatte, dass die Gläser sprangen. Meine kleine Rosa steckte das alles erstaunlich gut weg; sie stopfte gerade den zehnten Salzhering in sich hinein.

»Lach doch mal, Mutti! Sei doch nicht so spröde!«

Grölend und lachend zeigte die Meute auf mich. »So ein sanftes Täubchen haben wir hier auch nicht alle Tage!«

Der Fahrer versuchte aufzustehen, taumelte aber und krachte gegen die Wand.

»Wir fahren heute nicht mehr weiter«, lallte er. »Draußen kommt ein Sturm auf.«

»Aber Sie haben versprochen …« In dieser grässlichen Spelunke konnten wir doch unmöglich bleiben! Diese dreckige Bude, die so verraucht war, dass man den Schein des kleinen Lichts kaum mehr sah. Ich hatte Angst um mein Leben! Und um das von Rosa!

Was, wenn man dem kleinen Kind doch noch Wodka einflößte? Oder uns sonst etwas antat? Diese groben besoffenen Kerle waren unberechenbar.

»Bitte, lassen Sie uns weiterfahren. Wir haben uns doch jetzt aufgewärmt.«

»Haben Sie eine Ahnung, was so ein Schneesturm in der Steppe bei minus sechzig Grad bedeutet? Nein, Täubchen, haben Sie nicht! Wir würden das alle drei nicht überleben! Also reißen Sie sich zusammen und geben Sie Ruhe! – Da oben sind die Kammern!«

Tosendes Gebrüll und Getrappel von den Stiefeln der Männer war die Antwort. »Da oben sind die Kammern, Täubchen! Such dir eine aus, mach dir ein Liebesnest, wir kommen gleich nach!«

Die stinkende Luft von den besoffenen Kerlen bereitete mir Übelkeit, von meiner Angst um meine Kinder ganz zu schweigen.

»Bitte, fahren wir weiter!«

Unwillig taumelte der Fahrer hinaus auf den Hof, wo er offensichtlich nach einer halben Stunde ein wenig nüchtern wurde. Er polterte wieder herein: »Los, Mutti. Du willst es so. Fahren wir weiter.«

Er half mir beim Anziehen, denn ich konnte den schweren riesigen Pelzmantel gar nicht allein aufheben, und auch in die Pelzstiefel, die mir weit übers Knie reichten, musste er mich hineinheben. In dieser zentnerschweren Montur half er mir auf den Schlitten, vermummte mein Gesicht, und dasselbe tat er mit meiner kleinen Rosel, die ganz schläfrig war vom vielen Essen. Schon in diesem Moment machte ich mir Sorgen, weil sie nichts getrunken hatte.

Aber die dreißig Kilometer sollten vielleicht in dieser Nacht zu schaffen sein. Vermummt und verpackt wie zwei Pakete klemmten wir nun auf dem Schlitten, der übellaunig fluchende Fahrer stieg vorne auf und gab dem armen Pferd die Peitsche.

Hätte ich ihn nicht zur Weiterfahrt drängen sollen? Er war natürlich noch nicht wieder ganz nüchtern! Unterwegs schlug er immer wieder auf das arme Pferd ein, das doch nun wirklich nicht schneller konnte bei dem Schneesturm.

Plötzlich hielt er vor einem einzelnen beleuchteten Haus an, sprang vom Schlitten und taumelte fluchend hinein. Was war los? Warum ließ er uns hier sitzen? Rosel war inzwischen eingeschlafen, und wir hockten dicht aneinandergeschmiegt auf dem eisigen Schlitten, den spitzen scharfen Eiskristallen ausgesetzt, die uns mit enormer Windstärke ins Gesicht schossen wie Nägel aus einer Waffe. Jeder Atemzug wurde zur Qual. Wo blieb er nur?

Als er schließlich wieder herauskam, waren sicher Stunden vergangen. Er war jedenfalls sturzbetrunken! Taumelnd und schwankend näherte er sich unserem Schlitten, in dem wir inzwischen komplett eingeschneit waren, und brüllte mich mit einer schrecklichen Fahne auf Russisch an: »Rutscht zusammen, wir müssen noch eine Frau mitnehmen!«

Aus dem Haus schlidderte im Dunkeln eine junge Frau, vermummt bis auf die Nasenspitze, und zwängte sich auch noch zu uns. »Ich bin die Agronomin der Kolchose«, brüllte sie mir bei dem pfeifenden Schneesturm ins Ohr, und ich zeigte nur nickend auf meine schlafende zweijährige Tochter. Wie durch ein Wunder lebte und atmete sie noch!

Der Fahrer vorne schrie und riss an dem Halfter und brüllte das arme Pferd an, das inzwischen wie festgefroren war und nur ganz schwer wieder in Gang kommen konnte. Er drosch mit der Peitsche auf den Gaul ein, der nun doch wenden und wieder auf den Weg hinunterfinden musste! Der Weg war inzwischen total zugeschneit, der arme Gaul pflügte mit letzter Kraft durch hüfthohen Schnee und kam nicht voran. Endlich waren wir aus dem kleinen Dorf hinaus, die Lichter hinter uns wurden immer kleiner, und nichts umgab uns als endlose Schwärze, mit zwei Meter hohen Schneemauern dicht rechts und links neben uns, durch die der geschundene Gaul uns pflügte. Bespritzt von seinem grünlichen Schaum, der ihm aus dem Maul tropfte. Es knirschte wie von einer brechenden Kruste, krachende Eisschichten galt es zu bewältigen, die sich weiter vorn zu endlosen weißen Wogen in einer undurchdringlichen Steppe aus Eis und massiven Schneemassen aufschoben. Wie sollte das arme Pferd jemals mit unserem Gewicht da hindurchkommen?

Der Russe fluchte und schrie und peitschte auf das arme Pferd ein, bis es schließlich schulterhoch im Schnee stecken blieb. Nichts ging mehr! Unter grauenvollen Flüchen stieg der Fahrer vom Schlitten, arbeitete sich mühsam durch den für ihn hüfthohen Schnee nach vorne zum Pferd, packte es am Halfter und schlug ihm unbarmherzig mit dem Peitschenstock aufs Maul und auf den Kopf, immer und immer wieder, bis das Pferd vor Schmerzen schrie! Es riss den Kopf hoch und versuchte, nach hinten auszuweichen, wo aber wir saßen, und da krachte es, und das Pferd saß mit dem Hinterteil auf dem Schlitten, während es mit den Vorderbeinen in der Luft kreiste. Es blutete stark aus der Schnauze, und das Blut tropfte auf den Schnee. Es war ein Bild des Grauens!

»Ich werde dir schon zeigen, wie man auf dem Weg bleibt!« Der Fahrer stapfte wütend zu uns nach hinten und riss die junge Frau und mich vom Schlitten herunter.

»Raus aus dem Schlitten, sitzt nicht so blöd hier rum und haltet Maulaffen feil!«

Voller Angst, dass er auch uns schlagen könnte mit dem Peitschenstock, eilten wir aus dem Schlitten und versanken sofort bis zur Brust im Schnee. Es hatte zuvor eine Woche lang durchgeschneit, und der Schnee fiel schwer und nass in die ohnehin schon bleiernen Stiefel. Ich hatte den gewaltigen Pelz an und die großen Männerstiefel mit den breiten Schäften, die sofort bis oben mit Schnee gefüllt waren.

»Bewegt euch, ihr Weiber, dass wir von der Stelle kommen!« Immer noch hieb der Fahrer auf das arme Pferd ein, das mit den Vorderbeinen in der Luft ruderte und mit dem Hintern auf den krachenden Holzbrettern zum Sitzen gekommen war! Ich hatte solche Angst, dass es auf meine schlafende Rosa fallen könnte! Um vorwärtszukommen, krabbelten wir beiden Frauen auf Händen und Knien, um den verschneiten Weg finden zu können.

»Versuch du es rechts, ich arbeite mich nach links!« Die junge Frau machte mir Zeichen, da in dem tosenden und heulenden Sturm kein Wort zu verstehen war, und der Fahrer versuchte es in einer dritten Richtung. Dennoch blieb ich in der Nähe des Schlittens, denn mein zweijähriges Kind lag darauf festgebunden und schlief! Ich hatte genau beobachtet, dass der Fahrer den Gaul auf die linke Seite gezerrt hatte und dass der Weg nicht weit sein konnte, denn er war ja von einem Schritt zum anderen im Tiefschnee versunken. Durch das Prügeln hatte der Mann das Pferd immer weiter vom Weg abgetrieben. So krabbelte ich, meinem Gefühl folgend, immer weiter nach rechts.

Plötzlich stand der Gaul wieder auf seinen vier Beinen und begann, sich aus dem tiefen Schnee zu kämpfen. Er sprang ganz knapp an mir vorbei und kam zwei Meter vor mir zurück auf den Weg! Meine arme schlafende Rosa wurde durchgerüttelt, aber sie war festgezurrt.

»Er hat ihn gefunden, der Weg ist hier«, brüllte ich in die Nacht hinein. Doch das Klappern der Hufe und das Pfeifen des Sturmes verschluckten meine Stimme. Das Pferd hatte den Weg gefunden, und der Schlitten war plötzlich leicht! Der Peiniger weit weg – also preschte es einfach los in Richtung Kolchose, mit meinem Kind auf dem Schlitten! Die Kolchose war aber noch dreißig Kilometer entfernt! Selbst als ich wieder auf dem Weg war und mich aufgerichtet hatte, konnte ich mit den schneegefüllten, bleischweren Stiefeln kaum laufen. Die breiten Schäfte und auch die riesigen Handschuhe, die mir bis zu den Ellbogen hinaufreichten, waren voller Schnee! So musste ich mich erst davon befreien, bevor ich überhaupt einen Schritt laufen konnte, um den Fahrer und die Frau zu erreichen, die sich permanent weiter von mir wegbewegten und mich nicht hörten!

»Hilfe, mein Kind!«, brüllte ich, doch die eisige dunkle Nacht verschluckte meine verzweifelten Schreie. Von den beiden anderen war nichts zu sehen und nichts zu hören, und der Schlitten entfernte sich in Sekundenschnelle aus meinem Sichtfeld. So stand ich alleine auf der Strecke im Sturm und völliger Finsternis, und keiner war zu sehen, auch die Frau von der Kolchose nicht. Ich taumelte in die Richtung, in die der Gaul mit meinem Kind gerast war, aber ich kam nicht von der Stelle. Mein Gott, die großen Filzstiefel mit den breiten Schäften, die mir das ganze Bein hinaufzureichen schienen, voll mit nassem Schnee, der mich herunterzog wie Blei, dazu der schwere Pelzmantel, der mir zu lang war und den ich hinter mir herzog wie eine Schleppe aus Stein, das alles behinderte mich beim Fortkommen, wie in einem schlimmen Albtraum, aus dem ich einfach nicht erwachen konnte.

Dort hinten am Horizont sah ich das Licht vom Einkehrhof schimmern. »Sie gehen dahin zurück«, schoss es mir durch den Kopf. »Zwei, drei Kilometer werden es sein, sie gehen dahin zurück und schlafen ihren Rausch aus! Und mein Kind wird gerade von einem tollwütigen Pferd in die andere Richtung gezerrt!« So stand ich da auf der fremden Steppe im Schneesturm, ganz alleine, konnte kaum laufen, und mein kleines Kind lag mutterseelenallein angebunden auf dem herrenlosen Schlitten, das ein wahnsinniger Gaul im Galopp durch die meterhohen Schneewehen zog.

Ich schrie mit ausgestreckten Armen zu Gott und zu allen Heiligen, dass sie mir die Kraft geben sollten, wieder zu meinem Kind zu kommen, und dass es auf diesem Weg in die Unendlichkeit der schwarzen Hölle nicht einfröre. Mein Gott, die großen Filzstiefel waren innen ganz nass gerieben, scheuerten an meinen Füßen und Kniegelenken, mit jedem winzigen Schritt, den ich in meiner Verzweiflung tat! Ich wusste nicht, in welcher Richtung ich mir Hilfe erhoffen konnte! Wenn ich in zwei Stunden den Einkehrhof erreicht hätte, würden alle Besoffenen bestenfalls tief schlafen, und es gab keinerlei Möglichkeit, Hilfe zu rufen! In die andere Richtung waren es dreißig Kilometer, absolut undenkbar zu Fuß und in der Montur. Ich musste gegen den Wind laufen, tausend Eisgeschosse pro Atemzug peitschten mir in die Augen, über die ich schützend die viel zu großen Handschuhe hielt. Ich geriet in eine Art Trance, sah dem Tod bereits ins Angesicht. Doch eine innere Kraft trieb mich weiter. Zusammenbleiben, hörte ich Vaters eindringliche Stimme. Um jeden Preis.

»Lieber Gott und alle Heiligen, helft mir, mein Kind lebend wiederzusehen, ich flehe euch an bei allem, was ich noch habe, bei allem, was ich bis jetzt durchmachen musste! Ich werde nicht aufgeben, ich werde mein Kind finden, wenn du lieber Gott nur bei mir bleibst!«

»Ich bin bei dir, ich sehe dich, meine Tochter, ich schaue auf dich.« Ich hörte ganz deutlich die warme, tiefe Stimme meines Vaters. »Der liebe Gott und ich, wir sind bei dir.«

Und plötzlich wurde ich ganz ruhig. Mit geschlossenen Augen ging ich weiter und hatte das Gefühl, dass jemand neben mir herging und mich führte. Das Gefühl war so stark in mir, dass ich immer wieder die Augen öffnete, um zu sehen, wer da neben mir ging.

Doch da war niemand. Und doch fühlte ich mich geführt und getragen von allen lieben Menschen, die schon von mir gegangen waren. Vater, Katja und mein kleiner Josef.

Es war, als drückte das Gewicht des Mantels gar nicht mehr wie ein Ochsenjoch meine Schultern zur Erde. Es war, als zöge jemand von oben daran, wie ein Vater, der seinem Kind beim Schwimmen hilft. Jetzt einfach hinlegen und einschlafen, dann würde ich bald bei meinen Lieben sein. Dann hätte dieses grauenvolle Elend ein Ende. »Vater …?«, hallte meine Stimme in die Schneehölle, und plötzlich wurde meine Seele ganz ruhig, und ich fühlte mich eingehüllt in eine Blase von Liebe und Geborgenheit, und mir war gar nicht mehr kalt. »Lass dich einfach fallen, Liebes, wir stehen schon bereit und fangen dich auf«, hörte ich die Stimme meines geliebten Vaters. »Du hast es gleich hinter dir.« – »Zusammenbleiben!«, hallte dieselbe Stimme in meinem Inneren. »Zusammenbleiben um jeden Preis. Versprich es mir.«

In dem Moment fasste mein klarer Verstand mich wieder bei den Schultern und rüttelte mich. »Wenn du dein Kind nicht verlieren willst und wenn du nicht willst, dass es verloren geht, dann gehst du jetzt weiter und gibst nicht auf, du hast noch die ganze Nacht vor dir zum Laufen, und so kommst du zu dem Ort, an dem du es finden wirst.«

Plötzlich drückte der schwere Pelz wieder wie ein Ochsenjoch. Du bist heute erst aus dem Krankenhaus gekommen, gegen den Willen des Arztes, du hast dich selbst entlassen, denn du bist im fünften Monat schwanger, und du bist als »bettlägerig« eingestuft, schoss es mir durch den Kopf. Du hast Verantwortung für zwei Kinder! Die Kreuzschmerzen waren so groß, dass ich immer wieder nach vorn gebeugt stehen bleiben musste. Es wütete und zerrte in meinem Unterleib. Nun verlierst du auch noch dein Ungeborenes, du wirst hier mitten in der sibirischen Steppe eine Fehlgeburt erleiden und dabei selbst sterben, hämmerte es auf mich ein. »Lieber Gott, bitte lass mir mein Kind, bitte lass uns in dieser schweren Stunde nicht allein, ich flehe dich und alle Heiligen an in meiner Not …« Ich taumelte immer ein paar Schritte weiter und musste dann wieder stehen bleiben, presste die Hände in meine Seiten und keuchte, während der Sturm unbarmherzig weiter auf mich einpeitschte und mit heulendem Kreischen um meine Ohren fegte.

»Haaaaallo!«, hallte es wie aus einer anderen Welt, von ganz weit entfernt, aber es war sicher ein Trugschluss, denn der heulende Sturm machte Geräusche wie ein schreiendes Wesen.

Trotzdem formte ich mit den Händen einen Trichter vor dem Mund. »Haaaalllo«, brüllte ich zurück. Ich musste gegen den Wind schreien, und so war ich wohl nicht zu hören. Laut weinend taumelte ich weiter, durch den wirbelnden Schnee und den peitschenden Wind.

»Haaaalllooo«, tönte es wieder, und jetzt hörte es sich nicht mehr an wie eine Einbildung. »Haaallooo!« Da war jemand, aber wo? Sehen konnte ich niemanden, denn der Schnee wirbelte mannshohe Mauern auf, der Wind peitschte, mein eigener Umhang, den ich schwer hinter mir herzog, knirschte im Schnee, wischte und fegte und legte unheimliche Muster frei, und mein eigenes Keuchen und Wimmern dröhnte mir in den Ohren wie das Heulen des tobenden Sturmes.

»Haallllooo Mutti! *Dawai, dawai,* schneller, beweg dich!« Plötzlich erkannte ich im Dunkeln die Umrisse eines Pferdes, eines Mannes, der es führte, und … unseres Schlittens!

»Komm, Mutti, ich habe dein Kind gefunden, es schreit nach dir!«

Erschöpft und kraftlos kämpfte ich mich die letzten Meter auf ihn zu.

»Mamaaaaaa!« Meine kleine Rosel lag fest eingeschnürt auf dem Schlitten und konnte nicht die Händchen nach mir ausstrecken. »Wo warst du, Mamaaa? Ich habe so geweint, und du warst nicht da! Das Pferd ist gelaufen und gelaufen, und dann ist der böse Mann gekommen und hat es festgehalten …«

»Ich komme, Mama kommt, mein kleiner Schatz …« Laut

weinend arbeitete ich mich die letzten Zentimeter voran, und der Kutscher, der wohl hinter dem Schlitten hergerannt war, stemmte mich wieder hinauf. »Ich bin drei Kilometer hinter dem Pferd hergerannt, und jetzt bin ich wieder nüchtern.«

»Mama, ich habe solchen Durst«, wimmerte die Kleine, als ich mich erschöpft neben sie fallen ließ. Umarmen konnte ich sie nicht, ich war kraftlos wie ein nasser Sack.

»Ich habe so viele Salzheringe gegessen, und es gibt nichts zu trinken!«

Mit letzter Kraft bückte ich mich und schaufelte ihr kleine Schneebällchen, die ich ihr vor den Mund hielt. Dankbar saugte sie daran. Ich zitterte am ganzen Leibe und konnte es nicht fassen, mein Kind lebend vor mir zu sehen! Vater, du warst bei mir. Danke, Vater, danke!

Der Kutscher arbeitete sich nach vorn auf seinen Platz. »Ich dachte mir, umkehren geht auf dem schmalen Weg nicht, dann wären wir wieder im Schnee stecken geblieben, also warte ich so lange bei dem Schlitten, bis du kommst. Und du bist gekommen, Mutti.« Er schnalzte mit der Zunge und gab dem Pferd die Peitsche, allerdings viel sanfter als zuvor. »Natürlich hast du ein paar Stunden gebraucht. Aber jetzt bist du da.«

Kraftlos hockte ich neben meinem Kind, das an den Schneebällen saugte und mich mit großen Augen unter den vielen Schichten von Mützen, Schals und Kapuzen anschaute.

»Die Kontoristin ist wieder nach Hause gegangen, und ich bringe dich jetzt zu mir nach Hause. Meine Frau kocht dir eine Suppe.« Er schnalzte mit der Zunge und bog in einen schmalen Weg ein, der zu einem einsam liegenden dunklen Haus führte. »Du musst mir aber versprechen, niemandem etwas von der misslichen Unterbrechung zu sagen, hörst du, Mutti?«

Apathisch starrte ich vor mich hin. Das Pferd zog mit letzter Kraft seine bekannte Bahn.

»Nicht meiner Frau, nicht deinem Mann, nicht im Büro, nicht in der Kolchose, nicht bei *Predsedatel* und nicht beim Kommandanten, hörst du, Mutti!«

Knirschend blieben die Kufen vor dem Haus stecken. »Komm runter, nimm das Kind, ihr könnt bei uns schlafen, meine Frau heizt den Ofen ein. – Olga!«

Wie in Trance ließ ich mich in das dunkle Haus führen. »Olgaaaa«, brüllte der Kutscher und hämmerte gegen eine der geschlossenen Türen. »Wach auf, du musst Suppe kochen!«

Eine verschlafene Frau im Nachthemd erschien, mehrere Decken um die Schultern gelegt, geblendet von der Lampe, die der Mann ihr unter die Nase hielt. »Beeil dich, Olga, hier ist eine fast erfrorene Frau, und auf dem Schlitten ist noch ein Kind, das hole ich schnell rein!«

»Kommen Sie, kommen Sie in die Küche!«

Olga ließ die Tür einen Spaltbreit aufschnellen, und der heulende Schneesturm drückte sie auf und drang eher ein, als ich folgen konnte. Ich konnte keinen Schritt mehr gehen.

Der Mann überreichte seiner Frau unsere Rosel, sie reichte mir ihre noch körperwarmen Decken und eilte mit meinem kleinen Mädchen in die noch warme Stube, wickelte es aus der Verpackung und zog es aus. »Du bist ja ganz nass und blau gefroren, kleiner Spatz, schau, ich stelle dich an den Ofen und rubbele dich ab, so, ganz vorsichtig …«

Währenddessen schälte der Kutscher mich aus dem Pelz und half mir aus den nassen schweren Stiefeln. »Komm, Mutti, hier zum Ofen, trink einen Schluck Wodka!«

»Nein, ich kann nicht, ich bin schwanger …«

»Keine Widerrede, Mutti, nach dem, was du erlebt hast, ist das die beste Medizin.« Meine Schienbeine und Knie waren ganz blutig aufgerieben, sie brannten wie Feuer, und so trank ich tatsächlich etwas von der Medizin.

Die kleine Rosa bekam endlich einen Becher Wasser, den sie gierig austrank.

Und dann tischte die Frau tatsächlich einen Topf mit heißer Krautsuppe auf, in der auch grobe fettige Fleischstücke schwammen.

»Bitte. Nehmen Sie, bedienen Sie sich, es ist genug da ...« Die Suppe schmeckte wunderbar, sie war scharf und gut gewürzt.

Meine Rosel wollte nichts essen, nur trinken. Dankbar schöpfte ich aus dem heißen Topf und schlürfte heißhungrig Suppe mit einem Holzlöffel, der so groß war, dass man ein Kuhmaul damit hätte stopfen können. »Wir haben halt nichts anderes, wir sind ja keinen Besuch gewohnt und essen immer zu zweit davon ...«

»Oh danke, das ist schon gut, ich bin einfach nur froh, hier sein zu dürfen.«

»Ja, mein Mann ist ein ganz Lieber, der kümmert sich rührend um seine Fahrgäste.« Die Frau tätschelte dem Mann die Hand, und der warf mir flehentliche Blicke zu. »Das ist die russische Seele«, schwärmte sie. »Essen Sie. Sie können es brauchen, Sie sind ja nur Haut und Knochen!«

Die Frau brachte schließlich einige schwere Decken und breitete sie auf dem Ofen aus.

»So, da könnt ihr schlafen, der Ofen ist so heiß wie möglich. Morgen ist ein neuer Tag, dann sieht die Welt schon wieder ganz anders aus.«

KOLCHOSE GARTEJEWKA, SIBIRIEN

Weihnachten 1953

»So, da sind wir, Mutti. Danke, dass du mich nicht verraten hast. Bitte tu es auch weiterhin nicht, dann werde ich sehen, was ich für dich tun kann!«

Der Fahrer hämmerte mit seinen Handschuhen an eine Tür in der Kolchose, die nun unser Zuhause sein sollte, und die Hausbesitzerin spähte durch einen Spalt. Sofort stürmte der heulende Schneesturm hinein und wollte ihr die Tür aus der Hand drücken wie ein wildes Raubtier. Es war kurz vor Weihnachten, und unter minus fünfzig Grad.

»Hier bringe ich dir die Frau und das Kind, die ersten neuen Bewohner der Kolchose!«

»Kommt schnell herein, schnell, ihr seht ja aus wie Schneemänner!«

Die Frau sprach Deutsch mit uns! »Ja, da staunt ihr, wir sind Wolgadeutsche und leben hier schon seit 1941! Ja, wir sind Juden und mussten schon viel eher weg als ihr!« Sie half mir aus dem schweren, nassen Mantel und legte ihre Hand auf meine Schultern. »Willkommen, wir freuen uns, dass weitere Deutsche zu uns gefunden haben! Ich bin Judith.«

Bibbernd und schlotternd standen wir da in diesem dunklen, kalten Raum. Hier lebten diese armen Leute schon seit zwölf Jahren?

»David, die Leute sind angekommen!«, rief sie über die Schulter. Sie führte uns in einen weiteren Raum, der noch viel kälter war. David, ihr Mann, kam dazu und begrüßte uns. »Willkommen in

Gartejewka. Hier ist euer Raum, der wurde für euch hergerichtet.« Er rieb sich selbst fröstelnd die Hände und hauchte hinein. »Im Winter ist es sehr kalt, aber im Sommer kann es hier sehr schön sein.«

»Ja, aber David, warum hast du denn noch nicht eingeheizt?« Die Frau blies sich in die Hände und schlug bibbernd die Arme um ihre Schultern. »Du wusstest doch, dass die Leute heute kommen?«

»Mir hat man gesagt, sie kommen erst morgen.« David wanderte ratlos in dem eiskalten, völlig leeren Raum herum. »Und dass sie ihre eigenen Möbel mitbringen!«

Möbel, dachte ich frustriert. »Wir haben nur das Kinderbettchen für Rosa, das wir selbst aus Holzresten zusammengezimmert haben.« Ich drückte mein Kind an mich, das mit großen ratlosen Augen das ganze Elend zu erfassen versuchte. »Mein Mann, meine Mutter und meine Geschwister kommen tatsächlich erst morgen. Ich gelte aber als bettlägerig und sollte so schnell wie möglich liegen.«

»Ja, aber worauf wollen Sie liegen?« Das Ehepaar war wirklich ratlos. »Das hier ist mehr oder weniger noch ein Rohbau!« Das sah ich selbst. Das Haus war mit Holz gebaut, zwischen den Balken war es mit Moos gestopft, das so locker saß, dass Fetzen davon herabhingen und im eisigen Wind, der durch alle Ritzen zog, hin und her flatterten. An manchen Stellen fehlte das Moos sogar ganz, sodass man durch die Holzbalken hinaus in den Hof sehen konnte. Dort tobte und fegte der Wind eisige Böen, die im Kreis ihren Hexentanz aufwirbelten. Es heulte und knirschte zum Gotterbarmen zwischen den feuchten, kalten Holzbalken.

»Also David, die Leute kommen von weit her, sind sechzig Kilometer auf dem Schlitten gefahren, und jetzt ist es hier drinnen fast so kalt wie draußen?« Die Frau sah ihren David vorwurfsvoll an. »Auch wenn du sie erst morgen erwartest, kannst du doch heute schon einheizen? Also wirklich, David.«

»Komm, gehen wir Holz holen.« David ließ uns stehen und ging mit seiner Frau nach draußen.

»Wo ist der Fahrer, Mama?«

»Ich weiß nicht, vielleicht schon wieder abgefahren?« Doch der Schlitten stand noch vor der Tür. Wahrscheinlich saß er bereits in der nächsten Spelunke am Ofen und trank Wodka aus Teegläsern!

»Liebes, wir können uns noch nicht ausziehen, wir müssen uns ein bisschen bewegen, dass wir nicht erfrieren. Komm, wir laufen im Kreis herum und hüpfen und springen …« Meinen eiskalten Pelzmantel konnte ich auch nicht wieder anziehen. Der lag wie ein toter Bär im Flur auf der Erde und hinterließ Eispfützen. »Es tanzt ein Bi-Ba-Butzemann in unserm Haus herum, fidebum …« Woher ich die Tapferkeit nahm, jetzt lustige Kreisspiele zu machen, war mir ein Rätsel.

In Wirklichkeit wollte ich nur noch sterben. Dies hier war an Hässlichkeit und Kälte auch durch die russischen Baracken im Arbeitslager von Petrowski nicht mehr zu überbieten. Da hatten wir doch wenigstens unsere warmen Zimmer und die Bettkisten gehabt!

Unfassbare Trostlosigkeit überfiel mich, als ich mit meinem armen kleinen Mädchen dort im Kreis herumlief und sie jauchzend Fangen spielen wollte. »Oh, da, eine Ratte, Mama, hast du sie gesehen? Sie hat sich in der Ritze verkrochen!«

»Ja, ich habe schon zwei oder drei gesehen! Eine ganze Rattenfamilie!«

Zwischen dem losen Moos, das in den Ritzen hin und her flatterte, waren Rattennester!

Nach einer Weile kam der Fahrer hereingepoltert und riss sich die Fellmütze ab. »Na, dem *Predsedatel* und dem Buchhalter habe ich aber mal die Meinung gesagt!« Er ließ seinen Blick über den maroden Rohbau schweifen, in dem noch nicht mal ein Tisch oder ein Stuhl stand. Dafür huschte, raschelte und knackte es in allen Ecken und hinter jedem Balken.

»Ihr sitzt hier im warmen Büro und werbt die Leute aus den Arbeitslagern an, habe ich denen gesagt, weil ihr billige Arbeitskräfte braucht auf eurer Kolchose, und wir müssen sie in der Kälte und dem Sturm holen. Habt ihr mal den Raum gesehen, den die schwangere Mutti mit dem zweijährigen Mädchen bewohnen soll?

– Nein, haben sie gesagt, haben wir noch nicht gesehen.

– Herr *Predsedatel,* habe ich gesagt, das sind arme Leute! Wenn ich gestern der armen Frau meinen Ersatzpelz und meine Ersatzstiefel nicht gegeben hätte, wäre sie erfroren! Und wenn ich nicht mein Privathaus mit Essen und Schlafplatz zur Verfügung gestellt hätte, und meine Frau ihnen mitten in der Nacht eine Suppe gekocht hätte, auch! Und heute Morgen habe ich ihnen Frühstück gegeben, Herr *Predsedatel,* bevor ich sie in den kalten Raum gebracht habe, habe ich denen gesagt. Und das mit dem kalten Raum ist nicht meine Schuld.

– Das hast du gut gemacht, Ljoscha, hat der Herr *Predsedatel* gesagt. Aber das war nicht nötig. Das sind Kriegsgefangene und Zwangsarbeiter, die haben es nicht besser verdient.

– Herr *Predsedatel,* habe ich gesagt, das sind Menschen und keine Viecher. Wenn ich die Frau und das Kind bereits gestern Nacht in diese Wohnung gebracht hätte, wie das ja mein Befehl war, dann wären sie erfroren und verhungert, Herr *Predsedatel.* Die armen Leute brauchen Hilfe und viel Holz. – Ja, Mutti, das habe ich alles für dich klargemacht beim *Predsedatel.*«

Stolz drehte er seine Pelzmütze in den Händen, während Rosa jauchzend den Ratten hinterherlief und in ihre Löcher spähte.

»Und was hat er geantwortet?« Kraftlos hob ich den Kopf und sah ihn unendlich müde an.

– »Das besprechen wir alles morgen, wenn der Ehemann da ist, hat er gesagt.«

Inzwischen kam das jüdische Ehepaar zurück, unter jedem Arm ein Bündel voller Holz.

»Wir heizen schnell ein, Sie werden sehen, Lydia, Sie werden schöne warme Weihnachtsfeiertage haben!«

Da klopfte es, und schwere Tritte traten herein.

»Hallo, ist hier jemand? – Ah, Sie sind schon da, unsere eifrige Neu-Bewohnerin Lydia, die in Osero-Petrowski den Arm als Erste oben hatte!« Es war der Buchhalter mit seiner Frau.

»Herzlich willkommen, auf dass Sie hier eine gute und fruchtbare Zeit haben werden.«

Sie stellte einen Eimer Kartoffeln auf die Erde. »Auf einen guten Anfang!«

Der Buchhalter hatte auch noch einen Laib Brot dabei und eine Kanne mit Milch für meine kleine Rosa. »Die machen wir dir jetzt schnell heiß, und dann wirst du sehen, wie gut es dir hier gefällt.«

Am Nachmittag fuhren die Schlitten mit Mutter, Klementine, Jakob und Frederike sowie Thomas und dem Gepäck vor. »Wir bewohnen die Nachbarhütten, oh mein Gott, bin ich froh, dass ihr lebend hier angekommen seid!« Wir wollten einander schluchzend vor Erschöpfung, aber auch vor Erleichterung um den Hals fallen, doch sie waren so steif gefroren, dass sie sich kaum rühren konnten. Zusammenbleiben. Um jeden Preis. Und wenn er noch so hart war. Wir waren zusammen. Wir hatten es auch diesmal wieder geschafft.

»Wie geht es dir, Lydia?« Mutters Blick aus tiefen schwarzen Höhlen schweifte leer und hoffnungslos über die trostlose Hässlichkeit in dieser Kolchose, nachdem sie sich aufgewärmt hatte.

»Ist dein Kind noch drin?«

»Ja, Mutter, es ist geschafft. Willkommen in der neuen Heimat.« Ich brachte es nicht übers Herz, meiner armen Mutter die Geschichte mit dem Schlitten zu erzählen. Außerdem hatte ich es ja dem Fahrer versprochen, darüber Stillschweigen zu bewahren.

Die Hausbesitzer halfen meiner Familie mit dem Gepäck und wiesen ihnen den Stall für die Ziegen zu. Diese waren die ganze

Strecke gelaufen, angebunden an die Schlitten, und waren wenigstens dadurch nicht erfroren. Judith und David hatten ein paar lose Bretter aus unserer Baracke mitgebracht, und das Heu für die Ziegen. Wenn man also von Gepäck spricht, sollte man sich keine Koffer vorstellen, sondern ein paar armselige Säcke und Bündel, hauptsächlich Holzspäne und Stroh. Thomas und David zimmerten schließlich in aller Eile einen Tisch zusammen und brachten drei wackelige hölzerne Stühle herein.

»So, das dürfte fürs Erste reichen.«

Wir waren derart steif gefroren, mein Mann Thomas, Mutter und die Geschwister, von der zweitägigen Schlittenfahrt und Rosa und ich vom stundenlangen Warten in diesem eiskalten Raum, dass wir Stunden brauchten, um uns aufzuwärmen. Doch endlich prasselte ein Feuerchen, und Judith brachte einen Topf mit heißer Krautsuppe, über den wir uns alle hermachten. David stellte eine Flasche Wodka auf den Tisch: »Willkommen in der neuen Heimat, liebe Familie Groß und liebe Familie Judt. Auf gute Zusammenarbeit. Und morgen sehen wir, was sich mit den Löchern in den Wänden machen lässt. Der Schlittenfahrer hat sich ja ganz schön mutig für euch eingesetzt!« Ja, dachte ich. Warum wohl.

»Schau mal, Mama, das Moos ist ganz weiß geworden!« Rosa tauchte ihren viel zu großen Holzlöffel etwas ungeschickt in den Teller. Vor ihrem Mund standen weiße Atemwölkchen.

»Tatsächlich! Das ist der Raureif, der jetzt, wo es Nacht wird, über die Wände kriecht.«

David schlug mit einem alten Fetzen in die Ritzen, in denen es verdächtig raschelte.

»So, und ihr Biester gebt jetzt Ruhe! Ihr seid jetzt nicht mehr die einzigen Mieter hier!«

KOLCHOSE GARTEJEWKA, SIBIRIEN

Weihnachten 1953

»Also. Ich war beim *Predsedatel,* um zu besprechen, was auf uns zukommt.« Mein Mann Thomas stapfte schwer beladen in unseren immer noch eiskalten Raum und stellte schnaufend einen Sack Kartoffeln in die Ecke. »Maismehl und Hirse habe ich auch noch dabei. – Wieso liegst du im Bett? Und das Kind spielt ganz allein mit dem Moos auf dem kalten Fußboden?« Er wuchtete noch weitere Säcke in die »Wohnung«, die bis jetzt ein eiskaltes Loch war, und hob das Kind auf. »Was ist los mit dir? Hast du keine Arbeit?« Sein Blick durchstach mich mit einer solchen Kälte, dass ich die Luft anhielt.

»Ich habe solch fürchterliche Kreuzschmerzen, wir hätten doch nicht so früh das Krankenhaus verlassen dürfen, Thomas!«

»Ach, du wolltest doch unbedingt bei den Ersten sein, die in die Kolchose ziehen? Denk mal nach, Lydia! Sonst wären wir jetzt als Waldarbeiter im hintersten Sibirien!« Thomas machte sich weiter an den Säcken zu schaffen. »Dabei haben wir jetzt viel bessere Arbeit: Ich werde nach Weihnachten in der Schmiede anfangen, und im Sommer werde ich Kuhhirte sein, denn die Kühe hier laufen auf weiten Flächen frei herum. Klementine wird im Schweinestall arbeiten, bei den trächtigen Schweinen. Jakob wird mit einem Ochsen für das Kleinvieh das Futter und das Wasser herbeischaffen, und Frederike hat für die Kälber zu sorgen. Deine Mutter muss überhaupt nicht mehr arbeiten, außer natürlich für alle kochen und den Haushalt führen, was bedeutet, auch all unsere Kleider zu waschen. Und du auch. Das ist doch wohl alles deutlich besser als die Waldarbeit in der Taiga bei minus fünfzig Grad!«

Ich schwieg. Wie hätte ich meinem Mann die entsetzliche Irrfahrt und seine Folgen auf mein ungeborenes Kind erklären können? Ich hatte dem Kutscher versprochen zu schweigen, denn eine Schlägerei hätte es im Nachhinein wohl nicht besser gemacht.

»Also, die Lebensmittel gibt es auf die Seelen und einmal in der Woche.«

»Was bedeutet das, auf die Seelen?« Ich schob mir stöhnend ein Bündel Stroh in den Rücken, und die kleine Rosa kroch sofort zu mir, um mich zu trösten und zu streicheln.

»Jeder, der arbeitet, bekommt einmal in der Woche seinen Lohn. Kartoffeln gibt es nur im ersten Jahr, danach muss ein jeder Siedler seine Kartoffeln selber säen und ernten. Jeder bekommt ein kleines Stück Ackerland, wo er seine Kartoffeln selber anbauen kann.« Thomas wuchtete die Säcke aus den Ecken wieder heraus und stellte sie in die Mitte des Raumes. »Nicht, dass die Ratten uns alles wegfressen.« Er ließ sich auf einen der wackeligen Stühle fallen: »Man darf eine Kuh und ein Schwein halten für den Eigenbedarf. Das ist doch was, Lydia. So gut ist es uns noch nie gegangen!« Er nahm die kleine Rosel auf den Schoß und wippte mit den Knien, sodass sie vor Freude jauchzte. »Jeder Arbeiter kann sich Holz im Büro bestellen, so viel er braucht. Das Holz wird von unseren Waldarbeitern in Schlittenlänge gebracht und am Ende des Monats mit dem Arbeitslohn verrechnet.«

»Aber zersägen und zerhacken muss es jeder selbst?« Ich versuchte, das heftige Ziehen im Rücken zu ignorieren und mir eine angenehmere Position zu verschaffen. Die eisige Feuchtigkeit war mir in jede Faser meines Körpers gekrochen und peinigte mich wie mit kalten Zangen.

»Ja, aber das musst du in deinem Zustand nicht mehr machen. Du sollst nur was Schönes kochen, aus diesen Zutaten hier.« Er schob mit dem Fuß die Säcke noch weiter von den Wänden weg, von denen das Tauwasser in Strömen lief. »Und ich kümmere mich inzwischen um Handwerker. Dein Kutscher hat sich dermaßen beim *Predsedatel* für uns eingesetzt, dass wir noch vor den Feiertagen die Ritzen verfugen und den Boden mit Stroh auslegen dürfen.«

Es klopfte, und Mutter kam mit den Geschwistern herein. »Wie geht es dir, Lydia?« Besorgt ließ sie ihren Blick über mich graue ausgemergelte Gestalt schweifen.

»Oh Mutter, es geht schon, schau, was wir für wunderbare Sachen bekommen haben …«

So leichtfüßig, wie es mir möglich war, sprang ich aus dem Bett. »Von dem Mehl können wir uns das Brot doch selber backen, und wir können Dampfnudeln kochen! Dampfnudeln, Schupfnudeln, Suppennudeln, lasst uns gleich anfangen, das wird ein Festmahl!«

Selbst die kleine Rosel wurde mit eingebunden in das geschäftige Treiben. Die Geschwister Klementine, Jakob und Frederike packten tatkräftig mit an und probierten alles aus, was die kalten Säcke hergaben. Kartoffeln, Mehl, Wasser und Holz! Das reinste Paradies!

Zu Weihnachten brachten Mutter und die Geschwister sogar selbst gebackene Brötchen mit.

Ich hatte eine gute Hirsesuppe gekocht und von den Hausbesitzern, David und Judith, einen Laib Brot geschenkt bekommen.

»Frohe Weihnachten, ihr Lieben. Wir haben es geschafft. Wir sind zusammengeblieben. Vater wäre stolz auf uns, wenn er noch leben würde …«

»Bitte weint doch jetzt nicht, es soll doch ein Fest der Freude sein …«

»Ich vermisse Katja so sehr …« Ohne dass ich sie aufzuhalten vermochte, tropften mir dicke Tränen in die Suppe, und ich schob meinen Teller weg. »Sie ist doch erst vor sechs Wochen von uns gegangen, und wie sehr hätte es sie gefreut, mit uns in die neue Heimat zu gehen und sich einmal so richtig satt essen zu können!«

Plötzlich kamen uns allen die Tränen. »Wir können sie noch nicht mal auf dem Friedhof besuchen, denn ihr Grab ist sechzig Kilometer von uns entfernt.«

»Und selbst wenn wir eine Möglichkeit hätten, dort hinzukommen: Wir würden ihr Grab unter den Schneemassen gar nicht mehr finden.«

So beteten wir gemeinsam für unsere liebe Schwester ein Vaterunser und hofften, dass ihre Seele für immer Ruhe gefunden hatte. Dann beteten wir noch eines für Vater und eines für den kleinen Josef. Inzwischen waren es drei Familienmitglieder, die wir zu betrauern hatten.

»Ich habe auch doll geweint, weil die Mama in der schlimmen Nacht auf dem Schlitten nicht da war!« Meine kleine Rosel fing an, in ihrer kindlichen Art zu plappern. »Ich hatte solch einen schrecklichen Durst, weil ich so viele Salzheringe gegessen habe, und dann war ich auf dem Schlitten festgebunden und habe nach der Mama geschrien, aber das Pferd ist einfach losgelaufen, und dann kam der böse Mann, der das Pferd so geschlagen hat, dass es geblutet hat, und die Mama kam dann viel später angestiefelt und hat auch geweint.«

Oh Gott, Kind, durchzuckte es mich. Bitte sei doch still. Thomas schlägt den Fahrer sonst tot.

»Was, kleine Rosel?« Der sechzehnjährige Jakob gab ihr eine liebevolle Kopfnuss. »Du bist ganz alleine auf dem Schlitten durch die Nacht gefahren?«

»Ja, Mama, wo warst du denn?« Jetzt lachten wieder alle, weil die kleine Rosel so putzig war mit ihrer Geschichte und jeder glauben musste, sie habe sich das alles ausgedacht, um uns von unserer Trauer abzulenken. »Bist du im Sturm ein bisschen spazieren gegangen?«

»Na ja, ich wollte dann doch noch auf ein Gläschen in den Einkehrhof zurück«, improvisierte ich schnell. »Denn da hat es mir wirklich ausgesprochen gut gefallen.«

Jetzt lachten alle schallend. »War das nicht eine grauenvolle Bude?«

»Oh, wie grauenvoll«, erinnerte sich Mutter. »Die verrauchte Kaschemme mit den vielen besoffenen Männern, die alle um den dreckigen Tisch herumlungerten und unsere Mädchen so furchterregend angestarrt haben.« Sie traute sich nicht zu wiederholen, welche anzüglichen Bemerkungen sie gemacht hatten, aber ich hatte es ja am eigenen Leibe erlebt. Meine kleinen Schwestern waren doch noch unberührt und ahnungslos!

Jakob langte noch einmal kräftig bei der Suppe zu. »Es gab zwar die tollsten Sachen zu essen, aber die haben meine Schwestern so schlimm belästigt, dass wir uns lieber im Sitzen durch die Nacht gequält haben, als schlafen zu gehen.«

»Die haben vielleicht aus dem Maul gestunken!« Frederike schüttelte sich angewidert.

»Und was die für unanständige Worte gesagt haben …« Klementine wurde rot.

»Ich habe sie beschützt, so gut ich konnte.« Jakob kaute mit vollen Backen. »Du, Thomas, konntest sie ja nicht beschützen, weil du draußen bei dem Gepäck bleiben musstest.« Und zu mir: »Das wäre nämlich sonst alles geklaut worden.«

Ich konnte mir die Situation lebhaft vorstellen.

»Am nächsten Morgen haben wir auch nur schnell eine Kleinigkeit gegessen und sind dann im Sturm weitergefahren, weil wir es nicht riskieren konnten, mit den Mädchen länger dort zu bleiben.« Mutter ließ ihren Blick besorgt über Klementine und Frederike schweifen. »Es ist kaum zu beschreiben, was wir da durchmachen mussten.«

Alle plapperten nun durcheinander von dem schrecklichen Einkehrhof, nur ich schwieg. Ich konnte von den schweren Erlebnissen nichts erzählen, von meiner Todesnot und Todesnähe, wie ich da allein in der eisigen Steppe bis zu den Hüften im Schnee stand und mit erhobenen Händen laut zu Gott schrie, dass er mein Kind beschützen möge, während es mit einem wahnsinnigen Gaul allein in der Finsternis am Schlitten hing. Und wie Vater ein Stück des Weges mit mir gegangen war.

»Ist dir nicht gut, Liebes?« Mutter sah mich besorgt an. »Du hast fast nichts gegessen…«

»Seid mir nicht böse, liebe Familie.« Mühsam stand ich von Stuhl auf, während sich etwas in meine schmerzenden Eingeweide zu bohren schien, und hielt mir den Rücken. »Aber ich habe solche Kreuzschmerzen, ich muss wieder auf mein Strohlager zurück.«

KOLCHOSE GARTEJEWKA, SIBIRIEN

Neujahr 1954

»*Na Sdorowje, s Novim Godom!* – Frohes neues Jahr, alles Gute für die Zukunft!«

»Mein Gott, da ist was los auf den Straßen!« Thomas lugte durch das frei gehauchte Loch in der Fensterscheibe. »Die verstehen aber zu feiern und zu tanzen! Nun steh doch mal auf, Lydia, und schau, was die da draußen veranstalten!«

Mühsam kroch ich aus dem Bett, das wir inzwischen mit Decken und Polstern so weit ausgestattet hatten, dass ich nicht mehr auf dem feuchtkalten Stroh liegen musste.

»Die tanzen und hüpfen im Schnee herum mit ihren Wodkagläsern!« Mit dem Ärmel rieb ich über die Stelle, die schon wieder zufrieren wollte. Unzählige Eisblumen zierten das Fenster.

»Lass uns doch auch hinausgehen und mitfeiern!« Thomas stieg schon in seine wattierten Hosen. »Sie singen die deutschen Lieder, die wir auch kennen!«

»Mach du das, Thomas, ich bleibe hier bei der Kleinen.« Bei all dem Tumult und Krach dort draußen schlief unsere kleine Rosel wie ein Engel.

»Nein, wennschon, dann musst du mitgehen.« Thomas warf mir auch meine dicke Hose hin. »Wir wollen doch dazugehören, was zierst du dich denn so!«

»Thomas, mir ist wirklich nicht danach, hast du vergessen, dass der Arzt strikt dagegen war, als ich das Krankenhaus verlassen habe?«

»Pack das Kind warm ein und komm mit!« Thomas warf mir

einen scharfen Blick zu. »Wenn wir jetzt nicht mit ihnen feiern, dann gehören wir nie dazu!«

In dem Moment polterte es bereits an der Tür, und Thomas riss sie einladend auf. Mit Tröten und Rasseln quollen die Leute zu uns herein. »Frohes Neujahr, alles Gute an eurem neuen Platz!« Es waren Wolgadeutsche, die schon lange hier lebten. »Kommt mit hinaus auf die Straße zum Feiern, das ist hier Tradition!«

Von dem Lärm war unsere kleine Rosa doch wach geworden und rieb sich verschlafen die Augen. »Na los, Lydia! Zieh die Kleine an und raus mit euch!« Thomas warf sich schon in die Menge, lachte, sang und schunkelte, und mir blieb nichts anderes übrig, als mich ebenfalls mit Rosa in die eisige Nacht zu begeben.

David, unser Hausbesitzer, machte mit seinen drei Söhnen im Hof beim Feuer Musik. Einer spielte Gitarre, einer Mandoline, einer Balalaika, und der Vater zupfte den Kontrabass.

»Na endlich, da bist du ja, Lydia! Wir ziehen jetzt um die Häuser, nimm dein Kind auf den Arm, damit es nicht im Schnee versinkt bis zum Kinn, hahaha!«

Alle tanzten und lachten und schunkelten durcheinander, und jeder hatte eine Flasche Wodka in der Hand, auch Thomas. »Nun trink doch eine mit, stell dich nicht so an!«

»Bitte, Thomas, du weißt, ich bin schwanger …«

»Ach, das bist du ja immer, das ist nichts Neues, hahahaha!«

Wir zogen im großen Pulk zu weiteren Familien und fielen bei ihnen ein, wie es hier offensichtlich der Brauch war, und alle zogen sich an und kamen mit, und keiner war ein jämmerlicher Spielverderber, wie ich wohl einer war.

Bei der vierten Familie angekommen, setzten sich alle an den Tisch und aßen und tranken. Dann wurde wieder getanzt, denn tanzen konnten sie alle, wie der Lump am Stecken.

»Du tanzt natürlich nicht, in deinem Zustand …« Thomas drehte mir den Rücken zu.

So blieben wir als einziges Ehepaar auf unseren Stühlen sitzen und schauten dem wilden Treiben zu. Später wurde die Stimmung rührselig; es wurden viele altbekannte deutsche Lieder gesungen.

Alle saßen mit glasigen Augen auf ihren Plätzen, die David-Familie spielte wunderschön und in Moll, und Thomas und ich sangen laut mit. Mutter und die Geschwister saßen auch in einer verrauchten Ecke, und unsere Blicke aus tränenfeuchten Augen trafen einander.

Dachte auch sie jetzt an Vater, an Katja, an unseren kleinen Josef?

»Wo wir uns finden wohl unter Linden, zur Abendzeit …«

»Oh, das könnt ihr ja auch, ihr Ukrainer!« Ein älterer Mann legte seinen Arm um Thomas und mich und drückte uns so fest an sich, dass wir mit den Köpfen aneinanderschlugen. »Ach, was habt ihr für schöne Stimmen!«

»Wir freuen uns auch, endlich wieder deutsche Lieder zu hören, endlich überhaupt mal wieder Musik und Gesang!«

Und dann stimmte die David-Familie ein Lied an, das uns vollends das Wasser in die Augen trieb:

»Guter Mond, du gehst so stille durch die Abendwolken hin
Bist so ruhig, und ich fühle, dass ich ohne Ruhe bin.
Traurig folgen meine Blicke deiner stillen, heitern Bahn
O, wie hart ist das Geschicke, dass ich dir nicht folgen kann.
Guter Mond, du gehst so stille durch die Abendwolken hin
Deines Schöpfers reiner Wille hieß auf dieser Bahn dich ziehn.
Leuchte freundlich jedem Müden in das stille Kämmerlein
Und ergieße Ruh und Frieden ins bedrängte Herz hinein.
Guter Mond, dir will ich's sagen, was mein banges Herze kränkt
Und an wen mit bittern Klagen die betrübte Seele denkt!
Guter Mond, du sollst es wissen, weil du so verschwiegen bist
Warum meine Tränen fließen und mein Herz so traurig ist.«

6. Januar 1954

»Ich gehe jetzt zur Arbeit, Lydia. Bleib du ruhig liegen, ich mache mir mein Brot selbst.« Es war in aller Herrgottsfrühe, vielleicht gegen vier oder fünf. Eine Uhr hatten wir ja nicht.

Thomas schnitt sich eine dicke Scheibe von dem restlichen Weihnachtsbrot ab, das schon ganz hart geworden war, und warf einen Blick in das Kinderbett. »Wo ist eigentlich Rosa?«

»Ich habe sie gestern zu meiner Mutter gebracht, ich habe so entsetzliches Kreuzweh, dass Mutter meinte, ich solle mich einmal ausruhen.«

»Dann ruh dich aus. Ich komme erst spät am Abend heim, wir bauen einen Kuhstall.«

»Ja, mach das. Hab einen schönen Tag, ich schaff das schon hier allein.«

»Das wirst du wohl müssen.«

Thomas stapfte in seiner wattierten Arbeitsmontur davon.

Aber ich konnte nicht schlafen, hatte schon die ganze Nacht nicht geschlafen. Jede Bewegung zog mir wie mit scharfen Messern durch die Eingeweide, und ich spürte, dass mein Kind wieder mal viel zu früh auf die Welt kommen wollte.

Lieber Gott, es ist doch kaum der sechste Monat, betete ich lautlos. Lass es mir noch im Mutterleib, es kann doch nicht alleine leben…

Aber es waren eindeutig Wehen, die so heftig an meinem Leib zerrten, dass ich irgendwann reflexartig pressen musste.

Lieber Gott, jetzt bin ich ganz allein und kann niemanden um Hilfe rufen, schoss es mir in Panik durch den Kopf. Bitte hilf mir, jetzt muss ich mein Kind ganz alleine auf die Welt bringen …

Nach mehreren heftigen Presswehen lag es da zwischen meinen Beinen in seinem und meinem Blut, Fruchtwasser und mit einer bläulichen Nabelschnur umgeben: mein viel zu früh geborenes Baby.

Es zuckte noch ein bisschen mit den Ärmchen und Beinchen, dann lag es leblos da.

Ich behandelte es wie ein Neugeborenes und betrachtete es liebevoll: Es war wieder ein Junge.

Ich wollte aufstehen, doch ich schaffte es nicht, die Schmerzen erschlugen mich, und ich sank auf das Strohlager zurück.

»Komm her, mein Kleiner, du sollst nicht erfrieren …« Mit letzter Kraft schaffte ich es, das puppengroße Wesen aufzuheben. Ich legte es mir auf den Bauch und schlief endlich ein. Es war ja geschafft! Als ich Stunden später wieder erwachte, war es taghell im Raum.

Also versuchte ich noch einmal, aufzustehen, und diesmal ging es viel besser.

»Schau, mein Kleiner, die Mama hat fast keine Schmerzen mehr …« Ich redete zärtlich mit dem Kind, das schon ganz grau und starr war wie eine Puppe aus Wachs. »Wir machen deine Äuglein zu, damit du in Ruhe schlafen kannst.« Ratlos stand ich vor dem Bett und der Blutlache darin.

»Als Erstes müssen wir dich versorgen, mein Kleiner, also werde ich dich jetzt waschen und dann ganz gut zudecken.« Ich schleppte mich zu dem Eimer mit dem frischen Wasser, der unter dem Herd stand, machte das Wasser warm und wusch das tote Baby ganz vorsichtig. Dann wickelte ich es in ein Taschentuch und legte es in eine Schuhschachtel, in der wir sonst unser Besteck aufbewahrten.

»Siehst du, mein Kleiner, jetzt hast du auch schon einen Sarg … Aber wohin nur damit?«

Ich hauchte gegen die Scheibe und polierte mit dem Ärmel meines Trainingsanzugs, den ich im Hause immer trug, ein kleines Guckloch hinein. »Draußen hat es über minus fünfzig Grad, da können wir dich nicht lassen. So stelle ich dich jetzt hier auf die Fensterbank, und als Blumen hast du die vielen Eisblumen am Fenster …«

So sprach ich mit meinem toten winzigen Kind, während ich mich selbst wusch und schließlich das Bett neu bezog. »Wenn der Papa heute Abend wiederkommt, soll ja alles schön frisch und sauber sein, nicht wahr? Und jetzt muss die Mama sich noch ein wenig hinlegen und ausruhen, damit sie später das Essen kochen kann …«

Gerade als ich in das frisch gemachte Bett steigen wollte, klopfte es an die Tür.

»Lydia, ich bin's, Judith. Ich habe deine Mutter mit Rosa getroffen, die meinte, es gehe dir nicht gut. Bist du schwanger? Kann ich was für dich tun …?«

»Nein, Judith. Jetzt nicht mehr.« Ich zeigte auf die Schuhschachtel auf dem Fensterbrett. Ahnungsvoll öffnete Judith den Deckel und erstarrte. »Ach, du lieber Gott …«

Ich brach in Tränen aus, und Judith eilte zu mir und legte mir die Decke um die Schultern.

»Ach, du armes Ding, dir bleibt auch nichts erspart … was willst du denn jetzt machen mit dem … Ding?!«

»Das ist kein Ding, das ist ein Kind, und es kommt auf den Friedhof.« Ich zog die Nase hoch und wischte mir energisch mit dem Ärmel über die Augen. Mein Taschentuch hatte ich ja nun nicht mehr. Da lag ja der kleine Leichnam drin.

»Aber Lydia, der Friedhof ist meterdick zugefroren, außerdem ist er kilometerweit von hier weg, und bei den Schneemassen kommt man gar nicht durch.« Judith machte sich inzwischen am Herd zu schaffen. »Trink erst mal einen heißen Tee, der bringt dich wieder auf die Beine.«

Dankbar schlürfte ich kurz darauf in kleinen Schlucken das heiße Gebräu, dem sie noch ein paar Heilkräuter beigemischt hatte. »Warte ab, was Thomas sagt.« Ich blies in die Tasse und unterdrückte ein heftiges Zittern. »Der weiß ja noch gar nichts davon, dass unser Kind tot ist!«

»Das ist Schüttelfrost, Lydia, dein Körper stellt sich wieder um.« Judith versorgte mich, so gut sie konnte. Sie war ja selbst mehrfache Mutter und ahnte sicherlich, was in mir vorging. »Ruh dich jetzt aus, ich gehe hinüber und sage deiner Mutter Bescheid, dass Rosel noch bei ihr bleiben soll.«

»Ja, bitte, aber lass mich noch ein wenig schlafen …« Der heiße Tee tat seine krampflösende Wirkung, und die Erschöpfung legte sich über mich wie eine schwere Decke.

Als Mutter am Nachmittag mit Rosel herüberkam, zeigte ich ihr das Baby, und wir weinten beide sehr.

»Ach Gott, Kind, dir bleibt auch nichts erspart!«

»Ist das eine Puppe? Darf ich damit spielen?«

»Nein, Rosa, das ist dein Brüderchen, aber es lebt nicht mehr, damit darfst du nicht spielen!«

»Das ist nun schon unser vierter Todesfall in der Familie!« Mutter saß am Tisch und schnäuzte in ihr Taschentuch. »Erst Vater, der in den letzten Kriegstagen noch gefallen ist, dann dein kleiner Sohn Josef, der im Dezember 1949 starb, als er erst fünf Wochen alt war. Dann Katja, die nur achtundzwanzig Jahre alt werden durfte, die zehn Jahre lang nur auf der Flucht und in Zwangsarbeit bei bitterer Kälte leiden musste, und das nach der großen Hungersnot, die sie als Kind knapp überlebt hat, und jetzt auch noch dein kleiner Sohn, der nur wenig über die Hälfte der Schwangerschaft in deinem Leib bleiben durfte …«

Wir weinten alle drei ganz fürchterlich, auch die kleine Rosa, die das Ausmaß dieses Elends noch gar nicht erfassen konnte.

»Wo begraben wir denn nur euren kleinen Jungen?« Einen Namen gaben wir ihm nicht, denn er konnte ja nicht mehr getauft werden.

»Da müsste man erst einen Haufen Schnee abtragen, dann viel Holz verbrennen, um den Boden aufzutauen, bis man ein Grab ausheben kann. Das dauert in der Regel drei bis vier Tage …«

»Das kann keiner von uns machen, denn Thomas muss ja zur Arbeit …«

»Ich höre meinen Namen, ist gerade von mir die Rede?« Plötzlich schneite mein ahnungsloser Mann herein, nach einer harten Schicht von über zwölf Stunden bei minus fünfzig Grad. »Ja, warum steht denn kein Essen auf dem Tisch, und warum sitzt ihr hier und heult?«

»Die Mama hat eine tote Puppe auf der Fensterbank im Schuhkarton!« Rosa lief ihm weinend entgegen. »Und ich darf nicht damit spielen!«

Thomas' Gesichtszüge entglitten. »Es wäre ein Junge gewesen? Den hätte ich mir doch so sehr gewünscht!« Nun weinte auch er verzweifelte Tränen. Schluchzend stand er da über den Schuhkarton gebeugt, in dem unser wachsbleiches winziges Baby unter dem Taschentuch lag.

»Komm, wir stellen das Baby in den Keller.« Ich legte ihm von hinten meine Hand auf die zuckende Schulter. »Wir können es ja nicht in der Wohnung lassen, aber im Keller ist es kalt.«

Und so trugen wir den Schuhkarton hinunter in den dunklen eiskalten Keller und mauerten ihn mit Ziegelsteinen ein, damit die Ratten nicht darankommen konnten.

Und im Frühjahr brachten wir es dann auf den Friedhof. Ein alter Mann wurde begraben, und Thomas nahm eine Schaufel und bekam die Erlaubnis der Familie, unser Baby dazuzulegen. So fand es doch noch seine Ruhe in geweihter Erde.

KOLCHOSE GARTEJEWKA, SIBIRIEN

Frühsommer 1954

»Der Schnee ist geschmolzen, es gibt viel zu tun, alle Frauen unter fünfundfünfzig arbeiten sofort wieder in der Landwirtschaft und auf dem Feld mit.« Der *Predsedatel* hatte alle Bewohner der Kolchose auf eine Vollversammlung einberufen, und es gab viele Neuigkeiten zu verkünden. Unter anderem, dass ein Kindergarten gebaut worden und dass es verpflichtend für alle jungen Mütter sei, die Kinder ganztags darin abzugeben. Schließlich werde unsere Arbeitskraft gebraucht, und wir seien nicht zum Vergnügen hier. Wir sollten das hier nicht mit einem Ferienlager verwechseln, auch wenn es noch so schön sei.

So wurde ich mit vier anderen Frauen dazu eingeteilt, einen Kuhstall zu bauen.

»Also, Mädels, ihr müsst für das Jungvieh einen Stall bauen, der sechzehn mal fünf mal einen Meter sechzig groß sein soll. Morgen um sieben findet ihr euch auf der Baustelle ein, die ist zwei Kilometer von hier entfernt, also macht euch frühzeitig auf den Weg, wenn ihr vorher noch eure Kinder abgeben müsst.« Der Lager-Vorsteher schlug mit dem Hammer auf den Tisch und erklärte die spätabendliche Sitzung für beendet. Nun wusste ein jeder in der Kolchose, für welche Arbeit er eingeteilt war und was er zu tun hatte. Thomas und ich gingen nach Hause, wo er noch seine ehelichen Pflichten einforderte, wie jeden Abend. Er sah den Sinn der Ehe genau darin: sich abends noch an mir abzureagieren, egal was ich durchgemacht hatte.

So war ich auch nach kurzer Zeit schon wieder schwanger.

»Was soll denn das hier sein?« Fragend blickte Edith, eine ältere Frau, die in meinem Arbeitskommando war, auf das Zeug, das dort auf der Baustelle lag. »Ein großer Haufen lange Strohhalme, ein Berg Lehm und ein Ständer voll mit Wasser. Das fängt ja gut an.«

Sie krempelte sich die Ärmel hoch und griff nach einer der beiden Mistgabeln, die dort auf der Erde im Schlamm lag. »Wozu ist die Mulde da?«

Ich griff mir sofort die zweite. »Ich nehme an, nachdem sie innen mit Blech ausgeschlagen ist, für den Lehmbrei, den wir hiermit anrühren sollen.« Ich deutete auf zwei Rührstöcke, die wie Schrubber aussahen. »Wer will die?«

Zwei Russenfrauen fanden sich etwas trödelnd auf der Baustelle ein, und es war sofort zu sehen, dass sie sich nicht dazu berufen fühlten, schwere körperliche Arbeit, die mit viel Dreck verbunden war, zu verrichten. »Wir werden schließlich mit Geld bezahlt und ihr nur mit Naturalien. Also könnt ihr euch auch die Hände schmutzig machen«, ließen sie uns mehr oder weniger deutlich auf Russisch wissen.

Das Bauinventar bestand aus zwei Paar Gummistiefeln, zwei Mistgabeln, vier Holzeimern und zwei langen Trögen ohne Boden, die zwei Meter lang und vierzig Zentimeter breit waren.

»Es sind eh nicht genügend Stiefel und Arbeitsgeräte da.« Die beiden Russenfrauen winkten ab und wollten sich gerade wieder verdrücken, als sie den Vorarbeiter kommen sahen. So blieben sie abwartend mit den Händen in den Hosentaschen im braunen Schmelzwasser stehen, das sich in riesigen Pfützen auf der Eisschicht sammelte.

»Also, guten Morgen, Frauen. Ich erkläre euch jetzt einmal, was ihr zu tun habt, und dann habt ihr es hoffentlich kapiert.« Der Baumeister pfiff die abseitsstehenden Russinnen herbei. »Das gilt auch für euch.« Missmutig schlenderten die beiden wieder heran.

»Die Tröge hier werden mit Stroh gefüllt.« Er zeigte auf die mannshohen Bündel Stroh im Dreck. »Und mit Lehmbrei übergossen. Ihr zwei …« Er griff die Russinnen bei den Schultern. »… ihr habt noch keine Arbeitsgeräte in den Händen, wunderbar, dann tretet ihr den Lehmbrei in dem Trog fest, Gummistiefel habt ihr ja eh schon an.« Die beiden zogen eine verächtliche Grimasse und steckten die Hände in die Hosentaschen ihrer blauen Latzhosen, wagten aber nicht, zu widersprechen. Ich wusste, dass sie sich verdrücken würden, sobald der Meister außer Sichtweite war.

»Ich stelle euch zwei Burschen zur Verfügung, die mit dem Ochsen arbeiten. He, ihr da!«

Er pfiff durch die Zähne. »Ja, euch meine ich, kommt mal her, aber ein bisschen plötzlich!«

Zu meiner Freude war einer davon mein kleiner Bruder Jakob! Er war ja dazu eingeteilt, die Kolchose mit Wasser zu versorgen und die Ochsen zu führen, die die Fässer auf rumpelnden schweren Holzkarren herbeizerrten.

»So, mit dem Wasser rührt ihr den Lehmbrei an, dann schleppt ihr die Holzeimer mit dem Gemisch hier rüber …« Er zeigte auf den Grundriss des zu bauenden Stalls … und dann zieht ihr nach und nach die Wände damit hoch. Habt ihr mich verstanden?«

»Jawohl, Herr Meister.«

Der Vorarbeiter zeigte uns noch gestenreich, wie er sich das vorstellte, und dann überließ er uns Frauen dieser schweren Arbeit.

»Ist er weg?« Die eine Russin trat nur noch zum Schein auf dem Stroh-Lehm-Brei im Trog herum, die andere war schon herausgeklettert. Im Windschutz des Ochsenkarrens zündete sie sich verstohlen eine Zigarette an.

»Ja, gib mir auch eine.« Die zweite Russin stand nun paffend dabei. »Wir sind keine Sklaven, dass wir uns hier das Kreuz kaputt machen«, gestikulierten sie uns. »Macht ihr Deutschen euch doch eure Kutteln kaputt!«

Mein Gott, war das eine schwere Arbeit für uns Frauen, aber Gott sei Dank, wir hatten etwas zu essen und waren endlich nicht mehr hungrig! Meine kleine Rosel wurde im Kindergarten bestens versorgt, sie kam abends singend und hüpfend an der Hand von Mutter zurück, die beiden taten einander gut. Mutter war körperlich so ausgezehrt und verbraucht, dass sie überhaupt nicht mehr auf der Kolchose arbeiten musste. Sie durfte »nur« Hausfrau sein, was sie sehr genoss. So kochte sie für uns alle, wusch unsere verdreckte Arbeitskleidung mit der Hand, brachte unsere zwei Haushalte in Ordnung und kümmerte sich liebevoll um ihr bisher einziges Enkelkind. Ihre drei jüngeren Kinder mussten inzwischen auch alle arbeiten, die Schule war vorbei.

»Mutter, warum weinst du denn?« Als ich eines Abends nach meiner Zwölf-Stunden-Schicht von der Kuhstall-Baustelle nach Hause kam, saß sie mit zuckenden Schultern in der Stube, das Kind zu ihren Füßen. Mein erster schrecklicher Gedanke war, dass mit meinen Geschwistern etwas passiert sein könnte, denn meine kleine Rosel spielte selbstvergessen mit Murmeln.

»Ach, Lydia, meine kleinen Ziegen sind tot!« Verzweifelt sah Mutter mich aus rot geweinten Augen an. »Ich habe mir doch solche Mühe mit ihnen gegeben, sie waren doch meine ganze Existenz! Wir haben sie doch so mühsam am Schlitten hinter uns hergezerrt, damit wir sie hier haben!«

»Aber Mutter!« Hastig kniete ich neben ihr und legte meine Hand an ihre Wange. »Was ist denn passiert? Die kleinen Tierchen haben doch niemandem etwas zuleide getan?«

»Sie haben das Rattengift gefressen, das ausgestreut worden ist!«

Im ersten Reflex zog ich meine kleine Rosa vom Strohfußboden weg, auf dem sie andächtig ihre Murmeln rollte. Mein Gott, hoffentlich hatte sie nicht die Finger in den Mund gesteckt!

»Während wir unterwegs waren, ist überall Rattengift gestreut worden, man hat uns nicht gewarnt!«

Ich riss Rosa hoch und wischte ihr panisch mit einem nassen Tuch über die Hände und das Gesicht. »Um Himmels willen!«

»Ach, die Ziegen wollte ich doch im Sommer verkaufen«, schluchzte Mutter, das mögliche Ausmaß der Katastrophe noch gar nicht überblickend. »Ich wollte den Kindern endlich etwas zum Anziehen kaufen von dem Geld!« Sie sah mich tränenüberströmt und kleinlaut an. »Wir werden doch hier nicht mit Geld bezahlt, nur mit Naturalien! Aber von Kartoffeln und Mehl kann ich ihnen nichts zum Anziehen schneidern!«

Oh Gott, meine arme Mutter! Aber es kam noch dicker für sie. Zwei Wochen nach diesem Vorfall saß sie wieder weinend in der Stube: Diesmal war die Mutterziege von einem Hund totgebissen worden!

»Es war der Hund vom Imker, und dem tut es auch ganz schrecklich leid, er ist ja auch ein deutscher Kriegsgefangener, aber davon wird meine Ziege auch nicht wieder lebendig«, schluchzte sie verzweifelt. »Denn sie war schon wieder trächtig, und im Herbst hätten wir wieder junge Zicklein gehabt!«

»Ach, Mutter …« Sprachlos legte ich meine Hand auf ihre. »So viel Pech geht doch gar nicht mehr auf eine Kuhhaut!«

»Die Leute machen schon einen Bogen um mich, sie glauben an böse Geister und Hexen und Flüche und dergleichen.« Mutter zerknüllte ihr einziges Taschentuch in den Händen.

»Hoffen und Harren macht Menschen zum Narren!«

»Ach, Mutter, unsere Klementine arbeitet doch bei den Schweinen«, versuchte ich, sie zu trösten. »Vielleicht dürfen wir eines von den frisch geborenen Ferkeln behalten! Klementine hat mir gerade erst erzählt, dass ein Mutterschwein mehr Ferkel geboren als es Zitzen hat!«

Und so schickte ich Klementine gleich zu ihrem Vorarbeiter, damit sie ihn bäte, dass wir eines von den Ferkeln bekommen könnten.

Der Vorarbeiter musste diese private Zuteilung von Staatseigentum erst auf einer Vollversammlung zur Diskussion stellen, aber die Gemeinde stimmte eindeutig dafür, unserer armen Mutter dieses dreizehnte Ferkel zu überlassen.

So kam es, dass Mutter wieder ein kleines Tier in der Wohnung hielt: Frieda, das Ferkel, wurde alle zwei Stunden mit dem Teelöffel mit Milch gefüttert, bis es schließlich selbstständig aus einem Schälchen saufen konnte. Mutter nähte für Frieda sogleich einen Schlafsack aus einem Schaffell, sodass sich das Ferkel wie im Brutkasten fühlen konnte. Das putzige rosa Schweinchen lief in Mutters Zimmer frei herum und folgte ihr bald auf Schritt und Tritt.

»Klementine, hast du mir wieder etwas Milch mitgebracht?«

»Ja, Mutter, ich habe dieses Fläschchen hier heimlich entwendet, aber die anderen Ferkel werden auch damit zugefüttert, es ist ein Wachstumsmittel untergemischt, damit sie schneller fett werden und bereits im nächsten Jahr auf dem Markt verkauft werden können!«

Hoffnungsvoll fütterte also auch Mutter ihre Frieda mit dieser Wachstumsmilch, und Frieda wurde überraschend schnell dick und fett. Immer noch folgte Frieda Mutter auf dem Fuße, wohin sie auch ging, ob zur Wäscheleine nach draußen oder zu den Kartoffeln in den Keller, ob zur Ausgabestelle der wöchentlichen Lebensmittel oder zum Kindergarten, wo sie Rosa abholte. Frieda und Mutter, das war ein bekanntes und beliebtes Gespann, und die Leute lachten hinter ihnen her.

»Das Schwein wiegt ja schon mehr als die Oma und das Kind zusammen!«

Im Winter 1954 war Frieda eine pralle ausgewachsene kräftige Sau, die nach einem Eber verlangte und auch schnell trächtig wurde. So war Mutter wieder getröstet und hoffte darauf, bald stolze Besitzerin einer ganzen Schweinefamilie zu sein, die ihre weitere Existenz und die ihrer Kinder sichern sollte.

Währenddessen arbeitete ich weiter auf dem Bau. Ich war inzwischen schon wieder schwanger, und auch diesmal durfte und konnte ich mich nicht schonen. Täglich schleppte ich die zentnerschweren Bauteile und Eimer, und der altbekannte Schmerz saß mir im Kreuz wie eine Zange, die sich in meine Eingeweide gebohrt hatte. Im Sommer hatten wir den Rinderstall mit den Strohwänden so weit fertig. Dann kam der Herbst mit seinen Frösten und der Winter, der alle Außenarbeiten erneut erstarren ließ.

Und als Frieda mit dreizehn Ferkeln niederkam, da waren sie alle verkrüppelt von dem giftigen Zusatzmittel, und Frieda musste notgeschlachtet werden.

KOLCHOSE GARTEJEWKA, SIBIRIEN

Mai 1955

»Wir bekommen die Genehmigung für ein eigenes kleines Häuschen!«

Thomas klopfte sich die schmutzigen Stiefel ab und betrat unser kaltes Loch, in dem wir nun schon den zweiten Winter überstanden hatten. »Na, was macht unser Stammhalter?«

Er beugte sich über das Kinderbettchen, in dem der inzwischen zwei Monate alte Viktor lag, und riss ihn stolz heraus.

»Ach bitte, wasch dir erst die Hände!« Schon reichte ich meinem Mann ein feuchtes Handtuch, aber er wischte es beiseite: »Ach geh, Lydia, das steckt der Kerl doch locker weg, das bisschen Dreck! Wir sind doch nicht aus Zucker, was, kleiner Mann? – Was gibt es zu essen, ich habe einen Bärenhunger!«

Gemeinsam setzten wir uns an den Tisch. Meine dreieinhalbjährige Rosa baumelte vergnügt mit den Beinen, unser gesunder kleiner Viktor gähnte zahnlos seinen Papa an, und ich schöpfte das übliche Kartoffelgericht auf die Teller. »Erzähl mal. Wir kriegen einen Baugrund?«

»Ja, ich habe mit dem *Predsedatel* geredet.« Thomas reichte mir mein Baby zurück, das zu weinen angefangen hatte, und ich zog automatisch den Reißverschluss meines Trainingsanzugs auf, um Viktor zu stillen. Noch immer verschämt, drehte ich mich mit dem Kleinen zur Wand.

»Was sagt er denn?«

»Wir können das Bauholz ganz billig kaufen, es ist aus zweiter Hand.«

»Was bedeutet das, aus zweiter Hand?«

»Na ja, es hatte sich wohl schon mal jemand damit ein Haus bauen wollen, die Baustelle steht aber seit zwei Jahren unberührt. Das Holz ist dementsprechend morsch, aber dafür auch billig. Vielleicht ist der Bauherr gestorben …«

»Oder in den Westen gegangen …«

»Ach was, Lydia, finde dich damit ab, dass wir für immer hierbleiben.« Thomas hieb mit der Gabel auf eine Kartoffel ein. »Der *Predsedatel* hat gestattet, dass wir nach der Arbeit in unserer Freizeit an diesem Haus weiterbauen dürfen.«

»Aber wo steht es denn?«

»Vier Kilometer außerhalb dieser Siedlung, auf freiem Feld.«

»Da will ich nicht hin. Auf keinen Fall.« Ich legte das Baby über die Schulter und klopfte aufgeregt auf seinem kleinen Rücken herum. »Ich bleibe in der Nähe von Mutter und den Geschwistern. Das ist meine einzige Bedingung. Alles andere tue ich, so wie du es sagst.«

Thomas kaute mit vollen Backen. Ich sah seine Kieferknochen mahlen, so wie immer, wenn er über etwas nachdachte, das seine Autorität infrage stellen könnte.

»Gut. Dann frage ich den *Predsedatel,* ob wir das Holz dort abbauen und hier wieder aufbauen dürfen.«

Aufseufzend lehnte ich mich zurück und legte das Baby an die andere Brust. Ich verkniff mir ein Grinsen und ballte hinter meinem Rücken siegesgewiss die Faust. Diesen Schachzug hatte ich zu meinen Gunsten gelenkt.

»So, Mädels, auf geht's erneut mit dem Kuhstall! Den Rohbau habt ihr im letzten Herbst noch hingekriegt, und während des strengen Winters konnten sogar schon ein paar Kühe drin stehen, doch jetzt wird er zu Ende gebaut.« Der Vorarbeiter stellte am nächsten Morgen um sieben die neue Bautruppe zusammen. Diesmal waren wir sechs deutsche und vier russische Frauen, dazu gesellte sich ein alter Mann, der bereits deutlich über siebzig war.

»Der Herr Maurer zeigt euch, wie es geht, er ist krank und muss sich dreimal am Tag spritzen, also die Arbeit müsst ihr schon selbst machen.«

Wir nickten und schauten betreten auf unsere Spaten und Holzeimer. Lieber Gott, danke, dass ich meinen kleinen Viktor unbeschadet zur Welt bringen durfte, dachte ich. Und dass ich bei meiner Familie bleiben darf. Alles andere will ich nun gerne machen.

»Ihr müsst den Rohbau nun von innen nach außen vergipsen. Hat jemand eine Ahnung, wie man Gips anrührt?«

Wir schüttelten alle die Köpfe, sogar der alte Herr Maurer. »Nein, mit solch einem Dreck habe ich noch nie Gips angerührt.« Er verschränkte die Arme vor der Brust und schüttelte den Kopf.

Der Vorarbeiter las von einem Zettel ab, wie viel Lehm, Sand und Zement wir zum Stuckatieren bräuchten. »So, das ist die Vorgabe von ganz oben, die werden schon wissen, wie man es richtig macht, und jetzt los, ran ans Werk!«

Mein Gott, quälten wir uns tagelang ab, und alles war umsonst. Der sogenannte Maurermeister erschien schon am zweiten Tag nicht mehr, die Russinnen machten auch blau, sobald der Vorarbeiter sich entfernt hatte, und wir sechs deutschen Frauen waren auf uns selbst gestellt. Ich war inzwischen siebenundzwanzig Jahre alt und damit die Jüngste auf der Baustelle.

»Lydia, sag uns, was wir weiter tun sollen. Der ganze Gips liegt schon wieder am Boden!«

Es war jeden Morgen dasselbe: Alles, was wir am Tag zuvor auf Leitern stehend mit der Kelle an die Strohwände geklatscht hatten, war über Nacht jämmerlich heruntergebröckelt.

»Ich überlege mir was.« Den Geräuschen des Pferdewagens zufolge wurde mir gerade mein Kind zum Stillen gebracht. Denn auch dieses kleine Baby hatte ich in der Kinderaufbewahrung abzugeben, damit ich arbeiten konnte. Aber ich durfte es während der Arbeitszeit zweimal stillen.

»Macht erst mal sauber, und dann versuchen wir es einfach ohne Lehm!«

»Ohne Lehm? Du hast Nerven! Wenn doch der Meister die genaue Mischung vorgegeben hat!«

Tatsächlich war es mein kleiner Viktor, den mir eine Kindergärtnerin mit der Pferdekutsche brachte. Inniges Glück durchzog mich. Ich zog mich mit ihm in eine stille Ecke zurück.

»Ja, mein Kleiner, das ist schon ein Wahnsinn hier, was?« Ich streichelte sein zartes kleines Köpfchen, während er seine Händchen an meinen Busen drückte. »Da setzen sie lieber einen Kutscher und eine Kindergärtnerin frei, als dass sie mir freigeben. Nein, ich habe mir meinen guten Ruf auf der Baustelle schon hart erarbeitet. Sie kommen ohne mich nicht mehr aus.«

»Kann es weitergehen? Wir haben nichts mehr zu tun!«

»Ja, ich bin so weit.« Schnell drückte ich meinem Söhnchen noch ein Küsschen auf die Glatze. »Hier, nehmen Sie ihn, vorsichtig, und vergessen Sie sein Mützchen nicht!«

»Hör mal, du hast eben gesagt, wir sollen es ohne Lehm versuchen …«

»Ja, denn der Lehm macht die Sache matschig und schwer. Wenn wir nur Sand und Zement nehmen, dürfte der Stuck halten.«

Ich verriet ihnen nicht, dass ich den Tipp von Thomas hatte, der inzwischen an unserem eigenen Häuschen werkelte, natürlich erst nach seiner Zwölf-Stunden-Schicht als Kuhknecht. »Der Lehm platzt beim Trocknen und stößt sich von der Wand ab!«

Nach meiner Arbeit am Bau des Kuhstalls, die in diesem Jahr über sechs Monate dauerte, bevor wieder die Fröste kamen, half ich meinem Mann bis oft spät in die Nacht beim Bau unseres eigenen kleinen Häuschens. Wir schleppten Holzbalken, sägten sie zurecht, mauerten und nieteten sie fest, zimmerten und sägten drei Fenster und installierten auch wieder einen Schornstein. Den Herd zum Kochen legten meine Mutter und ich selber an. Mein Mann fertigte die Backröhre, in der man das Brot backen konnte. Wir bauten den Herd mit sieben Zugängen, die wenig Platz brauchten und beim Kochen viel Wärme ausstrahlten. Unser vierjähriges Mädchen Rosa und unser inzwischen bald einjähriger Viktor genossen es, in einer warmen sauberen Behausung aufwachsen zu dürfen, in der es keine Ratten, keine Wanzen und kein sonstiges Ungeziefer mehr gab. Wir arbeiteten wie die Tiere, aber diesmal nicht als Sklaven. Zum ersten Mal durften wir für uns selbst arbeiten. So war das Holzhäuschen eines Tages fertiggestellt; wir mussten nicht mehr hungern und frieren, wir waren alle zusammen, und unser kleines Familienglück schien für einen Moment perfekt. Ich konnte meinem toten Vater nachts getrost in die Augen sehen.

KOLCHOSE GARTEJEWKA, SIBIRIEN

Frühsommer 1956

»Hört alle her, Bewohner der Kolchose Gartejewka!« Der *Predsedatel* rückte seine runde Brille umständlich gerade und räusperte sich in ungewohnter Weise.

»Ich habe euch Folgendes zu verkünden!« Wir hockten zu Hunderten auf den schmalen Holzbänken, pressten unsere Kinder an uns und harrten mit hart klopfenden Herzen auf die nächste Hiobsbotschaft. Würden wir wieder verlegt werden, zu einer anderen Zwangsarbeit in die nächste Hölle geschickt, würden wir getrennt werden, oder gab es neue, sinnlose Regeln, die uns die nächste Sklavenarbeit bescheren würden? Wir hatten uns gerade in unserem Häuschen eingelebt; das wir in mühevoller Arbeit fast ein Jahr lang gebaut hatten. Die Kinder waren im Kindergarten gut aufgehoben.

Und ich war schon wieder im sechsten Monat schwanger.

»Ihr seid mit dem heutigen Tag freie Bürger.«

Der *Predsedatel* klappte sein Buch zu und schaute selbst wohl am erstauntesten in die Runde. Minutenlange Stille folgte. Man hätte eine Stecknadel fallen hören können. Bis auf einige Kleinkinder, die maunzten oder weinten, war lediglich stumme Fassungslosigkeit zu hören.

Eine Fassungslosigkeit, die man fühlen konnte. Wie ein riesiger, mit Gas gefüllter Ballon pumpte sie sich über unseren Köpfen auf und hob ganz langsam ab. Die Freiheit, man konnte danach greifen. Man konnte sie greifen und damit davonfliegen. Ich wusste nach elf Jahren Zwangsarbeit in Sibirien gar nicht mehr, wie man das Wort Freiheit aussprach.

Plötzlich begann jemand, leise zu klatschen. Und dann noch jemand. Und noch jemand. Bis der ganze Saal laut jubelnd und brüllend auf den Beinen stand. »Freiheit, Freiheit, Freiheit!«

Sie sangen und klatschten und fielen einander weinend vor Freude um den Hals. Es war, als hätte ein Riese mit einem Stock in einen Ameisenhaufen geschlagen.

»Wir sind frei! Wir sind freie Bürger! Wir können gehen, wohin wir wollen!«

»Natürlich nur im sowjetischen Großreich. Denn nach Westen hin gibt es den Eisernen Vorhang«, wussten einige. Gerüchte verbreiteten sich schneller als ein Sandsturm in der Steppe.

»Also in die Ukraine können wir zurück? Da, wo unsere Heimat war? Sie gehört ja nun auch zur Sowjetunion.«

Thomas und ich sahen einander eher ratlos an. »Ich muss Mutter danach fragen.«

»Hauptsache, raus aus der Kolchose!« Thomas schnappte die Kinder, die auf unseren Schößen geschlafen hatten, und drängte hinaus aus dem Saal.

Unter den soeben befreiten Zwangsarbeitern und -arbeiterinnen herrschte eine unbeschreibliche Aufregung und Ratlosigkeit. Nachdem sich die erste Euphorie gelegt hatte, fassten sich alle an die Köpfe und drehten sich um ihre eigene Achse. »Wohin sollen wir denn? Wohin?«

»Wir haben uns doch hier etwas aufgebaut!«

»Hier bekommen wir Lohn und dürfen selbst etwas anbauen!«

»Wer wartet denn auf uns? Wo bekommen wir Arbeit?«

»Einfach weg hier!« Thomas und die einundzwanzigjährige Klementine, die mit uns hingegangen war, sahen einander eindringlich an. »Es muss sein. Wir dürfen hier nicht bleiben.«

»Da bin ich vollkommen eurer Meinung!« Wir rannten nach Hause, die Kinder geschultert.

Zu Hause in unserem winzigen Häuschen angekommen, brachten wir zuerst die Kinder zu Bett. »Schlaft gut, alles ist gut, träumt etwas Schönes!«

Dabei war nichts gut! Alles war plötzlich aus den Angeln gehoben! Wenn, dann mussten wir zusammenbleiben. Das war das oberste Gebot und würde es immer bleiben.

»Wenn wir gehen, dann alle.« Ich setzte den Wasserkessel auf und stellte zwei Blechtassen auf den Tisch.

»Sie werden mich nicht fortlassen.« Thomas verdrehte die Augen zur Decke und blinzelte eine Träne weg. »Sie haben mich gerade zu einem Projekt eingeteilt, bei dem sie auf mich angewiesen sind. Ich bin Vorarbeiter über fünfzig Leute.«

»Aber sie haben doch gesagt, wir sind frei?« Mir war schwindelig vor Glück und gleichzeitig vor Ratlosigkeit. Wo sollten wir denn hin mit bald drei kleinen Kindern? Und Mutter? Und den drei Geschwistern?

»Ich werde aus der Kolchose fliehen.« Thomas sprang auf und durchmaß mit zwei großen Schritten den Raum, immer hin und her, wie ein Panther im Käfig. »Und deine Schwester Klementine ist in der gleichen Situation wie ich!« Er wirbelte herum. »Sie wird auch nicht freikommen, sie ist verantwortlich für sämtliche Schweine in der ganzen Kolchose!«

Wenn es nicht so ernst gewesen wäre, hätte ich wohl laut aufgelacht. Ein unfreiwilliger Scherz!

Tatsächlich waren wir wohl auf dem Papier frei, weil irgendwelche deutschen Politiker das mit irgendwelchen russischen Politikern so verhandelt hatten. Die allerletzten Kriegsheimkehrer. Plötzlich frei. Oft abgearbeitet und verbraucht wie Greise. Aber hier in der Kolchose waren wir Jüngeren mit unseren wertvollen Arbeitskräften einzementiert.

Inzwischen waren Mutter, Jakob und Frederike herbeigelaufen, die ebenfalls auf der Versammlung gewesen waren.

»In dem Getümmel vor dem Gebäude wäre Mutter fast erdrückt

worden!« Jakob zog die arme Mutter herein. Ihr Gesicht war so verschreckt und panisch, dass ich sofort meine Jacke auszog und sie ihr um die Schultern legte. »Wohin, Mutter, wohin?«

Ratlos starrte sie von einem zum anderen. »In die Ukraine können wir Deutschen nicht mehr. Unsere Häuser sind längst beschlagnahmt und werden von Russen bewohnt.«

»Und in die Bundesrepublik?« Frederike schaute hoffnungsvoll fragend in die Runde.

»Wo hast du denn das Wort schon gehört?«

»In der Schule! Es gibt die DDR und die Bundesrepublik. Das ist kapitalistisches Feindesland.«

»Und deswegen können wir da auch nicht hin. Ausgeschlossen. Eiserner Vorhang.«

»Aber wir waren ja schon einmal in Ostdeutschland.« Klementine stieß Jakob in die Rippen. »Weißt du noch? Frau Fabelhaft und ihre Tochter Christine?«

»Das ist an die siebentausend Kilometer von hier entfernt.« Vor lauter Aufregung biss Thomas auf seinen Nägeln herum.

»Eure Frau Fabelhaft nimmt uns auch nicht mit neun Personen auf.«

»Falls sie überhaupt noch lebt.« Minutenlang starrten wir einander an.

»Wir haben niemanden mehr auf dieser Welt. Nur uns.«

»Es muss doch irgendeine Adresse geben. Irgendwo, wo wir noch Verwandte haben!«

Thomas verschränkte die Hände hinter dem Kopf und starrte mit feuchten Augen an die Decke. »Ihr habt doch so eine große Familie. Was ist mit dir, Marianna?« Er sah meine Mutter herausfordernd an.

»Meine jüngste Schwester wohnt in Kasachstan.« Mutter schien wie aus einer Trance zu erwachen. »Sie ist bereits 1945, während unserer Verschleppung aus Ostdeutschland, in die Stadt Karaganda gekommen. Dort lebt sie mit ihrer Tochter Lisa.« Mutter kramte nach einem dünnen grauen Brief, den sie aus ihrer Kitteltasche zog. »Den trage ich immer bei mir. Sie schreibt, das Leben dort sei viel besser als hier in der Kolchose, und dass wir jederzeit willkommen sind.«

»Das ist unsere erste Anlaufstelle!« Thomas schritt immer noch die zwei Meter hin und her wie ein Tiger im Käfig. »Klementine, wir beide werden uns nach Kasachstan durchschlagen und versuchen, dort eine Existenz aufzubauen! Ich für meine Familie und du für deine. Wir beiden sind die Kräftigsten, Arbeitsfähigsten. Wir schlagen uns durch.«

»Und was wird aus uns?« Ich legte Mutter die Hand auf die Schulter, die sie dankbar drückte.

»Ihr bleibt so lange in der Kolchose, bis wir in Kasachstan eine Arbeit und eine Wohnung gefunden haben!« Thomas ließ sich endlich auf den letzten freien Stuhl fallen, während die Geschwister auf der Fensterbank hockten. »Du, Lydia, wirst in der Zwischenzeit die drei Ziegen und unser Häuschen verkaufen. Mit dem Geld kommst du dann in Ruhe nach.«

Ich legte schützend die Hand auf meinen gewölbten Bauch. »Dann muss ich es noch vor der Geburt versuchen, denn mit drei kleinen Kindern schaffe ich es nicht.«

»Ich kann dir leider nicht helfen, Lydia!« Thomas warf verzweifelt die Hände in die Luft. »Ich muss hier weg, bevor sie es überhaupt merken! Du schaffst das, du hast bis jetzt immer alles geschafft! Mach unserem Namen weiterhin alle Ehre!«

Und so blieben Mutter, Jakob und Frederike, Rosel, der kleine Viktor und ich noch weitere Monate in der Kolchose, während Thomas und Klementine sich noch in derselben Nacht heimlich vom Acker machten. Sie rannten mit einem kleinen Bündel durch den Wald und hofften, irgendwo auf die Schienen zu treffen, wo sie einen mit Baumstämmen beladenen Güterzug entern wollten. Das hätte ich mit den Kindern wahrlich nicht geschafft.

»Wenn wir in Kasachstan sind, melden wir uns. Wir holen euch alle nach!«

»Jakob hat seinen Einberufungsbescheid zur russischen Armee bekommen«, wandte Mutter bedauernd ein. »Frederike und ich warten hier so lange, bis er wegmuss. Wir lassen ihn hier nicht allein.«

»Aber Mutter, ich muss unbedingt noch vor der Geburt meines dritten Kindes die Reise antreten!« Verzweifelt rang ich die Hände.

»Ich weiß, meine liebe Tochter. Und dennoch werden wir dir nicht helfen können. Ich habe es deinem Vater versprochen, niemanden allein zurückzulassen!«

Mutter hatte Tränen in den Augen, und auch Frederike war sichtlich unwohl. »Und ich kann unsere Mutter hier nicht zurücklassen, bitte versteh das, Lydia. Du bist die Stärkste von uns allen. Du schaffst das.«

Kaum waren Thomas und Klementine abgereist, standen ein paar Tage später völlig überraschend zwei Verwandte väterlicherseits vor der Tür: Vaters Schwester Rosa und deren Tochter Ludmilla. Also meine Tante und meine Cousine.

Wir hatten in der Ukraine in nachbarschaftlichen Verhältnissen gelebt und waren seit der Verschleppung voneinander getrennt.

»Habt ihr denn nichts mehr von Josef gehört?« Mutter und ihre Schwägerin stellten sich die verzweifelte Frage gegenseitig. Tante Rosa antwortete unter Tränen: »Nein, er war ja mein einziger Bruder, und ich vermisse ihn schrecklich! Ich hatte so gehofft, ihn bei euch anzutreffen!«

»Ja, wir vermissen ihn auch, aber er ist seit nunmehr zwölf Jahren nicht mehr unter uns.«

Die beiden Frauen beweinten ihren geliebten Josef wieder und wieder, und auch wir übrig gebliebenen Kinder und unsere Cousine Ludmilla mussten wieder weinen. Wir erzählten einander von all dem durchgestandenen Leid, dem Hunger, der Kälte, den menschenunwürdigen Zuständen, der harten Zwangsarbeit und unseren grausamen Verlusten: Vater, Katja, der kleine Josef und die ungetaufte Frühgeburt. Auch Tante Rosa und Cousine Ludmilla hatten Schreckliches erlebt und sich so große Hoffnungen auf ein besseres Leben mit uns gemacht, aber als sie die Armut und die vorsintflutlichen Zustände in der Kolchose sahen, waren sie maßlos enttäuscht. Außerdem mussten wir ihnen schonend beibringen, dass wir selbst gerade im Aufbruch waren.

»Sibirien ist fürchterlich; jetzt im Sommer haben wir zwar ein paar schöne Monate, wenn auch voller harter Arbeit, aber im Winter sitzen wir bei minus fünfzig Grad in unserer winzigen Hütte …« Mutter erzählte von der Kuh, die während der Geburt festgefroren war, und die beiden Ankömmlinge schüttelten fassungslos die Köpfe.

»Es heißt doch immer im Radio, man solle in eine Kolchose ziehen, denn hier herrscht Gerechtigkeit, und es gibt Arbeit für jedermann!« Tante Rosa schlug die Hände über dem Kopf zusammen. »Nun, da es keine Zwangsarbeit für Russlanddeutsche mehr gibt, haben wir uns auf den Weg gemacht, um im viel gepriesenen Sibirien mit euch gemeinsam in der Kolchose zu leben! Wir waren wochenlang unterwegs und haben unser weniges Erspartes in die Zugfahrkarten gesteckt!«

So hatten sie sich das nicht vorgestellt. Schon wieder brachen sich Trauer und Verzweiflung Bahn.

»Und wir wollen doch genau andersherum: nichts wie raus aus Sibirien in Richtung Westen!« Unsere Mutter sah die Verwandten ratlos an. »Doch wo sollen wir denn hin? In der Ukraine gibt es keine Heimat mehr für uns!«

Wir schilderten der Tante und der Cousine auch meine Situation: dass ich so schnell wie möglich alles verkaufen wollte, um noch vor der Geburt meines dritten Kindes die lange Reise nach

Kasachstan antreten zu können, denn ich konnte ja auf die Hilfe von Mutter und Frederike nicht zählen, nachdem beide bei Jakob bleiben wollten.

Die beiden Mütter berieten sich eine Weile, während wir jungen Leute einander ratlos musterten. Unsere Cousine Ludmilla hatten wir als Kinder zuletzt gesehen, und wir konnten ihnen auch nicht zumuten, allein mit Jakob hierzubleiben, wo sie doch mit solchen Hoffnungen angekommen waren.

»Dann machen wir es fürs Erste so:« Mutter stand schon wieder tatkräftig auf. »Ich ziehe mit Frederike zu Lydia und ihren Kindern Rosa und Viktor in ihr kleines Häuschen, denn Thomas ist ja nicht mehr da, und sie braucht jede Hilfe.« Schon klatschte sie in die Hände. »Und ihr, Schwägerin Rosa und Nichte Ludmilla, könnt dafür mein Häuschen haben. Jakob, packst du mal mit an?«

Das ließ sich mein jüngerer Bruder nicht zweimal sagen.

Ich sah ihn als Achtjährigen bei unserer Ankunft, wie er tagelang an einem Sieb gearbeitet hatte, das schließlich sogar noch ein Reibeisen wurde. Er war ja jetzt wieder der einzige Mann in der Familie!

»Keine Sorge, ihr bekommt sofort Arbeit, und dann könnt ihr euch bald selbst ernähren!«

Ich reichte meiner quirligen kleinen Rosa ein Springseil, das ich selbst aus einem Stück Strick und Tannenzapfen gebastelt hatte. »Hier, kleine Maus. Nun kannst du springen und hüpfen, aber lauf nicht weit weg, sodass wir dich im Auge behalten können! Wir erledigen schnell den Umzug, das ist in ein paar Stunden geschehen.«

Und in dieser kurzen Zeit der Zusammenkunft kam uns dann die Idee, ein Familienfoto zu machen.

Die bereits ergraute Tante Rosa in ihrem Blümchenkleid hatte von irgendwoher einen Fotoapparat aufgetrieben. »Der ist nur geliehen, aber diesen Moment des Wiedersehens nach zwölf Jahren müssen wir doch festhalten, denn unsere Wege trennen sich ja bald wieder. – Lydia, kannst du mit so einem Gerät umgehen?« Sie reichte mir vorsichtig den Apparat, der in einer hellbraunen Lederhülle steckte.

»Ich denke schon! Bitte recht freundlich …« Das eine Auge zusammengekniffen, das andere an die schmale Linse gepresst, lugte ich hindurch und drückte den Apparat, der in einem braunen Lederetui steckte, an meine Wange. »Ich selber möchte sowieso nicht mit drauf, mit meinem dicken Bauch …«

Da das Rosel nicht stillhalten wollte mit ihrem neuen Springseil und der kleine Viktor gerade in seinem Korbwagen schlief, waren nur Frederike, Jakob, Cousine Ludmilla und unsere beiden Mütter auf dem Bild zu sehen. Vor dicht belaubten Bäumen, durch die das Frühlingslicht in hellen Flecken auf ihre Blumenkleider fiel, standen auch die jungen Leute meiner Generation ernst beieinander. Alle Gesichter waren von harter Arbeit, Hunger, Kälte, Schmerzen und Kummer gezeichnet. Mutter saß neben Tante Rosa gramgebeugt, in tiefer Trauer um ihren Mann und ihre älteste Tochter, und sah mit Mitte fünfzig aus wie eine Achtzigjährige.

KOLCHOSE GARTEJEWKA, SIBIRIEN

Sommer 1956

»Hast du das große Gepäck nach Kasachstan geschickt, auch die Truhe mit der Bettwäsche und dem Besteck?« Aufgeregt stand ich mit Mutter, Jakob und Frederike auf dem Bahnhof von Gartejewka, an der einen Hand meine noch nicht fünfjährige Rosel, auf dem anderen Arm den kaum anderthalbjährigen Viktor, der noch nicht laufen konnte. »Ist das Kinderbettchen auch dabei? Und die Babysachen, die Mutter gestrickt hat?« Ich war jetzt im neunten Monat schwanger, und meine Abreise war ganz dringend fällig.

Jakob legte beruhigend seine Hand auf meine Schulter und nickte. »Ja, es müsste auf dem richtigen Weg sein. Ich habe all mein erspartes Geld für die Verpackung und den Versand nach Kasachstan hingelegt. Wenn Gott will, sind deine Sachen schon bei Cousine Lisa, und Thomas hat sie bereits ausgepackt. Oder im besten Fall hat er schon eine eigene Wohnung.«

Thomas und Klementine waren nun seit zwei Monaten bei Lisa und ihrem Mann Philip untergekommen, wie sie uns geschrieben hatten, und warteten sehnsüchtig auf mich und die Kinder. Mutter und Frederike sollten nachkommen, sobald Jakob beim Militär war. Bis dahin hätten sie unsere kleine Hütte samt unseren Habseligkeiten verkauft und alles aufgelöst.

»Danke, lieber Bruder.« Wir umarmten uns, wobei uns Kleinkind und Bauch im Wege waren.

»Lydia, hast du es dir wirklich gut überlegt?« Mutter schnäuzte wieder und wieder in ihr Taschentuch. Sie wirkte so alt und zerbrechlich, dass ich mich insgeheim fragte, ob ich sie jemals lebend wiedersehen würde. »Es ist doch ein Wahnsinn, jetzt mit zwei Kleinkindern in deinem Zustand diese lange Reise anzutreten! Wenn nur das Kind nicht wieder zu früh kommt!« Sie schlug die Hände über dem Kopf zusammen. »Stell dir vor, du kriegst während der Reise Wehen …«

»Mutter, das haben wir doch schon so oft besprochen.« Ich setzte Viktor noch einmal ab, da er mir ständig von der Hüfte rutschte. »Wenn das Kind erst mal auf der Welt ist, komme ich überhaupt nicht mehr von hier weg! Dann bleibe ich auf ewig in der Kolchose, und ihr dann auch. Thomas schreibt, er wartet auf mich, er hat Arbeit und hat eine Wohnung in Aussicht!«

»Weiß er denn, dass du jetzt kommst?« Frederike wiegte den kleinen Viktor beruhigend in ihren Armen, da er sich laut schreiend nach mir ausstreckte.

»Ja, ich habe ihm ein Telegramm geschickt. Er wird mich sicher in Karaganda am Bahnhof abholen.«

»Hoffentlich ist das Telegramm auch angekommen!« Jakob zog die Augenbrauen hoch. »Ach Schwesterlein, ich mach mir solche Sorgen um dich!« Er zwinkerte mit dem Auge und tat so, als ob ihm eine Fliege da reingeflogen sei. In Wirklichkeit hielt er, der angehende junge Soldat, seine Tränen zurück. »Dass ich dich nicht begleiten kann, in deinem Zustand …«

»Es geht nun nicht anders«, beharrte ich. »Jetzt oder nie!«

Wir umarmten und küssten uns noch einmal ganz innig unter Tränen.

»Gott sei mit euch!« Mutter zeichnete mir wie so oft ein Kreuzzeichen auf die Stirn, und den Kindern auch.

In diesem Moment fuhr der Elektro-Waggon in die nahe gelegene Kreisstadt Troizkoj ein. Dort würde ich umsteigen müssen, und dann wieder, und dann wieder … insgesamt achtmal, und die Fahrt würde, wenn alles gut ging, vier Tage und drei Nächte dauern.

Nachdem wir kaum Geld dabeihatten, schleifte ich auch noch einen Kissenbezug mit Eingemachtem und Essbarem hinter mir her, dazu Wäsche zum Wechseln und die Windeln für Viktor.

»Bitte pass auf euch auf, Lydia!« Mutter weinte hilflos in ihr Taschentuch. »Frage bitte andere Leute um Hilfe, besonders beim Umsteigen!«

»Ich muss und werde das schaffen, Mutter! Und ihr kommt dann nach, sobald Jakob mit dem Militärdienst angefangen hat!«

Auch Tante Rosa und Cousine Ludmilla standen zum Abschied auf dem Bahnsteig, und in ihren Augen stand Mitleid und Verzweiflung. »Gott segne dich, Kind!«

Wir fielen einander ein letztes Mal um den Hals wie Ertrinkende, und unzählige Tränen und nasse Küsse landeten auf meinem Gesicht.

Mit vereinten Kräften schoben sie mich und die Kinder mitsamt unserem Gepäck in den Waggon.

»Türen schließen«, rief auch schon der Bahnhofsvorsteher, der so ein tränenreiches Theater gar nicht mit ansehen konnte. »Der Zug fährt ab!«

Mit meinem dicken Bauch und den Kindern an mich gepresst, hing ich noch so lange am offenen Fenster, bis meine liebe Familie immer kleiner und kleiner wurde und schließlich gar nicht mehr zu sehen war.

»Wir schaffen das«, beschwor ich meine kleine Rosel, die aufgeregt mit fliegenden Zöpfchen in dem Waggon auf und ab sprang. »Bitte setz dich hier auf die Bank und halte dein Brüderchen ganz fest, ich muss die Fahrkarten aus der Handtasche suchen.«

Schon in der Kreisstadt mussten wir zum ersten Mal umsteigen, und es sollten in Folge der nächsten vier Tage und Nächte noch weitere sieben Male sein, dass ich die übermüdeten Kinder samt dem schweren Bündel von einem Zug in den anderen schleppte, im

Laufschritt trabend und ängstlich darauf bedacht, auch den richtigen Anschluss zu erwischen.

Jakob hatte mir alle Züge und Gleise akribisch auf einen Zettel geschrieben, den ich in meiner Handtasche samt der Adresse der Cousine Lisa, den Fahrkarten und unseren Ausweisen hütete wie meinen Augapfel.

Zwischendurch schliefen wir erschöpft in einer schäbigen kalten Bahnhofshalle, verschüchtert zwischen den vielen Menschen, die geschäftig dort umherliefen und einer hochschwangeren Frau mit zwei Kleinkindern keinerlei Beachtung schenkten. Natürlich wechselte ich dem armen Viktor immer wieder die Windeln, die ich dann an irgendeiner Wasserstelle wenigstens kalt auswusch, um sie bei nächster Gelegenheit irgendwo zum Trocknen aufzuhängen. Immerhin war es Sommer und ungewohnt heiß! Inzwischen herrschten schon fünfunddreißig Grad, und ein heißer Wüstenwind ließ die Fensterläden und Türen klappern. Die tapfere kleine Rosa half mir eifrig, wo immer sie konnte. Bei glühender Hitze hockten wir in den Abteilen auf Holzbänken, und ich zog den Kindern immer mehr Sachen aus. In meinem geblümten Sommerkleid und meinem Kopftuch schwitzte ich wie noch nie.

Nach vier Tagen kamen wir endlich auf dem riesigen Bahnhof von Karaganda an, und ich wuchtete meine teure Fracht mit zitternden Beinen aus dem Zug. Kasachstan. Steppe und Wüste. Schon lange waren keine Bäume mehr zu sehen gewesen. Ich hatte aber in meinem Leben auch genug davon gefällt, zersägt und verladen. Jedoch, wo keine Bäume mehr sind, da tobt ein heftiger Wind! Alles war schwarz vor Kohlestaub und Sandkörnern, die im Sturm herumwirbelten.

»Schau dich nur nach dem Papa um, Rosel, der muss hier irgendwo stehen! Aber bleib an meiner Hand, oh Gott, was für ein Sturm!« Es war ein riesiger Bahnhof, jedoch ohne Bahnhofshalle, die war in dem Sturmwirbel aus schwarzem Kohlestaub und Sand gar nicht zu sehen. Wir standen im Freien bei ungefähr vierzig Grad Hitze, und es tobte ein Orkan, wie ich es noch nie erlebt hatte.

Die Menschen hasteten aus dem Zug und rannten mit vorgehaltenen Krägen und Tüchern in alle Richtungen davon. Wir wurden mehrmals fast umgerannt! Niemand hatte Erbarmen mit einer hochschwangeren Mama und deren Kleinkindern.

Die Kinder schrien, und ich musste sie mit aller Kraft festhalten, damit der Wind sie nicht von mir riss.

»Thomas?« Ich stand hilflos da und schrie gegen den Sturm an, der tausend winzige heiße Sandkörner in unsere Gesichter peitschte wie brennende Nadeln.

Doch weit und breit war kein Thomas zu sehen, und auch keine Cousine Lisa oder Schwester Klementine. Die Verzweiflung krallte sich über mich wie ein wildes Tier. Was sollte ich jetzt tun, ich kam doch keinen Schritt voran! Und wohin überhaupt?

Um mich herum herrschte hektisches Gewühl, die Menschen quollen aus Zügen oder drängelten sich hinein, Lautsprecherdurchsagen knarrten Unverständliches, Züge rollten mit kreischendem Lärm herein oder hinaus, und wir als kleines Häufchen Elend standen im Weg.

»Ja, einer von ihnen muss doch gekommen sein, ich habe doch telegrafiert …«

Hilflos stand ich immer noch neben dem Zug, die Kinder an mich gepresst, die inzwischen beide brüllten wie am Spieß.

»Mama, ich habe Sand in den Augen …«

Und Viktor, mein armer Kleiner, hatte schwarzen Staub und Sand im Mund!

»Hier, mein Schatz, nimm mein Kopftuch, ich binde es dir um das Gesicht.« Ich versuchte, es mir abzuziehen, als es mir auch schon davonflog. Es flatterte über unseren Köpfen weg wie ein großer, schwarzer Vogel und wurde ein paar Meter weiter zu Boden gerissen. Ein vorübereilender Mann trampelte versehentlich darauf, bemerkte uns und brachte mir das Tuch. »Gehört das Ihnen?«

»Oh, danke, vielen Dank«, schrie ich auf Russisch gegen den Sturm an. »Bitte, wissen Sie, wo diese Adresse ist …« Ich wühlte panisch in meiner Handtasche, den kleinen Viktor auf dem Arm, meine fünfjährige Rosel an der Hand, die ihr Gesicht an meinen Bauch presste, in dem sich mein drittes Kind heftig regte. Der Zettel drohte mir wegzufliegen. Doch als ich den Kopf wieder hob, war der Mann schon weitergelaufen. Alle Leute machten, dass sie vor dem heißen Sandsturm in Sicherheit kamen. Wo waren die denn alle hin? Weit und breit war niemand mehr zu sehen.

Plötzlich bemerkte ich, dass viele Menschen mitsamt ihrem Gepäck sich unter den langen Zügen auf den Gleisen hindurchschoben. Sie krabbelten unter den Waggons hindurch über die Gleise, ohne sich der Gefahr bewusst zu sein, dass sich die Züge doch jeden Moment erneut in Bewegung setzen könnten!

Ja, gab es denn hier keine Überführung oder Unterführung oder so etwas …?

»Mamiiii, ich habe Angst! Ich fliege weg! Halt mich fest!« Rosa klammerte sich an mich.

Viktor brüllte wie am Spieß und rieb sich seine Äuglein, die schon ganz schwarz verklebt waren. Er wollte wegkrabbeln, und mit letzter Kraft hielt ich ihn fest.

»Rosel, lass unser Gepäck nicht aus den Augen und rühr dich nicht von der Stelle!«

Mit zusammengebissenen Zähnen versuchte ich erneut, dem kleinen Viktor mein Tuch um den Kopf zu binden, schaffte es aber nicht. »Verflixt, es fliegt mir wieder davon …«

»Ja, Mutti, was stehen Sie hier im Weg …« Jemand rempelte mich von hinten an.

»Halt, könnten Sie mir … diese Adresse hier … können Sie mir sagen, wo …«

Doch auch dieser Mann war mit fliegenden Haaren und sich aufbäumenden Jackenzipfeln längst weitergelaufen. In der Stadt Karaganda lebten Menschen mehrerer Nationen, wie mir Thomas geschrieben hatte, und sie waren alle verhasst mit den Russen. Die Deutschen und die Russen sahen in der Hautfarbe alle gleich aus, nämlich dunkelbraun mit gegerbter Haut von der sommerlichen Hitze, aber ich bekam weder von den Deutschen noch von den Russen eine Auskunft, obwohl ich Letztere ganz höflich auf Russisch anredete.

»Komm, Rosel, du musst jetzt tapfer sein!« Ich schleifte mein schreiendes Kind hinter mir her, den ebenfalls brüllenden Viktor auf dem Arm, und hatte auch noch mein Bündel am Handgelenk. Meine Handtasche hatte ich mir um den Hals gehängt.

So rannte ich einfach den Passanten hinterher, die schon wieder ein neuer Zug ausgespuckt hatte und die wohl alle zum Ausgang eilten.

Immer wieder schlüpften die Leute plötzlich unter den Zügen hindurch, wie das hier wohl gang und gäbe war!

»Oh Gott, lieber Gott, wo ist denn hier bloß der Ausgang, es muss doch einen Ausgang geben …« Der Bahnhof war sehr groß, hatte viele Gleise, und auf fast jedem stand ein sehr langer Lastzug.

Endlich blieb ein alter Russe stehen und riss mir den Zettel mit der Adresse meiner Cousine Lisa aus der Hand. »Da müssen Sie unter vier Zügen durch«, brüllte er mich durch den Sturm an, der ihm fast die Haare vom Kopf zerrte. »Oder Sie laufen um die Züge herum, aber die sind sehr lang, bis zu mehreren Hundert Metern! Das schaffen Sie wohl nicht mit Ihrer Bagage!« Kopfschüttelnd musterte er uns. »Und danach sind es noch zwei Kilometer auf der Landstraße, dann kommt das Dorf, in dem Ihre Tante wohnt!«

Auch der Alte machte, dass er weiterkam, bückte sich und krabbelte unter einem Zug hindurch.

Ich schlug ein Kreuzzeichen und betete zu Gott, dass er mir die Kraft dazu geben solle!

»Schau, mein liebes Kind, was die Leute hier machen, das müssen wir auch tun! Du bist ja schon ein großes Mädchen und musst deiner Mama helfen, also, mein liebes Kind, krabble ganz schnell!« Ich gab ihr meine Handtasche, damit ich eine Hand frei hätte, um mich abzustützen, denn ich hatte ja den anderthalbjährigen Viktor dabei, der mir gellend in die Ohren brüllte, und musste auch noch unsere Habseligkeiten hinter mir herziehen.

»Rosel?« Panisch bückte ich mich und blickte auf riesige Eisenräder, von denen zischend das Abwasser tropfte. »Wo bist du?«

»Ich bin schon drüben, Mami, komm schnell, alle Leute sind schon da!«

Ächzend ließ ich mich auf die Knie nieder und schob mich und den kleinen Viktor auf die Gleise. Direkt neben meinem Gesicht zischten und dampften die eisernen Räder, und mein Herz raste, als wolle es mir aus dem Mund springen. Was machst du hier, Lydia, bist du wahnsinnig, wenn der Zug jetzt losfährt, zermalmt er dich und dein Kind und dein Ungeborenes dazu, und deine fünfjährige Tochter steht allein auf diesem Bahnhof im Sturm!

»Mamiiiii!«

»Ja, mein Schatz, Mama kommt, ich rutsche immer weiter seitlich und schiebe meinen Bauch über die Schienen, siehst du, jetzt bin ich schon auf der zweiten … kannst du Viktor nehmen, ich reiche dir seine Ärmchen, damit ich selber rauskrabbeln kann!«

Viktor brüllte um sein Leben, den Mund voll mit Staub und Sand, doch die tapfere Rosa zog und zerrte mit ihrer ganzen Kraft auf der anderen Seite, ich schob und stopfte, und nach endlosen Sekunden der Todesangst gellte ihr Stimmchen: »Ich hab ihn, Mami, ich hab ihn!«

Ich schleuderte das Bündel hinterher, wobei ich mir ganz fürchterlich den Kopf stieß, aber dann hatte ich zwei Hände frei und robbte zentimeterweise unter dem Zug hindurch. Auf der anderen Seite angekommen, lag ich da wie ein gestrandeter Wal und keuchte.

Der Sturm tobte und heulte wie ein geifernder Wolf, und die Luft war schwarz vor Kohlestaub und Sand. »Oh lieber Gott, hilf uns doch, das ist das Ende der Welt!«

Mit letzter Kraft gelang es mir, auf die Beine zu kommen, die Kinder schrien und rangen nach Luft und waren beide schon ganz dunkel verschmiert im Gesicht.

Noch drei Züge! Das war nicht zu schaffen.

Es waren alles sehr lange Güterzüge, die man immer nach fünf Waggons über einen sehr hohen, steilen eisernen Treppenübergang überqueren konnte, aber das schafften weder die alten Leute noch ich in meinem Zustand, mit den zwei kleinen Kindern und dem schweren Gepäck!

»Komm, Rosel, wir laufen um den Zug herum!« Meter für Meter schleppten wir uns dem Sturm entgegen, spuckten Sand und kämpften uns gegen eine unsichtbare Wand.

»Dieser Zug hat einfach kein Ende …«

Endlich hatten wir den letzten Waggon erreicht und kämpften uns über die Schienen. Bitte, lieber Gott, lass ihn nicht losfahren … betete ich inbrünstig. Nun mussten wir uns den ganzen Zug entlang wieder zurückarbeiten, diesmal fegte der Sturm von hinten und zwang uns in einen stolpernden Laufschritt. Er riss mir fast die Kinder weg, die in Panik brüllten und sich an mir festklammerten. Als wir den dritten Bahnsteig erreicht hatten, war ich am Ende meiner Kräfte und schaute nur zu, wie sich die Leute mit ihrem schweren Gepäck unter dem Zug hindurch so mühsam auf die andere Seite schleppten. Da wurde es mir schlecht vor Angst! Ich konnte nicht mehr!

In dem Moment pfiff auch schon ein Zug, und ich wusste nicht, welcher es war, denn bei dem Sturm konnte ich nicht hören, aus welcher Richtung der warnende schrille Signalton kam. Plötzlich setzte sich genau der Zug in Bewegung, vor dem wir standen! Um ein Haar wären wir darunter gewesen! Mein Gott, gerade hatten wir noch Leute darunter hervorkrabbeln sehen, und nun fuhr er an!

Als der Zug vorüber war, setzten wir uns selbst so schnell wie nur möglich in Bewegung und balancierten zitternd über die Schienen.

»So, jetzt nur noch ein letzter Zug, der uns von unserem Weg zum Papa trennt. Was meinst du, Rosel, sollen wir es noch einmal versuchen?«

Ja, immer wieder kamen neue Leute, die sich unter den Zug duckten und es wagten, unter den Waggons hindurchzukrabbeln. »Wenn die sich hier auskennen, dann haben wir vielleicht Zeit dafür?«

»Ja, Mama, machen wir es ganz schnell, so wie die Leute, auch du, Mama, mach es ganz schnell!« Die kleine Rosa griff nach meiner Handtasche und krabbelte auf allen vieren unter dem Zug hindurch. »Mama, komm schnell, ich bin schon da!«

Aber ich hatte kaum mehr Kraft, den Kleinen festzuhalten, der immer noch brüllte wie am Spieß. Er hatte ja immer noch den ganzen Mund und die Augen voll mit schwarzem Staub und Sand und rang nach Luft.

»Wir müssen es schaffen, Viktor, wir müssen! Wer weiß, ob dieser Zug hier morgen noch steht oder gleich losfährt!« Mit einer Hand musste ich mich abstützen, damit ich weiterkam.

Plötzlich fühlte ich an meinem Po eine große Männerhand, die mich weiterschob. Ich hatte nur ein dünnes Sommerkleid an.

»Ja, Mutti, sind Sie denn wahnsinnig? Der Zug fährt jeden Moment los!«

»Bitte nehmen Sie mir das Kind ab«, flehte ich weinend. »Oh Gott, bitte hilf!«

Der Mann schleuderte Viktor mehr, als dass er ihn absetzte, und zog mich mit aller Kraft unter dem Zug hervor. Mit einer Hand gebot er dem Lokführer Einhalt und winkte warnend.

»Halt, noch nicht, hier ist noch eine Frau, die steckt fest!«

Endlich hatte er auch mich auf den Bahnsteig gezerrt, und in dem Moment quietschte es gellend direkt neben mir, und der Zug streifte fast noch meine Wange.

»Sind Sie denn wahnsinnig, Mutti?« Der Mann keuchte selber wie eine Dampflok vor Anstrengung und Schreck, und während Rosel den davonkrabbelnden Viktor am Schlafittchen hielt, half er mir auf die Beine. »Hochschwanger sind Sie auch noch! Ja, haben Sie denn keinen Mann?«

»Doch, der sollte mich eigentlich abholen …« Vor lauter Weinen und Schluchzen konnte ich kaum mehr sprechen.

Der Mann schüttelte den Kopf. »Aber nun werde ich Ihren kleinen Sohn wenigstens bis zu der Straße tragen, auf der Sie dann weitergehen müssen. Wenn Sie Glück haben, hält ein Auto an und nimmt Sie mit.«

Er schleppte im Laufschritt den brüllenden Viktor vor uns her, der verzweifelt die Händchen nach mir ausstreckte, und ich trabte mit Rosel an der einen Hand und dem schweren Bündel in der anderen hinter ihm her.

»Immer geradeaus bis ins nächste Dorf, gut zwei Kilometer!« Unser Retter setzte Viktor in den schwarzen Sand und eilte mit großen Schritten davon. »Ich muss leider zur Arbeit, sonst würde ich Ihnen weiterhelfen, aber jetzt bin ich selber schon zu spät dran!«

Was der Sturm mit uns gemacht hat, ist nicht zu beschreiben! Wir waren alle schwarz wie die Schornsteinfeger, dazu unsere Kleider beschmiert mit Schienendreck und Heizöl. Der Sturm verdrehte einem den Kopf, sodass man nicht mehr wusste, in welche Richtung man gehen sollte. Es stand kein Haus, kein Baum, nichts, woran man sich hätte festhalten können, wir waren mitten in der Steppe. Und es war vierzig Grad heiß.

So sank ich am Ende meiner Kräfte einfach auf den Boden, meine Kinder an mich gepresst, damit der Sturm sie mir nicht wegreißen konnte.

Endlich hatte ich eine Hand frei, sodass ich mein Kopftuch dem kleinen Viktor um den Kopf binden konnte. Ich pulte ihm das Schwarze aus dem Mund und rieb ihm seine verkrusteten Äuglein. Er schlief sofort erschöpft ein.

»Rosel, leg dich auch einen Moment auf meinen Schoß!« Mein Töchterchen verkroch sich dankbar unter mein Kleid, das ich über sie deckte. Der Steppensturm tobte mehr denn je, die Häuser weiter hinten waren verbarrikadiert, die Fensterläden geschlossen, Menschen weit und breit nicht zu sehen.

Mein Gott, dachte ich, was fange ich nur an mit zwei schlafenden Kindern! Der Kohlestaub wird uns zudecken, wenn wir hier sitzen bleiben, und wir werden ersticken! Niemand vermisst uns, niemand wird uns suchen! Plötzliche Panik ließ mir das Blut in den Adern gefrieren.

»Kleines, wir müssen weiter!« Ich rüttelte Rosa, die gerade eingeschlafen war, und kam mir dabei so grausam vor! »Liebes, du bist doch schon so groß und vernünftig, wir müssen aufstehen und weitergehen, der Papa wartet auf uns!«

»Ja, Mama.« Mein tapferes kleines Mädchen war schon auf den Beinen. »Komm, ich zieh dich hoch!«

»Nein, nimm du den Viktor kurz auf den Schoß, setz dich noch mal ... halt ihn ganz fest, dass der Sturm dir dein Brüderchen nicht wegreißt ...« Sie tat sofort, um was ich sie gebeten hatte. »Und jetzt stemmt sich die Mama hoch, eins ... zwei ... drei!«

Mit großer Mühe schaffte ich es, auf die Beine zu kommen. »So, jetzt gib mir dein schlafendes Brüderchen ...« Sofort wirbelte der Sturm uns wieder im Kreis herum, es gab keine Möglichkeit, dagegen anzugehen. Mit aller Kraft hielt ich das Händchen von Rosa fest, die mir vom wild tobenden Orkan fast aus der Hand gerissen wurde!

»Mamaaaaaa!«

»Ich halt dich!«

»Ich kann nichts mehr sehen!«

»Da vorne kommt ein Auto, bleib stehen, klammere dich an meinem Kleid fest!« Ich riss meine Hand von Rosels los und winkte ganz heftig, und das Auto fuhr schon fast vorbei, als es eine Vollbremsung hinlegte.

»Ja, sind Sie denn wahnsinnig?« Der Fahrer kurbelte die Scheibe herunter. »Ich hätte euch fast überfahren!«

»Bitte, nehmen Sie uns mit?« Mir brach die Stimme. »Ich kann nicht mehr!«

Fluchend und kopfschüttelnd stieg der Fahrer aus, kämpfte sich durch den Sturm um den alten Wagen herum, wuchtete Rosel und Viktor auf die Rückbank und warf meine improvisierte Reisetasche hinterher.

»Mutti, Sie sind ja hochschwanger, was gehen Sie denn bei dem Unwetter hier mit den Kindern spazieren?« Schon sanfter im Ton, half der Mann mir auf den Beifahrersitz.

»Ich komme direkt aus Sibirien und bin schon vier Tage unterwegs!« Weinend berichtete ich dem fassungslosen Mann, dass wir nicht abgeholt worden waren. »Ich hatte extra ein Telegramm geschickt …«

»Ja, gute Frau, wohin wollen Sie denn?«

Schniefend hielt ich ihm den Zettel hin, auf dem die Adresse von meiner Cousine Lisa stand.

»Ja, das ist ja der Philip Iwanowitsch!« Der Mann gab Gas. »Das ist mein bester Freund, und ja, es stimmt, seine Frau heißt Lisa. Das ist also deine Cousine, Mutti.« Er sah mich von der Seite an. »Sie hat nichts von dir erzählt!«

»Ich habe meine Cousine bisher erst einmal im Leben gesehen«, krächzte ich unter Tränen. »Damals, vor unserer Verschleppung aus der Ukraine, gingen wir gemeinsam zur ersten heiligen Kommunion. Da gab es ein deutsches Dorf namens München, und da war die einzige Kirche weit und breit.«

Mit dieser Information konnte der Mann nichts anfangen. »Im Haus vom Philip sind allerdings seit Monaten zwei Leute, die schlafen immer abwechselnd auf dem Sofa.« Er sprach von Thomas und Klementine! Nun war es also geschafft!

Nach einer Weile fuhr der Mann in eine Einfahrt und hielt vor einem Haus. Es war verrammelt und verriegelt, wie alle Häuser. Gegen den Sturm waren die Fensterläden vorgeklappt und die Haustüren abgeschlossen. »Warten Sie hier, bleiben Sie erst noch sitzen mit den Kindern.«

Mit hochgestelltem Kragen und einem Tuch vor dem Mund kämpfte sich mein Retter zur Haustür hin, klingelte Sturm und klopfte. Endlich öffnete eine blonde Frau, die ebenfalls schwanger war.

Ich sah ihn gestikulieren und erklären, und sie schüttelte nur immer wieder den Kopf. Kurz darauf presste die Frau sich einen Schal vor den Mund und kam zum Auto gelaufen.

»Wer soll das sein? Ich kenne diese Frau nicht!« Sie spähte auf den Rücksitz, wo verängstigt die Kinder saßen, alle kohlrabenschwarz im Gesicht und verdreckt von oben bis unten.

»Nein, wirklich, die sind hier an der falschen Adresse.«

Kein Wunder, ich sah mit meinen zerzausten langen Haaren und den ölverschmierten Händen aus wie eine Vogelscheuche. Tränen rannen mir durch das schmutzige Gesicht.

»Lisa, ich bin es, deine Cousine Lydia! Mein Mann Thomas ist bei dir und meine Schwester Klementine!«

»Ja, du liebe Güte, Lydia!« Plötzlich riss sie die Autotür mit einer solchen Heftigkeit auf, dass sie ihr im Sturm entgegenschlug und fast aus den Angeln krachte. »Warum hast du kein Telegramm geschickt, wir hätten dich doch abgeholt!«

»Aber ich habe doch ein Telegramm geschickt!« Heulend und zitternd schälte ich mich aus dem Auto. »Ist denn auch das Gepäck mit dem Kinderbettchen nicht angekommen?«

»Nichts ist angekommen!« Sie klappte die Lehne vor, sodass Rosel aus dem Auto klettern konnte. »Du lieber Gott, wie seht ihr denn aus, und der Kleine, rabenschwarz und ganz verklebt vor Kohlestaub!« Sie angelte nach dem heulenden Viktor und hob ihn mit ausgestreckten Armen aus dem Auto. »Oje …«

»Jetzt machen wir dir auch noch Dreck …«

»Nun kommt rein, aber schnell, bevor uns der Sturm gegen die Hauswand schmeißt!«

Sie bedankte sich bei dem Freund, der uns gefahren hatte, und warf die Haustür hinter sich zu, die ein paarmal in ihren quietschenden Angeln gegen die Wand geknallt war. »Schnell, rein mit euch, na, da wird der Thomas aber Augen machen!«

Sie führte uns in ihr Wohnzimmer. Das Haus war groß und sauber, umso peinlicher war es mir, dass wir alles derart verdreckten.

»Thomas, schau mal, wer hier ist!«

Mein Mann lag im stockdunklen Wohnzimmer auf dem Sofa und schlief. Sein Schnarchen und der Geruch verrieten, dass er nicht mehr ganz nüchtern war.

»Er hat Nachtschicht gehabt.« Cousine Lisa klappte den Fensterladen auf. »Thomas!« Sie schob meine kleine Rosa ganz nah an sein Gesicht. »Schau doch nur, wer gekommen ist!«

Thomas öffnete ein Auge, sah seine Tochter, stöhnte und schloss es wieder. Schmatzend und murmelnd warf er sich auf die andere Seite und zog die Wolldecke über seine Schulter.

Es war, als wollte er sagen: »Lasst mich in Ruhe, ich habe Wichtigeres zu tun!«

Sogleich fing er wieder an zu schnarchen.

»Wir lassen ihn, kommt in die Küche, ich mache euch Wasser heiß, dass ihr euch waschen könnt. Und Durst habt ihr bestimmt auch …«

Peinlich berührt zog Cousine Lisa uns wieder aus dem Raum. »Vielleicht ist es besser, ihr macht euch erst etwas frisch.«

»Wo ist Klementine?« Erschöpft ließ ich mich auf einen Küchenstuhl sinken, während Lisa den ausgetrockneten Kindern ein Glas Wasser vorsetzte.

»Die arbeitet. Thomas und Klementine wechseln sich mit dem Schlafen auf dem Sofa ab.«

Geschäftig klapperte sie mit Schüsseln und Tellern: »Ihr müsst schrecklichen Hunger haben!«

Nachdem wir alle das Badezimmer benutzen durften und ich in dem Bündel nach halbwegs sauberen Sachen gewühlt und sie den Kindern und mir angezogen hatte, sahen wir schon wieder manierlicher aus.

»Mein Gott, wie konntest du hochschwanger mit zwei Kleinkindern diese Reise antreten!« Lisa schüttelte immer wieder den Kopf. »Das Kind hätte unterwegs zur Welt kommen können!«

»Ich musste es tun.« Dankbar schlürfte ich den heißen Tee, den Lisa mir in einer bauchigen Tasse vorgesetzt hatte. »Denn wenn das Kind erst auf der Welt gewesen wäre, hätte ich die Reise nicht mehr antreten können. Dann wären Thomas und ich wohl nicht mehr zusammengekommen.«

»Höre ich da meinen Namen?« Plötzlich stand Thomas in der Tür. »Ich habe geträumt, dass Lydia und die Kinder zu mir wollten, aber jemand wollte mir die Kinder wegreißen …«

»Das war der Sturm.«

»Lydia! Mein Gott, ihr seid es wirklich?!« Plötzlich brach Thomas in Tränen aus, überschüttete Rosel und Viktor mit Küssen und kniete auch vor mir, strich mir über den Bauch und schluchzte: »Was habt ihr euch denn da angetan? Das ist doch der reinste

Wahnsinn … warum hast du denn nicht geschrieben, ich hätte euch doch abgeholt!«

Ich strich ihm über den Kopf und tröstete ihn. »Jetzt sind wir ja da, der Herrgott hat uns beschützt, und das Kind ist auch noch drin.«

Am Abend, als die Arbeiter nach Hause kamen; Philip Iwanowitsch, der Mann meiner Cousine, und Klementine, meine Schwester, saßen wir alle gemütlich in der Küche, aßen und tranken, und es gab viel zu erzählen. Über den nicht aufwachen wollenden Thomas konnten wir sogar alle lachen, aber wir weinten auch, als wir von unserem Elend in Sibirien erzählten, vom Tod unserer Schwester und unserer Kinder, und von Mutters Elend, die so früh ihren Mann verloren hatte und die jetzt wegen Jakob, der seine Einberufung abwarten musste, noch weiter mit der sechzehnjährigen Frederike in der Kolchose verharren musste.

Dieser Abend endete wie so viele davor mit inbrünstigem Singen. Thomas hatte eine sehr schöne tiefe Stimme und sang so gern. Wir alle fielen ein, und endlich legte sich eine schwere bleierne Ruhe über mich wie eine schwere Wolldecke. Ich hatte es geschafft, ich war bei meinem Mann!

»Der Mond ist aufgegangen, die gold'nen Sternlein prangen vom Himmel hell und klar…«

Rosa hatte sich bereits mit den beiden Kindern von Lisa und Philip angefreundet und betrachtete uns mit blanken Äuglein, ein Kuscheltier im Arm.

Bei »Nun legt euch denn, ihr Brüder…« bereitete Lisa uns ein Lager auf dem Fußboden im Wohnzimmer, denn der kleine Viktor klammerte sich dermaßen an mich, dass ich nicht auf dem Sofa liegen konnte. »Bei Mama bleiben, nein, nicht ins Heiabett, bei Mama bleiben!« Er konnte noch nicht laufen, aber sprechen konnte er schon. Ich schlief wie tot, auf dem Fußboden liegend, die Kinder im Arm. Am nächsten Morgen konnte ich mich nicht mehr rühren. Meine Beine waren steif und taub, ich konnte sie nur hinter mir herziehen.

»Nun gib mir doch wenigstens den Jungen, ich halte ihn ein wenig!« Lisa, selbst im fünften Monat schwanger, streckte die Arme nach ihm aus, aber der kleine Viktor war so traumatisiert, dass er sich weinend auf mich warf: »Nein, bei Mama bleiben!« Auch zu Thomas wollte er verständlicherweise nicht, denn er konnte sich fast nicht mehr an ihn erinnern. Die Strapazen der Reise hatten den kleinen Kerl so fertiggemacht, dass er an mir hing wie eine Klette.

So blieben wir eine Woche bei Lisa, wobei wir ihr natürlich viel Arbeit und Dreck machten, was mir sehr peinlich war. Sie war bemüht, sich nichts anmerken zu lassen, aber nachdem schon Thomas und Klementine seit Monaten ihr Wohnzimmer Tag und Nacht blockiert hatten, sie selber auch zwei Kinder hatte, konnte es so natürlich nicht weitergehen.

Am frühen Morgen kam Thomas von der Nachtschicht heim. Er arbeitete als Schmied in einer Werkstatt, roch immer nach Öl und hatte schwarze Flecken im Gesicht. Nachdem er sich die Hände und das Gesicht gewaschen hatte, sank er auf den Küchenstuhl und sah mich aus übernächtigten Augen an.

»Lydia, ich habe auf der Arbeit mein Leid geklagt, dass meine hochschwangere Frau mit zwei Kleinkindern aus Sibirien gekommen ist, und da hat ein Kollege mir spontan seine Wohnung angeboten.« Thomas saß mit uns beim Frühstück in der vollgestopften Küche und trank seine erste Tasse schwarzen Kaffee. »Danke, Lisa. Ich hoffe, du bist uns bald los. – Gib mir den Kleinen.« Er rückte mit dem Stuhl zurück und streckte die Arme aus.

»Nein, bei Mama bleiben!« Viktor war nicht dazu zu bewegen, von meinem Schoß herunterzugehen, und so fühlte ich ständig die Tritte und Püffe von zwei Kindern: eines innen und eines draußen. Zum Glück war Rosel sehr verständig und hilfsbereit und verhielt sich wohlerzogen und vorbildlich. Sie saß immer nur mit staunenden Augen da und saugte die Schönheit und Sauberkeit des modernen Hauses auf. Fließendes Wasser, eine Heizung, eine Toilette mit Spülung, ein Badezimmer, ja sogar ein Schwarz-Weiß-Fernseher, ein Auto … das alles hatte sie noch nie gesehen. Dazu die zwei Kinder, die ihr ein Kuscheltier geschenkt hatten: Rosa war im siebten Himmel.

»Der Kollege sagt, er wäre sowieso in einer Woche in eine größere Wohnung gezogen.« Thomas biss in ein Brötchen. »Er gibt uns den Schlüssel und überlässt uns sogar leihweise fürs Erste sein Bett, und er sagt, wenn wir schon mal drinnen sind, schmeißt uns keiner mehr raus.«

»Das verstehe ich nicht …?« Misstrauisch sah ich von einem zum anderen.

»Man muss hier einen Antrag auf eine Wohnung stellen.« Thomas ließ fünf Würfelzuckerstückchen in seinen Kaffee fallen und rührte bedächtig in der Tasse. »Die Menschen kommen in Scharen aus Sibirien, die Städte Karaganda, Akmolinsk, Saran oder Abai in Kasachstan sind mit Flüchtlingen überfüllt!«

Ja, das hatte ich auf den Bahnhöfen bereits gesehen, dass wir nicht die einzigen Flüchtlinge waren! Die ehemaligen Kriegsgefangenen samt Familien wollten nur weg aus Sibirien, und Kasachstan war ihre erste Anlaufstelle.

»Ohne Antrag bekommst du keine Wohnung.« Thomas trank einen Schluck süßen Kaffee, in dem der Löffel stehen blieb, weil er so stark war. »Aber bei den Russen läuft es schön nach dem Motto: Wer zuerst kommt, mahlt zuerst. Hier herrscht das Gesetz des Ellbogens, das habe ich schon gelernt.«

Weil wir keine andere Wahl hatten und ich der gutmütigen Lisa nicht mehr zur Last fallen wollte, zogen wir nach einer Woche in die Einraumwohnung des Arbeitskollegen von Thomas in eine Barackensiedlung für Arbeiter.

Dessen Gepäck stand noch im Flur: »Das hole ich später ab, hier habt ihr den Schlüssel, und wenn jemand von der Wohnungsverwaltung kommt, dann sagt ihr einfach, dass ich euch die Wohnung zur Verfügung gestellt habe. Die Burschen greifen nämlich hart durch, wenn jemand ohne Genehmigung irgendwo eingezogen ist.«

»Ja, und was machen wir dann?« Sorgenvoll strich ich mir über den gewölbten Bauch. »Es kann doch jeden Moment losgehen …«

»Überlass die Burschen mir. Mit den Brüdern werde ich schon fertig.« Der Arbeitskollege rieb Daumen und Zeigefinger aneinander. »Für Bares sind die leicht umzustimmen. Ihr könnt mir das später zurückzahlen, in Raten.«

»Er will den Wohnungsbeamten bestechen?« Ratlos blickte ich Thomas an, nachdem der Kollege gegangen war.

»Hier gelten andere Spielregeln als im Arbeitslager.« Thomas drückte den Kindern einen Kuss auf die Stirn und tätschelte mir die Schulter. »Jetzt richtet euch ein und ruht euch aus, ich mache vor meiner Nachtschicht noch ein paar Besorgungen.« Und weg war er.

Dankbar zog ich mich mit den Kindern in das Bett des Arbeitskollegen zurück und schlief wie ein Stein, die Kinder auch.

Als am nächsten Morgen der Schlüssel in der Tür knirschte, dachte ich zuerst, es sei Thomas.

Doch plötzlich stand der Wohnungsverwalter im Schlafzimmer, und hinter ihm ein Ehepaar im Türrahmen. Der Mann schaltete ahnungslos das Licht an und prallte zurück.

»Was machen Sie denn hier?«

»Man hat uns diese Wohnung zugewiesen«, behauptete ich tapfer. Ich stützte mich mit den Händen auf und versuchte, nicht umzukippen. Der Anblick dieser Fruchtbarkeitsinsel schien den Mann aus den Socken zu hauen.

»Wer hat Ihnen diese Wohnung zugewiesen?« Sein Ton war schon schneidender.

»Ein hilfsbereiter Mensch.«

Die Kinder fingen ängstlich an zu weinen, und Viktor krabbelte sofort wieder auf mich.

»Sie müssen sofort raus hier!« Der Verwalter riss unsere Sachen von den Stühlen, fegte die Decke vom Bett und warf alles in den Flur. »Raus hier! Die Wohnung ist vermietet!« Und zu dem Ehepaar gewandt, das erschrocken über seine Schulter lugte: »Das haben wir gleich. Sibirisches Flüchtlings-Pack. Das könnte denen so passen.«

Er stürmte erneut ins Schlafzimmer, wo ich mit den Kindern nun schutzlos und ohne Decke auf dem Bett kauerte, und riss mich am Arm. »Raus hier, aber schnell!« Er wollte mich tatsächlich aus der Wohnung schleudern, obwohl ich kaum laufen konnte!

»Mamiiiii«, brüllten die Kinder aus vollem Hals. »Mamiiii!«

»Hilfe!«, brüllte ich nun. »Hilfe! Polizei!«

»Raus hier, ich werde euch Beine machen …«

»Polizei!«, kreischte ich in letzter Not.

Und plötzlich stand ein junger Mann in der Tür, wohl ein Nachbar, der das Geschrei gehört hatte. »Was ist denn hier los?« Er stutzte, starrte uns an. Und da erkannte ich ihn: Es war der Mann, der uns mit dem Auto aufgelesen hatte!

»Lassen Sie sofort die Frau los!« Unser Retter packte den Verwalter am Kragen und schleuderte ihn gegen die Wand, dass ein Bild herunterfiel. »Sind Sie wahnsinnig, Mann? Sie sehen doch, dass die Frau hochschwanger ist!« Wütend griff er nach der Decke und unseren Anziehsachen, die der Verwalter bereits ins Treppenhaus geworfen hatte, und legte sie mir und den Kindern wieder um. »Statt einer hilflosen Frau und zwei unschuldigen Kleinkindern zu helfen, brüllst du sie an und machst sie fertig! Weißt du, was die hinter sich haben, du Arschloch? Die kommen aus Sibirien und waren zwölf Jahre lang Zwangsarbeiter! Obwohl sie keinem Menschen was getan haben!« Es folgten noch ein paar deftige russische Schimpfworte, und geistesgegenwärtig hielt ich meinen Kindern die Ohren zu.

»Das ist mir doch egal«, brüllte der Verwalter zurück. »Hier gelten andere Regeln!«

Das Ehepaar hatte sich längst aus dem Staub gemacht, dafür standen reichlich neugierige Nachbarsfrauen vor der Tür.

»Sie haben keinen Wohnungsberechtigungsschein, und allein das zählt!«

»Hör zu, du ….« Es folgte ein russisches, sehr deftiges Wort. »Wenn dieser Frau hier etwas passiert, dann bin ich der erste Zeuge, der vor Gericht gegen dich aussagt.« Damit packte der Nachbar den Verwalter am Schlafittchen und drängte ihn aus der Wohnung.

»Und nichts für ungut, Mutti.« Der Mann, der uns nun schon zum zweiten Mal gerettet hatte, lächelte mich entschuldigend an. »Solche Wörter sind sonst gar nicht meine Art, erst recht nicht vor kleinen Kindern.«

KARAGANDA, KASACHSTAN

17. August 1956

»Ja, du liebe Güte, was ist denn hier los?« Cousine Lisa stand in der Tür. »Unser Freund hat mich informiert, was hier vorgefallen ist! – Lydia! Ist alles in Ordnung?« Schon kniete sie neben dem Bett, in dem ich mich seit Stunden unter Krämpfen wälzte. Meine arme kleine Rosa hockte zitternd und weinend mit ihrem Brüderchen auf dem Fußboden an der Wand und versuchte, ihn festzuhalten.

»Lisa, dich schickt der Himmel … ich habe Wehen, und Thomas ist bei der Arbeit!«

»Warte, ich hole Hilfe.« Lisa trommelte an die Nachbarstüren. »Schnell, wir brauchen einen Krankenwagen!«

Und dieser kam dann auch mit Tatütata, zwei Sanitäter sprangen herauf, luden mich auf ihre aufklappbare Liege und brachten mich mit Blaulicht ins Krankenhaus.

»Ich passe auf deine Kinder auf!«, hatte Lisa mir noch versprochen, bevor sie die Türen des Rettungswagens hinter mir zuwarfen. »Ich nehme sie wieder mit zu mir, und Viktor wird sich beruhigen!«

»Ach Lisa, wie kann ich dir jemals danken …?«

Dazu würde ich schon bald Gelegenheit bekommen.

Nach ein paar Stunden war es geschafft.

»Herzlichen Glückwunsch, Frau Judt, Sie haben eine gesunde Tochter.«

Die Hebamme legte mir ein wunderhübsches kleines Mädchen in die Arme. »Es wiegt 4600 Gramm und ist 54 Zentimeter groß. Also alles bestens.«

Ich konnte mein Glück kaum fassen! »Hallo, meine kleine Unverwüstliche!« Gerührt und überwältigt küsste ich das rosige kleine Mädchen, das mich aus dunklen Augen ernsthaft ansah. »Willkommen in dieser verrückten Welt!« Mir liefen die Tränen der Erschöpfung, aber auch der Dankbarkeit über die Wangen. »Danke, dass du gewartet hast, bis wir in der Freiheit sind!«

Kurz darauf stürmten Thomas und Lisa herein, um das neue Familienmitglied zu begrüßen. Ihre Augen glänzten ganz merkwürdig, sie waren sichtlich aufgeregt und überwältigt.

»Wie soll die Kleine denn heißen?« Lisa streichelte dem Winzling vorsichtig über die Wange. Sie war ja selber schwanger und hatte dieses besondere Leuchten in den Augen.

»Lisa.« Dankbar lächelte ich meine Cousine an. »Wie denn sonst?« Wir umarmten uns herzlich.

»Wie geht es Rosel und Viktor?« Meine beiden tapferen Kleinen fehlten mir schon jetzt ganz schrecklich! Sie weinten doch sicher nach mir?

»Deine Kinder sind bei einer lieben Oma gut aufgehoben. Wir durften sie ja hierher nicht mitbringen.«

Oma war in Russland ein ganz übliches Wort für alte Frau. So wie mich auch fremde Leute Mutti nannten.

»Und die Wohnung?« Ängstlich schaute ich meinen Mann an, der sein drittes Kind in den Armen hielt und ganz verzückt begutachtete. »War der Verwalter wieder da?«

»Allerdings. Er hat es versucht. Aber da hat unser Freund Dimitrij, du weißt schon, der dich mit dem Auto hergebracht hat, ihm wohl mal tief in die Augen gesehen, und daraufhin hat der Verwalter sich für immer verzogen.«

Erleichtert seufzte ich auf. »Also haben wir die Wohnung?«

»Ja, und nicht nur das!« Thomas legte mir unser Töchterchen Lisa sanft wieder in die Arme. »Ich habe nur gute Nachrichten für dich, Lydia, bist du bereit?«

»Wenn es zur Abwechslung wirklich mal gute Nachrichten sind, dann jederzeit.«

»Es ist nicht nur die Truhe mit unseren Habseligkeiten aus der Kolchose heute eingetroffen, sondern auch …« Er sah Lisa verschwörerisch an, und diese nickte errötend, und da war doch noch irgendwas anderes in ihrem seltsamen Blick … und dann öffnete sie die Tür des Krankenzimmers.

In Erwartung meiner beiden Kinder setzte ich mich halb im Bett auf, und dann wurden meine Augen groß wie Untertassen!

»Mutter! – Frederike!«

»Lydia! Oh Gott, wir sind so froh, dass wir dich wiederhaben!« Sie stürzten sich zu meinem Bett und umarmten mich und die kleine Lisa vorsichtig.

»Dass ihr das geschafft habt, wir sind so glücklich, dass alles gut gegangen ist!«

»Mit Gottes Hilfe.« Glücklich sah ich Mutter an. Ihr standen die Strapazen der langen Reise ins Gesicht geschrieben. »Seit wann seid ihr hier?«

»Seit dein Kindchen auf der Welt ist, also seit heute!«

Mutter bückte sich und hob meine kleine Lisa in ihre Arme. »Gott, ist dir das gut gelungen, es sieht gar nicht winzig oder zerknautscht aus!«

»Es ist ja auch diesmal keine Frühgeburt!« Stolz strahlte ich in die Runde. »Dieses kluge Kind hat einfach gewartet, bis es an der Reihe war!«

Wir redeten alle durcheinander, lachten und weinten und konnten gar nicht schnell genug unsere Neuigkeiten austauschen!

»Wir haben uns schweren Herzens durchgerungen, die Kolchose zu verlassen!«

»Aber Jakob …? Ihr wolltet doch warten, bis er vom Militär zurückkommt?«

»Ja, meine liebe Schwester …« Frederike hielt inzwischen meine kleine Lisa im Arm und wollte sie gar nicht wieder hergeben… »Jakob muss drei lange Jahre lang Militärdienst ableisten, da wollten wir nicht mehr warten und haben uns auf den Weg zu euch gemacht. Er hat uns dazu gedrängt, wir können ja eh nichts für ihn tun, während er in der Kaserne ist!«

»Der arme Jakob! Drei Jahre allein in Sibirien!« Mir traten die Tränen in die Augen. »Fühlt er sich nicht von uns allen verlassen? Er ist doch erst achtzehn!«

Mutter schniefte in ihr Taschentuch. Sie war so blass und ausgezehrt!

»Er kann es nachvollziehen und kommt in drei Jahren dann auch nach Kasachstan.«

Mir weitete sich das Herz vor Liebe. Oh, und wie ich meine liebe Mutter und meine Schwestern brauchen konnte! Und wie erwachsen und tapfer Jakob schon war.

»Und unser Häuschen? Konntet ihr es verkaufen?«

»Nein, der *Predsedatel* hat behauptet, wir hätten noch Schulden bei der Kolchose.«

Wieder wischte Mutter sich die Augen. »Er hat alles einbehalten und es bereits an neue Siedler vergeben.«

»Dann seid ihr mit nichts gekommen?« Fassungslos starrte ich sie an.

»Mit leeren Händen. Wir besitzen nur noch das, was wir auf dem Leib tragen.«

Wieder hatten wir geschuftet und gearbeitet, ein Haus gebaut und eine kleine Landwirtschaft aufgebaut, und wieder waren andere die Nutznießer. Das schien unser Schicksal zu sein. Aber wir hatten unsere drei gesunden Kinder, und wir waren wieder zusammen. Und das war das, was zählte. Innerlich sah ich das Gesicht meines Vaters vor Augen.

Auch Mutter und Frederike hatten fünf Tage in überfüllten Zügen und auf Bahnhöfen verbracht, mit einem Riesenstrom anderer sibirischer Flüchtlinge, und auch sie mussten unter den Zügen hindurchkrabbeln, wobei diesmal kein Sturm herrschte und keine von ihnen schwanger war. Dennoch schrecklich genug, denn Mutter war gebrechlich und schwach.

»Sie schlafen erst einmal bei mir.« Lisa legte mein Töchterchen in das bereitstehende Bettchen.

»Alles andere wird sich weisen.«

KARAGANDA, KASACHSTAN

Herbst 1956

Nach einer Woche durfte ich mit meiner kleinen Lisa das Krankenhaus verlassen. Thomas war mit den Kindern bereits wieder in unsere hart erkämpfte Einraumwohnung gezogen, denn bei Lisa schliefen jetzt Mutter, Klementine und Frederike abwechselnd auf dem Sofa und dem Fußboden. Wir fünf Judts lebten in einem kleinen Zimmer ohne Heizung. Es stand dort nur ein Herd, auf dem man kochen konnte. Dieser wurde ab dem Herbst Tag und Nacht geheizt, damit es ein wenig warm wurde für die Kinder. Thomas arbeitete Tag und Nacht in der Schmiede und machte Doppelschichten. Er verdiente erstmals im Leben verhältnismäßig gutes Geld und hatte in den drei Monaten, die er bereits vor uns hier in Karaganda gewesen war, auch schon etwas gespart. Während ich im Krankenhaus Lisa entbunden hatte, hatte er aus altem Eisen vom Schrottplatz ein Bett zusammengeschmiedet, zwei Meter mal neunzig Zentimeter, sodass wir jetzt zwei Betten hatten: das vom Kollegen überlassene, das wir noch abbezahlen mussten, und das neue als Spielwiese und Schlafplatz für die Kinder. Ich nähte für jedes Bett einen neuen Strohsack, damit es weich zum Schlafen war. Unsere Truhe, die inzwischen angekommen war, diente als Sitzgelegenheit und auch als Tisch, denn wir hatten beides nicht. Im Inneren der Truhe machten wir einen kleinen Verschlag, so war eine Hälfte die Speisekammer und die andere der Kleiderschrank.

Wir waren sehr arm, aber wir freuten uns über unser Zuhause, über unsere drei Kinder, auch, dass wir das große arme Land Sibirien und die Kolchose endlich verlassen hatten.

Und Mutter war hier! Und Klementine! Und Frederike! Ich hatte meine Familie fast wieder vollzählig zusammen!

»Karaganda ist eine große Stadt mit vielen Einkaufsmöglichkeiten!« Klementine, die als Kranführerin hoch über der Stadt arbeitete und heute ihren freien Tag hatte, führte uns stolz durch ihre neue Heimat, die sie schon oft von oben gesehen hatte. Gemeinsam mit dem Kinderwagen, den uns Lisa geliehen hatte, und den beiden Kleinen, Rosa und Viktor, die artig an die Stange fassten, spazierten wir eines sonnigen Herbsttages wie ein Tausendfüßler neugierig durch die Stadt. Tagsüber musste Thomas schlafen, und ich versuchte, so viel wie möglich mit den Kindern draußen zu sein, solange es noch nicht zu kalt war.

»Die Stadt hat viel Industrie, in der alles hergestellt wird, was man zum Leben braucht!

Die Kranführerin ist heute eine Stadtführerin!« Aufgeregt schritt Klementine vor uns her. Mit ausgebreiteten Armen zeigte sie fast ein wenig stolz auf die Sehenswürdigkeiten, die für uns sibirische Zwangsarbeiter allesamt einem Wunder glichen: »Wir haben eine große Möbelfabrik, bitte, wenn ihr mal in die Schaufenster schauen wollt …« Wir spähten andächtig durch das riesige Glasfenster. Ganze Wohnzimmereinrichtungen standen dort zum Greifen nah! Ledergarnituren, Schränke, Nierentische, ja sogar Fernsehtischchen mit aufklappbarem Sichtfenster! »Das müsste man sich leisten können!« Ein tiefer Seufzer entfuhr mir, während ich dem sperrigen Kinderwagen wieder eine Richtung vorgab. Es herrschte verhältnismäßig viel Verkehr, wir kämpften uns über Schlaglöcher und durch Abgase durch die drängelnden Menschenmengen.

»Ich würde es dir so wünschen, Lydia!« Mutter schritt gebeugt hinter mir her. Sie war inzwischen sehr schlecht zu Fuß und klagte über ständige starke Kopfschmerzen.

»Ach Mutter, mit drei kleinen Kindern können wir keine großen Sprünge machen!«

»Aber Thomas hat doch gespart und verdient durch seine Nachtschichten gut?« Frederike hakte mich unter und zog mich weiter, während Klementine zielstrebig den Kinderwagen schob. »Kinder, ich zeige euch was ganz Tolles! Ihr werdet Augen machen!«

»Ja, Thomas hat gespart, das schon, kleine Schwester. Aber er muss ja jetzt auch fünf Mäuler stopfen! Ein Arbeiter für fünf Mäuler, das kennen wir doch, oder?« Kurz verfinsterte sich mein Gesicht, und aus Rücksicht auf Mutter, die sich mühsam hinter uns herschleppte, sprach ich nicht weiter.

»Apropos Mäuler stopfen: Hier wäre unsere Konditorei!« Klementine wies auf ein rosa dekoriertes Schaufenster, hinter dem sich Kuchen, Torten und Pralinen auf runden Silbertabletts drehten! Was für ein Überfluss! Die Kinder drückten sich die Nasen platt.

Doch Rosel wäre nie auf die Idee gekommen, um eine Süßigkeit zu betteln! Sie staunte nur schweigend mit großen runden Augen, und ihr Brüderchen, das nun endlich laufen konnte, tat es ihr nach. Die Fingerabdrücke der Händchen zeichneten sich deutlich an der Schaufensterscheibe ab, und pflichtschuldigst putzte ich sie mit dem Taschentuch weg. Die öffentlichen Ordnungshüter waren sehr streng; Polizisten und auch weibliche Uniformierte mit Schlagstöcken standen überall und pfiffen bei jeder Kleinigkeit in ihre Trillerpfeife.

»Es gibt einen großen Schlachthof«, führte uns Klementine weiter um die nächste Häuserecke. »Riecht ihr es? Da hinter den hohen Mauern … Es riecht so wie damals in der Kolchose, igitt, bloß nicht daran denken.«

»Wisst ihr noch, das arme Schwein, wie hieß es noch?«

»Frieda? Die mit der verseuchten Milch gemästet wurde und dann nach dem Wurf notgeschlachtet werden musste?«

»Und ihre dreizehn verkrüppelten Ferkel? Das war alles Chemie, sage ich euch. Reines Gift.«

»Ach, lasst uns das alles vergessen! Schaut lieber nach vorne, die Zukunft wartet auf uns!«

Wir wanderten andächtig hinter Klementine her. Ja, das war schon etwas anderes in dieser riesigen Industriestadt als in der Kolchose! Vollgestopfte Busse ratterten um die Ecke, spuckten immer wieder Arbeiter aus, Menschentrauben eilten zu ihren Arbeitsplätzen, Schulkinder strebten ihren Schulen zu, einkaufende Frauen hasteten an uns vorbei, denn auch sie mussten alle noch zur Arbeit.

Eine moderne Industriestadt, die aus allen Nähten platzte!

»Hier gibt es eine Großbäckerei und eine Molkerei, darf ich bitten?«

Klementine hielt uns strahlend die Türe auf, und stolz verkündete sie: »Ich darf euch zur Feier des Tages alle auf ein Glas Milch einladen!«

»Aber Klementine, nicht doch, du hast so hart für dein Geld gearbeitet!« Mutter wehrte bescheiden ab. »Und du sparst doch auch für eine eigene Wohnung!«

»Ja, ich habe schon seit Monaten einen Antrag dafür gestellt, doch in Anbetracht der Flüchtlingswelle aus Sibirien habe ich als unverheiratete junge Frau keine Chance.« Klementine rutschte auf eine Holzbank am Fenster und zog die Kinder an sich heran. »Aber heute möchte ich euch einladen, bitte verderbt mir die Freude nicht.«

Sie bestellte bei der etwas derben Kellnerin fünf Milchbrötchen und drei Gläser Milch.

»Lisa, du bist schwanger, du brauchst auch Kalium und Eiweiß, und du, Lydia, als stillende Mutter sowieso.« Die Kinder strahlten schüchtern und konnten es wohl gar nicht fassen.

Wir saßen dankbar und glücklich in trauter Familienrunde um den runden Tisch herum und ließen uns zum ersten Mal in unserem ganzen Leben von einer fremden Frau bedienen, die wir dafür bezahlen konnten.

»Was für ein ungewohntes Gefühl!« Voller Wonne biss ich in ein Rosinenmilchbrötchen, das herrlich kross und außerdem noch warm war.

»Wenn man da an den grässlichen Weizenbrei in Sibirien denkt …« Mutter wischte sich gedankenverloren einen Krümel aus dem Mundwinkel. »Wie wir die Körner einzeln aus den Graupen gezogen haben, um nicht zu verhungern …« Ihre Augen füllten sich mit Tränen. Sie sah so schrecklich alt aus, sie hatte fast keine Zähne mehr im Mund, und ihre Augen waren leer und ausdruckslos. Ihr halbes Brötchen musste sie sich in Milch einweichen. Dabei war sie noch lange keine sechzig Jahre alt!

»Ach bitte, lasst uns doch diese schrecklichen Zeiten vergessen! Ich möchte euch etwas zeigen.« Mit geheimnisvoller Miene zog Klementine einen dünnen, grauen Brief aus der Tasche und legte ihn zwischen uns auf den Holztisch. Er war noch verschlossen.

»Der ist heute mit der Post gekommen. Ich kann ihn nicht lesen, und er ist ja auch für dich, Mutter.«

»Was ist das?« Neugierig spähte ich darauf. »Ein deutscher Poststempel? – Nicht drauf grapschen, Viktor, gib das her.«

Viktor, der zahnte, hatte sich den Umschlag schon fast in den Mund gesteckt. »Bäh, das ist Tinte, jetzt schau mal, wie dein Mäulchen ausschaut.«

Lachend wischten wir dem kleinen Kerl das Mündchen sauber. »Hier, nimm das Brötchen.«

»Der Stempel ist aus Ludwigsburg.« Mutter starrte glanzlos darauf, während Frederike versuchte, den Absender zu entziffern.

»Ludwigsburg? In Westdeutschland? Da kennen wir niemanden.«

»Das Rote Kreuz!«

»Wer macht ihn auf?«

Ich hielt den dünnen Umschlag gegen das Licht. Plötzlich begann mein Herz, wie verrückt zu schlagen. Irgendetwas an dem

Brief roch vertraut, und die dünne steile Handschrift schimmerte wie eine längst vergrabene Erinnerung durch das dünne Papier.

»Zusammenbleiben, Lydia. Um jeden Preis. Versprich es mir.« Mein Herz hämmerte.

»Gib ihn mir.« Mutter hatte ihre Brille gefunden, und ich reichte ihr den Brief, den ich inzwischen entfaltet hatte.

»Das ist Josefs Handschrift.« Mutter ließ das Schreiben sinken. Sie wirkte wie vom Donner gerührt. Als habe ein Gespenst sie heimgesucht. Ein Geist. Ein Toter.

»Aber das kann doch nicht sein … du meinst, Vaters?« Wir starrten sie mit offenem Mund an.

Mutters Hände zitterten so sehr, dass sie mir den Brief zurückgab.

»Lydia, lies vor, na mach schon!«

Die Köpfe der anderen flogen zusammen. Selbst die Kinder starrten uns mit großen dunklen Augen an.

Ich las, zitterte, las wieder und wieder, und was da stand, konnte ich nicht begreifen.

»Vater lebt«, brachte ich schließlich tonlos heraus. »Er lebt seit zwölf Jahren als Knecht auf einem Bauernhof bei Ludwigsburg.«

KARAGANDA, KASACHSTAN

Weihnachten 1956

Frohe Weihnachten, ihr Lieben.«

In großer trauter Runde saßen wir bei Cousine Lisa in dem neuen schönen, sauberen Haus, in das sie uns für das Fest eingeladen hatte. Obwohl sie ihren Sohn Alexander vor gerade erst vier Tagen zur Welt gebracht hatte! Im Wohnzimmer, in dem ja noch immer Klementine, Mutter und Frederike nächtigten, stand ein geschmückter Weihnachtsbaum, um den wir uns natürlich gekümmert hatten. Viktor war inzwischen eindreiviertel Jahre, Rosa mit ihren fünf Jahren half mir schon sehr tüchtig im Haushalt.

»Auf dass alles besser wird im nächsten Jahr!«

»Jetzt kann es doch nur noch besser werden! – Nastrovje!«

»Und auf unseren neuen kleinen Erdenbürger, Alexander!« Mit einem Glas Wasser prosteten wir jungen Frauen uns zu, während die Männer sich einen Wodka gönnten.

Lisa hatte den Kleinen hier zu Hause entbunden. »Wo bleibt sie denn, warum kommt sie nicht herunter? Ihr Baby schreit wie am Spieß!«

»Ich schaue mal nach ihr.« Ich pflückte mir meine kleine Lisa vom Busen, die jetzt bereits vier Monate alt war und prächtig gedieh. Wenigstens konnte ich sie stillen ohne Ende. »Halt mal dein kleines Schwesterchen, Rosa. Aber vorsichtig! So musst du sie halten, dann kann sie ein Bäuerchen machen.«

»Das weiß ich doch, Mama, ich bin ja schon groß!«

»Ja, mein Schatz, ich kann mich auf dich verlassen.« Ungewohnt leichtfüßig eilte ich nach oben und klopfte an Lisas Schlafzimmertür.

»Frohe Weihnachten, liebe Cousine. Wie geht es dir? Magst du nicht zum Abendessen herunterkommen?«

»Ach, liebe Lydia, ich habe an beiden Brüsten das Milchfieber …« Elend blass und schlapp lag Lisa da, und ihr kleiner Alexander, der neben ihr in der Wiege lag, schrie vor Hunger. »Wenn ich ihn anlege, tut es so weh, als würden mir Messer in die Brustwarzen gerammt! Mit der Milch läuft Eiter heraus, ich kann ihn nicht stillen!« Jetzt weinte Lisa bitterlich. Lisa, die immer für uns da gewesen war, die uns aufgenommen hatte, die uns bekocht und beschützt hatte, lag jetzt wie ein Häufchen Elend da und weinte vor Verzweiflung und Schmerzen.

»Meine Liebe, wenn ich dir etwas zurückgeben kann, dann jetzt.« Ich schnappte mir den vier Tage alten Säugling und legte ihn mir an die Brust. Sofort trank er gierig und hörte auf zu brüllen. Die plötzliche Stille war wie ein Weihnachtsgeschenk.

»Ach, liebe Lydia«, lächelte Lisa schwach. »Danke, dass du für mich die Amme spielst!«

»Von Herzen gern, liebe Cousine.« Gerührt streichelte ich das winzige Händchen, das sich in meinen Busen grub. »Ich bin so glücklich, wenn ich dir nur etwas von deiner Liebe und Fürsorge zurückgeben kann!«

Der Arzt schaute zwar nach den Feiertagen nach Lisa, aber sie konnte weiterhin nicht stillen, und so stillte ich ihr Söhnchen Alexander ein paar Monate lang zweimal am Tag. So hatte auch meine Lisa noch lange das Vergnügen, sonst hätte ich sicher längst abgestillt.

»Was ist aus dem Visumantrag nach der BRD geworden?« Die Großfamilie saß am Tisch und tauschte Neuigkeiten aus. Inzwischen war das Jahr 1957 angebrochen, und endlich schien die Familie Rückenwind zu bekommen! Vater lebte!

Natürlich hatte Mutter nichts anderes mehr im Sinn, als so

schnell wie möglich zu ihrem Mann Josef nach Westdeutschland zu kommen! Sie würde natürlich keinen Einzigen von uns zurücklassen, das hatte sie immer wieder beteuert. Selbst wenn sie als Rentnerin die Genehmigung bekommen würde: Sie ging nur, wenn wir alle gingen. Wir hofften, mit unserem Antrag auf Familienzusammenführung Erfolg zu haben. Was für ein unfassbares Wunder, dass unser Vater noch lebte! Und nicht nur das, er hatte Fuß gefasst, es ging ihm gut! Und natürlich würde er alles tun, um uns, seine Familie, so schnell wie möglich nachzuholen.

Doch da war der Eiserne Vorhang. Wir waren in der Sowjetunion, nach wie vor.

Frei zwar, aber doch nicht frei.

Zusammenbleiben!, ging es mir immer wieder durch den Kopf! Um jeden Preis! Ich würde Vater eines Tages vor die Augen treten können. Wir hatten es geschafft, bis auf die arme Katja, natürlich. Und Jakob würde in drei Jahren nachkommen müssen.

Es war so ein unvorstellbares Glück, dass Vater noch lebte, und dazu noch im gelobten Land, von dem wir unter der Hand so viel Gutes hörten!

Alle wollten nach Westdeutschland, auch wenn es als »kapitalistisches Feindesland« galt.

Vater schrieb uns, wie gut es ihm ging und wie großartig sich Westdeutschland nach dem Krieg als Wirtschaftswunderland entwickelt hatte. Konrad Adenauer war Bundeskanzler.

Vater lebte jedoch mit der Bäuerin in Ludwigsburg, der er damals als Kriegsknecht zugeteilt worden war, seit zwölf Jahren in eheähnlicher Gemeinschaft, denn der Mann der Bäuerin war im Krieg wirklich gefallen. Vater hatte ja nie wieder etwas von seiner Frau und seinen Kindern gehört, bis er uns über das Rote Kreuz gefunden hatte.

Auch wenn das für Mutter eine neue Bombe war, die mitten in ihrem Herzen explodiert sein musste, so kämpfte sie doch tapfer für eine Familienzusammenführung. Und stellte einen Antrag nach dem anderen.

»Stellt euch vor, Vater hat schon dreimal geschrieben, und jedes Mal hat er einen Antrag für ein Visum nach Westdeutschland dazugelegt!«

Aufgeregt redeten alle durcheinander.

»Wir haben schon alles versucht und die Anträge an entsprechender Stelle eingereicht. Doch nach drei Wochen kam jedes Mal knapp der Bescheid: Abgelehnt.«

»Aber mit welcher Begründung?« Klementine schaute aufgebracht in die Runde. »Ich meine, da erfährt man nach zwölf Jahren, dass der Ehemann und Vater noch lebt, und dann darf man immer noch nicht zusammenkommen und nicht auf Familienzusammenführung hoffen?«

Thomas schenkte sich Wodka nach. »Sie lassen uns nicht aus dem großkommunistischen Reich.« Er nahm einen großen Schluck und knallte das Glas auf den Tisch. »Wir werden nie aus der Sowjetunion herauskommen! Niemals! Der Eiserne Vorhang bleibt geschlossen. Auch für uns.«

»Nun warte doch mal ab! So etwas dauert! In unserem Fall werden sie vielleicht eine Ausnahme machen …«

»Wir sind wahrlich nicht die Einzigen, die gerade erst aus Sibirien raus sind! Das sind Abertausende, die zurück nach Deutschland wollen!«

Es wurde hin und her spekuliert, doch so recht wusste niemand eine Antwort.

»Aber erzählt doch, wie es unserem Vater in der Zwischenzeit ergangen ist!« Die siebzehnjährige Frederike, die inzwischen in der großen Konditorei arbeitete, packte zum Nachtisch ein paar kleine Pralinen aus und legte sie auf den Tisch. »Kinder, aber jeder nur eine! Und nicht rumschmieren!«

»Vater kam schon am dritten Tag im Volkssturm unter schweren

Beschuss«, wusste Klementine zu berichten. »Er wurde mit dem Lazarettzug nach Österreich gebracht, wo er lange in Vorarlberg im Lazarett lag.« Sie reichte den Brief an mich weiter, die ich ja noch die deutsche Schrift lesen konnte. Ich überflog die Zeilen.

»Ja, und weil er kein Österreicher war, sondern Russlanddeutscher, wurde er eines Tages nach Westdeutschland ausgewiesen, mit zwei Krücken und sonst nichts. Dort wurde er als Knecht jener Bäuerin bei Ludwigsburg zugewiesen, die dringend Hilfe brauchte. Ihr Mann war im Krieg gefallen.« Ich schob den Brief von mir, aber Klementine verkündete den Rest: »Kaum, dass er halbwegs genesen war, machte sich Vater bei der Bäuerin nicht nur nützlich, sondern unentbehrlich ...« Klementine hatte sich in Fahrt geredet, und ich bemerkte Mutters traurigen Blick. Unauffällig stieß ich Klementine mit dem Knie unter dem Tisch an.

»Was für göttliche Pralinen, Frederike!«

Ich biss in eine der Schokoladenkreationen und glaubte, eine regelrechte Geschmacksexplosion zu erleben. »Gott, sind die gut, Frederike. Machst du so was Köstliches selber?«

»Ich bin in der Ausbildung.« Frederike errötete vor Freude, weil alle kurzfristig von Vaters Geschichte abließen und ihre Pralinen lobten. Die Kinder saßen inzwischen mit schokoladeverklebten Mündern glücklich auf dem Fußboden und spielten mit der Holzeisenbahn, die das Christkind ihnen gebracht hatte. Lisas Kinder waren im Alter von Rosel und Viktor, und es herrschte in all dem Gewusel ein gemütliches Chaos.

Ich legte den kleinen Alexander in Lisas Arme und knöpfte mir mein Kleid zu. Mit einem Blick auf Mutter, die zusammengesunken auf ihrem Stuhl hockte und ins Leere starrte, stand ich auf, stellte die Teller zusammen und wischte meinem Baby Lisa über den Mund, die mit ihren Händchen lustvoll auf die Tischplatte gepatscht hatte.

Wir schwiegen alle einen Moment betroffen. Einerseits herrschte die ungläubige Freude, dass Vater lebte, und andererseits hatte er natürlich sein eigenes Leben geführt. Er musste ja seinerseits davon ausgehen, dass wir alle nicht mehr am Leben waren.

»Die Bäuerin hat uns inzwischen selbst geschrieben.« Mutters Finger flogen ruhelos über die Tischplatte und pickten Krümel auf. »Sie schreibt, sie gibt Josef natürlich sofort frei, falls wir in den Westen kommen. Wir sind ja rechtmäßig immer noch verheiratet.«

Wieder breitete sich verlegenes Schweigen aus. Was für ein neues, schreckliches Dilemma.

»Und falls wir nicht in den Westen kommen …?«

Mutter blickte betreten vor sich hin. »Ich habe wohl kaum das Recht, Josef von hier aus Vorschriften zu machen.« Sie streifte die Krümel am Tellerrand ab, wo sie wie Insekten in die Soßenreste fielen. »Und es ist auch zu viel passiert inzwischen.«

Wir verstanden sie alle. Mutter war mit uns gemeinsam durch die Hölle gegangen. Da war dieser weitere Schicksalsschlag für sie fast nicht mehr von Belang.

KARAGANDA, KASACHSTAN

Frühling 1958

»Das ist doch wirklich ein Schwachsinn, dass wir jetzt hier spätabends in der Dunkelheit auf unbeleuchtetem Trampelpfad quer durch die Felder zum Eheunterricht zum katholischen Pfaffen müssen!«

Thomas schritt übellaunig vor mir her und warf seine Zigarette in den Morast. »Wir erwarten das vierte Kind, du bist im achten Monat schwanger! Was will der Pfaffe uns denn noch beibringen?« Er lachte bitter. »Etwas über Ehe? Ich weiß, wie es geht, der Pfaffe nicht!«

»Bitte, Thomas.« Ich hielt mir meinen Bauch und trippelte, so schnell ich konnte, hinter ihm her. Bis jetzt war ich dem Glühwürmchen gefolgt, das in Form seiner Zigarette vor seinem Gesicht hin und her getanzt war, doch jetzt war es wirklich stockdunkel. »Nachdem meine liebe Schwester Klementine ihren Traummann Georg heiratet, ist es doch sehr schön, wenn wir uns auch noch kirchlich trauen lassen! Das ist auch Mutters inniger Wunsch.« Wir waren tiefgläubig und hielten uns nicht nur an den kirchlichen Regeln, sondern auch am Trost des katholischen Glaubens fest. »Unsere Ehe wurde nie von einem Priester gesegnet. Und zu einer kirchlichen Hochzeit gehört nun mal der Eheunterricht.«

»Pah! Wir sind doch schon seit zehn Jahren verheiratet. – Vorsicht, hier liegt loser Stacheldraht herum.« Das Glühwürmchen leuchtete wieder auf, und Thomas inhalierte die nächste Zigarette. »Vorsicht, hier musst du drunter herschlüpfen, ich halte den für dich hoch.«

»Ja, aber das war doch damals in Osero-Petrowski, da waren wir noch Kinder! Und es war doch damals nur …« Ich biss mir auf die Lippen. Wir hatten einfach unsere Unterschrift im Büro des Vorstehers der Waldarbeiter-Fabrik geleistet, da, wo das Kreuzchen war.

»… eine Zweckheirat?« Thomas fuhr herum und blies mir den Rauch ins Gesicht. »Ist es das, was du mir sagen willst?« Er ließ den Stacheldraht wieder fallen. Automatisch zuckte ich zurück.

»Nein, es war damals ja notwendig und gut«, beeilte ich mich zu sagen. »Es war ohne Feier und vor allen Dingen, ohne Gottes Segen.«

»Deswegen tue ich mir das ja auch an. Damit du glücklich bist und deine Mutter endlich Ruhe gibt.« Brummend setzte Thomas seinen Weg fort. »Hier ist ein Schlagloch.« Er reichte mir die Hand und ließ mich darübersteigen. »Acht mal zwei Stunden Eheunterricht beim Pfarrer, das ist wirklich lächerlich! Und das in meiner spärlichen Freizeit!«

»Ach Thomas, tu es mir und den Kindern zuliebe! Ich wünsche mir so Gottes Segen auf unserer Ehe!«

»In der Zeit könnte ich mit meinen Kumpels Spaß haben.« Thomas zog die Schultern hoch und stapfte weiter vor mir her. »Aber für dich tue ich es natürlich, Lydia.«

Thomas war ein geselliger Mensch, der über eine schöne Singstimme verfügte. Nach der Arbeit ging er gerne mit seinen Kollegen noch in gemütlicher Runde Karten spielen, und wie immer nach einigen Gläsern Wodka wurde dann auch laut und inbrünstig gesungen.

Ich selber hielt mich lieber zu Hause bei den Kindern auf. Erstens, weil sie mich brauchten, und zweitens, weil ich versuchte, jedes Fitzelchen unserer Einzimmerwohnung zu verschönern. Ich nähte und stickte und bastelte und malte für die Kinder bunte Bildchen, damit sie etwas Schönes hatten, woran sie sich erfreuen konnten. Niemals hätte ich sie nur einen Abend sich selbst überlassen.

Da selten mal ein Pfarrer in die kommunistische Industriestadt kam, war das in meinen Augen eine wunderbare Gelegenheit. So konnte nicht nur Klementine ihren Georg, sondern auch ich meinen Thomas endlich kirchlich heiraten. Und Mutter würde gerade nach dem Schock mit Vater, der in »wilder Ehe« lebte, wenigstens mit uns ihren inneren Frieden finden.

Die Hochzeit fand in sehr kleinem, familiärem Rahmen statt. Zu unserer großen Freude war unser Bruder Jakob nun schon mit seinem russischen Militärdienst fertig und konnte an dem Fest teilnehmen. Als ich ihn das letzte Mal gesehen hatte, am Bahnhof von Gartejewka, war er ein schmächtiger Junge gewesen. Und jetzt war er ein stattlicher, bildhübscher und athletischer Mann von beinahe einundzwanzig Jahren. Das russische Militär hatte ihn gestählt.

Aus ihm war auch ein anderer Mensch geworden, das konnte ich an seinen Gesichtszügen erkennen.

Als meine Schwester Klementine ihren Mann Georg am 7. April 1958 heiratete, war ich ja im achten Monat mit meinem vierten Kind schwanger. Ein jeder Schritt war mir zu viel. Ich sollte bei der Vorbereitung der Hochzeit mithelfen, denn unsere Mutter hatte stark abgebaut. Sie litt unter schrecklichen Kopfschmerzen, konnte fast nicht mehr laufen und war eingefallen und gebückt. Sie war immer noch keine sechzig Jahre alt.

Dafür hatten Mutter, Frederike und Jakob endlich gemeinsam ein eigenes Zimmer und mussten nicht mehr bei Lisa wohnen, deren kleiner Sohn Alexander ich ein halbes Jahr lang täglich zweimal gestillt hatte, der jetzt aber auch schon laufen konnte.

Kaum war die Hochzeit meiner Schwester Klementine – und unsere eigene kirchliche – vorbei, musste ich schon wieder ins Krankenhaus. Die Wehen hatten viel zu früh eingesetzt.

So kam der kleine Jakob, den ich nach meinem Bruder nannte, nach acht Monaten Schwangerschaft am 3. Mai 1958 als Frühgeburt zur Welt und musste sofort in den Brutkasten.

Wie paradox das Leben war: Hatte ich doch gerade noch den

fremden Alexander gestillt, so durfte ich meinen eigenen kleinen Sohn Jakob nicht stillen, denn er lag an Schläuchen im Brutkasten und konnte nur mit der Pipette ernährt werden. Er war noch zu schwach zum Saugen. Also musste ich abpumpen, was keine angenehme Sache war. So verbrachte ich vier ganze Wochen auf der Frühgeborenenstation im Krankenhaus in Karaganda und musste meine drei Kinder Rosa, Viktor und Lisa meiner Mutter überlassen, die in unserer Einraumwohnung auf die drei aufpasste. Denn meine Geschwister Klementine, Jakob und Frederike mussten arbeiten, und Thomas natürlich auch. Alle verließen gegen sechs Uhr früh die Wohnung und kamen nicht vor dem Abend zurück. Thomas hatte oft Nachtdienst und musste tagsüber schlafen. Eine auf Dauer mehr als ungünstige Familiensituation mit drei kleinen Kindern, einer schwachen und kranken Großmutter und nur einem winzigen Raum für alle!

So sorgte und grämte ich mich schon wieder schrecklich, dass ich mich nicht um meine Familie kümmern konnte, und das sah mir meine Ärztin im Krankenhaus wohl an.

»Na, Frau Judt, wie geht es Ihrem Würmchen denn heute?« Die resolute Ärztin, Genossin Petrowskaja, die mich entbunden hatte, beugte sich über den Brutkasten, in dem mein kleiner Jakob lag. »Will es nicht trinken?«

»Doch, ich flöße ihm tröpfchenweise die Milch ein.« Müde stützte ich die Hand in den Rücken, der von dieser anstrengenden Haltung schon schmerzte, als wäre ich erneut schwanger. »Er ist halt noch zu schwach zum Saugen und schläft dabei immer wieder ein. Es ist eine schrecklich mühsame und zeitraubende Angelegenheit, und ich habe doch noch ganz andere Sorgen!« Schon wollten mir die Tränen kommen.

Die Ärztin hob den winzigen Frühgeborenen heraus und legte ihn auf eine Babywaage. Sie zeigte etwas über vier Pfund an, wie ich den russischen Schriftzeichen entnehmen konnte.

»Na, das wird wohl ein Stück dauern, bis wir ihn aus dem Brutkasten nehmen können … Da müssen Sie noch ein paar Wochen bleiben.« Sie legte mir die Hand auf die Schulter und sah mich besorgt an. »Frau Judt. Gönnen Sie sich doch die Ruhe.« Sie steckte die Hände in die Kitteltaschen und wollte weitereilen, doch ich fasste Mut – und sie am Kittelzipfel.

»Genossin Doktor, bitte, ich muss nach Hause.« Flehentlich blickte ich sie an. »Meine Mutter schafft das nicht mehr mit den drei Kindern auf dem engen Raum. Nachts kommt auch noch mein Mann und beansprucht das Bett für sich. Dann müssen die Kinder ganz leise sein, das ist doch auf Dauer nicht zu schaffen und für meine Mutter eine unfassbare Strapaze!« Ich biss mir auf die Lippen, die verdächtig zitterten. »Mein Mann braucht seinen Schlaf, er arbeitet als Schmied und ernährt uns alle, aber wie soll das gehen ohne mich, ich kann meiner alten Mutter das nicht länger zumuten!«

»Frau Judt, ich kann da wirklich gar nichts machen! Sie gehören zu Ihrem Neugeborenen! Denn hier auf der Station kann sich niemand um ihn kümmern!«

»Es ist wirklich ein Notfall.« Meine Stimme bebte, und der Kloß in meinem Hals schwoll an, sosehr ich mich um Haltung bemühte. Bevor ich es auch nur verhindern konnte, standen meine Augen schon voll Tränen.

Sie fuhr herum. »Das ist in der Tat ein Notfall! Natürlich!« Alarmiert blickte sie mich über ihre Brillenränder an. »In was für Verhältnissen leben Sie denn? Das ist doch unglaublich!«

Plötzlich flossen die Tränen wie Sturzbäche. Ich fühlte mich absolut ausgelaugt und zermürbt, die Hormonumstellung tat ihr Übriges.

»Wir leben zu fünft in einem einzigen Zimmer. Darin stehen zwei Betten, eine Truhe und ein Herd. Für mehr Möbel ist kein Platz. Wegen der Kälte spielen die drei Kinder oft den ganzen Tag im Bett. Wir können ja noch froh sein, überhaupt eine Bleibe gefunden zu haben, aber das ist auf Dauer nicht besser als das, was wir in Sibirien hatten ...«

Unablässig strömten mir die Tränen über die Wangen.

Würde unser Elend denn jemals ein Ende haben? Der nächste und übernächste Ausreiseantrag in den Westen war wieder abgelehnt worden, und es gab keine Hoffnung auf Besserung unserer Verhältnisse.

»Kommen Sie mal mit in mein Arztzimmer«, forderte die Genossin Ärztin mich auf einmal auf und ging resolut voran. Ich folgte ihr immer noch schluchzend und ein wenig verwirrt.

»Ja, liebe Frau Judt, hat Ihr Mann nicht mal mit seinem Direktor geredet?« Die Genossin Ärztin zog sich einen Stuhl heran und rückte ganz nah zu mir, wobei sie tröstend ihre Hand auf meine Schulter legte. »Bei kinderreichen Familien steht in unserem sozialistischen Großreich den Arbeitern doch mehr Wohnraum zu!«

Weinend schüttelte ich den Kopf. »Er sagt, wir bekommen keine größere Wohnung.«

»Na, das wollen wir doch mal sehen.« Die Ärztin stieß sich mit den Füßen ab und rollte auf ihrem Stuhl zu ihrem Schreibtisch, der an der schäbig verputzten Wand stand. »Verbinden Sie mich mit dem Großbetrieb Schmiede... Ja. Guten Tag. Frauenklinik, Oberärztin Doktor Petrowskaja. Ich wünsche den Direktor zu sprechen.«

Mein Herz raste, mein Mund war wie ausgedörrt. Dass sie es wagte! Als Frau! Und welchen Ärger ich kriegen würde!

Als sich militärisch schnarrend und unfreundlich eine Männerstimme meldete, stockte mir der Atem. Thomas würde es mir sicher als Verrat ankreiden, dass ich mich hier ausheulte.

»Hören Sie, ich habe hier eine Frau Judt, deren viertes Kind liegt bei uns im Brutkasten, und sie kann nicht entlassen werden, solange nicht die Wohnverhältnisse der Familie geklärt sind. Wie können Sie es zulassen, dass einer Ihrer Arbeiter mit Frau und demnächst vier Kindern in einer unmöblierten ungeheizten Einraumwohnung lebt, dazu noch Nachtschicht hat und tagsüber schlafen muss?« Die Stimme der Genossin war genauso schnarrend und kalt geworden wie die ihres Gesprächspartners am anderen Ende der Leitung.

Die Männerstimme am anderen Ende der Leitung antwortete etwas Unfreundliches in sehr herrischem Ton, was die Ärztin mit mehrfachem »So?!« und »Aha!?« und »Dann ändern Sie das, Genosse Direktor!« quittierte. Wie ein Maschinengewehr schnarrte es wütend und blechern im Hörer hin und her.

»Das haben Sie überhaupt nicht allein zu entscheiden«, fiel sie ihm scharf ins Wort. »Sie sind zwar ein Mann, aber nicht allmächtig, und ich als Genossin Ärztin habe auch etwas zu entscheiden, wenn es um das Wohl einer mir anvertrauten Wöchnerin geht!«

Die beiden wechselten einige scharfe Wortwechsel, und schließlich knallte die Ärztin den Hörer auf die Gabel.

»Tut mir leid, Frau Judt, aber ich kann Sie nicht entlassen.« Ihre harschen Gesichtszüge wurden kaum eine Spur weicher. Hielt sie denn gar nicht zu mir? Sie war doch eine Frau!

»Aber ich muss doch zu meinen Kindern, meine Mutter schafft das nicht mehr«, heulte ich erneut los. »Mein Mann kriegt jetzt sicher Ärger in seiner Arbeit, und das wollte ich doch nicht …«

»Das sind unhaltbare Verhältnisse, die gegen das Prinzip unseres Staates sind!«

»… meine Kleinen und auch Mutter können doch nichts dafür! Ich habe schon genug angerichtet, bitte entlassen Sie mich und mein Kind, ich muss nach Hause, bitte!«

»Tut mir leid«, wiederholte sie stur. »Sie bleiben. Jetzt geht es mir auch ums Prinzip.«

Als Thomas mich ein paar Tage später besuchte, sah ich schon das Damoklesschwert über mir schweben. Er sah nicht gerade erfreut aus, und seine Kieferknochen mahlten.

»Du hast dich anscheinend bei meinem Direktor über unsere Wohnverhältnisse beschwert!«

Ich schluckte und versuchte, seinem Blick standzuhalten.

»Aber nein, ich habe mich nicht beschwert, Thomas, ich habe nur die Genossin Oberärztin gebeten, mich früher zu entlassen, damit ich euch zu Hause beistehen kann.«

»Ist schon gut.« Thomas stand mit dem Rücken zu mir am Fenster der Klinik und schaute auf den hässlichen öden Parkplatz hinaus. »Plötzlich ging alles ganz leicht.« Er wirbelte zu mir herum und grinste versöhnlich. »Der Direktor tat so, als wisse er nichts von unseren beengten Wohnverhältnissen. Dabei hat doch mein Kollege mir die Wohnung unter der Hand gegeben, und es war noch lange Kantinengespräch. Der Chef tat immer so, als habe er aus lauter Großzügigkeit ein Auge zugedrückt.«

»Ja, damals. Aber jetzt haben wir vier Kinder.«

»Letztlich war das Telefonat deiner Ärztin mit ihm sogar sehr gut.« Thomas zog sich einen Stuhl heran und setzte sich. Unser kleiner Jakob war immer noch im Brutkasten in einem Extraraum für Frühgeborene, und er durfte gar nicht zu ihm. »Lydia, ich habe wieder sehr gute Nachrichten für dich.« Kurz zuckte die Hoffnung in mir, der Ausreiseantrag in den Westen hätte geklappt, aber was Thomas stattdessen sagte, klang fast ebenso wunderbar.

»Wir bekommen eine Wohnung. Sie wird jetzt vorrangig vor anderen hergerichtet.«

»Was …?« Überrascht starrte ich ihn an. »Dann hat meine Ärztin ja ein Wunder bewirkt!«

»Unter der Bedingung, dass ich, also dass wir …« Er zündete sich eine Zigarette an und zeigte damit auf mich … »jeden Abend den Bauschutt wegräumen.«

»Wir …«, wiederholte ich matt. »Ich weiß nicht, ob man hier rauchen darf, Thomas.«

»Na ja, wenn deine Geschwister beim Bauschutt mit anpacken,

ist es wahrscheinlich noch schneller erledigt.« Er zog einen Schrieb aus seiner Jackentasche und überreichte ihn mir. »Gib das der Genossin Oberärztin.«

»Was ist das?« Mit zitternder Hand nahm ich den russischen Schrieb entgegen. Ich würde ihn sowieso nur schwer entziffern können.

»Die schriftliche Genehmigung, dass wir eine größere Wohnung bekommen. Damit sie dich endlich entlässt. Du gehörst zu uns, Lydia.«

KARAGANDA, KASACHSTAN

Sommer 1958

»Oh mein Gott, ist das schön! Beim Haus gibt es einen Garten, wo wir Gemüse anbauen können!«

Ich klatschte vor Freude in die Hände. »Und die Kinder können endlich draußen spielen!«

Jedenfalls jetzt, im Sommer. Im Winter war auch Kasachstan mit Minusgraden unter dreißig und seinen Schneestürmen nicht gerade das Paradies. Aber wir hatten nun mehrere Räume! Wie herrlich war das! Wir würden es uns drinnen gemütlich machen, mit Handarbeiten und Geschichten, Liedern und Gebeten, während Thomas nach seinen Nachtschichten in einem anderen Zimmer würde schlafen können! Alles war besser als diese eine eiskalte Spelunke, in der wir gehaust hatten. Mit Schaudern erinnerte ich mich daran, dass die Kinder während des langen Winters tagsüber im Bett hatten spielen müssen, weil ihnen sonst die Füße am Boden zu Eis gefroren wären.

»Ja, es gibt sogar einen Brunnen zum Bewässern.« Zufrieden lächelnd führte Thomas uns in unserem neuen Domizil herum. »Der Hof ist umzäunt, hier können die Kinder sich zur Genüge austoben.«

»Schaut nur, die wunderbaren Blumen, die hier blühen!« Ich hatte an jeder Hand meine heiß geliebten Kinder, die sich überhaupt nicht mehr von mir lösen wollten. Ihre Freude über mein Wiederkommen nach immerhin sechs Wochen Klinik mit einem neuen Brüderchen ließ sie aufgeregt herumhüpfen und springen. »Wir werden all diese Blumen und Blüten malen, damit ihr sie im Winter nicht vergesst. Und auch die Vögelchen, die dann nicht mehr singen.«

»Mami, Mami, versprich uns, dass du nie wieder von uns weggehst!«

Besonders mein kleiner Viktor, inzwischen drei Jahre alt, hatte schrecklich gelitten unter meiner langen Abwesenheit. Ich sah es an seinen traurigen Augen und seiner verschüchterten Haltung. Die beiden Mädchen hatten einander, aber Viktor war als bisher einziger Bub offensichtlich manchmal strengen Erziehungsmaßnahmen zum Opfer gefallen, die der überforderte und übernächtigte Thomas an den Tag legte. Aber jetzt war ich ja wieder da, und ich würde meine Kinder mit Liebe überschütten.

»Viktor, mein Schatz, jetzt hast du ein Brüderchen, und wenn das ein wenig älter ist, dann seid ihr auch zu zweit …« Ich ging in die Hocke und versuchte, den kleinen Mann zu trösten. »Schau nur, diese herzigen Gänseblümchen, magst du die Blütenblätter mit mir zählen?«

»Er liebt mich, er liebt mich nicht, er liebt mich, er liebt mich nicht …« Dabei warf ich einen kurzen Blick auf Thomas, der aber bereits mit den neuen Nachbarn ins Gespräch gekommen war. Die Nachbarin hatte einen Kettenhund, der vor ihrer Haustüre lag und laut kläffte.

Das versetzte die Kinder zusätzlich in Angst. Ich versuchte, die Kinder mit diesen schlichten Spielen aufzuheitern. »Hunde, die bellen, beißen nicht. Der will bestimmt nur spielen, aber geht nicht zu dicht an ihn ran! – Schaut nur, diese hier nennt man Löwenmäulchen! Lauf, Viktor, mein Großer, und hol mir die Gießkanne, denn bei der großen Hitze und der Dürre haben die Blümchen doch sicher Durst!« Es waren jetzt im Hochsommer über fünfunddreißig Grad, und weit und breit gab es keinen Baum und keinen Strauch. Die Zweizimmerwohnung lag an einer Durchgangsstraße am Stadtrand von Karaganda, in einem Plattenbau im ersten Stock. Aber wir hatten eine Art Balkon, wie eine Veranda, und durften den Garten mitbenutzen. »Wisst ihr was, wir stellen eine Zinkwanne mit kaltem Wasser auf, dann könnt ihr planschen! Was meint ihr?«

So ging ich in meiner Mutterrolle ganz auf und versuchte, uns das neue Heim so gemütlich wie möglich zu machen. Noch immer verfügten wir nicht über viel Geld, aber wir hatten endlich Fortschritte gemacht. Das alles würde ich nach und nach in Eigenregie renovieren und mit freundlichen Farben ausmalen, den Fußboden würde ich polieren, bis man sich darin spiegeln konnte, und alles möglichst nachts, wenn Thomas bei der Arbeit war. Dann würde ich mich in meiner Kreativität und meinem Schaffensdrang frei fühlen.

»Schaut mal, wer da am Zaun steht!« Ich wirbelte herum.

»Onkel Jakob!«

Die Kinder flitzten hin und begrüßten meinen feschen Bruder, der ohne seine Uniform ganz ungewohnt aussah.

»Komm rein, Jakob, ich mache uns eine Limonade!«

»Sag mal, schleppst du etwa alleine Wasser? Lass mich mit anpacken, Schwesterherz!«

Kurz darauf saßen wir in trauter Eintracht mit den spielenden Kindern auf der kleinen Veranda und genossen die Sonne und den Frieden. »Wie geht es dir, kleiner Bruder?«

Dabei war Jakob mitnichten klein! Er war der stattlichste, muskulöseste junge Mann der Stadt und würde sich bald vor Verehrerinnen kaum retten können!

»Ich mache den Führerschein und werde Tag und Nacht arbeiten, damit wir alle aus der Armut herauskommen.« Jakob hielt seinen kleinen Namensvetter Jakob auf dem Arm. Er war natürlich zum Patenonkel über ihn ernannt worden und ging stolz in seiner Rolle auf.

»Hast du denn Aussicht auf ein Auto?« Erstaunt blickte ich ihn an, und besonders der fünfjährige Viktor war an dem Thema sehr interessiert.

»Ich habe mir einen alten ausgeleierten Lastwagen zusammengespart, der zwar mehr in der Reparatur steht, als dass ich mit ihm arbeiten kann …« Jakob trank einen Schluck Limonade und nahm nun auch noch Viktor auf den Schoß, der nur so an seinen Lippen hing. »Ich fahre damit Schrott durch die Stadt und biete ihn zum Verkauf an. So verdiene ich auch einen ganz geringen Lohn.«

»Du machst das schon, Bruderherz.« Ich befreite ihn von Baby Jakob und stieß mit meinem Glas an seines. »Weißt du noch, wie du aus Schrott ein Sieb gebastelt hast, um unserer Familie zu helfen? Da warst du kaum acht.«

»Das Sieb, das gleichzeitig ein Reibeisen war.« Jakob nickte bedächtig. »Und jetzt stehe ich wieder da mit meinem Schrott.« Wir lachten beide ein wenig bitter.

»Eines Tages werden sie einen Platz in Karaganda nach dir benennen«, versuchte ich einen Scherz. »Schrottplatz.«

»Hahaha, Schwesterchen, deinen Humor hast du wohl nicht verloren.«

»Nein. Und das werde ich auch nicht. Und du, Jakob, musst nur immer an dich glauben.«

Und das tat mein Bruder übrigens. Im Jahr 1960 ging er in die Stadt Abai und arbeitete Tag und Nacht in der Kohlegrube, die neu eröffnet worden war. Er nahm die Mutter mit sich. Weil meine kleine Schwester Frederike, mit der die beiden ja zusammengewohnt hatten, sich alleine fürchtete, zog sie dann doch noch zu uns. So lebten wir als Familie mit Thomas und mir sowie Frederike, Rosa, Viktor, Lisa und Jakob in unserer neuen Wohnung, und mit Johannes, der 1959 auf die Welt gekommen war.

Abai war nur eine Stunde Busfahrt von Karaganda entfernt, und so kam mein Bruder Jakob an den Wochenenden oft mit Mutter zu Besuch, und die Schwestern kamen ebenfalls zu uns.

Als Bergarbeiter hatte er eine Wohnung und verdiente gutes

Geld. 1963 heiratete er seine Frau Galina. So arbeitete er dreißig Jahre lang in der Kohlegrube, bis er in den frühen Neunzigerjahren mit seiner Familie nach Westdeutschland ging.

Meine kleine Schwester Frederike wohnte bei uns von 1960 bis 1963, bis sie im September heiratete und zu ihrem Mann Albert zog. Unsere Jüngste arbeitete ja in einer Konditorei. Sie hatte sich im Laufe der Zeit einen Meisterposten erarbeitet und war dort tätig von 1956 bis 1990. Dann kam auch sie mit der ganzen Familie nach Deutschland.

Aber bis dahin ist es noch eine lange Geschichte.

KASACHSTAN

Januar 1963

Rosa erzählt:
»Schau mal, Rosa, da kommt dein Vater.« Der eisige Atem stand uns Schulfreundinnen in dichten Wolken vor den Mündern, und dennoch überkam mich plötzlich heiße Panik. Was machte denn mein Vater hier, an einem Vormittag, auf meinem Schulhof? Ich war elf Jahre alt und spielte gerade mit meinen Freundinnen auf dem Pausenhof. Was hatte ich ausgefressen, dass er sich hierherbemühte?

»Rosa, komm her!« Vater winkte mich zu sich heran, und eilig stakste ich durch den tiefen Schnee auf ihn zu. »Geht es Mutter gut?«

»Du hast jetzt noch einen Bruder!« Mein Herz hüpfte vor Freude. Unsere liebe Mama war schon wieder schwanger gewesen, ich wusste, dass bald unser sechstes Geschwisterchen zur Welt kommen würde. Knapp zwei Jahre nach Jakob war noch Johannes zur Welt gekommen, und jetzt hatte ich mir ein Schwesterchen gewünscht, aber in diesem Moment war mir klar: Ich werde dieses Brüderchen für immer lieben.

»Wie heißt er denn?«

»Eduard. Der sechste Hosenscheißer in der Familie!«

Das war Vaters etwas burschikose Ausdrucksweise, wahrscheinlich konnte er vor meinen Schulfreundinnen seine Freude über seinen vierten Sohn nicht so zeigen.

Beglückt drückte ich mich an ihn. Eigentlich hätten Lisa und ich uns noch ein Schwesterchen gewünscht. Dann gäbe es drei Jungen und drei Mädchen. Das wäre gerecht gewesen. Aber nun sollte es eben noch ein vierter Junge sein. Wir würden ihn Eddy nennen!

»Wie geht es Mama?« Vor Kälte blies ich mir in die Hände, während die Schulglocke auch schon wieder blechern rasselte und die Genossin Lehrerin die eiserne Tür zum Korridor aufstieß. »Reinkommen, Mädchen! Der Unterricht geht weiter!«

Doch Papa wollte meine Hand nicht loslassen.

»Du sollst sofort nach Hause kommen, Rosa. Mama braucht jetzt Hilfe.«

Wie gern wäre ich sofort mit ihm gegangen, der lieben Mama zu helfen und das neue Baby zu sehen. Wenn Papa doch schon einmal hier war, zum ersten Mal im Leben!

»Da muss ich erst die Genossin Lehrerin fragen!« In der Schule in Kasachstan herrschte militärische Zucht und Ordnung. Ein unentschuldigtes Fernbleiben vom Unterricht hatte schreckliche Konsequenzen. Nicht selten wurde ein Lineal auf einer Kinderhand zerschlagen, oder man musste stundenlang in der Ecke knien.

»Ich habe noch einen Bruder bekommen, Genossin Lehrerin!« Mein Herz flatterte wie ein kleiner Vogel, der auf einer Dachrinne festgefroren ist. »Darf ich meiner Mama helfen?«

Streng blickte sie mich an und musterte mich, die ich vor Angst und Freude nicht wusste, wohin ich schauen sollte.

»Na, geh schon. Bist ja sonst immer fleißig und gehorsam.« Mit ihrem Stock, den sie stets in den Händen hielt, winkte sie mich fort. Ich atmete auf. Glück gehabt. Gehüllt in mein fadenscheiniges Mäntelchen, rannte ich in heller Aufregung neben meinem Vater her, durch den dichten, stinkenden Verkehr, über zugefrorene Straßen und Gehwege, auf denen sich der Schnee türmte, nach Hause in unsere Zweizimmerwohnung in der Vorstadt.

Meine liebe Oma, die während jeder Geburt auf uns Kinder aufpasste, rang sich ein gequältes Lächeln ab. Sie litt unter starker Migräne und rieb sich mit den Zeigefingern die Schläfen. »Deiner Mama geht es den Umständen entsprechend gut, Kind. Geh nur rein und begrüße dein neues Brüderchen.«

»Dann kann ich ja jetzt gehen.« Mein Papa drehte sich auf dem Absatz um und verschwand. »Der vierte Stammhalter muss gefeiert werden.«

Nebenan kläffte der Kettenhund der Nachbarin, als Vater mit wehendem Mantel an ihm vorbeimarschierte. Bei Wind und Wetter lag der Hund draußen vor dem Plattenbau auf dem Kellerrost und kläffte jeden an, der des Weges kam. So bewachte er die Zweizimmerwohnung der Nachbarin, die natürlich auch tagsüber bei der Arbeit war.

»Hallo, mein Schatz!« Mutter stützte sich tapfer lächelnd im Bett ab und versuchte, sich aufzusetzen. »Wie schön, dass du kommen konntest.« Sie lupfte die Bettdecke um ein paar Zentimeter, und da sah ich ihn: meinen kleinen Bruder. Ein wonniger Winzling, der mit Mühe die Augen öffnete und mir ein schiefes Grinsen schenkte, fast als wollte er sagen: Hier bin ich nun, jetzt nimm mich auf. Ich bin zwar kein Mädchen, aber wir werden Spaß haben.

»Wie süß, Mama! Papa sagt, er heißt Eduard?« Mein Herz klopfte warm und zog sich vor Liebe zu diesem winzigen Wesen zusammen.

»Nach deinem Onkel, meinem Bruder, der bereits als Kind verstorben ist.«

Mutter hatte uns oft von ihren drei Geschwistern erzählt, die während der großen Hungersnot in der Ukraine gestorben waren, während sie und ihre ältere Schwester Katja dem Tod gerade noch von der Schippe gesprungen waren. Das war alles noch vor dem großen schrecklichen Krieg, und dann waren ja noch drei weitere kleine Geschwister gekommen, nämlich Klementine, Jakob und Frederike, mit denen sie nach Sibirien verschleppt wurde. Die verstorbenen drei Geschwister jedoch wurden immer in ihre Gebete eingeschlossen und waren uns Kindern präsent, als hätten wir sie persönlich kennengelernt.

»Dann werden wir ihn Eddy nennen!« Verzückt streichelte ich

das weiche Ärmchen. Als ich dem Winzling meinen Finger hinstreckte, griff er ihn mit seinem kleinen Händchen und hielt ihn ganz fest.

»Schau nur, Mama, er will mich gar nicht wieder loslassen!«

»Er ist eben dein ganz besonderer Schatz!«

»Ich werde ihn mein Goldstück nennen. Oder mein Goldfischchen.« Vor Stolz und Glück wollte mir fast das Herz zerspringen. »Darf ich ihn halten?«

»Natürlich, meine Große. Du weißt ja nun wirklich, wie man Babys hält.«

Und während in der Küche meine Oma die restliche Geschwisterschar zu bändigen versuchte, schwoll meine Brust vor Glück und Liebe zu meinem kleinen neuen Brüderchen, das uns im Leben noch ganz viel Freude schenken sollte.

Kurz nach Edis Geburt ging Mama wieder arbeiten. Sie hatte eine Putzstelle in einem Bekleidungsgeschäft, das vier Kilometer von unserem Haus entfernt lag. Dorthin musste sie bei eisigen Temperaturen zu Fuß gehen, und spätabends auch wieder zurück. Sie fürchtete sich im Dunkeln, denn in Karaganda war Kriminalität an der Tagesordnung. So wurden nicht nur Hühner und Kaninchen aus den Vorgärten gestohlen, sondern auch unschuldige Frauen überfallen, sodass sie oft eines ihrer älteren Kinder mitnahm. Meine kleine Schwester Lisa, gerade mal sechs, trippelte dann tapfer mit der Mama mit, denn mit einem kleinen Mädchen an der Hand würde sie vielleicht nicht so schnell überfallen oder ausgeraubt werden. Während die Mama den Laden putzte, lag die kleine Lisa oft in einem leeren Regal und schlief. Ich, die Älteste, war mit meinen elf Jahren für die kleinen Brüder zuständig: Viktor, sieben, Jakob, vier, Johannes, drei, und nun das neugeborene Baby Eddy, mein Goldfischchen. Zum Glück war unser Bruder Viktor schon so verständig und verantwortungsvoll. Mit seinen fast acht Jahren war er für das Feuer in der Küche verantwortlich und sorgte mit geschickten Händen und ständigem Holznachfüllen dafür, dass das Feuer nicht ausging. Denn wenn das doch einmal passierte, war die Wohnung in Minutenschnelle eiskalt, und wir Kinder konnten uns dann nur noch in eines der Betten retten, bis die Mama wiederkam.

So passten wir gegenseitig aufeinander auf, und ich machte, so gut ich konnte, Ordnung, deckte den Tisch und kehrte mit dem Besen alles zusammen, was die Kleinen so angerichtet hatten. Ich tat es aus Liebe zu meinen Geschwistern und weil unsere Mutter mir so ein großes Vorbild war.

Wenn die Mama spätabends von der Arbeit kam, war sie dankbar, dass wir Großen schon den Haushalt und die Kinder versorgt hatten.

»Ach, wenn ich euch nicht hätte!« Ausgelaugt, verfroren, hungrig und erschöpft sank sie auf das Bett, in dem bereits die drei Kleinen lagen, gewaschen, mit geputzten Zähnen und gefüttert. »Komm her, Rosa, mein großes Mädchen, lass dich wärmen, und du auch, Lisa.«

So kuschelten wir uns abends zusammen und waren froh, einander zu haben. Die Mama faltete den Kleinen die Hände.

»Müde bin ich, geh zur Ruh,
schließe meine Äuglein zu.
Vater, lass die Augen dein
Über meinem Bette sein.
Hab ich unrecht heut getan
Sieh es lieber Gott nicht an.
Deine Gnad und Jesu Blut
Macht ja allen Schaden gut.«

»Oh bitte, Mama, noch nicht einschlafen, bitte erzähle uns noch etwas!«

»Na gut, weil ihr so brav und fleißig wart!« Die Mama scharte uns alle um sich und hatte gar nicht genügend Hände frei, um alle

Kinderhändchen zu falten und zu halten, die sich ihr entgegenstreckten. Wir kuschelten uns aneinander und wärmten uns gegenseitig. Mamas Augen bekamen einen ganz merkwürdigen Glanz.

»Ich weiß ein Land, das liegt weit, weit weg von hier, in dem sind alle Farben bunter, das Gras grüner, die Menschen sind freundlich und nett, und im Winter ist es nie wirklich kalt …«

»Ich weiß, Mama, ich weiß!« Eifrig wedelte Lisa mit den Händen. »Deutschland, stimmt's, Mama, Westdeutschland!«

»Ja, denn da kommen unsere Vorfahren her …« Und dann begann die Mama wieder, von unseren Ururgroßvätern und -müttern zu erzählen, die eines Tages auf das Geheiß der Kaiserin Maria Theresia ihr Hab und Gut zusammengepackt hatten, um in die Ukraine auszuwandern, wo man den fleißigen Siedlern ein Stück Land versprochen hatte …

Den Kleinen fielen schon an dieser Stelle oft die Augen zu, während Viktor, Lisa und ich die Mama inständig anflehten, uns doch wieder von unserer ursprünglichen Heimat, nämlich Westdeutschland, zu erzählen. Auch wenn wir da noch nie gewesen waren, so träumten wir uns doch oft in das Land, in dem Milch und Honig fließen sollten …

Dies alles tat die Mama in einer Mischung aus Russisch und Deutsch, denn wir Schulkinder durften eigentlich kein Deutsch sprechen. Die Eltern waren von den Lehrern angehalten worden, ausschließlich Russisch mit uns zu sprechen, weshalb wir der deutschen Sprache gar nicht mehr mächtig waren. Aber die Mama hatte so einen wunderschönen Klang in der Stimme, sobald sie uns deutsche Lieder vorsang oder Gebete vorsprach. Das Deutsch, das sie mit einem weichen Dialekt sprach, klang gar nicht so hart und schroff wie das Russisch, das wir von der Schule, von der Arbeit und von der Straße her gewohnt waren.

»Eines Tages, wenn Gott will, kehren wir alle in unsere alte Heimat zurück. Wir müssen jeden Tag darum beten und uns ganz artig und gut verhalten, dann wird der liebe Gott eines Tages unsere Gebete erhören. Denn euer lieber Großvater Josef lebt ja dort und wartet auf uns …« Die Mama zeichnete jedem von uns Kindern ein Kreuz auf die Stirn, auch den drei kleinen Buben, die beim Klang ihrer weichen Stimme bereits eingeschlafen waren.

Lisa fielen inzwischen die Augen zu. »Nun hat das Kind noch gar keine Hausaufgaben gemacht …« Die Mama stand mit steifen Gliedern auf und deckte ihre Kinder gut zu.

»Macht nichts, Mama, ich mache sie morgen früh mit ihr!« Eilfertig sprang ich auf und folgte ihr in die Küche, wo auch Viktor sich bereits mit seiner Schultasche am Küchentisch niedergelassen hatte. Er und ich waren den ganzen Tag noch nicht dazu gekommen, unsere eigenen Hausaufgaben zu machen! Vater war zur Nachtschicht unterwegs, und es wirkte gemütlich und heimelig. Nebenan kläffte der Kettenhund.

»Mama, hilfst du mir? Ich verstehe meine Aufgaben nicht!«

Die billige Plastik-Küchenuhr zeigte inzwischen kurz vor elf und tickte unbarmherzig vor sich hin. Denn am nächsten Morgen würden wir alle bei eisiger Kälte um halb sechs wieder aufstehen müssen. Doch die Mama ließ sich bereitwillig zwischen Viktor und mir auf dem wackeligen Küchenstuhl nieder: »Na, dann zeigt mal her, meine Großen. Die russischen Buchstaben habe ich mir inzwischen selbst beigebracht, und ich lerne mit euch ja schließlich immer noch dazu.« Sie vertiefte sich in unsere billigen Hefte: »Das sieht doch schon ganz ordentlich aus. Wollen wir es angehen? Gemeinsam schaffen wir das.«

Und so arbeitete sie mit uns noch an den Hausaufgaben bis lange nach Mitternacht.

KASACHSTAN

Oktober 1963

Lisa erzählt:
»Kinder, schaut schnell aus dem Fenster. Ist der Vater weg?«

Mit geheimnisvoller Miene machte sich die Mama an den unteren Küchenschubladen zu schaffen.

Sofort stürmten Johannes, Jakob und ich an die bereits mit Eisblumen beschlagene Fensterscheibe der Veranda und drückten uns daran die Nasen platt. Neun Monate waren seit Eddys Geburt vergangen, und unser kleines reiches Familienglück hatte sich wunderbar eingespielt. Der Kettenhund kläffte.

»Er geht gerade um den Häuserblock. Er ist hinter der letzten Laterne verschwunden.«

Wir hauchten uns ein Guckloch in der Scheibe frei und rieben mit dem Ärmel darüber.

»Schaut, dass er auch nicht zurückkommt!« Die Mama klapperte geschäftig mit irgendwelchen Gegenständen. »Nicht, dass er etwas vergessen hat.«

Schon fürchtete ich, die Mama würde jetzt die großen Töpfe suchen, die ich beim Abspülen nicht sauber bekommen hatte. Meine Aufgabe war nämlich das Geschirrspülen nach dem Abendessen, und da meine kleine Abwaschschüssel kleiner war als die Töpfe und Pfannen, und es zusätzlich oft kein Spülmittel gab, blieb mir als Siebenjähriger oft nichts anderes übrig, als die schlecht gespülten Töpfe, an denen ich mich mit den Fingernägeln abgemüht hatte, schließlich einfach zu verstecken.

»Vater ist über alle Berge.« Jakob machte Meldung wie ein kleiner Soldat. »Der Kettenhund der Nachbarin liegt ganz ruhig da, also kommt er nicht zurück.« Sein eifriges Bubengesicht sprach Bände.

»Gut so. Dann geht mal alle in Deckung.« Die Mama schwang plötzlich einen großen Vorschlaghammer. »Haltet euch die Ohren zu, das wird jetzt ein bisschen laut.«

Ich konnte nur noch die kleinen Brüder zur Wand schieben und Eddy, unser Goldfischchen, mit dem Rücken am Kinderbett beschützen. Ohne weitere Erklärungen begann unsere Mama, die selber gerade erst von ihrer Schicht auf der Arbeit zurückgekommen war, die Wand zwischen der Küche und der Veranda einzuschlagen.

»Was machst du, Mama?!« Entsetzt hielten wir uns die Ohren zu und husteten vor Staub.

Unsere Mama war eine tüchtige, fleißige und geschickte Frau, die sich vor absolut keiner Arbeit scheute. Der kleine Eddy weinte und schrie bitterlich vor Entsetzen in seinem Gitterbett. Unsere Mama war die sanfteste, liebste Frau der Welt für uns, und in so einer plötzlichen Aktion hatten wir sie noch nie erlebt. »Psst, sei doch ruhig, Goldfischchen, hier tut dir keiner was!« Ich drückte das brüllende Kerlchen an mich.

»Kommt her, ihr Mäuse, wir spielen jetzt Heinzelmännchen!« Die Mama schlug einen dicken Backstein aus der Mauer, die die Küche von der Veranda trennte. »Schaut mal durch das Loch!«

Das taten wir begeistert. War das ein tolles Spiel! »Lass mich mal!«

»Jetzt ich!«

»Ich auch, ich auch!« Gegenseitig schubsten wir uns weg und spähten durch die Öffnung, als wenn sich der Schatz des Silbersees dahinter verbürge.

»Seht ihr das Licht, das jetzt in die Küche hereinfällt?«

Ja, das sahen wir allerdings. Wir jauchzten und hüpften vor Begeisterung.

»Was glaubt ihr, wie hell die Küche erst wird, wenn wir die ganze Wand herausschlagen?«

Verschwörerisch zwinkerte uns die Mama an, die Hand mit dem Vorschlaghammer in die Hüfte gestemmt.

Ich hatte meinen kleinen Goldfischbruder auf meine Hüfte gestemmt, der vor lauter Überraschung aufgehört hatte zu weinen. Ein bisschen Rotz hing ihm an der Nase, und routiniert wischte ich ihn mit dem Ärmel weg. Nur noch ein leises Schluchzen entrang sich seinem zarten Körper, und seine erstaunten braunen Augen fixierten unsere verrückte, liebe, tatendurstige Mama.

»Das wird toll, was meint ihr?« Die Mama holte schon zum nächsten Schlag aus.

»Aber was wird der Papa sagen?«

»Der wird bestimmt schimpfen!«

»Ja, möglich, aber nur, wenn wir nicht mit unserem Werk fertig werden, bevor er morgen früh von der Nachtschicht kommt! Also muss alles tadellos aufgeräumt und fertig sein!«

Und plötzlich kam Leben in uns kleine Rasselbande!

»Los, ihr Heinzelmännchen. Wir zaubern jetzt. Die Kleinen bringen alle Küchengegenstände aus den Schubladen und Kommoden ins Kinderzimmer hinüber, damit sie nicht staubig werden.« Die Mama zwinkerte mir zu. »Den Topf mit den Nudelresten habe ich schon gefunden, Lisa. Macht nichts, wir machen den nachher zusammen sauber.« Dankbar registrierte ich, dass sie weder schimpfte noch mich auslachte. Mein Herz weitete sich vor Liebe zu unserer starken, resoluten und immer herzlichen Mama. Sie konnte aus allem ein Spiel machen, sogar aus dem Herausschlagen einer Küchenwand. »Lisa, du passt mir auf das Goldfischchen auf und achtest auf die Kleinen, dass sie sich nicht wehtun.«

»Ja, Mama. Wird gemacht.«

»Die Großen …«, und damit wies sie auf Rosa und Viktor, die begeistert mit leuchtenden Augen dabeistanden, »… bringen die

Ziegelsteine raus auf den Hof und stapeln sie an der Wand ganz säuberlich auf. Aber tut euch nicht weh. Wer will fleißige Handwerker seh'n …«

»… der muss zu uns Kindern geh'n!« Eifrig setzte ich Eddy in sein Gitterbettchen und hielt ihm den besten Aussichtsplatz frei. Den Spaß wollte ich mir nicht entgehen lassen.

»Ich kann auch Steine tragen!«

»Brav, meine Lisa. Und jetzt alle wieder in Deckung!« Schon holte die Mama wieder aus, und selbst Eddy vergaß zu weinen, weil er das alles so spannend fand. Draußen kläffte sich Klipp, der Kettenhund, die Kehle aus dem Leib.

Wie die Mäuse rannten wir drei Großen mit den Steinen auf den Hof, während die Kleinen andächtig jedes Küchengerät, jeden Topf und jeden Teller in das Kinderzimmer trugen und dort vor den staunenden Augen des Jüngsten auf dem Kinderbett aufstapelten.

»Ja, was macht ihr denn da für einen Radau?«

Zum Glück war es nur unsere Nachbarin, Frau Smirnova, die plötzlich auf der Veranda stand. »Hat eure Mama den Verstand verloren?« Neugierig lugte sie um die Ecke.

»Nein, wir machen einen ganz großen hellen Raum, in dem wir alle viel besser toben und spielen können!« Hastig schlüpfte ich mit einem Ziegelstein in den Händen an ihr vorbei und rannte die Verandatreppe herab in den Hof. Das Spiel machte uns großen Spaß!

»Grüß dich, Vera, nicht böse sein, dass ich dich jetzt nicht auf einen Tee einlade«, die Mama schwang schon wieder den Hammer… »Aber ich muss fertig werden, bevor der Thomas von der Nachtschicht kommt!«

»Na, der wird aber sauer sein …« Kopfschüttelnd betrachtete die Nachbarin das ungewohnte nächtliche Treiben. »Weiß er von eurer Aktion?«

»Bis jetzt noch nicht!« Schon war der letzte Stein gefallen, und die Mama betrachtete wohlwollend den wesentlich helleren, größeren Raum, der nun von dem Licht von der Veranda geflutet war. Die Nachbarin nickte beifällig und machte, dass sie wegkam.

»Du bist eindrucksvoll stark, Lydia Judt!«

»Wir arbeiten alle zusammen.« Die Mama strich sich eine Strähne aus der Stirn und stopfte sie unter das Kopftuch zurück. »Die Kleinen fegen den Bauschutt weg, und die Großen helfen mir, die Wände neu zu weißeln und den Fußboden zu laminieren, und wir streichen auch gleich die Dielen, dann könnt ihr wieder auf Socken durch den Flur rutschen, und kein Holzspan verirrt sich in eure Füßchen.«

Und so arbeiteten wir stundenlang mit heiligem Eifer, und alles lief wie am Schnürchen. Die Mutter musste schon lange heimlich den Umbau vorbereitet haben, denn alle Arbeitsmaterialien lagen bereit. Wie sie die erstanden haben mochte, darüber zerbrach ich mir heimlich den Kopf. Denn in Karaganda gab es eigentlich kaum etwas zu kaufen! Die Mama war aber auf ihrer Arbeitsstelle so beliebt, dass ich mir denken konnte, dass sie sich über einen längeren Zeitraum hinweg alles klammheimlich zusammenorganisiert hatte. »Schaut, ihr Lieben, hier an der Wand ist die Farbe schon ganz abgeblättert, das kommt sicher davon, dass ihr den Tisch immer an die Wand schiebt, wenn ihr toben wollt …und was machen wir denn mit euren Kunstwerken?« Wir hatten natürlich im Laufe der Jahre die Küchenwände vollgekritzelt. Die Mama betrachtete unser kindliches Werk mit gerührtem Lächeln. Der Reiz, mit einem vorhandenen Buntstift auf die Wand zu kritzeln, war einfach stärker gewesen als der Respekt vor der Wand. »Dann wollen wir doch alles noch mal genau begutachten, bevor wir es übermalen, was denkt ihr?«

Statt zu schimpfen oder uns gar die Ohren langzuziehen, ließ Mama sich die Zeit, unsere kleinen Kunstwerke gebührend zu betrachten. »Es fällt mir wirklich schwer, eure kleinen Kunstwerke zu übermalen, aber dann freut sich bestimmt auch der Papa, und das wollen wir doch alle, nicht wahr?«

Endlich war die gröbste Arbeit getan, und ihr Blick glitt auf die tickende Küchenuhr, die sie wieder an ihren Haken gehängt hatte. »So, ihr Mäuse. Ihr habt mir ganz wunderbar geholfen, wie die richtigen Heinzelmännchen. Ihr geht jetzt schlafen, denn morgen früh habt ihr Schule, und ich räume noch schnell die Küchensachen wieder ein …«

Todmüde verkrümelten wir uns in die Betten. Das war mal eine Nachtschicht gewesen!

Wir hörten die Mama noch lange werkeln. Sie schuftete bis zum Morgengrauen, und als wenig später der Papa von der Nachtschicht kam, hielten wir in unseren Betten den Atem an.

Zuerst hörten wir Gepolter und lautes Schimpfen. »Ja, was zum Donnerwetter … bist du denn von allen guten Geistern … du kannst doch nicht einfach eine Wand einschlagen, die Wohnung ist nur gemietet …«

»Aber Thomas, schau doch nur, wie viel Platz wir jetzt gewonnen haben!« Die heitere Stimme unserer Mutter mischte sich unter das Donnergrollen des Vaters wie eine sanfte Brise in ein Gewitter. »Und das Tageslicht scheint herein, sieh nur, jetzt können die Mäuse auch im Winter mal richtig toben …«

Bevor der Vater auch nur auf den Gedanken kommen konnte, weiter zu schimpfen, stürmten wir Großen schon in unseren Schlafanzügen in die neue Wohnküche.

»Schau nur, Vater, wie schön es geworden ist!« Die Buben rutschten auf ihren Socken über den blank geputzten Boden und tobten so begeistert herum, dass der harte Gesichtsausdruck des Vaters einem besänftigten Kopfschütteln wich. »Du hast ja sogar die Stelle, wo die Mauer stand, mit einer passenden Diele ausgelegt!« Staunend schob er sich die Schiebermütze in den Nacken.

»Außerdem können sich die Kinder beim Spielen nicht mehr so leicht verletzen.«

So hatte unser Vater das letzte Wort und auch das Gefühl, ein Wörtchen mitgesprochen zu haben. Mama lächelte uns nur wissend an und ging zur Tagesordnung über.

KASACHSTAN

1960er-Jahre

Johannes erzählt:
Ich bin an einem Dienstag, 8. Dezember 1959, in Karaganda, Kasachstan, geboren, knapp zwei Jahre nach meinem Bruder Jakob. Dieser war sechs Wochen zu früh zur Welt gekommen, und unsere Mutter musste mit ihm lange im Krankenhaus bleiben. In dieser Zeit kümmerte sich unsere Großmutter Marianna um die bis dahin erst sechsköpfige Familie, die damals immer noch in der Einzimmerwohnung lebte. Unser Vater hatte oft Nachtschicht und schlief tagsüber, und die Kinder spielten leise auf dem anderen Bett, da der Fußboden oft so kalt war, dass sie wohl darauf festgefroren wären. Wie Mutter uns später erzählte, flehte sie oft die Ärztin unter Tränen an, sie und den kleinen Johannes doch endlich zu entlassen, damit sie sich um die Familie kümmern könnte. Das war gut, denn so kamen wir an unsere Zweizimmerwohnung in der Neubausiedlung, wo zwei Jahre später dann ich und vier Jahre nach mir noch unser Nesthäkchen Eddy auf die Welt kam, von den großen Schwestern Rosa und Lisa liebevoll »Das Goldfischchen« genannt. So waren wir sechs Kinder und die Eltern in zwei Räumen glücklich und zufrieden. Wir spielten entweder zu Hause, beaufsichtigt von unserer lieben Mutter, oder trieben uns draußen vor den Wohnblocks herum. Karaganda war eine Großstadt, gebaut auf Steppe, mit fast ausschließlich Plattenbauten. Da wir keinerlei Spielzeug oder Gesellschaftsspiele hatten, band uns die Mutter schon früh in kleine Hausarbeiten mit ein, die sie uns ganz spielerisch beibrachte. So war es selbstverständlich, dass jeder von uns ihr half, so gut es die kleinen Händchen schon schafften.

Die Winter in Karaganda waren sehr kalt, bis zu minus zweiundvierzig Grad. Unsere Mutter lachte, wenn die öffentlichen Verkehrsmittel nicht mehr fuhren und sie nicht zur Arbeit gehen konnte. »Dann habe ich wenigstens Zeit für die Bettwäsche!« Diese wusch und schrubbte sie von Hand in einem Zuber, in dem sie Schnee erhitzt und zu einer heißen Lauge gemacht hatte.

Unser Vater musste den vielen Schnee, der sich aufgetürmt hatte, umschaufeln, um über die Veranda einen Tunnel nach draußen graben zu können. Durch diesen Tunnel schleppte unsere Mama die Mengen an nasser Bettwäsche nach draußen in die klirrende Kälte. Die Luft war so trocken, dass das Bettzeug im Nu in der Kälte steif gefroren war. Mithilfe der Mädchen legte unsere Mutter die Laken und Bezüge draußen noch mühsam zusammen und schleppte sie dann wieder durch den Schneetunnel zurück in die Wohnung. Hier wurde die Wäsche noch kurz ausgebreitet, weil sie etwas klamm war, aber so hatten wir eine fantastisch frisch duftende Bettwäsche. Das gehört zu meinen ersten Erinnerungen.

Landschaftlich gab es viel Steppe, die Sommer waren sehr heiß und brachten oft jene Wüstenstürme mit sich, mit denen Mama, Rosa und der damals kleine Viktor ja auch empfangen worden waren. Das Land war karg und flach. Es gab sehr viel Armut und dementsprechend viel Kriminalität. Selbst das Gemüse aus den Gärten wurde gestohlen, und Frauen, die allein auf der Straße unterwegs waren, wurden oft überfallen.

Nun kam ich als fünftes Kind nach Rosa, Viktor, Lisa und Jakob in die hart erkämpfte Wohnung, die nur aus zwei Zimmern bestand und in der unsere Mutter liebevoll und konsequent das Regiment führte. Unsere Mutter war trotz der Armut immer sehr ordentlich und sauber. Jeden Tag machte sie aufwendig und akkurat unsere fünf Betten, zwei Elternbetten und drei Kinderbetten, weil jeweils zwei von uns in einem Bett schliefen. Mit einem aufgestickten Überwurf überdeckte sie jeweils zwei Kissen in jedem Bett und setzte noch ein kleines Paradekissen aufrecht leicht schräg auf die Doppelkissen, abgesetzt mit einem Holzstöckchen auf der Rückseite. Die Betten waren mit einer weißen Tagesdecke aus Leinenstoff abgedeckt, die sie selbst bestickt hatte. Die Elternbetten hatten ein schwarz lackiertes Holzgestell und die Kinderbetten ein Metallgestell in Marmorimitation mit jeweils einer goldenen Kugel auf jedem Bettpfosten. Jeder, der zu uns zu Besuch kam, staunte: »Lydia, bei dir ist immer so schön aufgeräumt und sauber.«

Eines Morgens im Sommer schleppte Mama einen Eimer mit Wasserlauge heran. Es waren Sommerferien, und wir Kinder spielten alle bei stechender Hitze in der kleinen Wohnung. Wir waren am liebsten bei unserer Mama und fühlten uns bei ihr beschützt und geborgen.

Doch so konnte sie nicht arbeiten!

»Johannes, mein Schatz, die Mama muss jetzt die Fenster putzen, sei so lieb und spiele mit deinen Brüdern draußen!«

Die Mama kletterte auf eine kleine Stehleiter, die es mir angetan hatte.

»Bitte, Mama, darf ich auch einmal auf die Leiter steigen?«

»Ja, natürlich, ihr dürft alle einmal auf die Leiter steigen. Wie ist die Aussicht da oben?«

Mutter hielt jeden von uns kleinen Rackern an den Beinen fest und wartete geduldig, bis wir unseren Entdeckertrieb ausgelebt hatten. »So, und nun gilt mein Wort: Ihr spielt draußen, aber so, dass ich euch noch sehen kann, und die Mama putzt die Fenster. Oh, dies hier hat schon einen Sprung!«

Dankbar und gehorsam trollten wir uns auf die Straße hinaus. Unsere Wohnung lag ja im ersten Stock, und so hatte die Mama uns im Blick, während wir drei Jungen Bockspringen auf dem Hof veranstalteten. Klipp, der Kettenhund, bellte sich die Kehle aus dem Leib.

»Los, Eddy, du musst mir auf den Rücken springen, so!«

Der kleine Eddy wackelte auf seinen Windel-Beinchen auf mich zu, umklammerte meine Knie und ließ sich jauchzend zu Boden fallen. Er hatte das Spiel noch nicht begriffen.

»Ach Johannes, der Eddy ist ja noch zu klein, bück dich, dann springe ich über dich!«

Mein älterer Bruder Jakob nahm Anlauf, und ich tat, wie er mir geheißen. Direkt unter dem Küchenfenster, das Mama gerade energisch mit einem Lappen polierte, stand ich in gebückter Haltung und wartete auf den brüderlichen Sprung. Sie hatte ja gesagt, wir sollten in unmittelbarer Nähe bleiben. Schon hörte ich meines großen Bruders Füße trappeln und spannte alle Muskeln an.

In dem Moment durchschoss mich ein messerscharfer Schmerz. Scherben klirrten.

War Jakob mit dem Kopf an das offen stehende Fenster geraten?

»Au, Jakob, was hast du getan?!« Zwischen Schulterblatt und Wirbelsäule schien ein glühendes Messer zu stecken!

Ich fühlte einen lauwarmen Schwall Blut meinen Rücken hinunterrinnen, als hätte er spitze Sporen an den Füßen! Vor Schmerz und Schreck rannte ich ein paar Schritte weiter, sah Sterne vor den Augen, schnappte verzweifelt nach Luft, taumelte, hielt mich an der Hausmauer fest und rannte weiter blindlings um die Schuttberge herum, die der Sturm aufgetürmt hatte.

»Mama! Er blutet!« Das war Jakobs Stimme. Der kleine Eddy schrie plötzlich wie am Spieß.

Und dann hörte ich schon Mama schreien. »Johannes, Junge, ich komme!«

Die Stehleiter fiel krachend zu Boden, der Eimer kippte um, und Mutter rannte schreiend hinter mir her. »Junge, so bleib doch stehen!« In meinem Schmerz war ich immer weiter gerannt, weil ich mir einbildete, ein Feind mit einem Messer sei hinter mir her.

Noch immer hatte ich in meinem Schock nicht begriffen, was passiert war: Beim Fensterputzen der schon maroden Scheibe war ein großes Stück einer spitzen Glasscherbe herausgefallen und wie ein Geschoss direkt in meinem Rücken gelandet!

In meinem Fluchtreflex rannte ich immer weiter, bis ich schließlich auf einer Wiese ohnmächtig zusammenbrach.

Als ich später im Krankenhaus wieder zu mir kam, lag ich auf dem Bauch. Ein entsetzlicher Schmerz marterte meinen Rücken. Mama saß weinend auf meinem Bettrand und streichelte mir die verschwitzten Haare aus dem Nacken: »Ach, mein lieber Johannes, wie gut, dass du wieder unter uns bist! Du bist genäht worden und musst jetzt ganz still liegen! Die große Glasscherbe steckte immer noch in deinem Rücken, als du davongelaufen bist, du hättest verbluten können!«

Trotz der beißenden stechenden Schmerzen genoss ich die Streicheleinheiten der Mama, und dass ich sie einmal ganz für mich alleine hatte.

Einige Male brachte einer von uns Läuse mit nach Hause, die er sich bei Freunden oder in der Schule eingefangen hatte. Ständig lag dann einer von uns zur »Läusekontrolle« in Mamas Schoß. In Wirklichkeit genossen wir diese liebevollen Streicheleinheiten von Mamas Händen auf unseren Köpfen und das vorsichtige Kämmen mit ihrem Läusekamm außerordentlich.

»So, und ihr Mädels flechtet einander jetzt ordentliche Zöpfe. Ihr macht das schon ganz wunderbar, das kann sich doch sehen lassen! Hier, Rosa, stecke der Lisa die Haarspangen hinein, siehst du, schön mit der Blüte nach oben. – Und jetzt du, Lisa. Du hast auch schon sehr geschickte Hände. Schau, die Rosa bekommt kleine Kirschen als Haarspangen …« So beschäftigte sie sich den ganzen Tag liebevoll mit uns Kindern.

Selbst die Haarspangen der Mädchen hatte unsere Mama selbst

gebastelt und brachte es ihnen schließlich bei, selbst welche zu machen.

Unsere Mutter war eine tüchtige, fleißige und geschickte Frau, die sich vor keiner Arbeit scheute. Auch während ihrer sieben Schwangerschaften verrichtete sie ihren Haushalt bestens, kümmerte sich um den Garten und versorgte uns Kinder, indem sie arbeiten ging, denn ein Babyjahr gab es natürlich nicht. Wir waren Selbstversorger, bis auf das schwere, oft nasse Brot gab es fast nichts zu kaufen. Und das Brot wurde oft erst spätnachts geliefert, weil die Laster im Schnee oder die Fahrer in der Kneipe stecken geblieben waren. Unsere Mama, die den Laden putzte, musste danach noch die Regale auffüllen und die Böden aufwischen. Sie kam oft erst spätnachts heim, und unser Vater war ja auch auf der Arbeit.

Dann waren wir in der Obhut unserer älteren Geschwister Rosa, Viktor und Lisa.

Unsere Großmutter war inzwischen mit Onkel Jakob, Mamas jüngerem Bruder, in die Nachbarstadt gezogen und besuchte uns an den Wochenenden mit dem Bus.

Ihre jüngere Schwester Frederike war ja auch ausgezogen und hatte geheiratet.

Die Mama machte nun alle Hausarbeiten allein. Darüber hinaus nähte sie für uns Kinder alle Kleider und machte weitere Handarbeiten wie Sticken, Häkeln und Stricken. Nicht zu vergessen die riesigen Mengen an Wäsche, die sie wöchentlich von Hand wusch und entweder im Hof oder auf der Veranda, wenn es aber unter minus zwanzig Grad kalt war, auch in unserer Wohnung, zum Trocknen aufhängte. Wir Jungs tobten oft abends vor dem Schlafengehen noch zwischen Vaters Hemden und Arbeitshosen herum und bewarfen uns mit Wäscheklammern, was unsere Mama mit müdem Lächeln quittierte.

»Nicht so wild, ihr Racker. Nicht dass die Sachen wieder schmutzig werden!«

Aber sie schimpfte nie. Sie wusste doch, dass wir Kinder waren und nur spielen wollten. Und wir hatten eh so wenig Platz!

Abends, wenn wir schliefen, bügelte sie noch riesige Berge von Wäsche weg, damit unser Vater in eine aufgeräumte Wohnung zurückkam. Dann roch es wunderbar frisch in der Wohnung.

Und während sie bügelte, korrigierte sie noch die Hausaufgaben der drei großen Geschwister Rosa, Viktor und Lisa. Obwohl sie selbst nur vier Schulklassen absolviert hatte, und diese ja auf Deutsch, half sie den Geschwistern, wo sie nur konnte. »Eure Schuljahre sind auch meine Schuljahre! Ich muss doch mal gescheit Russisch lernen! Und ich bin froh, wenn ihr mir was beibringt!«

Nachts, wenn auch die Großen schliefen und der Vater in der Nachtschicht war, korrigierte sie dann noch weitere Hausaufgaben und besserte aus, was ihr nicht ordentlich genug war.

Das waren die guten Tage.

Es gab aber auch Katastrophentage, und davon nicht zu knapp. Eines Tages wurde unser Kleinster krank, und zwar richtig. Die Mutter arbeitete gerade in dem Geschäft, wo sie eine Putzstelle hatte, und Vater war morgens müde von der Nachtschicht zurückgekehrt. Wir wollten ihn nicht stören.

»Was hat denn der Eddy, der zittert ja schon die ganze Zeit?«

Unser Goldfischchen lag in seinem Gitterbettchen, und seine kleinen Milchzähnchen schlugen aufeinander. Lisa spähte besorgt über ihre Spülschüssel, während Jakob und ich, jeweils mit einem Küchenhandtuch ausgestattet, das Geschirr abzutrocknen versuchten. Wir waren ja selbst noch Knirpse und konnten kaum über den Küchentisch schauen, aber in brüderlicher Eintracht halfen wir unserer zehnjährigen Schwester, so gut wir konnten.

»Der Eddy zittert wie Espenlaub!« Lisa ließ die Spülbürste in die

Schüssel fallen und eilte an das Kinderbett. »Goldfischchen, ist dir kalt?«

Eddy schaute sie nur stumm aus seinen großen Kulleraugen an. Er hatte gelernt, dass wir tagsüber ruhig sein mussten, wenn der Vater schlief, und so hockte er zitternd und zähneklappernd in seinem Bett, ohne zu weinen.

»Kommt, Jungs, wir legen alle Decken über das Goldfischchen!«

In unserer Not zerstörten wir sogar die Bettenkunst unserer Mutter und zerrten die schweren Decken unter ihrem Tagesputz hervor. Mit eifrigen Kinderhänden stopften wir die Zudecken um unser Brüderchen und bauten ihm eine Art Höhle, durch deren Eingang wir sorgenvoll hineinspähten, und er heraus.

»Ist dir jetzt warm, Eddy?«

Heftiges Zittern und Zähneklappern war die Antwort.

»Er hat Schüttelfrost! Der ist ernsthaft krank!«

»Wecken wir den Papa?«

»Lieber nicht!«

»Ich laufe zu der Nachbarin!« Lisa schlüpfte schon in ihre Schuhe. »Die weiß sicher Rat!«

»Aber die hat einen bissigen Hund an der Kette!« Wir Kinder machten immer einen Riesenbogen um ihre Haustür. Der riesige Wachhund war am Kellerschacht angebunden und ließ niemanden in die Nähe. Mit tropfenden Lefzen knurrte und bellte er uns Kinder und alle Passanten an, die des Weges kamen. Wir nannten ihn Klipp.

»Egal, ich kann den Eddy doch nicht sterben lassen!«

Obwohl wir Kinder uns vor dem Riesentier fürchteten, rannte Lisa schon los. Jakob und ich spähten durch das Kinderzimmerfenster und sahen sie in gebührendem Abstand vor dem Kellerschacht nach der Nachbarin rufen, dass ihr kleiner Mädchenkörper vibrierte. Mit dem Mut der Verzweiflung bückte sie sich und warf kleine Steinchen gegen ihr Fenster. Endlich flog es auf, der

Hund zerfleischte sich fast selbst vor Wut, aber die Nachbarin hatte es verstanden: Wir Kinder waren in höchster Not. Und kurz darauf hatte sie schon einen Arzt alarmiert, der unserem Eddy das Fieber senkte und Linderung verschaffte.

Als unsere Mutter abends müde heimkam, war das Schlimmste schon überstanden.

KARAGANDA, KASACHSTAN

1965

Lydia erzählt:

»Herr, gib ihr die ewige Ruhe …«

»Und das ewige Licht leuchte ihr.«

»Herr, lass sie ruhen in Frieden …«

»Amen.«

Erschüttert und in tiefer Trauer standen wir als Großfamilie vor dem Grab unserer lieben Mutter, die mit Mitte sechzig an Altersschwäche gestorben war. Es war ihr nicht mehr vergönnt, ihren Mann Josef wiederzusehen. Ihre letzten Lebensjahre hatte sie bei ihrem Sohn Jakob in der Nachbarstadt verbracht.

»Was hat diese gottesfürchtige und tapfere Frau Marianna Groß alles erlebt und durchgemacht …« Der Trauerredner auf dem Friedhof versuchte, Mutters entbehrungsreiches, hartes und von Kummer geprägtes Leben zusammenzufassen. »Wenn jemand stark war, dann sie …«

Wir hatten ihm ein paar Daten gegeben, aber das Ausmaß des unfassbaren Elends konnte dieser Mann gar nicht begreifen. »Die große Hungersnot in der Ukraine …« Ich sah seinen Lippen dabei zu, wie sie sich bewegten. »Drei Kinder starben, die zwei Töchter Katja und Lydia überlebten nur knapp …« Seine Augen suchten in der Menge mich, die ich inzwischen selbst sechs Kinder hatte. Da meine Schwestern Klementine und Frederike mir auch so ähnlich sahen, war es schwer für den Mann, die richtige Person anzuschauen.

»Dann war es der gottesfürchtigen, frommen Frau vergönnt, noch einmal drei Kindern das Leben schenken zu dürfen: Klementine, Jakob und Frederike. Doch dann kam der schreckliche Krieg, und die Mutter musste mit ihren fünf Kindern fliehen, während der Ehemann und achtfache Vater Josef Groß noch an die Front musste: jener Josef Groß, der zwar den Krieg überlebte und längst in der BRD lebt, der seine Frau jedoch niemals wiedersehen sollte.«

Wir standen alle am Grab und weinten bitterlich: ich als Älteste der noch lebenden Kinder, mit meinem Mann Thomas und unseren sechs Kindern Rosa, Viktor, Lisa, Jakob, Johannes und dem kleinen Eduard, der als letztes Nesthäkchen zur Welt gekommen war, von den älteren Kindern weiterhin liebevoll das Goldfischchen genannt. Klementine mit Mann Georg und ihren zwei Kindern, Jakob mit Frau Galina und zwei Söhnen, Frederike mit ihrem Mann und den Kindern. Sie alle hatten inzwischen Familien gegründet und lebten in Karaganda oder wenigstens in der Nähe. Als Familie waren wir zusammengeblieben, und ich sehnte den Moment herbei, wo ich meinem Vater unter die Augen treten würde. Wir hatten zusammengehalten und es geschafft.

Inzwischen begann der Trauerredner, von der schrecklich harten Zeit in Sibirien zu reden, zwölf lange Jahre in Gefangenschaft und Zwangsarbeit, bei minus fünfzig Grad und Hunger und Not, dann vom Tod unserer Katja, die achtundzwanzigjährig der schrecklichen Tuberkulose zum Opfer gefallen war und jetzt in sibirischer Erde ruhte, und ich konnte nicht umhin, meine Gedanken abschweifen zu lassen, um nicht vor Trauer zusammenzubrechen.

Mein kleiner Sohn Josef ruhte ebenfalls in Sibirien, und das namenlose Kind, das ich viel zu früh geboren hatte. Jetzt wohnten wir schon seit neun Jahren in Karaganda in Kasachstan, unsere Kinder gingen hier zur Schule, sprachen nur noch Russisch, hatten sich eingelebt und Freundschaften geknüpft, und es stand im Raum, dass wir alle die russische Staatsbürgerschaft annehmen sollten. Die Kinder verloren mehr und mehr ihre Muttersprache und den

Bezug zu Deutschland, das nach wie vor für uns unerreichbar war. Dabei war Deutschland unsere ursprüngliche Heimat, von hier aus waren unsere Vorfahren vor Generationen in die Ukraine ausgewandert, und durch die Irrungen und Wirrungen des Krieges und seiner schrecklichen Nachwehen waren wir nun in dieser unwirtlichen Steppe gelandet, in Armut und am Existenzminimum. Seit über zwanzig Jahren heimatlos, vertrieben und ohne Wurzeln. Während die trauernden schwarzen Gestalten reglos am Grab verharrten wie Bäume, die jedes Naturereignis klaglos über sich ergehen lassen, überkam mich die plötzliche Erkenntnis, dass es an mir lag, und nur an mir, dieses drohende Schicksal für uns alle zu ändern. Wenn ich nicht handelte, würden nicht nur wir, sondern auch unsere Nachkommen für immer in dieser unwirtlichen Einöde, in diesem kommunistischen Großreich bleiben. Die Kinder würden irgendwann russische Partner heiraten und deren Namen annehmen. Sie würden rackern wie die Ameisen. Und würden in dieser gesichtslosen Masse untergehen.

Das Argument, dass Mutter ihren Mann wiedersehen wollte, war inzwischen für die Behörden obsolet.

Nun war ich die Älteste in unserer Familie und verantwortlich für meine Geschwister und alle Nachkommen, die so viel jünger waren als ich. Wer sollte nun weitermachen mit den Anträgen für ein Visum für Deutschland?

Nachdem unsere Mutter gestorben war, musste nun jedes Geschwister selbst für sich und seine Familie einen Antrag auf Ausreise stellen. Das waren vier eigenständige Anträge! Die Chance auf Familienzusammenführung war durch Mutters Tod deutlich gesunken.

Ich ließ meinen Blick über meine Familie schweifen, die mit gesenkten Köpfen an Mutters Grab stand. Sie war eine so fürsorgliche Großmutter gewesen, die mir und uns allen immer zur Seite gestanden hatte, mit all ihrer Kraft und Liebe. Nun war meine Rosel schon vierzehn! Was, wenn sie sich über kurz oder lang in einen Russen verlieben und heiraten würde? Dann würde sie hierbleiben wollen, und ich würde sie nie und nimmer in diesem großen kalten Land zurücklassen! Entweder alle oder keiner! Wir alle mussten nun erst recht so schnell wie möglich geschlossen aus der Sowjetunion ausreisen, darum musste ich kämpfen, mit jeder Faser meines Herzens!

Zusammenbleiben, hörte ich die Stimme meines Vaters, um jeden Preis zusammenbleiben!

Vater lebte! Ich wollte ihm seine Kinder und Enkel bringen!

»Frau Judt, mein herzliches Beileid.«

Inzwischen war die Trauerfeier so weit fortgeschritten, dass der Sarg in die Erde eingelassen worden war und der Trauerredner seinen Zylinder abgenommen hatte. Er ließ seinen Spaten symbolisch in den schwarzen Sandhaufen gleiten und schaufelte eine Handvoll Sand auf den Sarg. Das Prasseln der kleinen Steine auf Holz war ein entsetzliches Geräusch und tat mir in der Seele weh. Was hatte meine liebe arme Mutter für uns gegeben und gelitten. Immer in der Hoffnung, eines Tages ihren Mann Josef wiederzusehen und mit ihm einen wohlverdienten Lebensabend in Sicherheit und Freiheit verbringen zu dürfen. Doch das war ihr vom Schicksal nicht vergönnt worden.

Mutter, ich setze dein Lebenswerk fort, das verspreche ich dir.

»Nun Sie, Frau Judt.« Der Trauerredner übergab mir den Spaten und trat einen Schritt zurück.

»Leb wohl, Mutter.« Weinend ließ auch ich einen Haufen Sand von der Schaufel rieseln, und die Bilder, die mir dabei vor Augen kamen, drehten sich im Kreis. Hartes unmenschliches Schuften, stumpfe Plackerei und körperliche Arbeit, immer und immer wieder, bis zum letzten Atemzug, und das ohne Sinn. Nur aus Rache eines Volkes an einem anderen Volk. Zur Strafe für etwas, was wir nie getan hatten. Als Wiedergutmachung für unvorstellbares Leid, das größenwahnsinnige Politiker angerichtet hatten. Und das wir ausbaden mussten. Das war Mutters Leben gewesen. Und meines auch. Und das unserer Kinder und Kindeskinder, wenn ich nicht dagegen kämpfen würde.

»Du hast dir den Himmel verdient, Mutter.« Schluchzend wandte ich mich ab und wartete, bis jedes einzelne Familienmitglied meiner geliebten Mutter das letzte Geleit gegeben hatte.

Dann endlich wanderte unser langer Zug zu uns nach Hause, wo noch eine kleine private Nachfeier stattfand. Natürlich hatten die Kinder und ich vorher die Wohnung auf Hochglanz gebracht, gekocht und gebacken, was wir hatten auftreiben können.

»Frau Judt, auch von meiner Seite herzliches Beileid.« Es war der alte Hausarzt, der Mutter am Ende begleitet hatte. Auch er war zur Beerdigung aus der benachbarten Stadt angereist. »Was werden Sie nun anstellen? Ihre Mutter hat immer wieder erzählt, dass Sie alle nach Westdeutschland zu Ihrem Vater ausreisen wollten.«

Der alte Arzt drehte sein Glas in den Händen. »Wie tragisch, dass sich die beiden nie mehr wiedersehen sollten.« Er schüttelte immer wieder den Kopf.

»Ja, das ist tragisch. – Aber wir wollen unbedingt!« Ich wies mit der Hand auf die älteren Kinder, die höflich die Gäste bedienten und auf Tabletts kleine belegte Brote anboten. »Wissen Sie, Herr Doktor, ich habe solche Angst. Wenn meine Ältesten jemanden kennenlernen, mit dem sie eine Familie gründen wollen, dann ist es zu spät! Ich lasse keinen zurück, das habe ich meinem Vater versprochen.«

»Ich verstehe, dass Sie es jetzt erst recht eilig haben.« Der Arzt stellte sein Glas ab und nahm mich beiseite. Unauffällig raunte er mir zu: »Versuchen Sie es doch über ein baltisches Land. Da sind die Ausreisebedingungen besser.«

»Woher wissen Sie das?« Mit weit aufgerissenen Augen schaute ich ihn erschrocken an. Solche Sachen besprach man besser unter der Hand, und es gab auch viele Spitzel, die einen wegen solcher Pläne gerne mal verrieten. Aber zu dem Arzt meiner Mutter hatte ich Vertrauen. Jakob kannte ihn ja gut.

»Meine Verwandten und viele gebildete Menschen aus unserem Freundeskreis sind bereits nach Lettland, Estland oder Litauen gegangen. Wie Sie wissen, gehört das Baltikum ebenfalls zur Sowjetunion, ist aber den Deutschen gegenüber sehr viel aufgeschlossener.«

Er machte ein bedeutungsvolles Gesicht: »Die Deutschen werden dort wie Könige behandelt, schrieb mir ein guter Freund! Und vielen ist die Ausreise in den Westen von dort aus schon gelungen.« Er drückte mir den Arm: »Sie schaffen das, Frau Judt. Wenn nicht Sie, wer dann! Ich wünsche Ihnen viel Glück.«

OLINI, LETTLAND

Sommer 1968

Jakob, damals zehn, erzählt:
»Kinder, wir sind da! Wir sind in Lettland!« Die sechzehnjährige Rosel presste ihre Stirn an die kühle glatte Scheibe des Zuges, der uns seit Tagen und Nächten durch das riesige sowjetische Großreich schaukelte. Wir anderen drückten uns ebenfalls die Nasen platt.

Karaganda war eine einzige Betonwüste aus hässlichen Plattenbauten gewesen, und die Aufregung, über viertausend Kilometer in einem Zug zu sitzen und in eine unbekannte Zukunft zu fahren, ließ mich während der Fahrt kaum schlafen. Ich hatte nie etwas anderes gesehen als die endlose Steppe Kasachstans, und nun durchfuhren wir schon seit Stunden endlose grüne Wälder. Wunderbare, herrliche Landschaften mit reißenden Flüssen taten sich auf! Das war das Paradies!

»Ich habe noch nie so viele Bäume gesehen!«

»Ich glaube, ich habe überhaupt noch nie einen Baum gesehen!«

Unsere Mutter schaute nur schweigend und staunend aus dem Fenster. Was in ihren Gedanken vorging, konnten wir Kinder nicht erahnen. Dagegen zwitscherten wir Kinder aufgeregt wie ein Vogelschwarm durcheinander.

»Wir werden sogar in der Nähe eines Flusses leben! Da können wir angeln, hat Vater geschrieben!«

Aufgeregt plappernd drückten wir unsere Nasen an den staubigen Zugfenstern platt. Seit einer Woche saßen wir jetzt in einem schmutzigen stinkenden Zug und lebten ausschließlich von den mitgebrachten Vorräten, die wir als Gepäck in einem Bettbezug mit uns schleppten.

Ganze Einmachgläser voller Gemüse und eingekochtem Obst aus unserem Garten, den Mutter noch abgeerntet hatte. Mutter war mit uns allein auf Reisen, und trotz aller Bemühungen ihrerseits hatte es etwas von Abenteuerreise und chaotischem Grauen. Unser Vater war schon vor Monaten vorausgefahren, um für unsere achtköpfige Familie ein neues Zuhause und Arbeitsplätze für die Eltern zu finden. Nun war es ihm gelungen, und jetzt nahte der Moment, wo wir unsere neue Heimat kennenlernen sollten.

Mit gemischten Gefühlen standen wir Jungen am Fenster, als der Zug in der Kleinstadt Cesis hielt.

»Schaut nur, da steht unser Abholer!« Mutter kämpfte sich mit Sack und Pack über den Bahnhof. »Kommt, Kinder, helft den Kleinen beim Aussteigen und folgt mir!«

Ein klappriger Lastwagen stand vor dem kleinen Bahnhof.

Natürlich konnte niemand von uns die lateinischen Schriftzeichen lesen.

Vater hatte auf dem Beifahrersitz gesessen und begrüßte uns freudig. »Habt ihr der Mutter auch keinen Ärger gemacht?«

»Nein. Wir waren ganz brav! Wir haben alle zusammen geholfen!«

»Thomas, die Kinder waren vorbildlich. Lass sie doch erst mal ankommen!«

Die Mutter überließ Vater und dem Fahrer das Gepäck, und die Männer wuchteten es gemeinsam auf die Ladefläche.

»So, nun ihr, Kinder, hinterher!« Ehe wir uns versahen, waren wir ebenfalls auf die Ladefläche des Lasters gewuchtet worden. Vater setzte sich vorn zum Fahrer und half Mutter hinein. Der Fahrer war ein Waldarbeiter-Kollege.

»Juhuu, die Ladefläche ist voller Heu!«

Sofort begannen wir Jungen, uns mit dem Heu zu bewerfen. Nach einer ganzen Woche in dem Waggon, wo wir auf Holzbänken eng zusammengedrängt gehockt oder auch gelegen hatten, war das Toben nun eine wahre Wonne.

»Kinder, wollt ihr euch wohl benehmen! Wir sind hier in einem gastfreundlichen Land!«

Mutter spähte durch die staubige Rückscheibe des Führerhäuschens und verdrehte die Augen in Richtung Vater. Sofort kuschten wir und hockten uns gehorsam auf das Heu.

Ruckelnd und knatternd setzte sich der Kleinlaster in Bewegung.

»Wie das riecht! So würzig und herb!«

»Au, mein Hintern!«

»Halt die Klappe!«

»Das geht hier über Stock und Stein!«

»Besser als in Karaganda, durch stinkende Straßen mit Abgasen und Lärm!«

»Mein Hintern bricht durch!«

»Klappe, Kleiner! Wollt ihr unserer Mutter Ärger machen?«

»Seht doch nur, eine Hängebrücke!«

»Sitzen bleiben! Du fliegst noch über die Rampe!« Eine der großen Schwestern zog mich am Hosenboden wieder zurück. Doch mir fielen fast die Augen aus dem Kopf vor Staunen.

»Boa! Das ist der Fluss! Der ist ja riesig!«

»Und so grün! Da tuckert ja sogar ein Schiff drauf!«

»Oje, wir können doch alle nicht schwimmen!«

»Das lernen wir! Ich springe noch in diesem Sommer von der Brücke!«

»Traust du dich nicht!«

»Trau ich mich wohl!«

Wir gackerten wie eine aufgeregte Hühnerschar durcheinander. Unsere großen Schwestern Rosa und Lisa hielten uns, so gut sie konnten, in Schach. Mir fielen fast die Augen aus dem Kopf: Ich hatte noch nie im Leben so endlose Wälder gesehen! Eine solch üppige Vegetation!

Es blühte und duftete in allen Farben. Pflanzen schlangen sich ineinander wie Feengestalten und Märchenwesen. Moos, Steine, Wurzeln! Und der rauschende, majestätische Fluss, der sich in perlenden Wellen dahinzog! Die Sonne spiegelte sich tausendfach darin, und die Vögel jubilierten und zwitscherten um die Wette.

Wann hatten wir in Karaganda je die Vögel singen gehört? Ich konnte mich nicht daran erinnern. Mein Herz raste vor Aufregung. Hier würden wir leben dürfen?

»Wir sind da, Kinder. Schaut, da stehen unsere neuen Nachbarn!« Der Transporter stoppte vor einem dunkelbraunen Holzhaus. »Benehmt euch und grüßt höflich!«

Vater sprang schon aus dem Führerhäuschen und lud das Gepäck ab. Mutter half uns von der Laderampe. Wir hatten überall Strohhalme in den Haaren und pickten sie einander kichernd ab.

»Kinder, benehmt euch! Wir wollen doch einen guten Eindruck machen!«

»Was rufen die Leute?«

»Herzlich willkommen! Gott, die sind hier so viel netter und freundlicher als in Karaganda …« Mutter hatte ganz rote Flecken am Hals. »Schaut mal, sie haben Geschenke für uns!« Sie lief mit ausgebreiteten Armen auf die Fremden zu. »Danke für diesen wunderschönen Empfang! Darf ich vorstellen, das sind unsere Kinder … Rosa, Viktor, Lisa, Jakob, Johannes und der kleine Eddy.«

Wir standen wie die Orgelpfeifen, eingeschüchtert und tief beeindruckt da und ließen uns von unseren neuen Nachbarn herzlich begrüßen. Die würzige frische Luft drang mir in die Lungen. Hühner gackerten um uns herum, Schafe und Kühe standen auf den üppigen Wiesen und starrten uns an, überall blühte und duftete es. Bisher unbekannte Farben und Gerüche überfielen mich wie warme weiche Watte.

So fühlte sich also das Paradies an!

»Hier ist der Lebensmittelladen, den Sie übernehmen sollen,

Frau Judt.« Die Nachbarn zogen Mutter schon mit sich, und wir Kinder trippelten staunend hinterher wie neugierige Entenküken.

»Was ist denn das hier für ein leerer Saal?«

»Das ist unser Dorfkino. Zweimal im Monat werden hier Filme vorgeführt.« Ein Nachbarsjunge zupfte mich am Ärmel. »Nachmittags gibt es Filme für Kinder, und abends für Erwachsene. Aber ich zeige euch, wo man sich verstecken kann, damit man drinnen bleiben kann!«

Das überforderte mich maßlos. Filme? Für Erwachsene?

»Habt ihr Lust zu angeln?«

»Jetzt?«

»Nein, nächstes Jahr. Natürlich jetzt, Stadtjunge!«

Erst jetzt bemerkte ich den langen Stock mit der Schnur, den der Landjunge dabeihatte.

Mein Herz machte einen Riesensatz vor Glück. Die neu erworbene Freiheit dehnte meine Lungen aus, und mein ganzer Körper kribbelte vor Freude.

»Mama, dürfen wir?«

»Ja, aber vorsichtig, ihr könnt nicht schwimmen! Eddy muss immer einer festhalten!«

Die Erwachsenen und die Mädchen waren damit beschäftigt, das Heu von der Laderampe in den leeren Schlafraum im oberen Stock zu verteilen und unsere mitgebrachten Laken darauf auszubreiten.

»Und seid vor Anbruch der Dunkelheit zurück!«

Wir schnappten uns je einen Eimer, in der Annahme, dass die Fische uns in Mengen dort hineinspringen würden!

»Wenn ihr so laut quatscht, beißt nie einer an!« Der Landjunge, der sich mit Gunnar vorgestellt hatte, ließ uns vier Brüder abwechselnd die Angel halten. Viktor wagte sich bald schon bis zu den Hüften in das dahinschießende, eiskalte Wasser und lachte über das ganze Gesicht. Ich hielt den kleinen Eddy wie versprochen fest.

»Pass auf, du bist die Strömung hier nicht gewohnt!« Gunnar blieb eher skeptisch am Rande stehen. »Im Sommer springen wir von der Hängebrücke, und die Touristen auf den Flussschiffen fotografieren uns und werfen uns Geld zu. – Jakob, jetzt darfst du die Angel halten, und danach Johannes, aber ihr müsst wirklich leise sein! Und auch keine Schatten werfen, Viktor, sonst beißen die Fische niemals an!«

Während wir Jungen damit beschäftigt waren, uns von Gunnar in die Kunst des lautlosen und unsichtbaren Angelns einweisen zu lassen, hatte ich kurz die Hand des kleinen Eddy losgelassen. Und als ich vom Köderfisch, den wir an den Angelhaken gespießt hatten, wieder aufschaute, war Eddy weg.

Mein Herz setzte aus. »Eddy?!«

»Nicht schreien, Mensch! Ihr vertreibt die Fische!«

»Eeeeeddy!«

Panik durchzuckte mich wie ein Blitz aus heiterem Himmel.

»Eddy ist weg!«

Viktor, der gerade schon die Höhe und Beschaffenheit der Hängebrücke ausprobierte, hechtete mit einem Satz herunter und arbeitete sich mehr schaufelnd als schwimmend zu uns heran.

»Gerade war er doch noch hier!«

»EEEEEEDDYYYYYYY!«

Inzwischen hatte auch Gunnar begriffen, dass einer von uns fehlte. Und zwar der Kleinste.

»Da! Da steigen Luftblasen auf!«

Mein Herz raste wie eine Dampflok. Um Gottes willen! Das konnte doch nicht wahr sein, es war doch höchstens eine Minute! Das konnte ich Mutter im Leben nicht antun, dass ich unser Goldfischchen aus den Augen gelassen hatte!

Noch ehe ich einen klaren Gedanken fassen konnte, sprang ich mitsamt meinen Reiseklamotten ins Wasser, gefolgt von Johannes. Viktor und Gunnar stoben schon in der Mitte des Flusses herum, zerteilten mit verzweifelten Armbewegungen die Wellen und tauchten immer wieder unter.

»DA*!* Die Luftblasen sind da vorne!«

Mit dem Mut der Verzweiflung tauchte ich unter Wasser. Das graue Grün des eiskalten Wassers schnitt mir in die Augen. Schlingpflanzen und sich windendes Getier schlängelte sich über bewegten Steinen und Mulden. Meine Augen gewöhnten sich an das glitzernde blendende Nass. Kein Eddy. Hilfe! Luft! Meine Beine fanden keinen Halt! Ich ruderte verzweifelt mit den Armen und strampelte um mein Leben. Meine Lungen drohten zu bersten.

Nach einer Weile gelang es mir, wieder aufzutauchen. Das Wasser peitschte gurgelnd um meine Ohren, um mein Gesicht. Es drückte mich von hinten wie ein Schaufelbagger. Ich hustete und spuckte und ruderte, um das Gleichgewicht wiederzuerlangen.

»Dahinten! Weiter hinten kommen Luftblasen!« Alle vier Jungen schaufelten wir uns gegen die Strömung mit aller Kraft und Panik zu der Stelle vor und tauchten wieder unter. Da vorne bewegte sich was. Ein großer Fisch? Eine Schlingpflanze? Ein … kleiner Junge! Mein fünfjähriger Bruder Eddy! Bitte, lieber Gott, hilf mir, bitte, lieber Gott, nur dieses eine Mal … Ich kann es meiner Mama nicht antun, nicht das auch noch, bitte hilf mir, lieber Gott …

Zusammenbleiben. Um jeden Preis zusammenbleiben. Einer für alle, alle für einen!

Und plötzlich bekam ich in der Schwärze einer Vertiefung zwischen Steinen und schießenden Wassermassen einen schlingernden Arm zu fassen. Mit dem Mut der Verzweiflung packte ich den leblosen Körper und zerrte mit aller Macht an ihm, er entglitt mir immer wieder und sank wie von Geisterhand gezogen in die Tiefe, aber ich packte Eddy schließlich am Hals und zog ihn mit letzter Kraft nach oben.

In der Sekunde stürzten auch schon die anderen Jungen herbei und zogen und zerrten uns keuchend und prustend ans Ufer.

»Ihr müsst ihn umdrehen und schütteln, so …« Gunnar griff den leblosen Körper mit beiden Armen und riss ihn an der Taille hoch. Endlich spuckte Eddy Wasser und röchelte und hustete.

Vor lauter Erleichterung brach ich neben ihm auf der Uferböschung zusammen. Mein Atem rasselte, und auch ich spuckte Wasser und Dreck aus. So ein Sog! Das hatte ich nicht geahnt.

Der Schreck lähmte mir alle Glieder, und in meinem Kopf hämmerte und brummte es, als wäre ich immer noch unter Wasser. Was für ein Schock!

Immerhin. Der kleine Eddy hustete und rang nach Luft, weinte und schlug schließlich um sich.

Ich selbst lag gekrümmt vor Panik, Schmerz und Schreck daneben auf den mit Moos bewachsenen Steinen am Ufer.

»Meine Güte, ihr idiotischen Stadtjungen. Das gibt aber richtig Ärger.« Gunnar war auf einen Stein gekrabbelt und wrang sich seine Hosenbeine aus. »Meine Eltern werden mir den Arsch vollhauen.«

Viktor war ganz bleich geworden und spuckte auch immer wieder Wasser aus. »Das ist alles meine Schuld, denn ich bin der Älteste und habe die Verantwortung.« Er schüttelte seine nassen Schuhe aus.

»Nein, ich habe die Verantwortung.« Meine Lungen schmerzten, als hätte ich ein Reibeisen verschluckt. »Mama hat mir gesagt, ich solle auf Eddy aufpassen!«

»Mir hat sie es auch gesagt.« Johannes rannen die Tränen über die Wangen. »Sie wird so furchtbar enttäuscht von uns sein … wir sollten doch zusammenbleiben, um jeden Preis!«

»Wisst ihr was?« Unser kleiner Eddy hatte Schluckauf vor Husten und Würgen, war aber als Erster wieder bei Kräften. »Wir sagen es ihnen einfach nicht.«

Unser tapferer kleiner Eddy! Einer für alle, alle für einen!

»Aber wir sind alle klitschnass! Sie werden es merken!«

»Der Kleine hat recht!« Gunnar zog sich das Hemd aus und wrang es bis zum letzten Tropfen aus. »Los, zieht alles aus und werft die Sachen über die Sträucher. Der kräftige warme Wind wird sie schnell trocknen. Und es muss unser ganz großes Geheimnis bleiben!«

So standen wir kurz darauf alle nur mit der Unterhose bekleidet, zähneklappernd und zitternd vor Schock und Schreck barfuß auf einem großen Stein.

»Hand drauf.« Gunnar spuckte in seine Hand und hielt sie uns hin.

»Hand drauf.« Viktor tat es ihm nach. Sein sehniger magerer Körper war eine einzige Gänsehaut.

Interessante lettische Sitten, dachte ich. Ich holte so richtig tief von unten die Spucke des Vergessens hervor. »Hand drauf.«

Und so taten es auch Johannes und der kleine Eddy.

Von da an waren wir eine noch verschworenere Gemeinschaft als schon zuvor.

Gunnar und der Fluss wurden unsere besten Freunde.

LETTLAND

Sommer 1968

Rosa erzählt:
Von der Steppe in der Idylle angekommen in Lettland »Olini«. Für uns alle war es schon der erste Schritt ins Paradies. Wir bekamen ein kleines Häuschen vom Staat zugewiesen. Es war mitten im Wald. Mama erhielt einen kleinen Lebensmittelladen, wo sie als Verkäuferin arbeitete. Der Fluss »Gauja« war nicht weit weg. Darin haben wir Kinder das Schwimmen gelernt. Ab und zu waren die Brüder beim Fischen und brachten einige Fische mit nach Hause. Diese wurden köstlich zum Mittagessen zubereitet. Der Wald war voller Beeren, die wir noch nie gesehen hatten, aber köstlich schmeckten. Im Herbst gab sehr viele Pilze, die Mama für den Winter einkochte.

Bald darauf bekamen wir eine Kuh, ein Schwein und noch andere Kleintiere. Das war für uns Kinder alles Neuland. Jetzt hieß es auch auf dem Feld mit anzupacken. Es war natürlich auch schön, auf den Feldern rumzuspringen. Mama war ja den ganzen Tag im Laden und der Vater auch in der Arbeit. Mama konnte uns immer gut sehen, wenn es Probleme gab, sprang sie heraus und richtete alles so gut, wie es ging. Bis heute ist es mir ein Rätsel, wie sie das alles meistern konnte.

Im September kamen meine Geschwister in die Schule nach »Strenci«, und ich hatte eine Arbeitsstelle in einer Konditorei. Dort lernte ich, Kuchen, Torten und Gebäck zu backen und zu verzieren. So war ich von der Früh 7.00 bis 18.00 Uhr nicht zu Hause. Da ich in Kasachstan keinen Abschluss machen konnte, hatte ich mich in der Abendschule angemeldet. Am Abend fuhr kein Bus nach Olini, deshalb übernachtete ich oft bei einer ganz netten Familie. Sie hatte drei Kinder in meinem Alter. Ich fühlte mich da ganz wohl. Im Sommer kamen die drei Jugendlichen öfters am Wochenende zu uns und übernachteten im Heustadel. Wir hatten eine Riesengaudi, wir tobten die halbe Nacht herum, bis mein Vater kam und uns in die heugemachten Betten schickte. Am Morgen gab es frische Milch von unserer Kuh und gutes Brot von Mamas Laden. So konnte ich mich auch bei ihnen revanchieren. Bis heute sind wir dicke Freunde.

OLINI, LETTLAND

Sommer 1968

Lisa erzählt:
»Mama, da steht eine Frau vor deinem Laden und sagt, du sollst rauskommen!«

Die Mama hatte ihren kleinen Tante-Emma-Laden wie eine Puppenstube eingerichtet, alles war blitzsauber geputzt und die hölzernen Regale blank gescheuert. Kein Krümel lag herum, kein Reiskorn und kein Tupfer Mehl auf der Theke offenbarte vom regen Handel, der hier stattfand. Die offene Margarine lag in Zehn-Kilo-Verpackungen im Kühlregal, die Jutesäcke mit Mehl, Zucker, Reis und verschiedenen Nudeln standen akkurat auf den Regalen, und in einem kleinen Sortiment gab es Nägel, Hämmer, alle Arten von Arbeitskleidung, Küchenartikel, Süßigkeiten und verschiedene alkoholische Getränke, die unsere Mutter jedoch in verschlossenen Glasvitrinen aufbewahrte. So war auch der Kreisverband von Strenci von der neuen guten Fee begeistert und bereute es nicht, für ihre achtköpfige Familie eine Wohnung zur Verfügung gestellt zu haben. Jedenfalls bis jetzt nicht!

»Ist die Dame von der Behörde?« Eilfertig putzte sich Mutter die Hände an ihrer blütenweißen Kittelschürze ab und steckte ihr Haar wieder säuberlich unter das Kopftuch. »Wenn nämlich die Revision auftaucht, wird sie eine mehrtägige Kassen-und Warenprüfung durchführen.« Nervös strich sie sich über die erröteten Wangen. »Aber wir haben ja gestern noch das Geld gezählt und sogar die Scheine gebügelt, ich kann sie so abliefern.«

Ja, die Mutter bügelte abends mit uns Mädchen die Geldscheine, und wir legten sie auf Kante, in geordneten Bündeln, mit Banderolen versehen.

Nervös spähte sie durch das Fenster. Hätte es eine Ungereimtheit gegeben, hätte sie sofort ihren Arbeitsplatz und wir damit die Wohnung verloren.

»Nein, Mama, die Frau hat ein Kälbchen dabei!«

»Ein Kälbchen? Lass sehen. Komm, wir begrüßen sie.« Mutter ließ die Ladenglocke bimmeln und trat nach draußen in den hellen Sommermorgen.

»Guten Morgen, meine Dame!«, begrüßte Mutter sie herzlich auf Russisch. »Was darf ich Ihnen herausbringen? Sicher möchten Sie Ihr Kälbchen hier nicht unbeaufsichtigt stehen lassen.« Wir waren es ja immer noch gewohnt, dass alles, was nicht niet- und nagelfest war, sofort gestohlen wurde.

Die Dame redete in einer uns fremden Sprache auf Mutter ein, griff nach ihrem Arm und legte das Seil, an dem das Kälbchen angebunden war, in Mutters Hand. Dann gab sie dem Tierchen einen Klaps auf den Popo, sodass es gehorsam zwei Schritte auf uns zustakste.

Wollte die Frau uns das Kälbchen überlassen? Es stieß mich mit seinem weichen Mäulchen an, als wollte es sagen: Hallo, du, ich gehöre jetzt euch! Es war so süß! Ganz flauschig und weich, mit wachen braunen Augen und einem feuchtwarmen Maul, aus dem warmer Atem mir entgegenströmte.

»Aber liebe Dame, ich kann doch das Kalb nicht nehmen!« Mutter wehrte lachend mit beiden Händen ab. »Das kann ich Ihnen leider nicht bezahlen!« Sie legte das Seilende wieder in die Hände der alten Frau.

»Doch, Sie müssen das Kälbchen unbedingt nehmen!« Mit eindeutigen Gesten machte uns die alte Frau klar, dass sie das Tierchen extra für uns mitgebracht hatte! Sie machte Melkbewegungen und zeigte auf mich dünnes, lang aufgeschossenes zwölfjähriges

Mädchen mit den akkuraten Zöpfen. »Du hast doch sechs Kinder, die brauchen Milch!«

»Ja, liebe Dame, das stimmt, aber wir sind hier neu, und ich habe absolut noch kein Geld verdient!« Wieder schüttelte Mutter bedauernd den Kopf und zog das Tierchen zu seiner Besitzerin. Es bockte und wollte so gar nicht zurück. Ich selbst war direkt ganz arg verliebt!

»Mama, lass uns doch das Kälbchen behalten …«

»Aber liebes Kind, wir können es nicht bezahlen! Du weißt doch, dass ich das Geld aus dem Laden dafür nicht hernehmen darf …?«

»Sie können es mir später in Raten zurückzahlen«, gestikulierte und radebrechte die alte Frau. »Es hat sich herumgesprochen, dass Sie grundehrlich sind und dass Sie großartige Kinder haben!« Die Frau tätschelte mir lächelnd den Scheitel und machte wieder Bewegungen, dass ich doch Milch trinken sollte, um weiter zu wachsen.

Dann zeigte sie auf unterschiedlichen Höhen, wie groß die Brüder waren, und lachte, indem sie ihr Gesicht zu tausend Falten verzog. »Die Kinder sind Ihre Zukunft, Genossin Verkäuferin. Die brauchen Milch!«

Nach einigem Widerstreben und Hin und Her nahm Mutter schließlich das Kälbchen an.

Bestimmt träumte Mama schon lange davon, ihren Kindern frische Kuhmilch bieten zu können.

Die alte Frau umarmte Mama innig und überschüttete sie mit liebevollen Komplimenten, was Mama wiederum zu Tränen rührte.

Innerlich bebend vor Glück, brachte ich das flauschige Kälbchen in den Stall, der zu unserer Wohnung gehörte. Bisher war er leer gewesen, etwas alt und baufällig, aber jetzt sollte er für unser Kuhkind ein Zuhause werden!

»Kommt runter, Jungs, es gibt jede Menge zu tun!« Beglückt sah ich meinen Brüdern dabei zu, wie sie barfuß und eifrig noch in

Nachtwäsche die Treppe hinunterstürmten, um unseren Familienzuwachs auf das Zärtlichste zu begrüßen.

»Wir nennen es Manjka!«, bestimmte ich.

Das war unser erstes eigenes Tier, und wir übernahmen sofort die volle Verantwortung für das zarte Wesen, das zitternd und staunend seine neue Familie beäugte.

»Kommt, wir führen es auf die Wiese und schauen, welche Grashalme es mag!«

So spazierten wir mit Manjka an der Leine durch die Gegend, und mir wollte vor Stolz und Glück fast die Brust zerplatzen. Ich hatte es zuerst gesehen! Ich durfte ihm den Namen geben! Es folgte mir wie ein Hündchen und leckte mir die Hände! So saßen die kleinen Brüder und ich selig in der sommerlichen Wiesenpracht und schauten zu, wie es fraß. Und die hässlichen Hochhäuser von Karaganda, die öde Steppe und die unfreundlichen Menschen schwanden immer mehr aus meiner Erinnerung.

OLINI, LETTLAND

Sommer 1969

Jakob erzählt:

»Heute bist du dran mit Kühehüten, Jakob!«

Viktors kräftige Hand rüttelte mich aus dem Schlaf. »Los, steh auf, es ist kurz vor vier!«

In Lettland war es im Sommer um diese Zeit bereits hell. Ich blinzelte verschlafen in der Stube umher. Meine übrigen Geschwister schliefen noch.

»Die Mama wartet schon auf dich. Komm, sei ein Mann. Morgen übernehme ich wieder die Frühschicht!«

Hastig sprang ich auf, stolperte in meine Hosenbeine, stopfte mir meine Hemdzipfel in den Hosenbund und wischte mir über die Augen. So geräuschlos wie möglich schlich ich barfuß die knarrende Holzstiege hinunter, um meine Geschwister nicht zu wecken. Sie alle hatten ihre Aufgaben zugeteilt bekommen und würden in Kürze aufs Feld, in den Stall oder in die Küche eilen, um ihre Arbeiten zu verrichten. Es gab niemanden, der unserer geliebten Mama nicht nach Kräften zu helfen bereit war. Hauptsache, wir durften in diesem Paradies zusammenbleiben.

»Guten Morgen, mein Großer.« Das sagte meine Mama immer so liebevoll, obwohl ich kaum eins zwanzig groß war. In Kittelschürze und Kopftuch stand sie schon mit unserer Kuh am Halfter vor der Tür und steckte mir eine Kanne mit frisch gemolkener Milch zu, aus der warmer Dampf hervorstieg. »Du musst die Nachbarkühe auch noch abholen und mitnehmen, insgesamt sind es heute acht.«

Liebevoll strich sie mir über die noch verstrubbelten Haare. »Ich koche dir heute Mittag deine Lieblings-Fleischküchle! Lisa bringt sie dir hinaus!«

Schlaftrunken, aber wie im Traum stolperte ich durch den strahlend hellen Morgen. Von jedem Baumwipfel zwitscherten die Vögel, und es roch unbeschreiblich würzig nach Freiheit und Leben. Die Sonne leuchtete schon über dem Waldrand und kündete von einem wolkenlosen herrlichen Sommertag. Vor jedem der vereinzelten kleinen Gehöfte stand bereits eine Nachbarin in der Morgenkühle und lieferte mir ihre Kühe aus.

»Guten Morgen, Else, guten Morgen, Olga, hallo Dora, komm jetzt, Wanda!«

Ich hatte zu allen Kühen bereits ein freundschaftliches Verhältnis aufgebaut, und willig trotteten die schwarz-weiß gescheckten Huftiere mit wackelnden Schwänzen und hin und her wogenden Eutern mit.

Sie waren alle schon gemolken worden und harrten nun ein paar entspannten Stunden mit Grasen, Fressen und Wiederkäuen. Und ich harrte meiner Lieblingsstelle auf einem flachen Steinpodest, das sich im Laufe des Tages vom Sonnenlicht erwärmen und zu einer perfekten Schlafstelle verwandeln würde.

»Leg dich niemals ins Gras«, hatte unser Nachbarsjunge Gunnar mich gewarnt. »Da treiben sich Zecken, Schnaken, aber auch Schlangen herum. Auf dem Stein bist du sicher.«

»Also dann. Schönes Grasen.« Ich ließ die Kühe vom Seil, schwang mich mit meiner Milchkanne auf meine steinerne Bettstatt und schlief auch sofort ein.

Lange kann mein Nickerchen nicht gedauert haben, denn plötzlich spürte ich direkt über mir ein lautes Schnaufen. Keine Kuh hatte jemals so geschnauft, und schon gar nicht direkt über meinen Augenbrauen! Es blies mir die Haare vom Kopf! Ahnungsvoll schlug ich die Augen auf. Und blickte direkt in das Gesicht eines Elchs. Sein mächtiges Geweih spannte sich über unseren beiden Köpfen wie das Dach eines abgebrannten Schuppens.

Mir blieb das Herz stehen, und das Blut stockte mir in den Adern. Augenblicklich stellte ich mich tot. Der Elch schnaubte mir seinen mächtigen Atem ins Gesicht. Mit Grauen stellte ich mir vor, wie er mir nun mit seinen riesigen braungelben Hauern knirschend die Wangen, die Augen und die Lippen aus dem Gesicht fressen würde. Wie hypnotisiert starrte ich ihm in die wässrigen Augen, die von ungeheuer struppigen, verklebten und versandeten Wimpern umgeben waren.

Sein Schnauben pustete mir das Trommelfell von einem Ohr zum anderen durch!

Ich wagte nicht, mich zu rühren, ich hätte es vor Angstlähmung auch gar nicht gekonnt. Und der Koloss stand so dicht über mir, dass ich auch keinen Spielraum hatte. Ich sah mich schon in seinen Klauen und Zähnen hängen, und wie dieses riesige Untier mich als leichte Beute in den Wald davontrug. Mein Herzschlag hatte ausgesetzt, die Fantasie ging mit mir durch.

Nach einigen Minuten, die mir wie Stunden vorkamen, schien das Riesentier jedoch das Interesse an mir zu verlieren. Er drehte sich um und stolzierte gemächlich wieder in den Wald zurück.

Endlich wagte ich es, mich aufzusetzen, um nach dem Ungeheuer zu spähen. Kam es womöglich zurück? Gar mit Artgenossen? So etwas Riesiges hatte ich doch noch nie gesehen!

Meine Beine waren wie Blei und mein Körper gelähmt. Doch weder der Elch war zu sehen noch … Berta, Emma, Olga und Manjka! Keine einzige Kuh war mehr auf der Weide! Der ganze Besitz und die Nahrungsquellen der Bewohner von Olini! Man hatte sie mir doch anvertraut! Ich konnte Mama auf keinen Fall Schande machen!

Mein Zustand wechselte schlagartig von Herzstillstand zu Herzrasen.

Wie von der Tarantel gestochen rannte ich los, durchsuchte den Wald, auf die Gefahr hin, dem riesigen Elch erneut zu begegnen, aber das war egal, ich musste meiner Aufgabe gerecht werden, ich durfte nicht mit leeren Händen nach Hause kommen, um keinen Preis! Und fand schließlich zwei der acht Kühe, die sich zwischen den Bäumen verirrt hatten.

Sie muhten mich kläglich an, als wollten sie sagen: Du hast ja geschlafen, als das Untier kam!

»Kommt mit! Los, kommt!« Mit den beiden verstörten Tieren im Schlepptau, machte ich mich auf die Suche nach den anderen sechs Kühen. Doch sosehr ich auch weinend und rufend durch das Dickicht irrte, so wenig waren die Kühe aufzuspüren. Mein Herz wurde immer schwerer und drückte mir gegen die Rippen. Ich konnte doch nie und nimmer nur mit zwei Kühen wieder auftauchen!

Vor Hunger und Erschöpfung gegen späten Nachmittag schon halluzinierend, durchstöberte ich die ganze Umgebung. Irgendwann musste ich mich geschlagen geben. Mein Magen drehte sich um bei dem Gedanken, was ich angerichtet hatte und was mich nun erwartete.

Von Weitem konnte ich bereits den ersten Nachbarhof erkennen. Und was sah ich da? Sechs Kühe inmitten des Kartoffelackers der Nachbarn!

Oh mein Gott, wie war ich erleichtert und gleichzeitig erschrocken! Denn die Kühe hatten bei näherem Hinsehen bereits den gesamten Kartoffelacker verwüstet.

»Oh verdammt, ihr dummen Viecher! Das dürft ihr nicht, und das wisst ihr genau!«

Gar nichts wussten sie. Nur ich hatte die Verantwortung.

Zitternd vor Wut und Erschöpfung, zerrte ich die unwilligen schweren Huftiere wieder vom Acker.

»Zusammenbleiben«, herrschte ich die dummen Kühe an. »Um

jeden Preis!« Das war das Familien-Mantra und in meine Gehirnwindungen eingemeißelt wie das Amen in der Kirche.

Natürlich bekam ich noch eine Menge Ärger.

Aber vor dem Abendbrot machte ich mit den Kühen meinen inneren Frieden. Denn die Mama nahm mich erleichtert in die Arme und hatte wie versprochen Fleischküchle gemacht.

OLINI, LETTLAND

Sommer 1970

Lisa erzählt:
»Wo ist die Mama? Hat sie etwa nicht hier geschlafen?« Mein Blick fiel auf ihr unbenutztes Schlafsofa in der Küche. Auch der Vater war nicht hier, er schlief während des Sommers mit seinen Waldarbeiter-Kollegen in der Waldhütte. Zudem roch es nicht nach Porridge und Bratkartoffeln, wie sonst um diese frühe Morgenstunde, es brutzelten weder Eier auf dem Herd, noch duftete es nach Röstkaffee. Die Küche war leer und verwaist. Alles wie immer tadellos aufgeräumt. Mein Herz blieb stehen.

»Bestimmt waren wir böse.« Die kleinen Brüder standen schlaftrunken auf den blanken Holzdielen und hielten betreten ihre Fäuste vor den Mund. »Sie hat gesagt, sie geht in die Welt hinaus, wenn wir nicht artig sind!« Ich sah ihre kleinen Herzen klopfen, unter ihren Schlafanzügen. Unser Goldfischchen Eddy fing lautlos an zu weinen.

»Ihr wart nicht böse.« Ich legte meine Arme um ihre bebenden Schultern. »Die Mutter sagt das zwar manchmal, wenn wir ihr zu wild werden oder wenn der Vater wieder zu viel getrunken hat. Aber sie würde uns niemals wirklich verlassen.«

»Aber wo ist sie?«, quiekte Eddy verzweifelt. »Ich kann sie nicht sehen!«

Unsere Mama war unsere Sonne, unsere Lebensader und unsere Seele.

»Sie kommt zurück, ganz bestimmt.« Ich straffte mich und begann, Haferflocken in den Topf zu rühren und dabei Wasser ganz langsam zu erwärmen, so wie ich es bei ihr gelernt hatte. »Putzt euch die Zähne und wascht euch das Gesicht, dann kommt zum Frühstück.« Dabei wusste ich selber nicht, ob unsere geliebte Mama zurückkommen würde. Vielleicht hatte sie so einen Streit mit dem Vater gehabt, dass sie wirklich in die Welt hinausgelaufen war? Rosa konnte ich nicht fragen, die machte eine Ausbildung in der Stadt. Unser Vater hatte sie erst nicht gehen lassen wollen, denn sie bedeutete ja eine tatkräftige Arbeitskraft. Aber unser Onkel Jakob hatte ein Wort für sie eingelegt, und so durfte meine achtzehnjährige große Schwester die ersehnte Ausbildung machen. Nachdem Viktor unserem Vater bei der Waldarbeit half und ebenfalls dort schlief, lastete die Verantwortung für Jakob, Johannes und Eddy auf mir, der vierzehnjährigen Lisa. Mein Herz polterte vor Angst. Ich würde es nicht schaffen ohne Mama! Während ich in dem Topf rührte, spähte ich aus dem Fenster.

Vor unserer Holzhütte stand draußen ein Brunnen, von dem man kaltes Wasser pumpen musste. Jakob als der Älteste der drei Kleinen stemmte seinen Oberkörper gegen den Pumpenschwengel, und Johannes hielt die Waschschüssel darunter.

Eiligst verrichteten die drei ihre Katzenwäsche, um dann mit besorgten Gesichtern wieder in die Küche zu schleichen. Wortlos reichten sie mir ihre Blechschüssel, und ich schöpfte je eine Kelle warmen Haferflockenbrei hinein.

Unter Tränen löffelten wir gerade unser karges Frühstück, da flog die Küchentüre auf!

Und da stand sie: unsere Mama! Ihre Haare waren zerzaust, an ihrer Kleidung klebten Stroh und Heu, aber sie strahlte über das ganze Gesicht.

»Guten Morgen, meine Schätze! Ich habe wunderbare Nachrichten für euch!« Sie wusch sich die Hände über der Schüssel und wirbelte zu uns herum: »Die Manjka hat heute Nacht einem kleinen Stier das Leben geschenkt!«

Sie hatte das letzte Wort noch nicht ausgesprochen, als die drei

Brüder auch schon jauchzend und schreiend vor Freude in den Stall preschten. »Ein Stier, ein kleiner Stier!«

»Ich darf ihm diesmal den Namen geben!«

»Wieso denn du! Nein, ICH!«

»ICH werde ihn Mischka nennen!«

»So lasst ihn doch erst mal anschauen, er ist bestimmt noch ganz wackelig auf den Beinen!«

»Ich reibe ihn mit Stroh trocken!«

»Und ich führe ihn auf die Wiese…«

»Ach, da musst du noch einige Tage warten, aber dann werden wir ihn aufpäppeln, dass er der schönste Stier weit und breit wird!«

Trappelnde barfüßige Schritte und brüderliche Streitereien verebbten im Treppenhaus.

Mir liefen die Tränen über die Wangen. Zu sehr hatte mich die Angst belastet, die Mutter wäre in die Welt hinausgegangen! Und nun hatte ihr nächtliches Fernbleiben einen so triftigen Grund! Sie war die ganze Nacht im Stall gewesen! Natürlich, als ehemalige Veterinärin musste sie noch nicht mal den Tierarzt rufen.

»Aber Lisa!« Die Mama zog mich an sich und drückte mir einen Kuss auf den Scheitel. »Hast du denn gedacht, ich verlasse euch?«

Vor Tränen der Erleichterung konnte ich gar nicht sprechen. Gleichzeitig nickte ich und schüttelte mit dem Kopf.

»Mein liebes Mädchen!« In ihren Augen glänzten Tränen. »Mein Leben seid ihr, meine sechs Kinder. Rosa, Viktor, Lisa, Jakob, Johannes und Eddy. Meinst du, ich könnte euch je im Stich lassen?«

Weinend schüttelte ich den Kopf. Salzige Tränen fielen in meinen Haferbrei, und ich schämte mich, dass ich so einen schrecklichen Gedanken überhaupt hatte fassen können.

»Du weißt doch, dass wir eines Tages alle zusammen nach Deutschland gehen.« Die Mutter strich mir mit dem Handrücken über die Wange, und ich griff dankbar ihre Hand und presste mein

Gesicht hinein. »Deutschland ist unsere Heimat, die Heimat unserer Vorfahren.«

Mama schlürfte an ihrem heißen Kaffee, ein dünnes, bitteres Getränk. »Eines Tages, mein liebes Kind, eines Tages, werden wir alle in Westdeutschland sein, bei deinem Großvater Josef. Und ich lasse kein Kind zurück. Nicht ein einziges.«

Jakob erzählt:

»Die Sommerferien sind nicht zum Vergnügen da, das wisst ihr genau!«

Viktor und ich mussten wochenlang in der Kolchose helfen, wie alle Schulkinder. Wir waren billige kleine Arbeitskräfte im sozialistischen Großreich.

So wurden wir bei der Heu-, der Kartoffel- oder Zuckerrübenernte eingeteilt. Unseren Geschwistern erging es nicht anders. Praktischerweise hatten wir uns aus Zeitungspapier Sonnenhüte gebastelt, denn bei fünfunddreißig Grad Hitze holte man sich sonst einen Sonnenstich. Eine Sonnenbrille hatten wir nicht, so spendete der Zeitungshut auch Schatten auf den Augen.

»Eine volle Kiste Kartoffeln ergibt einen Gutschein!« Viktor warf mir ein paar Kartoffeln in meine Holzkiste, die ich trotz stundenlangen Kriechens durch die Ackerfurchen noch nicht mit den schwarzsandigen Erdäpfeln hatte füllen können. »Komm, Jakob, wir geben sie ab.«

»Aber …« Ich wischte mir den Schweiß von der Stirn und setzte meinen Zeitungshut wieder auf. »Ich habe noch nicht genug. Die Kiste ist noch nicht voll! Das kontrollieren die genau!«

»Ein paar Rubel werden sie dir schon auszahlen dafür! Mutter wird sich freuen.«

Während unserer ersten Jahre in Lettland, in denen wir überhaupt kein Geld hatten, erlaubte uns unsere Mutter sogar manchmal, die Schule zu schwänzen, um uns in der Kolchose ein paar Rubel dazuzuverdienen. Auch sammelten wir Flaschen und Schrott, damit wir unsere Mutter unterstützen konnten.

»Gut gemacht, Jakob, da warst du aber fleißig.« Nachdem ich direkt auf dem Feld bei dem Vorarbeiter meine gefüllte Kiste abgeliefert und dafür einen Gutschein bekommen hatte, lieferte ich diesen später glücklich und stolz bei unserer Mutter im Laden ab.

»Komm her, mein Großer, dafür hast du dir eine Flasche Limonade verdient.«

Mit blanken Augen griff sie in eines ihrer Holzregale und überreichte mir das verheißungsvoll prickelnde gelbe Getränk, auf das wir Kinder oft wochenlang hinfieberten.

Ihre Hand griff unter die Theke, wo ein Flaschenöffner an einer Schnur hing. Das zischende Geräusch beim Öffnen der Flasche löste in mir eine innere Freudenwelle aus.

»Darf ich das denn ganz alleine trinken?«

»Natürlich, denn du hast ja auch die Kartoffeln ganz alleine geerntet.«

Mutter steckte mit spitzbübischem Lächeln sogar noch einen Strohhalm in den Flaschenhals.

Scheu sah ich mich nach allen Seiten um. Das stimmte ja so nicht. Viktor hatte mir geholfen, die Kiste zu füllen, und er war immer noch auf dem Feld. Durfte ich jetzt die Lorbeeren ganz alleine einheimsen? Das fühlte sich einerseits nicht richtig an. Aber auf meiner Zunge fühlte sich das süße Prickeln unfassbar richtig an! Und der Durst schrie einfach nur: Du darfst!

Versonnen kauerte ich mich in eine schattige Ecke vor dem Laden und schlürfte genießerisch an meiner Limonade. Dabei zwang ich mich, immer nur wenige Tropfen auf meine Zunge zu saugen, um den süßen Genuss zu verlängern. Den Zeitungshut hatte ich neben mich gelegt. Wahrscheinlich war ich auf diese Weise eingenickt. Mücken umschwirrten mich und meinen klebrigen Flaschenrand, als ich wieder erwachte. Es war schon dunkel geworden, und die Zikaden wisperten aufgeregt von Strauch zu Strauch. Hier und da sang noch eine einsame Amsel ihr Abendlied, und der silberne Mond hatte sich über den Waldrand geschoben, als schmale blanke Sichel.

»Hey, Kleiner, hier steckst du also!« Endlich kam Viktor ebenfalls dahergeschlendert. Er hatte noch eine Sonderschicht eingelegt. »Du zerdrückst ja den Hut, gib ihn mal her, den können wir morgen noch gebrauchen.« Er drückte auf den Lichtschalter, doch der blieb stur.

»Schon wieder Stromausfall?!«

Mutter steckte ihren Kopf aus der Ladentür. »Dann müsst ihr heute im Dunkeln zu Bett gehen! Ich muss hier noch aufräumen und warte die frühmorgendliche Ladung des frischen Brotes ab. Schlaft gut, meine fleißigen Jungs! Die frische Wäsche liegt auf dem Tisch, gefaltet und gebügelt.«

Artig trug ich noch die leere Limonadenflasche zurück in den Laden und ließ mir von Mutter einen Gutenachtkuss geben. »Danke für alles, mein Großer!«

Dabei war ich immer der Kleinste, selbst mein jüngerer Bruder Johannes überragte mich jetzt schon.

Da die Lampen über dem Esstisch dunkel waren, hatte Viktor inzwischen unsere Zeitungshüte darübergehängt. Wir versammelten uns in der Küche mit den anderen Geschwistern, und jeder erzählte in der Dunkelheit von seinem ausgefüllten Tag. Todmüde fielen wir kurz darauf nach einer Katzenwäsche in unsere Betten.

»Los, Eddy, ab in die Klappe. Hier gibt's nichts mehr zu sehen.« Der sechsjährige Eddy war der Einzige, der heute nicht auf dem Feld geackert hatte, und dementsprechend hatte er noch Redebedarf. So blieb er etwas enttäuscht auf seinem Strohlager stehen, in seine Lieder vertieft, die er uns vorsang, mit seinem hellen Stimmchen.

»Ein Männlein steht im Walde, ganz still und stumm.«

»Du stehst jetzt auch ganz still und stumm, sonst setzt es was.«

»Es hat aus lauter Purpur ein Mäntlein um. Sagt, wer kann das Männlein sein…«

»Eddy! Sing morgen weiter! Bitte!«

»Das Licht geht wieder!«

»Ruhe, Eddy. Wir wollen schlafen!«

»Das Licht riecht aber komisch.«

»Sei jetzt bitte still, Kleiner!«

»Das Licht dampft und raucht!«

»Eddy, wenn du nicht sofort still bist …«

»FEUER! Es brennt im Wohnzimmer!«

Wie von der Tarantel gestochen schoss ich senkrecht von meinem Matratzenlager. Sofort drang mir der beißende Geruch nach brennendem Material in die Nase, und von unten züngelte Feuerschein herauf. Wie der Blitz raste ich barfuß hinunter in die Wohnküche, wo inzwischen die Mama erschöpft auf dem Sofa schlief.

»Mama! Feuer!«

Mama reagierte geistesgegenwärtig. Sie riss die Katzenwäsche-Schüssel mit dem Wasser, von dem wir kaum Gebrauch gemacht hatten, vom Tisch und kippte es im Wohnzimmer über die brennenden Gegenstände. Es zischte und rauchte fürchterlich, und wir mussten schrecklich husten.

»Los, hol eure Decken! Schnell!« Mama war schon ganz schwarz im Gesicht und presste sich hustend ein Handtuch vor den Mund.

Alle Kinder standen inzwischen panisch an der Treppe, rissen ihre Bettdecken vom Lager und warfen sie der Mama von oben zu. Viktor und Lisa schlugen damit genau wie Mama auf die Flammen ein, und nach einer Weile waren sie erstickt.

»Oh weh, meine schönen Sachen …« Viktor hob mit spitzen Fingern die Reste seiner frisch gewaschenen und gebügelten Wäsche hoch, die Mama auf dem Wohnzimmertisch gestapelt hatte. »Jetzt ist alles hin! Darauf habe ich so lange gespart!«

»Ach, meine Kinder, kommt alle her zu mir.« Die Mama breitete die Arme aus und ließ uns alle fünf hineinsinken. »Die Wäsche ist hin, aber das sind nur Sachen!« Sie drückte uns alle einzeln an sich und küsste uns auf die verrußten Gesichter. »Aber ihr, ihr seid meine wahren Schätze! Und euch ist zum Glück nichts passiert!«

Rosa erzählt:

Meine Geschwister Lisa und Viktor haben mich nach und nach im Wuchs eingeholt, und Eddy wurde ein großer hübscher Kerl. Immer wenn ich von Riga, unserer Hauptstadt, nach Hause kam, gab es von der Stadt und der Schule viel zu erzählen.

In der Lehre in Riga erhielt ich ein Stipendium, leider reichte es nicht mal für zwei Wochen. Als ich dann zurück nach Riga fuhr, war ich immer vollgepackt mit Gemüse, Marmelade, selbst gemachter Butter und Brot.

Als die Lehre zu Ende war, bekam ich eine Stelle in einem gehobenen Restaurant, wo ich nur drei Monate arbeitete. Ich verdiente ein schönes Geld und konnte Mama unterstützen.

Lydia erzählt:

Die Letten galten als friedliche und ruhige Menschen, die uns Deutschen wohl gesonnen waren und uns schätzten, was auch ich in den knapp fünf Jahren, die wir dort noch leben sollten, bestätigt bekam. Aber auch Lettland war ein sozialistisches Land der Sowjetrepublik. Die meisten westlichen Staaten erkannten Lettland zwar »von Rechts wegen« nicht als Teil der Sowjetunion an, der überwiegende Teil davon aber ließ es so stehen. Lettland war nämlich administrativ an die sowjetischen Verwaltungsstrukturen angepasst, die zivile und militärische Führung war nach dem Krieg abgesetzt worden, die Industrie verstaatlicht und der Großgrundbesitz und das großbäuerliche Landeigentum für künftige Genossenschaften parzelliert. Letztlich war es genau das, was wir gewohnt waren: hart zu arbeiten für einen verstaatlichten Betrieb. Eine Selbstständigkeit war weiterhin unmöglich.

Inzwischen waren an die fünfundzwanzig Jahre vergangen, in denen ich meinen Vater nicht mehr gesehen hatte. Ich erzählte den Kindern immer wieder von ihm, und sie nannten ihn bereits zärtlich »Unser Opale«. Nun erhofften wir uns bessere Chancen für eine Ausreise nach Westdeutschland. Um die zwölf Jahre hatten wir in Sibirien verbringen müssen, weitere etwa zwölf Jahre in Kasachstan. Seit weit über zehn Jahren wussten wir nun von der Existenz unseres Vaters in Ludwigsburg und hatten immer noch keine Ausreisegenehmigung. Dabei waren wir Deutsche und wollten mit unseren Nachkommen auch Deutsche bleiben. Wir wollten doch nur zurück in unsere Heimat! Aber zusammen, unbedingt zusammenbleiben, um jeden Preis. Ich würde nicht eines meiner Kinder hier zurücklassen, und immer wieder beobachtete ich sorgenvoll meine drei Großen, die ja nun schon in dem Alter waren, sich womöglich zu binden.

Vater schrieb regelmäßig Briefe und Karten, in denen er seiner Sehnsucht Ausdruck verlieh, uns in seinem Leben noch einmal wiedersehen zu wollen. Seine sechs Enkelkinder kannte er ja noch gar nicht. Das Opale war nun auch schon ein Stück über siebzig Jahre alt. Der Tod von Mutter hatte ihn sehr geschmerzt, und ebenso die Nachricht, dass auch seine älteste Tochter Katja schon lange von uns gegangen war.

Die Postkarten aus Ludwigsburg waren so bunt, dass Jakob, Johannes und Eddy sie sich gegenseitig aus der Hand rissen und mit offenem Mund darauf starrten. Lisa saß oft abends am Küchentisch und zeichnete die herrliche hügelige Landschaft oder das Ludwigsburger Schloss mit zarten Strichen nach. Wir träumten uns in den goldenen Westen, mit jeder Faser unseres Herzens. Hatten wir das nicht endlich einmal verdient?

»Ja, ihr Lieben, dort werden wir eines Tages sein, verlasst euch drauf. Ich werde kämpfen bis zum Letzten. Wir werden als Großfamilie eines Tages mit dem Opale vereint sein.«

Ich würde nicht ein Kind zurücklassen, nicht ein einziges. Und die Zeit drängte: Unsere Rosel, nun auch schon in dem Alter, in dem man sich nach einem Partner umschaut, war bildhübsch, fleißig und lieb, und so barg diese Tugend für mich einen gewissen Schrecken. Auch Lisa, inzwischen vierzehn, war ein entzückendes Mädchen und wuchs, wie auch ihre Brüder, schneller als die Pilze aus dem Waldboden. Viktor mit seinen fünfzehn Jahren war mir eine große Hilfe, der starke heranwachsende Mann an meiner Seite. Auch die drei kleinen Buben packten mit an, wo sie konnten, ob sie nun Schafe hüteten, Fische fingen oder harte Feldarbeit verrichteten, um ihren Teil zu unserer Ernährung beizutragen.

Jakob hatte mich besonders berührt: Er träumte schon lange von einem eigenen Fahrrad, aber daran war natürlich kein Denken. Die Kosten für ein Fahrrad entsprachen ungefähr einem Monatsgehalt. Als Jakob etwa zwölf Jahre alt war, schleppte er vom Waldrand ein altes verrostetes Fahrradgestell an.

»Was willst du denn mit dem ollen Drahtgestell, ohne Sattel, ohne Räder, ohne Pedale oder Kette?« Die Geschwister zogen den eifrigen Bruder damit auf, und mir brach fast das Herz. Jakob mit seinem ernsthaften Eifer, seiner Beharrlichkeit und seinem Wunsch, mir das Leben schöner zu machen, ließ sich indessen nicht beirren. Er begann, alle Schrottplätze der Umgebung abzugrasen, manchmal lief er fünfzehn Kilometer am Tag, um an die begehrten Einzelteile zu kommen. Eines Tages brachte er ein einzelnes Pedal, dann kam er mit einem verfilzten Sattel, den ihm ein alter Mann in einer Werkstatt überlassen hatte, dann fand er ein zweites Pedal, schließlich Räder und am Ende die Krönung: eine Fahrradkette! Mit dem Fleiß eines Bibers baute und schraubte er, bis er schließlich seinen geliebten Drahtesel zusammengebastelt hatte. Und er fuhr! Unser Familienfahrrad war nun ein viel bestauntes Unikat. Ich war so stolz auf meinen Jakob, dass ich davon sogar dem Opale in Deutschland schrieb. Und er schickte tausend liebevolle stolze Grüße zurück.

All meinen lieben Schätzen gönnte ich eine Zukunft im sicheren Westen, in der von meinen Vorfahren einst verlassenen Heimat, wo sie eines Tages alle ein Fahrrad, vielleicht sogar ein Auto und ein Haus besitzen würden, denn sie waren unermüdlich fleißig und erfinderisch, und ich musste mich ranhalten, damit nicht eines von ihnen hier Wurzeln schlagen würde.

Aber es gab ja auch noch meine drei Geschwister, die ich alle hinüberbringen wollte: Klementine, Jakob und Frederike. Sie hatten inzwischen eigene Familien gegründet, lebten und arbeiteten nach wie vor in Kasachstan und hofften, dass die Familie wieder zusammenkäme.

Als wir in Olini ankamen, bekamen wir sofort Arbeit. Arbeitslosigkeit gab es ja in einem sozialistischen Staat nicht. Thomas arbeitete im Wald, ich durfte den Tante-Emma-Laden unten im Haus übernehmen, was mir sehr viel Freude machte. So kam ich schnell mit den Menschen, die dort lebten, in Kontakt, erfuhr von ihren Lebensgewohnheiten und liebte besonders die Kinder, die nach der Schule regelmäßig mit ihren einzelnen Kopeken in verklebten Händchen an die Ladentheke stürmten und sich einzelne Bonbons abzählen ließen. Die Kleinbäuerinnen aus der Nachbarschaft kamen regelmäßig um Mehl und anderes Getreide. Die großen Säcke wurden von staatlicher Kontrolle geliefert und standen bei mir im Laden. Wollte jemand ein Kilo Mehl, bastelte ich aus Zeitungspapier eine Tüte und wog es auf der großen altmodischen Waage ab. So kam man ins Plaudern, und jeder sprach seine eigene Sprache, seinen eigenen Dialekt. Zwar sollte offiziell Russisch gesprochen werden. Die sowjetische Zentralmacht förderte die ethnische und kulturelle Russifizierung. Aber es gab auch sehr viele andere Völker, die zu dieser Zeit in Lettland lebten; so eben auch ein großer Anteil Deutscher, Russlanddeutscher und Ukrainer. Es war alles lange nicht mehr so streng und kompromisslos wie etwa in Kasachstan, hier sah man die Menschen viel öfter lachen. Wir durften auch zu Hause wieder Deutsch sprechen, aber das war verwirrend für die Kinder, sie gingen ja alle in die russische Schule. Unsere Rosel hatte den Ausbildungsplatz in der nahe gelegenen Stadt Strenci bekommen, in einer Konditorei, wo sie lernte, Kuchen und Torten zu backen und kunstvoll zu verzieren. Später arbeitete sie sogar in der Hauptstadt Riga, wo sie in der Abendschule ihren Abschluss nachholte. So arbeiteten wir fleißig, versuchten, uns anzupassen und Freunde zu gewinnen, und mit der Zeit ging es uns zum ersten Mal richtig gut. Wir hatten sogar eine Kuh, ein Schwein, Schafe, Puten, Hühner und auch genügend Brot. Viktor, Jakob, Johannes und der kleine Eduard vergnügten sich im Sommer oft beim Angeln und brachten prächtige Flussfische mit nach Hause, die wir vor unserem kleinen Häuschen am Waldrand im Garten grillten. Unsere Nachbarn behandelten uns mit großem Respekt, und es war ein nettes, freundliches Miteinander. Aber es war eben nicht Deutschland, es war nicht unsere Heimat. Und noch immer hatte ich die Hoffnung nicht aufgegeben, eines Tages meinen lieben Vater wiederzusehen.

So marschierte ich Monat für Monat mit unseren Visa-Anträgen auf das zuständige Amt in die Kreisstadt Strenci, wohin ich mit dem Landbus fuhr, um unser Ansuchen voranzutreiben, während Thomas sich wohl schon damit abgefunden hatte, für immer hierzubleiben. Er hatte eine schöne Singstimme und hielt sich nach seiner Arbeit viel lieber in seinen neuen Freundeskreisen auf, wo es etwas zu feiern gab. Ich selbst konzentrierte mich auf den Haushalt und die sechs Kinder, denn es gab immer etwas zu nähen, zu waschen, zu putzen, zu kochen sowieso, und außerdem versuchte ich, den Kindern mit den Hausaufgaben zu helfen, damit sie gute Schüler waren und sich in ihren Klassen wohlfühlten. So verging die Zeit, doch meine Sehnsucht nach Deutschland wuchs von Tag zu Tag.

OLINI, LETTLAND

Sommer 1971

Johannes erzählt:
»Junge, nimm dir eine Decke mit, es ist ja noch bitterkalt draußen!« Mutter rannte mir nach, als ich völlig verschlafen im Morgengrauen zum Kühehüten auf die Weide trottete, die Peitsche in der Hand. Inzwischen hatte unsere Manjka noch eine Tochter bekommen, und unser Stier beglückte die Nachbarkühe. »Und hier hast du was zu essen.« Sie steckte mir ein in Zeitungspapier gewickeltes Päckchen zu, das sie vom Laden für mich abgezweigt hatte. »Hast du deine Hausaufgaben mit?« Fürsorglich knöpfte sie mir die Jacke zu. »Du weißt, dass der Papa schon böse ist wegen deiner schlechten Noten.«

»Ja, Mama. Danke, Mama. Ich pack das schon. Ich lerne, während ich auf der Weide bin.«

»Ich hab dich lieb, Junge. Und bitte nicht wieder einschlafen, hörst du? Nicht dass die Kühe in den Wald laufen, wie es letztens Jakob passiert ist. Besonders der Mischka muss auf der Weide bleiben.«

»Ja, Mama. Ich passe auf. Und lerne dabei.«

»Nun lauf schon, ich muss den Laden aufsperren.«

Noch ganz schlaftrunken taumelte ich auf die Weide, die beiden Kühe und den jungen Stier mit der Peitsche vor mir hertreibend. Ich war elf Jahre alt und mir meiner Verantwortung voll bewusst, die Tiere waren unsere Nahrungsquelle. Mischka war eine kleine, aber sichere Geldeinnahme. Auch die Schafe standen dort an Pflöcken angebunden und grasten vor sich hin. Unsere Mutter schor die Schafe selbst, wusch die Wolle, kämmte sie und spann sie am

Spinnrad zu einem Faden. Im Winter saß sie mit Lisa und Rosel am Spinnrad und ließ den langen Faden zu einem Wollknäuel anwachsen, aus dem sie uns Kindern dann Pullover, Mützen, Socken und Schals strickte. Wir Jungen mussten das Holz hacken und Männerarbeit machen, wie unser Vater das von uns verlangte. »Weiberarbeit« durften wir nicht verrichten, aber wir halfen natürlich alle zusammen, wenn er nicht daheim war. Wir waren eine eingeschworene Gemeinschaft, und einer war für den anderen da.

Auf der Weide angekommen, breitete ich die Decke aus und ließ mich fröstelnd darauf fallen. Sollte ich das Butterbrot jetzt schon essen oder es für später aufbewahren? Ich beschloss, es noch etwas aufzuschieben, denn der Tag würde lang werden. Und das Schulbuch mit den russischen Verben konnte auch noch warten. Was war das eben noch für ein schöner Traum gewesen! Wir waren alle in Westdeutschland, und der Opa war da, ein liebevoller, freundlicher Mann mit einem Schnurrbart, an dem wir alle einmal ziehen durften. Die Mama hatte uns ein Foto von ihm gezeigt, als er noch ganz jung war. Und uns immer wieder gesagt, wie lieb und gütig und freundlich er war. Ich sehnte mich mit jeder Faser meines Jungenherzens nach so einer lieben Vaterfigur. Er schenkte mir im Traum ein buntes Fahrrad – oder war es ein bunter Ball? Es war jedenfalls so farbenfroh wie auf einer seiner Postkarten – und lief lachend und japsend neben mir her. »Warte, ich kann nicht so schnell, Junge, ich bin doch schon alt …« Er fasste sich ans Herz und stöhnte ganz schrecklich, ich fühlte mich sehr schlecht, dass ich den alten Mann so beansprucht hatte, und plötzlich schlug ich die Augen auf und war wieder auf der Weide, deren Gras mannshoch um mich herum wucherte. Inzwischen stand die Sonne hoch am Himmel. Ich musste wohl doch wieder eingeschlafen sein, als mich ein kehliges, unmenschliches Schreien aus meinen Träumen riss. Wie vom Blitz getroffen sprang ich auf. Mein Herz raste, als ich begriff, was passiert war! Eines der Schafe war wohl so oft im Kreis um seinen Pflock herumgelaufen, dass es sich selbst an seinem Seil zu erdrosseln drohte. Das undurchdringliche Gestrüpp, das an dieser Stelle sehr hoch war, hatte sich mit dem Seil verwickelt, und es kam nicht vor und nicht zurück.

»Oh Gott im Himmel!« Panisch zerrte ich am Hals des Tieres, doch es war in der Falle. »Warte, ich helfe dir … so bleib doch stehen, ich tu dir doch nichts …« Mit zitternden Fingern versuchte ich, das Seil zu lockern, doch das Schaf stemmte sich in seiner Todesangst mit voller Kraft gegen den Pflock, sodass ich selbst fast daran zerquetscht wurde, und blökte mir röchelnd ins Gesicht. Seine Augen quollen bereits hervor, und Schaum stand ihm vor dem Maul. Es stirbt, dachte ich panisch. Es stirbt mir unter den Händen weg. Und ich bin schuld. Ich habe doch versprochen, nicht wieder einzuschlafen!

Panisch raste ich in meinen kurzen Hosen barfuß zurück über das Feld und fuchtelte mit den Armen. »Mama! Das Schaf hat sich verheddert! Es kriegt keine Luft mehr! Es erstickt!«

Sofort ließ meine Mama im Laden alles stehen und liegen. Geistesgegenwärtig hatte sie nach einem Messer gegriffen und kam mir schon mit fliegendem weißen Kittel entgegengerannt.

»Ist nicht schlimm, Junge, wir schaffen das.«

Obwohl ich bitterlich weinte und schluchzte, nahm sie mich an die Hand, und gemeinsam befreiten wir das Schaf in letzter Sekunde. Es fiel röchelnd auf die Seite und verdrehte die Augen. Mama klopfte beruhigend auf dem Tier herum. »Alles gut, mein Schäfchen, alles gut. So, nun machen wir das Seil wieder lang …« Sie schimpfte keine Sekunde mit mir. »Und jetzt legst du dich erst mal auf deinen Stein und beruhigst dich wieder.« Meinte sie mich oder das Schaf?

»Hast du dein Butterbrot schon gegessen?«

»Nein.« Mit dem Handrücken wischte ich mir den Rotz von der Nase.

»Dann frühstückst du jetzt erst mal anständig.« Sie nahm mich in den Arm und tupfte mir mit dem Zipfel ihrer weißen Schürze die Tränen ab. »Das kann doch mal passieren, Johannes. Du bist sonst so fleißig und verantwortungsvoll.«

Und so ging sie zur Tagesordnung über. Sie eilte wieder in ihren Laden, und ich schluchzte noch lange hinter ihr her. Der Tag würde noch lang werden. Aber am Abend durfte ich die Kühe und Schafe wieder in den Stall treiben. Und dann versammelte die Mutter uns Kinder alle um sich herum, und während sie die Kühe molk, erzählte sie uns von Westdeutschland und ihrem Traum, mit uns allen dort zu leben.

Es war absolut friedlich im Stall. Das Wiederkäuen der Kühe, das Rascheln, wenn die Schafe sich im Stroh wälzten, das Schmatzen der Schweine, das Gackern der Hühner, die sich scharrend ihr Nachtlager im Stroh bereiteten, die warmen Gerüche der Tiere und die sanfte Stimme unserer Mutter waren Balsam für meine Seele.

Die Mutter ließ mit dampfendem Strahl die Milch in den Eimer schießen, es prasselte gegen die Blechwand, während ihre Hände geschickt das Euter bearbeiteten.

»Eines Tages werden wir alle in Deutschland sein. Bei dem Opa, der euch alle sehr lieb hat.«

September 1971

Johannes erzählt:

»Wieso ist der Bengel nicht versetzt worden?« Der Vater hieb mit der Pranke auf den Tisch und funkelte mich böse an. »Die Leute vom Jugendamt schreiben uns, er soll in ein Internat, und behaupten, wir kümmern uns nicht so richtig um ihn? Was für eine Schande!«

Wir hatten den ganzen Sommer mit den Eltern auf dem Feld verbracht. Alle hatten mitgeholfen, das Futter für die Tiere einzubringen, damit sie und wir gut durch den extrem strengen Winter kommen würden. Von Viktor bis Eddy, von Rosa bis Lisa hatte jeder von uns geschuftet bis zum Umfallen. Und weil unsere Mutter und der Vater hervorragend mit Sichel und Sense umgehen konnten – sie hatten schon in ihrer Kindheit in der Ukraine schwerste landwirtschaftliche Arbeit verrichten müssen –, hatten wir alsbald genügend Futter für den Winter gehortet. Dabei hatten wir Kinder auch viel Spaß gehabt. Mit einem Holzrechen bewaffnet und mit einer üppigen Vesper versorgt, war das Arbeiten auf dem Feld und das Heumachen für uns auch ein großes Ferienabenteuer. Zeitungshüte bastelten wir uns nach wie vor, aber wir hängten sie nie wieder über die Lampen. Gegen Nachmittag war das gemähte Gras durch die starke sommerliche Sonne schon bald vollständig getrocknet, sodass wir es mit den Eltern ganz zusammenrechen konnten. Das Heu wurde auf kleine Haufen geschichtet und zu zeltartigen Gebilden aufgetürmt. Der Duft nach Sommer auf der sonnengebräunten Haut war pure Seligkeit, wenn wir abends todmüde heimkamen. Zudem sprangen wir Jungen noch übermütig von der Hängebrücke in den rauschenden Fluss, um uns den Schweiß abzuspülen und die unzähligen Mückenstiche zu kühlen. Natürlich war da für Hausaufgaben und Nachprüfungen keine Zeit mehr gewesen.

Die Mutter sprang sofort für mich in die Bresche.

»Aber Thomas, so beruhige dich doch. Unser Johannes hat den ganzen Sommer über die Tiere gehütet und hilft mir auch sonst so brav auf dem Feld, da hat er die Prüfung für das neue Schuljahr einfach nicht geschafft.«

»So ein Versager ist mein Sohn?! Dem werde ich Beine machen!«

Zitternd verzog ich mich hinter das Bett und äugte angstvoll durch die Holzstäbe. Doch Mutter verteidigte mich und stellte sich wie eine Löwenmutter dazwischen.

»Er ist kein Versager. Er ist ein wunderbarer Junge, hilfsbereit, tüchtig und fleißig.«

Die Mutter zog den Vater von mir weg und setzte ihm Kaffee vor. »Nun vertreibe erst mal deinen Kater, Thomas.«

»Ich gebe dir gleich hilfsbereit und fleißig!« Nun ballte der Vater die Faust gegen sie!

Denn er selbst hatte längst wieder schlechten Umgang, alle seine »Freunde«, die er hier gefunden hatte, tranken viel Alkohol. Das Geld, das er als Waldarbeiter oder Schmied verdiente, gab er vornehmlich für Wodka aus. Er zwang die Mutter sogar, ihm Wodkaflaschen aus dem Laden herauszurücken, obwohl er dafür nicht bezahlen konnte. Dann setzte die Mutter ihre Unterschrift auf eine lange Liste, mit der sie sich dafür verbürgte, aus ihrer eigenen Tasche das Geld so bald wie möglich zu bezahlen. Insofern waren manchmal die Naturalien, mit denen uns die Menschen aus der Umgebung bezahlten, nicht die schlechteste Lösung.

»Vater! Lass die Mutter in Ruhe!« Viktor sprang für mich ein, er war inzwischen genauso stark wie Vater. Mir gefror das Blut in den Adern, und ich fühlte meine Schläfen von innen pochen, als ich mich mutig hinter dem Bett hervorwagte. »Ich verspreche, ich werde lernen und mich bessern.«

»So?« Wütend wirbelte der Vater herum. Immerhin ließ er die Faust sinken, und die Mutter wich aus ihrer misslichen Lage hervor. Sie warf mir einen dankbaren Blick zu.

»Das musst du mir erst mal beweisen!«

»Ich mache alles, damit du mit mir zufrieden bist.« Tapfer hielt ich seinem vor Wut glühenden Blick stand. Dabei zitterten meine Knie vor Angst.

»Dann gehst du ab sofort ins Internat. Immerhin sichern sie zu, dass du dort drei Mahlzeiten am Tag bekommst, und wir haben hier einen Esser weniger.« Der Vater hatte vor Zorn einen ganz roten Kopf bekommen. »Dort lernst du Disziplin. Deine Mutter schafft das offensichtlich nicht.«

»Johannes ist ein wunderbarer fleißiger Junge«, verteidigte mich

Mutter. »Der weiß, was Disziplin ist.« Energisch wischte sie den Tisch ab, hielt dann aber inne und sah mich an. »Aber mein lieber Sohn, vielleicht ist es wirklich besser, du genießt jetzt mal für ein, zwei Jahre eine gute Ausbildung. Das kommt dir später zugute. Und das mit den drei Mahlzeiten am Tag hört sich doch richtig gut an, was meinst du?« Liebevoll nahm sie mich in den Arm. »Und in den Ferien kommst du ja wieder nach Hause.«

Mein Herz setzte aus. Ich sollte weg von Mama und meinen Geschwistern, weg von zu Hause? Panisch suchte ich Mamas Blick, doch die hatte sich bereits wieder dem Küchenherd zugewandt. Mit hochgezogenen Schultern rührte sie Mehl in den großen Topf, in dem das kochende Wasser blubberte. Ich konnte sehen, wie ihre Tränen dort hineinfielen. Verstohlen wischte sie sich mit dem Schürzenzipfel die Augen.

»Bitte, Vater, lass mich bei euch bleiben, ich werde mich bemühen und lernen, und wenn es die ganze Nacht sein soll!«

»Das ist mein letztes Wort.« Der Vater schlug mit der flachen Hand auf den Tisch. »Morgen bringe ich dich in die Kreisstadt. Pack deine Sachen. Du gehst in das Internat.« Damit stürmte er wütend aus der Wohnung.

In dem Moment, als ein paar Tage später die schwere Eisentür des trostlosen Betonklotzes hinter mir ins Schloss fiel, begann mein zwei Jahre währender purer Albtraum.

»Ausziehen!« Eine Wärterin in Uniform knallte mir eine Kiste hin, in die ich meine Anziehsachen legen musste. »Na los. Alles. Na mach schon, Junge.« Sie verzog das Gesicht, als sie meine ärmliche Kleidung sah, in der ich den ganzen Sommer lang auf dem Feld gearbeitet hatte. Mutter hatte sie zwar noch gewaschen und gebügelt, denn sie hätte mich nie in schmutzigen Sachen in die Schule geschickt, aber man sah doch, wie abgetragen sie war.

»Los, alles aus. Auch die Unterhose.«

Vor Scham genierte ich mich fürchterlich vor dieser fremden, böse blickenden Frau und hielt mir die Hände vor. Zitternd und peinlich verlegen stand ich vor ihr, in dieser scheußlichen Schleuse. Es kam mir vor wie ein großes kaltes Gefängnis.

»Hab dich nicht so, du bist hier auch nichts Besonderes!« Sie zerrte mir die Hände weg und stieß mich gegen die kalte Wand. Splitternackt starrte ich die unverputzte Wand an, zitternd vor Kälte und gedemütigt bis auf die Knochen.

»Los. Zieh das an.« Sie warf mir schäbige, viel zu große Klamotten hin, die aus billigen Uniformresten zusammengenäht waren.

»Was ist, willst du hier Wurzeln schlagen? Ich habe Zeit! Aber du nicht, das sage ich dir. Deine Erzieher warten schon auf dich.«

Behäbig verschränkte sie die Arme vor der Brust. Ihre Augen glitten verächtlich an meiner mageren schmächtigen Jungenfigur herab. Mit meinen dünnen Beinen stieg ich in das Einmannzelt von Unterhose. Dann kletterte ich in die lumpigen Hosen und versuchte, sie mit den fadenscheinigen Hosenträgern um meinen schmalen Leib zu befestigen.

Ihr verächtliches Lachen schepperte mir in den Ohren. »Da wächst du noch rein, Kleiner. Und jetzt kannst du dir Schuhe anziehen.«

Sie warf mir ein Paar alte ausgetretene Latschen hin, von denen ein widerlicher Geruch ausging. Die Nähte lösten sich auf, die Sohlen hingen welk herab.

»Damit kannst du wenigstens nicht weglaufen.« Sie schnaufte zufrieden.

Dann klopfte sie mit einem Stock an die Eisentür, die daraufhin von außen geöffnet wurde.

»Ab mit dir in den Unterricht. Dir werden sie noch die Flötentöne beibringen.«

OLINI, LETTLAND

Spätherbst 1972

Lisa erzählt:

»Wie schaffst du das, Mama? Deine Wollfäden sind so akkurat und regelmäßig, und meine sehen aus, als wären sie immer noch auf dem Schaf!«

Mama und ich saßen am Spinnrad und verarbeiteten die Wolle der sieben Schafe, die sie alle selbst geschoren hatte.

Mama lachte. »Aber Lisa, du machst das doch schon ganz wunderbar! Übung macht den Meister … schau …« Sie beugte sich über mich und ließ den Faden im Takt des Spinnrades wie am Schnürchen laufen. »Bald kannst du das genauso gut.«

Kopf an Kopf hockten wir in der warmen Stube, und ich genoss ihre Nähe und die vertraute Zweisamkeit. Rosa, meine ältere Schwester, lebte ja seit zwei Jahren in Riga, wo sie als Konditorin ihre Ausbildung vollendet hatte, Viktor war mit Vater im Wald und schlief unter der Woche in einem Container, und die drei jüngeren Brüder gingen in ihre jeweilige Schule.

»Um Johannes mache ich mir Sorgen.« Die Mutter seufzte und legte eine neue Spindel ein. »Er sah Weihnachten so mager und blass aus, ich habe das Gefühl, es geht ihm nicht gut.«

»Vielleicht kriegt er in seinem Internat nicht genug zu essen.« Mir wurde ganz kalt. Der Anblick meines kleinen Bruders, sein leerer Blick, seine graue Haut und sein knochiger Körper hatten mich regelrecht geschockt.

Doch Johannes hatte nichts weiter erzählt, außer, dass er fleißig lernte.

»Man hat mir zugesichert, er bekäme drei warme Mahlzeiten am

Tag«, seufzte Mutter. »Sonst hätte ich ihn nie gehen lassen. Er fehlt mir so.«

Auch Jakob und ich waren zwischenzeitlich in einem ganz schrecklichen Internat gewesen. Der Staat förderte kinderreiche Familien, indem er für zwei der Kinder ein »Stipendium« ausgab. Das bedeutete weniger die Förderung von schlummernden Talenten als die Sicherstellung von drei Mahlzeiten am Tag. Wie die aussahen, ist kaum zu beschreiben. Es war mehr ein Fraß für Tiere, während die Lehrer gleichzeitig die feinsten Speisen zu sich nahmen, so hatte Johannes mir anvertraut. Er wollte nicht, dass Mutter erfahren sollte, wie schlecht es ihm ging. Er war so tapfer, der kleine Kerl. Mich überzog eine Gänsehaut bei dem Gedanken, wie einsam und verloren er sich fühlen musste. Denn die anderen Kinder in dem Internat kamen aus zerrütteten Familien, wo kein liebevoller Umgangston herrschte, und waren dementsprechend verhärtet.

»Weißt du noch, Mama, wie du uns für die Sommerferien abgeholt hast in diesem grauen, schmutzigen Gebäude?« Ich spann einen neuen Faden ein und trat mit dem Fuß auf das Spinnrad.

»Mein Liebes, das vergesse ich nie. Ihr saht so verloren aus, so kummervoll und so arm, dass ich ganz spontan zu euch gesagt habe …?« Mama blickte auf und lächelte warmherzig. »Kinder, packt all eure Sachen, nicht nur für die Ferien, sondern lasst nichts zurück.«

»In dem Moment habe ich dich so geliebt, Mama!« Ich legte ihr die Hand auf den Arm. »Jakob und ich hatten plötzlich so eine Hoffnung, dass wir nicht mehr an diesen schrecklichen Ort zurückkehren müssen. Du hast für uns gekämpft wie eine Löwin!«

»Und jetzt ist nur noch Johannes in diesem Internat.« Mama seufzte und wischte sich verstohlen eine Träne weg. »Ich konnte euren Vater nicht davon überzeugen, auch ihn heimzuholen. Er meint, der Junge braucht eine feste Hand.«

Was das in diesen Erziehungsanstalten bedeutete, wusste ich nur zu gut. Die Lehrer drückten die Kinder an die Wand, bis sie keine Luft mehr bekamen. Auf der Hand meines Bruders wurde einmal ein Holzlineal zerschlagen. Was das mit den kleinen Knochen einer Kinderhand tat, traute ich mich nicht, unserer Mutter zu beichten. Sie wäre wohl durchgedreht und hatte doch schon genug Sorgen. Emsig drehte sich das Spinnrad, und Mutter wickelte mit geschickten Händen die Wolle auf gleichmäßige feste Knäuel.

Nachdem wir nun die Vorarbeit geleistet hatten, begannen Mutter und ich, im Akkord Handschuhe und Socken für die ganze Familie zu stricken.

»Johannes fehlt mir so. Hoffentlich hat er wenigstens Freunde gefunden.« Mutters flinke Hände hatten schon die Maschen aufgeschlagen, und die Stricknadeln flogen nur so dahin.

»Weißt du noch, wie ihr im letzten Winter mit erfrorenen Ohren heimgekommen seid? Dann ist das Internat in der Stadt doch vielleicht das kleinere Übel, denn dort wird wenigstens geheizt.«

Wenn sie wüsste! »Deswegen stricke ich jetzt für alle eine Mütze.« Eifrig begann ich, die Maschen aufzunehmen, so wie Mutter es mir gezeigt hatte. »Den Kleinen soll das nicht passieren.«

»Es tut mir heute noch so leid, dass ich euch bei der eisigen Kälte in die Schule geschickt habe!« Im Takt unserer Stricknadeln gab Mutter sich einer weniger schönen Erinnerung hin.

»Ja, der Bus fuhr nicht bei der Kälte und dem hohen Schnee, und so liefen die Brüder und ich die fünf Kilometer bis zur Landstraße, morgens um sieben, in der Hoffnung, dass dort der Bus in die Schule fahren und die Straße freigeräumt sein würde.«

»Ihr armen tapferen Kinder.« Mutters Blick glitt kurz von ihrem Strickwerk und ruhte mitleidig auf mir. »Das hätte ich niemals zulassen dürfen.«

»Aber der Bus fuhr auch dort nicht. Wir standen da bei minus dreißig Grad an der Landstraße. Jakobs Ohren waren plötzlich ganz weiß geworden«, erinnerte ich mich. »Viktor fing sofort an, Jakobs Ohren zu reiben, und ich nahm schnell mein Kopftuch ab und wickelte es um Jakobs Kopf, sodass nur noch seine Augen herausschauten. Inzwischen waren aber Viktors Ohren genauso weiß geworden. Seine Ohrläppchen knickten nach hinten ab, er merkte es gar nicht!« Die Erinnerung überfiel mich wie eine Wand aus Eis.

»Da habt ihr armen Kinder Angst bekommen und seid zurückgerannt …«

»Ich habe Viktors Schultasche genommen, damit er sich beim Rennen die Ohren zuhalten konnte. So rannten wir halb erfroren durch den dichten Wald zurück, schlidderten über Stock und Stein, rutschten über Eispfützen und vereiste Abhänge …«

»Und habt dann einfach beim ersten Haus angeklopft, und das war ganz richtig von euch, auch wenn es mich als Mutter schrecklich blamiert hat.« Mutters Stimme schwankte ein wenig. »Ihr hättet euch alles Mögliche brechen und erfrieren können.«

»Wir hätten es nicht mehr bis nach Hause geschafft.« Ich griff nach einem neuen Wollknäuel und ließ die Nadeln fliegen. »Die Tante Erna hat uns ganz erschrocken hereingelassen. Ihre Kinder hatte sie nicht in die Schule geschickt. Die ganze Familie lag im Bett, weil das der einzige warme Platz im Haus war.«

»Und dann hat sie euch gleich dazugelegt.« Mutter entrang sich ein schwaches Lächeln. »Das wäre eigentlich meine Aufgabe gewesen, doch ich hatte an diesem Tag so viel mit dem Holzhacken zu tun. Ich wollte doch, dass ihr es warm habt, wenn ihr aus der Schule kommt.«

»Ja, wir haben uns gegenseitig die Ohren gerieben, bis wir sie wieder spürten.«

»Und später hat euch der Mann von Tante Erna mit Pferd und Wagen, bedeckt mit dicken Decken, nach Hause gefahren. Mein Gott, war ich in Sorge …« Jetzt wischte sich Mutter doch hastig eine Träne weg. »Meine vier Kinder kamen einfach nicht nach

Hause, es war schon längst dunkel, und ich dachte, ihr liegt erfroren im Wald!«

»Wir sind zusammengeblieben, wie du es uns immer eingeschärft hast. Keiner bleibt zurück.«

Ich legte ihr die Hand auf den Arm. »Mama, es ist ja noch mal gut gegangen.«

Entschlossen legte sie das Strickzeug zur Seite und wischte sich über die Augen.

»Ich höre die Jungen mit dem Brennholz kommen, dann können wir jetzt Butter machen.«

Durch die fettreiche Milch, die unsere Kühe inzwischen gaben, hatten wir manchmal etwas Sahne übrig. Unsere Mutter zeigte uns, wie daraus Butter gewonnen werden konnte.

»Hier, jeder nimmt ein Einmachglas, und ich gebe jetzt ein wenig Sahne hinein … und los.«

Mit vollem Eifer schüttelte jeder von uns sein Einmachglas. Um die Wette. Das machte Spaß. Und außerdem wurde uns dabei sofort warm.

»Mal sehen, wer es zuerst geschafft hat!«

»Ha! Überraschung! Bei mir ist schon die Butter gestockt!«

Unsere Mutter lachte schon wieder. »Dann hast du gewonnen, Jakob!«

Sie nahm ihm das Glas ab und schmierte uns Kindern je ein dickes Butterbrot zum Abendessen. Gemütlich saßen wir in der nunmehr klein gewordenen Runde.

Vater, Rosa, Viktor und Johannes fehlten, aber meine kleinen Brüder Jakob und Eddy waren noch da. Und ich, die große Schwester Lisa. Inzwischen war ich sechzehn Jahre alt. Und schon ein bisschen verliebt in einen Nachbarssohn namens Aleg. Das durfte Mutter aber auf keinen Fall wissen. Sie machte sich doch immer solche Sorgen, dass einer von uns sich hier binden könnte. Und dann würde sie nicht mehr in den Westen gehen. Sie würde nicht einen von uns je zurücklassen. Deshalb ließ ich Aleg auch nicht wirklich in mein Herz, sondern nur ein bisschen.

»Wir beten vor dem Essen, Kinder.« Mama stellte eine bauchige Teekanne auf den Tisch und faltete die Hände. Sofort taten wir es ihr nach.

»Komm, Herr Jesus, sei unser Gast …« Wir beteten für die anderen, dass sie heute satt werden und nicht frieren sollten. Vater und Viktor lebten nämlich mangels Wohnung und wegen der überfüllten Container inzwischen in einem alten Eisenbahnwagen, buchstäblich auf dem Abstellgleis. Johannes war in seinem fürchterlichen Internat, von dem ich wusste, wie sehr er dort litt. Und Rosa hatte das beste Schicksal: Sie schlief in Riga bei einer Freundin und liebäugelte bereits mit einem Leben in der Hauptstadt. Auch das durfte unsere Mama nicht wissen!

Kurz darauf kauten wir genüsslich mit vollen Backen. Das frische Butterbrot schmeckte fantastisch.

Die Nachbarin klopfte und brachte einen Brief herein. »Lasst euch nicht stören, aber der ist heute aus Versehen bei mir abgegeben worden!«

Die Mama riss ihn auf und las mit gerunzelter Stirn. Plötzlich wich alle Farbe aus ihrem Gesicht.

»Was ist passiert?« Mir blieb der Bissen im Halse stecken.

Die Mutter schob sofort ihren Teller von sich. »Das habe ich befürchtet. Ach, lieber Gott, wenn wir nicht bald ausreisen, dann ist alles zu spät!« Sie schlug die Hände vor das Gesicht. »Und unser Viktor hat den Einberufungsbefehl zum Pflichtdienst! Wenn er für zwei Jahre zum Militär muss, können wir nicht mehr gehen!«

Sofort schoss mir der Gedanke ein, dass Mutter das gleiche Schicksal ereilte wie damals unsere Großmutter, als der damals blutjunge Onkel Jakob noch in Sibirien zum Militärdienst einberufen wurde. Damals war Großmutter mit Tante Frederike in der Kolchose zurückgeblieben, und unsere Mutter war hochschwanger mit mir und ohne Hilfe mit Rosa und Viktor nach Kasachstan gefahren, nicht ahnend, dass wir dort an die zwölf Jahre würden bleiben müssen.

»Ich lasse nicht eines zurück«, beteuerte sie immer wieder. »Nicht eines meiner Kinder! Wir gehen entweder alle oder gar nicht.« Nun weinte sie und schluchzte verzweifelt und rieb sich mit dem Zipfel ihrer Kittelschürze die Augen. Sonst versuchte sie immer, ihren Kummer und ihre Sorgen vor uns zu verbergen.

»Ach Mama, hat es denn wieder nicht geklappt mit dem Ausreiseantrag?« Jakob sah sie mitleidig an, schob seinen Teller von sich und nahm ihre Hand, und unserem Goldfischchen Eddy rannen die Tränen über das Gesicht.

»Ich habe jetzt über ein Dutzend Ablehnungsbescheide.« Mutter umklammerte ihr Taschentuch. »Immer und immer wieder fahre ich mit dem Bus zum Rathaus in der Stadt und stelle neue Anträge. Es ist so grausam. Schon meine Mutter hat seit 1956 unaufhörlich Anträge in Karaganda gestellt, um ihren Ehemann noch einmal wiederzusehen. Und nun lebt der liebe Opa schon seit mehr als einem Vierteljahrhundert getrennt von seiner Familie …« Es schüttelte sie vor lauter Schluchzen. »Wie hat der alte Mann das nur verdient? Er weiß seit so vielen Jahren, dass wir noch leben, und er darf seine eigenen Kinder und Enkelkinder nicht sehen!«

»Oh Mama, es tut mir so leid …« Auch ich legte meine Hand auf ihre.

Mutter schluchzte: »Wenn Viktor zum Militär kommt und zwei Jahre bleiben muss, ist es vorbei. Dann kommt in zwei Jahren der Jakob zum Militär, dann Johannes, und so geht es immer weiter, bis sie den Eddy noch holen.«

Die Verzweiflung stand ihr ins Gesicht geschrieben. Hilflos starrten wir sie an, unsere geliebte Mama, die seit ihrem siebzehnten Lebensjahr kein Zuhause mehr hatte.

»Und euer Vater will nun schon gar nichts mehr von der Ausreise wissen …« Sie sah tränenüberströmt von einem zum anderen. »Er hat einen Antrag auf eine Sozialwohnung in der Stadt gestellt, wisst ihr … denn in diesem eiskalten Eisenbahnwagen mit Viktor zu hausen, ist wahrlich kein Dauerzustand. Und dann müssen wir auch dieses Holzhäuschen verlassen. Wir müssen in die Stadt ziehen und wieder ganz von vorne anfangen. Es ist mit der Landwirtschaft hier nicht mehr zu schaffen, wenn ich keine Hilfe habe.«

Noch immer starrten wir sie mit großen Augen an. »Eine Wohnung in der Stadt? Wo wir es uns hier mit so viel Mühe erarbeitet haben, dass wir autark sind?« Ich legte meine Hand auf ihre. »Ja, gibst du denn auf, Mama?«

Mutter starrte vor sich hin. »Ich kann einfach nicht mehr. Hier in Olini wächst mir die Arbeit über den Kopf. Wenn man bedenkt, wie mühselig es für euch ist, Holz zu beschaffen, um die Wohnung zu heizen, und das eiskalte Wasser vom Brunnen zu schöpfen.« Sie schüttelte verzweifelt den Kopf. »Wie soll das denn in Zukunft mit uns weitergehen? Es gibt kein fließendes Wasser, das Plumpsklo ist hinten im Garten, ihr Kinder müsst schuften und rackern, und irgendwann geht ihr und lasst mich allein. In der Stadt, so sagt Vater, hätten wir fließendes Wasser und eine Zentralheizung.« Sie schnäuzte sich in ihr Taschentuch: »Mit der Ausreise wird es ja doch nichts mehr, jetzt, wo einer nach dem anderen zum Militär muss.«

Sie gab auf! Sie hatte ihren Lebenstraum aufgegeben! Entsetzt starrten wir einander an.

»Aber was wird aus unseren Tieren?« Der kleine Eddy weinte dicke Tränen. »Manjka, meine liebste Kuh, Mischka, die Schafe und die Hühner!«

»Die müssen wir verkaufen.« Mama schnäuzte sich in ihr Taschentuch. »Ich habe den Verkauf schon eingeleitet.«

»Nein, Mama, das könnt ihr uns nicht antun!« Jetzt weinte ich auch. »Wir hängen doch so an ihnen, sie gehören doch zur Familie!

Wir sind mit ihnen aufgewachsen, haben sie aufgepäppelt und großgezogen, jedes einzelne von ihnen!«

Sofort kamen mir Bilder in Erinnerung, wie unsere Mutter jeden Frühling eine Kiste mit Eiern vor den Ofen gestellt hatte. Tagelang hatten die kleinen Brüder und ich nach der Schule als Erstes nach den schlüpfenden Küken geschaut, die unter einem Küchenhandtuch verborgen von innen an ihre Eierschalen pickten und sich schließlich den Weg ins Leben erkämpften. So kleine, flauschige, piepsende, gelbe Knäuel von Zartheit und doch robuster Energie hatten uns auch gezeigt, wie man stark und beharrlich sein kann.

»Wenn man irgendwo rauswill, dann muss man durchhalten und dranbleiben! Dann schafft man das auch! Das Leben lehrt uns so viel mehr als die Schule!«

Jedem einzelnen Küken hatten wir einen Namen gegeben und es gehegt und gepflegt, bis es bereit war, sich draußen selbst das Futter zu suchen. Wir waren inzwischen mit der Natur und den Tieren verwurzelt und konnten uns ein Leben in einer tristen Stadtwohnung nicht mehr vorstellen.

»Ich will es ja auch nicht, Kinder. Aber nachdem die Ausreise nach Deutschland wieder abgelehnt wurde, geben wir auf und ziehen nach Cesis.«

»Und wenn wir doch noch die Ausreisegenehmigung kriegen?« Schüchtern wagte ich diesen hoffnungsvollen Gedanken auszusprechen.

»Dann muss ein Wunder geschehen.« Die Mutter hatte ganz glasige Augen. »Es müsste noch dieses Jahr sein. Noch bevor Viktor eingezogen wird.«

Spätherbst 1972

Johannes erzählt:

»Wer von euch hat heute Nacht in der Küche Essen gestohlen?«

Der Lehrer schlug mit seinem Lineal auf das Pult, dass es zischte.

Das Essen im Internat war so grauenvoll, dass man es fast nicht stehlen wollte. Zweimal am Tag bekamen wir einen kalten Fraß, bestehend aus Zwiebeln und Schweinefutter, während die Lehrer vorne an ihren gedeckten Tischen sich die Wurst und den Schafskäse schmecken ließen. Verschüchtert und geschwächt hockte ich mit vierzig anderen mageren Kindern im Klassenraum und wagte nicht, den strengen und gewaltbereiten Mann anzuschauen. Er hatte kalte Augen, er schnauzte uns so militärisch an und ließ uns schon vor dem Unterricht noch im Dunklen auf dem Kasernenhof Liegestütze machen und halb nackt vier Runden um den Schulhof rennen, egal bei welchen Minustemperaturen. Es machte ihm Freude, uns zu demütigen und zu quälen.

Dabei war dieser sogenannte Sport noch das Beste am ganzen Internatsleben.

»Aus euch mache ich ganze Männer!« Seine Trillerpfeife zerriss mir fast das Trommelfell. Ich war so schüchtern und verschreckt, dass ich mir bisher noch nichts hatte zuschulden kommen lassen. Aber ein paar andere Kinder mussten heute dran glauben.

Nach einer strengen Taschenkontrolle – wir mussten nicht nur unsere Schultaschen, sondern auch sämtliche Taschen unserer schäbigen Uniformen bis hin zur Unterhose umstülpen – packte er die armen Sünderlein, die sich nachts einen nasskalten Kanten Brot oder ein Stück harter Wurst ergaunert hatten, und schleuderte sie wie Lappen gegen die Wand. Da drückte er mit seiner Pranke ihre Gurgel, dass sie röchelten.

»Wo hast du noch Essen gehortet, du mieser kleiner Dieb?«

»Nirgendwo, Herr Lehrer, wirklich, ich habe nichts gehortet …«

»Mund auf! Du kaust ja noch!«

»Ich wollte es schnell verschlucken, Herr Lehrer!«

Patsch, hatte der arme Klassenkamerad ein paar Ohrfeigen im Gesicht, dass sein Kopf hin und her flog wie ein Blatt im Wind.

»Spuck es aus! Los, spuck es aus!«

Der Junge spuckte Blut und zwei Zähne aus.

»Bitte, Herr Lehrer, ich habe nichts gemacht, ich hatte nur solchen Hunger …« Seine Wangen hatten sich dunkelrot gefärbt, die Abdrücke jedes einzelnen Fingers seines Peinigers waren darauf zu sehen.

»Du wirst mich kennenlernen … jetzt lügst du auch noch! Wir sind in einem sozialistischen Großreich, und niemand bereichert sich auf Kosten der Allgemeinheit!« Patsch, hatte er die nächste Backpfeife im Gesicht. »Da haben wir andere Methoden, euch den Willen zu brechen!«

Entsetzt musste ich mit ansehen, wie der Lehrer den zehnjährigen Andrej, der schon halb ohnmächtig war, aus dem Klassenzimmer schleifte. Wir wussten es alle: Bei den besonders hartgesottenen Kindern, die noch wagten zu widersprechen, gab es dann auch einfach eine Beruhigungsspritze. Nach einer Weile kamen sie ganz apathisch zurück, mit gläsernem Blick sanken sie dann mit dem Kopf auf ihre Arme, die grün und blau geschlagen waren.

Schlief ein Kind dann auch noch im Unterricht ein, wurde es an den Haaren hochgerissen und musste stundenlang auf Holzscheiten in der Ecke knien, mit durchgedrücktem Rücken.

Das war nun schon seit anderthalb Jahren mein Leben. Lisa und Jakob waren von unserer beherzten Mutter aus dem Internat gerettet worden, bei mir hatte es nicht geklappt. Einmal hatte ich mich Lisa nachts heimlich anvertraut, aber den Eltern gegenüber sagte ich nie ein Wort, denn ich wollte die Mutter nicht enttäuschen. Der Vater hatte darauf bestanden, dass ich bis zur sechsten Klasse im Internat bleiben sollte, um danach ebenfalls Schmied oder Waldarbeiter zu werden. Was mir bevorstand, war das Schicksal meiner Brüder: mit dem Vater im verwahrlosten eiskalten Eisenbahnwagen zu hausen. Ich fühlte mich von der ganzen Welt verlassen. Meine größte Angst war, dass die Mutter sterben würde und ich nie wieder nach Hause könnte. Es waren die schwärzesten Jahre meines Lebens. Ich war inzwischen fast zwölf Jahre alt.

In diesem Internat passierten die grauenvollsten Dinge: Der Rektor und der Konrektor waren beide sturzbetrunken in der Nacht mit dem Boot zum Angeln auf den See hinausgefahren. Der See lag in der Nähe unserer Schule. Sie hatten noch mehr Wodka dabei und fingen an zu streiten, so wurde hinter vorgehaltener Hand erzählt. Dabei kenterte das Boot, und beide Männer fielen in den eiskalten See.

Der Rektor konnte sich schwimmend zum Ufer retten, der Konrektor ertrank. Seine Leiche trieb nach Tagen am Ufer an. Er sah zum Fürchten aus; aufgedunsen, mit heraushängender Zunge, verklebt und verdreckt, von den Fischen schon angenagt.

Zur Abschreckung wurde die Wasserleiche des Konrektors, den wir sowieso schon so gefürchtet hatten, nun direkt neben unserem Schlafsaal auf dem Flur aufgebahrt. Ich hatte so schreckliche Angst vor dem Leichnam! Uns wurde gedroht, dass der Konrektor nachts aufstehe und sich die Kinder hole. Vor lauter Angst muss ich wohl nachts in die Hose gemacht haben, denn eines Morgens standen feixend die Buben über mir und zeigten auf mein Bett, in dem eine Pfütze stand.

Tief beschämt und verängstigt rannte ich in den Waschraum, um meine viel zu große Unterhose zu waschen, doch sie war trocken!

»Die anderen haben in dein Bett gepinkelt«, vertraute mir ein anderer deutscher Junge an, mit dem ich mich etwas angefreundet hatte. Auch seine Familie stellte vergeblich Ausreiseanträge, das hatten wir uns flüsternd gegenseitig anvertraut.

»Sie wollen dich bloßstellen, sie sind einfach gemein und kriminell!«

»Was habt ihr da zu flüstern?« Der Lehrer war gerade mit dem armen Andrej fertig und sprang mit seinem Stock herbei. »Jakob, was versteht man unter Kommunismus, sage mir die Leninistisch-Marxistischen Grundideen und Ideale des sowjetischen Großreichs. Warum wird es auf das Härteste bestraft, wenn sich einer auf Kosten der Allgemeinheit bereichert?«

Mit weichen Knien stand ich auf und starrte direkt auf den Stock, den er pfeifend auf meinen Tisch knallen ließ. Plötzlich war ich wie gelähmt. Ich öffnete den Mund, um etwas zu sagen, doch mein Gehirn schien wie eingefroren. Das zischende Flüstern meines deutschen Freundes nahm ich nicht wahr. Er wollte mir helfen, doch ich konnte keinen klaren Gedanken fassen. Ich fühlte schon die harte Hand des Lehrers im Nacken, als es plötzlich an die Tür klopfte.

»Herein?!«

Der Lehrer ließ von mir ab und fuhr herum.

Zögerlich öffnete sich die Tür, und herein schob sich … mein Vater im blauen Arbeitsdrillich! Mir fielen fast die Augen aus dem Kopf! Er war hier noch nie aufgetaucht! Oh Gott, wenn bloß nichts mit Mutter passiert war! Lieber Gott, lass meine liebe Mama am Leben sein …

Mein Herz hämmerte kalt und hart in meiner Brust. Wenn sie tot ist, will ich auch tot sein.

Vater zog seine Mütze ab und knetete sie ganz aufgeregt in den Händen. Sein Blick zuckte von dem Jungen, der an der Wand auf dem Holzscheit kniete, über die vierzig verschreckten Kinder bis zu mir, der ich gerade mit zitternden Beinen in meiner Bank stand, den zürnenden Lehrer mit dem Stock schon ganz dicht über mir.

»Ich komme, um meinen Sohn abzuholen.« Die Stimme des Vaters klang heiser, doch ich spürte sofort eine unterdrückte Freude darin. Irgendwas war passiert, aber etwas GUTES!

Unbändiges Staunen vibrierte in meinem Körper. Dann war Mutter doch nicht … dann war vielleicht etwas Schönes passiert … hatte ich vielleicht wieder ein Geschwisterchen bekommen …

»Was ist der Anlass?« Der Lehrer spähte zu Vater wie ein Specht, der gleich mit spitzem Schnabel weiter auf eine Baumrinde einhämmert und sich nur ungern unterbrechen lässt.

»Wir verreisen.« Der Blick meines Vaters war auf den schmuddeligen Fußboden gerichtet, und doch bemerkte ich ein unbändiges Strahlen in seinem Gesicht.

Wir verreisten nie. Wohin denn auch? Wo sollten wir denn hin, wenn nicht …

Außer … in mir brodelte eine unterdrückte Vorfreude wie das Zischen beim Öffnen einer Limonadenflasche. Das konnte doch nicht wirklich … wir würden … hatte es etwa geklappt?

»Ja, dann nehmen Sie ihn halt mit.«

Der Lehrer schenkte mir keine Beachtung mehr und wandte sich einem anderen Opfer zu.

Mit zitternden Knien und einem ungläubigen Gefühl der Erlösung rannte ich hinter meinem Vater her, durch düstere Flure auf den Schulhof hinaus, wo schon einige ältere Jungs am Zaun lehnten und uns misstrauisch fixierten. Jemand warf einen Stein in unsere Richtung.

»Feige Vaterlandsverräter! Hauen ab aus dem sozialistischen Großreich, das ihnen ein gutes Leben und eine Ausbildung ermöglicht hat!«

»Vater, was meinen die …?«

»Sag niemandem, dass wir in die BRD ausreisen, hörst du?«

Völlig verwirrt, wie ich war, wagte ich nicht, irgendwas infrage zu stellen.

»Wir reisen in die DDR aus, alles andere erweckt nur Neid und Missgunst.«

November 1972

Rosa erzählt:

Im November 1972 erhielten wir, für mich überraschend, die Erlaubnis, nach Deutschland auszureisen. Das heißt, das Land der UdSSR zu verlassen, und das innerhalb von vierzehn Tagen.

Zu diesem Zeitpunkt war ich schon einundzwanzig Jahre alt und konnte selbst entscheiden, ob ich mitfahre oder in dem Staat bleibe, der mich ausgebildet hat. Mit Tränen in den Augen und Furcht sagte ich, dass ich ja zu meiner Familie gehöre. Und so habe ich auch die Erlaubnis zur Ausreise bekommen.

Meine Eltern meldeten mich ab. Es war eine große Erleichterung, und mir fiel ein Stein vom Herzen.

In der deutschen Botschaft war es viel einfacher. Wir wurden herzlich willkommen geheißen, erhielten Getränke, und die Menschen waren freundlich. Mir fiel besonders auf, wie schön alle gekleidet waren. Keiner hatte eine Uniform an. Der erste Schritt in die Freiheit.

RIGA, LETTLAND

November 1972

Lydia erzählt:
»Rosa! Geliebtes Mädel! Bist du auch auf die Behörde bestellt worden?«

Unsere Älteste stand in einem dunkelblauen Kostüm und mit einer Handtasche leichenblass vor dem Furcht einflößenden dunklen Backsteingebäude der Hauptstadt, vor dem bewaffnete Soldaten patrouillierten.

»Ja, per Einschreiben. Ich habe so etwas noch nie bekommen! Habe ich etwas falsch gemacht?« Sie zerrte einen Schrieb aus ihrer Handtasche und hielt ihn mir mit zitternden Fingern hin. »Ich bin einbestellt worden und weiß nicht, was ich getan haben soll!«

»Nichts, mein Herz.« Ich umarmte meine völlig aufgelöste Einundzwanzigjährige. Aus dem Augenwinkel sah ich einen jungen Mann, der sich hinter einer Litfaßsäule herumdrückte und versuchte, sich unsichtbar zu machen. »Ist das dein Freund?« In meiner andauernden Angst, meine Kinder könnten sich binden, sah ich wohl schon Gespenster.

»Nein, das ist nur ein Arbeitskollege, der mich im Notfall beschützen will.« Sie lachte verlegen. »Falls die mich gleich hierbehalten, würde er euch davon in Kenntnis setzen, aber nun seid ihr ja selber da.« Unauffällig gab sie ihm ein Zeichen mit der Hand, dass er sich entfernen könne. »Du kannst wieder zur Arbeit gehen, meine Eltern sind hier!«

Thomas näherte sich inzwischen auch von der Bushaltestelle her, ich war vorausgerannt über den großen Platz, als ich unsere Tochter gesehen hatte.

»Hast du heute keine Arbeit?«, lautete seine Begrüßung.

»Doch, Vater, aber ich bin auf das Amt bestellt worden, genau wie ihr!«

»Weil du schon volljährig bist.« Ich nahm Rosa am Arm. Wir beiden suchten wohl aneinander Halt. Kaum dass wir das Furcht einflößende Gebäude betreten hatten, wurde Thomas, der sonst oft laut und großspurig sein konnte, ganz klein und unsicher. Er drehte seine Mütze in den Händen und folgte uns mit gesenktem Blick durch das Gebäude. Nach breiten Treppenaufgängen und langen Fluren hatten wir den Raum gefunden, in dem wir uns einzufinden hatten. Ich holte tief Luft und klopfte an.

Der letzte Antrag auf Ausreise – mein inzwischen achtundzwanzigster – war vor einem Monat abgelehnt worden. Also was konnte es sein?

Gerade hatte Thomas die Zusage für die Sozialwohnung in der Stadt bekommen, und ich würde mich in mein Schicksal fügen. Vielleicht wollten sie uns in das Wohnsystem und unsere damit verbundenen Pflichten einweisen.

»Herein!«

Der Milizbeamte hinter seinem Schreibtisch schaute kaum auf, nachdem wir drei schüchtern eingetreten waren. Er blätterte angelegentlich in seinen Papieren.

»Die Ablehnung Ihres Ausreiseantrages vom 2. November 1972 wurde mit sofortiger Wirkung aufgehoben.«

Wir standen in militärischer Haltung da, autoritätsergeben, demütig, klein. Mein Herz machte einen dumpfen Satz. Hatte ich richtig gehört?

»Entschuldigung …? Könnten Sie das bitte noch mal wiederholen?« Ich räusperte mir einen Kloß von der Kehle. »Mein Russisch ist noch immer nicht ganz perfekt.«

»Er hat gesagt, wir dürfen ausreisen!« Rosa warf mir einen verstohlenen Seitenblick zu, und ihre Mundwinkel zitterten.

»Die Ablehnung Ihres Ausreiseantrages vom 2. November 1972 wurde mit sofortiger Wirkung aufgehoben!« Der Beamte bemühte sich weder langsamer noch deutlicher zu sprechen. Er schnarrte nur wesentlich lauter als zuvor. Als wären wir taub.

Das Gefühl, das mich nun von hinten umarmte und gleichzeitig erdrückte, war wie eine lauwarme meterhohe Welle bei heftigem Sog im Fluss, die einen überrollt, zu Boden wirft, umherwirbelt und einem minutenlang die Luft zum Atmen nimmt. So wie Eddy es mir in einer schwachen Stunde beschrieben hatte: Man sieht nichts mehr, man hört nichts mehr, vor den Augen kreisen Sterne, im Kopf dröhnt es hohl, man kriegt keine Luft mehr. Mir knickten buchstäblich die Beine weg. Reflexartig griffen Thomas und Rosa nach meinen Armen, in denen ich hing wie ein Schluck Wasser. Minutenlang fühlte ich nur mein Herz rasen und meinen Kopf dröhnen. Es gab keinen Stuhl, auf den ich mich hätte setzen können.

Antragsteller standen grundsätzlich. Du hast es geschafft, du hast es geschafft, du hast es geschafft, hämmerte es zwischen meinen Schläfen, und gleichzeitig drückte die eiskalte Zange der Panik in meinem Genick zu. Wie soll ich das schaffen?

»Folgende Dinge haben Sie umgehend zu erledigen …« Der Blick des Beamten glitt über die Akten, und er schnarrte im Befehlston: »Abmeldungen aller Familienmitglieder von Schulen und Behörden beziehungsweise Arbeitsplätzen. Ordnungsgemäße Übergabe Ihres Geschäftslokals, Begleichung sämtlicher Schulden, schriftlicher Nachweis der Bank, dass Sie schuldenfrei sind. Tadellose Übergabe Ihrer Wohnung, Verkauf sämtlicher Möbel und Ihrer Tiere. Gesundheitszeugnisse sowohl der Tiere als auch aller Familienmitglieder. Einarbeitung einer neuen Verkäuferin, ordnungsgemäße Abrechnung mit kompletter Inventur, die Kontrolle wird in den nächsten Tagen stattfinden.«

Ich versuchte, wieder einen vernünftigen Gedanken zu fassen, wie einen neuen Faden aus dem Gewirr des Spinnrades.

»Herr Beamter, wo soll ich die neue Verkäuferin auf die Schnelle finden …?«

»Ihr Problem. Antragsformulare für acht Pässe, die Gebühren belaufen sich auf achttausend Rubel.«

Die knarrende Stimme des Beamten lief wie ein Automat an meinem Gehirnzentrum vorbei.

ACHTTAUSEND RUBEL! So viel verdienten Thomas und ich im Jahr nicht mal zusammen!

Wir hatten nichts, wir hatten gar nichts, keine Barschaften, keine Ersparnisse!

»Herr Milizbeamter, das ist nicht zu schaffen, jedenfalls nicht in der kurzen Zeit … darf ich um einen Aufschub bitten …« Meine Stimme schwankte, und ich kämpfte mit den Tränen.

»Innerhalb von vierzehn Tagen!« Der Mann blätterte in einem Abreißkalender, dass die dünnen Papierseiten schnarrten. »An diesem amtlich verkündeten Erlass gibt es nichts zu rütteln. Dies ist ein Ausreisebefehl. Falls Sie sich widersetzen, haben Sie mit einer erheblichen Strafe zu rechnen. Sowohl das Haus als auch der Laden sind Staatseigentum, Sie müssen beides innerhalb von vierzehn Tagen räumen.«

Ich hörte Thomas neben mir trocken schlucken. Bis jetzt hatte er noch nichts gesagt, doch seine Halsschlagader pochte gegen seinen Hemdkragen, dass dieser auf und ab zuckte wie die Flügel eines lahmen Schmetterlings. An seinem Hals krochen rote Flecken wie Schlangen.

Ich fasste mir ans Herz und schnappte nach Luft. Alles um mich herum drehte sich. Mir schwirrte der Kopf. Rosel drückte mir fest den Arm.

»Das ist einfach nicht zu schaffen, Herr Milizbeamter!«

Überrascht blickte der Uniformierte auf. Dass jemand Widerworte gab, war ihm ungewohnt.

»Das ist Ihr Problem. Sie haben seit über vier Jahren regelmäßig

Ausreiseanträge für Ihre achtköpfige Familie gestellt, und jetzt tun Sie so überrascht und sind in keiner Weise vorbereitet.« Zum ersten Mal traf mich sein Blick. Er war abschätzig und kalt.

Thomas räusperte sich verlegen.

»Wir hätten nämlich auch die Aussicht auf eine Sozialwohnung in Cesis. Also, eigentlich waren wir schon darauf eingestellt …«

Bitte, Thomas, sei still, sei still, sei still …

»Die Wohnung ist hiermit natürlich hinfällig.« Der Beamte knallte einen Stempel auf die amtlichen Papiere und reichte sie mir. »So. Ab jetzt läuft die Zeit. Viel Glück wünsche ich Ihnen.« Täuschte ich mich, oder zuckte ein spöttisches Lächeln um seine Mundwinkel? Es galt ja auch als Landesverrat, die glorreiche Sowjetunion verlassen zu wollen. Ich kam mir vor wie eine Schwerverbrecherin.

Er tat wirklich so, als sei es von seinem eigenen Ermessen abhängig, ob wir ausreisen durften oder nicht. In Wirklichkeit hing natürlich ein Riesenapparat daran, dessen unsichtbare Fäden von unsichtbaren Händen gezogen wurden.

»Nehmen Sie das hier mit …« Er schob mir einen ganzen Stoß von Merkblättern und Formularen hin, sodass mir schon beim Anblick der russischen Zeichen ganz schwindelig wurde. »Sie müssen Ihren Laden mit sofortiger Wirkung an eine andere Verkäuferin übergeben. Es kann jederzeit unangemeldet das Revisionskomitee auftauchen, und Sie müssen vorher Inventur machen. Fehlt auch nur eine Kopeke oder eine Zigarette, wird Ihnen das als Straftat angerechnet.«

Es summte in meinen Ohren, und vor meinen Augen drehte sich alles. Das würde ich nicht schaffen, nicht in dieser kurzen Zeit! Wie sollte ich acht Personen aus ihrem Leben reißen, die bis jetzt noch nichts davon wussten! Alle Entlassungsbescheinigungen konnte nur ich persönlich unterschreiben. Aber woher sollte ich nur das GELD nehmen, das viele Geld?

Meine Geschwister waren alle in Kasachstan geblieben, sie hätten mir sicher geholfen.

Klementine, Jakob und Frederike hatten gute Arbeitsplätze und besaßen Häuser und Autos. Keiner meiner Geschwister hätte mich im Stich gelassen, aber sie waren Tausende Kilometer weit weg! Unser Mantra »Zusammenhalten, einer für alle, alle für einen!« zerfloss vor meinen Augen.

»Hören Sie, lassen Sie das Heulen und konzentrieren Sie sich!« Der Beamte riss mich aus meinen Panikattacken und Hitzewallungen, die mich überrollten wie glühende Lava. »Alle diese Dokumente müssen Sie bei der deutschen Botschaft in Moskau und bei den russischen Behörden abstempeln lassen! Ohne Geld keine Pässe.«

»Und wo bekomme ich die Pässe?«

»Auf der deutschen Botschaft in Moskau. Da müssen Sie alle acht persönlich am 30. November erscheinen.«

»Aber das ist doch gar nicht zu schaffen … ich habe weder Geld für die Pässe noch für die Fahrkarten nach Moskau …« Ich fasste mir ans Herz, das plötzlich stach.

Der Milizbeamte im hellgrünen Hemd und der beigen Hose blieb gnadenlos. »Ich bin nicht mehr für Sie zuständig.« Er schaute noch nicht mal von seinen Akten auf, in denen er betont beschäftigt blätterte. Er knallte seinen Stempel auf das letzte Blatt, als wollte er seinen Worten noch mehr Kraft verleihen. »Abgemeldet! – Nächster!«

»Aber ich bitte Sie von Mensch zu Mensch …« Mir brach die Stimme. Fast wäre ich auf die Knie gefallen, wenn mich Rosa und Thomas nicht gehalten hätten! Wie lange sollte ich denn noch gedemütigt und gequält werden, für nichts als mein Recht auf Freiheit? »Ich bitte Sie doch nur um einen Aufschub, vielleicht von drei Monaten! Wie soll ich sonst das viele Geld zusammenbekommen?«

»Ich habe mit Ihnen nichts mehr zu tun, Sie sind bei mir abgemeldet!« Er knallte einen weiteren Stempel auf die Akte: geschlossen.

»Ich bitte Sie doch nur um eine Fristverlängerung!« Flehentlich blickte ich ihn an, während ich in meiner Handtasche nach einem neuen Taschentuch wühlte. »Bevor ich die Pässe kaufen kann, muss ich erst die Möbel, den Hausrat und die Tiere verkaufen, und jeder, der unsere Not erkennt, wird daraus noch seinen Vorteil ziehen …«

Schluchzend brach ich zusammen. Endlich erbarmte der Mann sich ein wenig.

»Ja, gute Frau, haben Sie denn keine Verwandten hier, die Ihnen Geld leihen könnten?«

»Nein!« Ich schniefte und tupfte mir die Nase. »Meine Verwandten sind in Kasachstan!«

»Sie können bei der deutschen Botschaft in Moskau um einen Kredit ersuchen.«

»Das gelingt auf dem Postweg in der kurzen Zeit nicht mehr! Und Moskau ist tausend Kilometer von hier entfernt! Ich kann da auch nicht hinfahren und meine Familie ihrem Schicksal überlassen …«

Seine Gesichtsmuskeln zuckten. »Sie sind leider ein schwerer Fall, und ich kann Ihnen nicht helfen. – Nächster!«

Widerwillig reckte er jetzt seinen Hals und herrschte die Vorzimmerdame an, nicht blöd rumzustehen, sondern in den Gang hinauszugehen und den nächsten Antragsteller aufzurufen! Wir hätten schon viel zu lange seine kostbare Zeit beansprucht!

Doch kaum war die Sekretärin aus der Tür, beugte er sich hastig vor, riss aus seiner Mappe zwei kleine Zettel und kritzelte etwas auf je ein kleines Stück Papier.

»Das sind zwei Adressen von Leuten, die auch ausreisen. Fragen Sie bei denen, ob die Ihnen Geld leihen.«

Mir blieb der Mund offen stehen. Ich sollte fremde Leute um Geld anbetteln?

In dem Moment klopfte es an die Tür, und die Sekretärin führte neue Antragsteller herein, die mit demütig gesenktem Kopf und zitternden Fingern ihre Papiere schüchtern auf seinen Schreibtisch legten.

»Also das war's, ich kann nichts mehr für Sie tun.« Mit versteinertem Gesicht schob der Beamte unsere Akte weg. Die Sekretärin ergriff sie wie ein gefährliches Insekt und trug sie aus dem Raum.

Thomas, Rosa und ich schlichen wie frisch verurteilte Straftäter davon.

Mit dem Zug fuhren wir von Riga nach Cesis, weiter mit der Bimmelbahn nach Streni und von dort mit dem Bus nach Olini. Das kostete uns schon kostbare Zeit und unsere allerletzten Rubel, und meine letzten Nerven.

Endlich zu Hause angekommen, stolperte ich aufgelöst in die Küche, wo die Kinder ratlos herumsaßen. Wir hatten ja schon einen Teil der Tiere verkauft, da wir vorgehabt hatten, in die Sozialwohnung nach Cesis zu ziehen. Trotzdem war Lisa gerade dabei, für ihre Brüder das Abendessen vorzubereiten, und schälte unsere letzten selbst geernteten Kartoffeln. Aus dem anliegenden kleinen Stall, den wir selbst gebaut hatten, hörte ich die vertrauten Geräusche der scharrenden Hühner, die wir noch nicht verkauft hatten.

»Was höre ich da?« Der siebzehnjährige Viktor stand in Gummistiefeln vor der Küchentür und machte große Augen. Er hielt ein Huhn unter dem Arm, das ganz erschrocken um sein Leben gackerte. »Wir reisen aus? Mama, sag bloß, es hat geklappt? Aber das ist ja…dann muss ich hier nicht mehr zum Militär?«

Er umarmte mich stürmisch.

Überrascht nahmen die Geschwister erst einmal die überraschend aufgetauchte Rosa in Augenschein und verstanden im ersten Moment nicht, warum ihre älteste Schwester so weinte. Sie hatte ja von jetzt auf gleich ihre Arbeitsstelle, ihre Wohnung und ihre Zukunft verloren! Aber Rosa weinte sicherlich auch vor Glück.

Und ich weinte auch, vor Überwältigung und Überforderung! »Herr, gib Kraft!« Ich rang die Hände zum Himmel und wusste mir in diesem Moment keinen anderen Rat, als Gott um Hilfe anzuflehen! Mit zitternden Fingern legte ich die vielen Merkzettel und auszufüllenden Dokumente auf den Tisch, die halb auf Lettisch, halb auf Russisch eng beschrieben waren. »Wie soll ich das nur schaffen!«

Rosa, die perfekt Russisch sprach, setzte sich nach den ersten heftigen Begrüßungsszenen an den Küchentisch und begann leise murmelnd, mit dem Zeigefinger an jeder Zeile entlangfahrend, vorzulesen und zu übersetzen.

»Also, hier steht, wenn wir deutsche Pässe kaufen wollen, müssen wir die in der deutschen Botschaft in Moskau beantragen, hierzu brauchen wir aktuelle Passfotos, unsere Abstammungsurkunden, Geburtsurkunden, eure Heiratsurkunde, einen gültigen Personalausweis und …« Inzwischen beugten sich fünf Köpfe über das Kleingedruckte.

Oh Gott, wo sollte ich diese Papiere auftreiben? Warum half mir Thomas denn nicht?

»Rosa, geh, lauf, hol ihn von seinen Freunden weg aus der Kneipe, ich schaff das nicht allein!« Thomas hatte sich als Erstes von seinen Freunden verabschieden wollen.

Rosa war völlig außer sich, weil sie immer mehr begriff, dass sie mit ihren gut zwanzig Jahren nun ein völlig neues Leben in einem unbekannten Land beginnen musste, dessen Sprache sie nicht mehr sprach. Aber sie war mir in dieser Situation auch eine große Hilfe, wie alle meine Kinder.

Ich lehnte mit der Stirn an der Wand und rang um Fassung. Konnte ich ihr das überhaupt antun? Meine Mutter hatte damals über meinen Kopf hinweg entschieden, dass ich Thomas heiraten müsse, um die Familie zu retten. Musste sich jetzt Rosa im Gegenzug von ihrem Leben hier trennen, auch um die Familie zu retten? War das überhaupt mein Recht?

Mir schwanden vor Panik alle Sinne. »Wie sollen wir das innerhalb von vierzehn Tagen schaffen? Die Post nach Moskau dauert ja normalerweise schon auf einem Wege länger!«

»Wo bleibt denn nur euer Vater?« Ich schüttelte Lisa, die noch das Kartoffelschälmesser in der Hand hielt, nervös an der Schulter. »Du weißt doch, wo er immer hingeht! Ich brauche ihn jetzt hier! Wo ist er hin?«

Doch Lisa biss sich nur stumm auf die Lippen. Wir waren wohl alle überfordert und nervös in dieser Situation.

Viktor schlug dem Huhn, das er unter dem Arm gehalten hatte, den Kopf ab. Das panische Gackern und Schreien des armen Tieres, das nun genauso kopflos herumrannte wie ich, malträtierte zusätzlich meine gepeinigte Seele. Aber Viktor sorgte sich wenigstens um unser gemeinsames Abendessen! Er war mein Fels in der Brandung. Mitten unter dem Rupfen des Huhnes, dem Kochen der Kartoffeln in einem riesigen blubbernden Topf auf dem Ofen und dem hektischen Herumräumen beratschlagten wir an diesem Abend noch lange, was zu tun sei. Der praktische Hausfrauenverstand in mir setzte sich als Erstes durch.

»Gebt mir all eure Wäsche, die ich bis dahin noch waschen muss! Bei der Kälte braucht sie einige Tage, bis sie draußen trocken ist!«

»Und was sollen wir inzwischen anziehen?« Jakob schaute fragend in die Runde.

»Na, irgendeinen alten Arbeitsdrillich!« Lisa, meine praktische Tochter, schüttelte den Kopf.

»Und in dem Arbeitsdrillich soll ich mich von meinen Schulfreunden verabschieden?«

»Jakob, bitte, ich habe andere Sorgen. Ich muss eine neue Verkäuferin finden und einarbeiten, mit ihr Inventur machen, dafür brauche ich mindestens eine Woche. Macht mir Termine bei euren Lehrern und Schuldirektoren für die Abmeldung, das darf mit keinen langen Wartezeiten für mich verbunden sein! – Viktor, du hängst an sämtliche Schaukästen Zettel auf, dass unsere Möbel und Werkzeuge zu verkaufen sind!«

»Ja, geht klar, Mama.«

»Auch mein Fahrrad?« Jakob hatte sich ja mit dem Arbeitsdrillich bereits abgefunden, aber jetzt stand ihm die Verzweiflung ins Gesicht geschrieben.

»Ja, mein Lieber. Vielleicht bekommen wir ein paar Rubel dafür.« Ich drückte ihm den Arm.

»Rosel, du gibst eine Annonce in der Zeitung auf, dass unsere Bettüberwürfe, die Gardinen, die Teppiche und unsere Kleider zu verkaufen sind …«

»Ja, Mama, das mache ich. Komm, Lisa, wir machen Bestandsaufnahme.« Meine beiden wunderbaren Großen, auf die ich mich immer verlassen konnte, gingen prüfend durch die Wohnung und den Stall. »Dies hier kann weg, und das hier verkaufen wir …«

»Die Leute werden uns die Sachen aus den Händen reißen, ohne großartig dafür zu zahlen.«

»Ja, so ist der Kommunismus«, bemerkte Viktor schmunzelnd. »Im schlimmsten Fall müssen wir alles so stehen lassen, mit allem, was drin und dran ist, und das Ganze wird einer Plünderei zum Opfer fallen, oder die Polizei kassiert es als Staatseigentum ein!«

»Aber nein, Viktor, komm, wir schreiben Listen und hängen sie überall im Ort auf!« Rosel zog ihn schon aus meiner Hörweite. »Wir kennen doch genügend Leute, die uns etwas abkaufen werden! Mama braucht jeden Rubel und jede Kopeke!«

Oh Gott, mir wurde ganz schwindelig. Wir hatten seit unserer Ankunft in Lettland vor über vier Jahren alles mit eigener Hände

Arbeit aufgebaut, vom reich blühenden Garten über die Ställe, die Tiere und den Haushalt für acht Personen. Mit sämtlichen Möbeln, die Thomas mit den Söhnen gebaut und geschmiedet hatte, allen Betten, Schränken und Inventar! Ich selbst hatte jede Nacht genäht und gestickt, jede Bettdecke verziert, jedes Kopfkissen, jede Gardine und jeden Vorhang, mit wunderschönen kunstvollen Mustern. Das alles konnten wir doch nicht ohne Gegenwert fremden Menschen überlassen!

Aber hatten wir das nicht schon oft tun müssen? War das unser Schicksal? Würde sich das nie ändern? Mussten wir immer wieder von vorne anfangen? Ich war jetzt fünfundvierzig Jahre alt und müde, so müde! Wie gelähmt sank ich auf einen Stuhl.

»Was ist mit deinen Geschwistern in Kasachstan, Mama? Tante Klementine, Onkel Jakob und Tante Frederike? Die haben doch alle schon was gespart!« Mein Jüngster Eddy versuchte, mich aufzurütteln. »Deine Geschwister würden dir doch ihr letztes Hemd geben!«

Wieder erklärte ich unter Tränen, dass die Verwandten in Kasachstan sicher sofort helfen würden, aber ja leider Tausende Kilometer weg waren!

»Schreib ihnen doch wenigstens ein Telegramm!«

Der kleine Eduard hatte seine Ellbogen auf der Tischplatte aufgestützt und kniete auf seinem Stuhl, um auch mitreden zu können. Er war jetzt neun Jahre alt, genau in dem Alter wie damals mein Bruder Jakob, als er uns das Sieb und die Reibe aus Schrott gebastelt hatte. Wie rührend es doch war, dass auch er helfen wollte. Und wie klug er war.

»Ja, Goldfischchen.« Ich streichelte ihm über das Haar. »Lauf du schnell zur Post. Hier ist der Text: Dürfen ausreisen! Kommt!« Hastig kritzelte ich die drei Worte auf einen Zettel und drückte dem Knirps ein paar Kopeken in die Hand. »Lauf schnell und klopf an die Fenster, falls die Post schon geschlossen hat! Lass dich nicht abwimmeln!« Ich drückte ihm einen Kuss auf die Stirn: »Du bist genauso klug wie dein Onkel Jakob, Eddy!«

Mir wurde heiß und kalt, und zwischen meinen Schläfen pochte ein stechender Schmerz.

Das würde doch alles hinten und vorne nicht mehr klappen!

»Wo kriege ich denn achttausend Rubel her?« Stöhnend raufte ich mir die Haare. Die ganze Zeit weinte ich vor Stress und Angst. Ich war so total überfordert mit der Situation!

Plötzlich kam Rosa wieder in die Küche, bewaffnet mit einer Liste.

»Mama, der Beamte hat dir doch einen Zettel zugesteckt.« Rosel nickte mir verschwörerisch zu. »Ich habe gehört, wie er dir gesagt hat, diese Leute reisen auch aus!«

Ja. Das stimmte. In all meiner Not hatte ich diesen letzten Ausweg schon ganz vergessen.

»Lisa, komm du mit mir!«

Am nächsten Abend nach der Arbeit im Laden – ich musste als Erstes sämtliche Schulden durch die entnommenen Schnapsflaschen aus eigener Tasche begleichen, denn jeden Moment konnte die Prüfungskommission auf der Matte stehen – rannten wir zum Bus und fuhren in die Kreisstadt. Ich konnte und wollte das nicht alleine machen, denn Frauen, die abends allein in der Stadt unterwegs waren, wurden allzu oft überfallen, besonders, wenn sie eine Handtasche dabeihatten. Mit rasendem Herzklopfen eilte ich mit der sechzehnjährigen Lisa zu der ersten genannten Familie, von der der Milizbeamte mir die Adresse gegeben hatte. Es war schon spät am Abend, als ich mir ein Herz fasste und an der fremden Türe klopfte. Lisa stand völlig eingeschüchtert neben mir. Wir beide zitterten vor Angst und vor Kälte. Lieber Gott, lass sie mich jetzt nicht mit Schimpf und Schande davonjagen! Was soll ich nur tun, was soll ich nur tun … es ist so beschämend, aber mir bleibt keine andere Wahl!

Es ging um die Zukunft meiner Kinder, und um das Wiedersehen mit Vater. Dies war meine einzige und letzte Chance. Und dafür nahm ich meinen letzten Mut zusammen. Herzklopfend stand ich da und betete: Lass jemanden zu Hause sein und lass die Leute freundlich sein, ich bin ja nichts weiter als eine Bettlerin, vielleicht haben sie Mitleid, wenn sie das Kind sehen …

Lisa stand mit blassem Gesicht und schreckgeweiteten Augen neben mir. Wir hatten die ganze Hinfahrt geweint. Ich weiß nicht, wer sich an wem festhielt und Halt suchte.

Ein alter Mann schlurfte uns über den Hofeingang entgegen.

»Wer sind Sie, was wollen Sie?«

»Bitte entschuldigen Sie die späte Störung …« Mein Hals war wie ausgedörrt, und ich räusperte mir einen dicken Kloß von der Kehle. »Ein Herr von der Milizbehörde in Cesis gab mir freundlicherweise diese Adresse und meinte, Sie reisen demnächst in die BRD aus …«

»Schreien Sie hier doch nicht so rum!« Ärgerlich zischend trieb der Alte uns in den Hof und schloss das Tor hinter sich.

»Wieso sagt der Beamte das an fremde Leute weiter? Das ist doch ungeheuerlich, wir handeln uns nur Ärger ein, nachher werden wir noch als Staatsverräter beschimpft!«

Meine arme Lisa klammerte sich an meinem Arm fest.

»Oh bitte, ich selbst habe ja einen positiven Ausreisebescheid!« Flehentlich hob ich die Hände. »Bitte, hören Sie mich an. Ich bin Mutter von sechs Kindern …« Und dann erzählte ich ihm weinend, was meine Notsituation war. »Ich wusste nicht, dass man Pässe *kaufen* muss, ich dachte, man bekommt sie automatisch von dem Land, in das man ausreist …«

»Da sind Sie ja ganz schön blauäugig.« Der alte Mann schlurfte vor uns her und wies uns den Weg in das spartanische kleine Haus, in dem seine Familie gerade beim Abendessen saß.

»Hier haben die Wände Ohren. Kommen Sie lieber rein und

reden Sie in Ruhe.« Innerlich atmete ich auf. Am Küchentisch saßen eine ältere Frau und eine Familie der jüngeren Generation mit drei Kindern. Also auch sie waren sieben Personen, die ausreisen würden!

Mir sank das Herz in die Hose. Die hatten sicherlich keine einzige Kopeke übrig.

Die Kinder starrten uns an, und Lisa senkte verschämt den Blick zu Boden. Was tat ich dem Mädel da nur an! Hier als elende Bittsteller aufzukreuzen!

»Hört mal, Leute, diese Frau hier …« Der alte Mann erklärte meine Situation, und die Familie musterte uns skeptisch. Auf dem Tisch stand ein Suppentopf mit einem undefinierbaren Eintopf darin. Mein Magen krampfte sich zusammen, und auch Lisas Magen knurrte vernehmlich.

Verlegen knetete ich die Bügel meiner leeren Handtasche in den Händen. »Bitte helfen Sie uns! Unsere Frist läuft ab, und wir sind in höchster Not! Jede Minute zählt.«

Unverständliches Murmeln und eisiges Schweigen lösten einander ab. Die Küchenuhr an der Wand tickte unaufhörlich.

Schließlich steckten der alte Mann und der junge Mann die Köpfe zusammen.

Ich hörte sie murmelnd verhandeln und glaubte so etwas aufzuschnappen wie:

»Im günstigen Kurs zurück … können wir in der BRD noch brauchen … natürlich in Devisen!«

»Natürlich zahle ich es Ihnen mit Zins und Zinseszins zurück«, stammelte ich, einen Funken Hoffnung schöpfend. »Wenn Sie mir jetzt aus der Not helfen, soll es Ihr Schaden nicht sein!«

Die Kinder starrten Lisa mit einer Mischung aus Mitleid und Abscheu an.

»Ja, aber wie können wir der Frau glauben?« Der erwachsene Sohn schüttelte entschieden den Kopf. »Nehmen wir mal an, wir würden ihr das Geld leihen, und da sprechen wir von Tausenden Rubeln, die wir selber nicht übrig haben, das sehen wir doch im Leben nie wieder?«

»Oh doch! Ich zahle es Ihnen doppelt zurück!«, entfuhr es mir. »Sie haben mein Wort!«

Mein Herz polterte dumpf. Sie diskutierten immerhin schon darüber! Sie hielten es für möglich …

»Doppelt, sagen Sie?«

Der junge Mann kaute mit mahlendem Kiefer.

»Ich verspreche es beim Augenlicht meiner Tochter.«

»Soso.« Der Alte riss von seinem Brot Fetzen ab und warf sie in seine Suppe.

»Wie kommen wir an unser Geld, gesetzt den Fall, wir würden es Ihnen geben? Die BRD ist groß, und wir haben alle noch keine Adresse.«

»Genau«, nickte der Sohn. »Darauf lassen wir uns gar nicht ein. Wir sehen unser gutes Geld nie wieder.«

»Oh, wenn es das ist … darf ich mal?« Ich drehte flugs den Zettel um, den ich immer noch in den Händen hielt, und schrieb mit einem Bleistiftstummel, der auf dem Tisch lag, die Adresse meines Vaters in Ludwigsburg darauf. Die konnte ich inzwischen in- und auswendig.

»Das ist mein Vater. Er lebt dort seit über fünfundzwanzig Jahren. Und jetzt schreiben Sie mir bitte Ihre Adresse auf, die Sie in Deutschland als Anlaufstelle haben. Ich gebe Ihnen mein Ehrenwort, dass Sie das Doppelte Ihrer Leihgabe zurückbekommen, und zwar noch im kommenden Jahr.«

Entsetzt starrte Lisa mich an, und ihre Augen wurden immer größer.

»Das Doppelte!« Der Jüngere kaute. »Schreiben Sie das dazu: hundert Prozent Zinsen.«

»Ja, wenn Sie mir nur jetzt weiterhelfen! Bitte! Die Zukunft meiner Kinder liegt jetzt in Ihren Händen!« Flehentlich blickte ich in die Runde. »Auf Rubel und Kopeke!«

»Wenn, dann auf Heller und Pfennig«, knurrte der Alte, der bereits seine Adresse auf den Zettel kritzelte. »Oder wie heißt das in der BRD: D-Mark und Pfennig.«

Wieder murmelten Vater und Sohn in ihre Bärte hinein, und zu meiner grenzenlosen Erleichterung sah ich sie schließlich nicken. Das schien für sie ein passables Geschäft zu sein.

»Wir haben noch Geld, und wir können der Frau helfen. Alle einverstanden?« Der Alte blickte über seine Brille prüfend in die Runde. »Sie ist zuverlässig. Sie hält ihr Wort.«

Umständlich stand er auf, schlurfte hinüber und machte sich im Schlafzimmer an einem braunen Schrank zu schaffen.

Der alte Mann blätterte mir viertausend Rubel hin. »Das ist die Hälfte dessen, was Sie für acht Pässe brauchen. Mehr können wir beim besten Willen nicht erübrigen.«

»Oh danke, Sie sind so ein guter Mensch!« Völlig fertig mit den Nerven, zutiefst erleichtert, aber ebenso gedemütigt brach ich in Tränen aus. Auch Lisa weinte vor Erleichterung und Scham.

Wir umarmten einander und wünschten uns gegenseitig viel Glück und eine gute Reise in die neue Heimat Deutschland.

Ich klammerte die Handtasche mit dem unfassbar vielen Geld an mich und hielt an der anderen Hand meine Tochter, als wir uns gegen 23 Uhr zur nächsten Adresse aufmachten.

Wir rannten durch die dunklen Straßen, und ich war so froh, meine wunderbare Lisa dabeizuhaben! Wie tapfer sie doch war, und wie viel Halt sie mir gab!

»Es gibt doch einen lieben Gott, der hilft uns aus schwerster Not …« Laut betend hetzten wir durch den Schneeregen, über schlecht geteerte Wege und durch Schlaglöcher hindurch auf die andere Straßenseite. »Immer wenn du denkst, es geht nicht mehr …«

»Kommt von irgendwo ein Lichtlein her«, vervollständigte Lisa schluchzend mein Gestammel.

Die zweite Familie wohnte in einem Plattenbau. Mit vom Weinen schon trüben Augen suchte ich in der Dunkelheit unter den Klingelschildern das richtige. Die Straßenlaterne war kaputt, es herrschte unheimliche Stille. Mein Herz polterte dumpf. War das da eben hinter der Hausmauer ein Schatten gewesen? Wenn mir jetzt einer die Tasche wegriss, waren wir erledigt.

»Lisa, schau du hin, ich kann es nicht lesen!«

»Hier ist es, Mama, im siebten Stock!«

Mit zitternden Fingern drückte ich auf den Klingelknopf, doch nichts rührte sich.

»Oh bitte, lieber Gott, lass sie noch da sein, lass sie noch nicht abgereist sein, Herr im Himmel, erbarme dich unser …«

Wieder drückte ich den Klingelknopf, so fest, so verzweifelt, so anhaltend, und tatsächlich, nach Minuten ging der Summer, und die Haustür sprang auf.

Es war stockfinster im Treppenhaus. Lisa verging fast vor Angst, als wir den Lichtschalter zwar fanden, das Licht aber nicht anging. Im Dunkeln tasteten wir uns weiter. Es roch undefinierbar nach Bohnerwachs und Essensresten, aber auch nach Alkohol und Rauch.

»Komm, wir laufen die Treppe hinauf.«

An das wackelige Geländer gestützt, tasteten wir uns Stufe um Stufe hinauf. Meine Lunge brannte, und meine Beine schienen zentnerschwere Gewichte mitzuschleppen.

Schließlich gewahrten wir einen schwachen Lichtschein und eine angelehnt stehende Wohnungstür im siebten Stock. Ein unrasierter Mann im Pyjama blinzelte uns schlaftrunken entgegen.

»Oh bitte, ich bitte Sie um Verzeihung für die späte Störung …« Meine Schläfen dröhnten, und mein Atem stand mir vor dem Gesicht. Lisa stand verstört neben mir und stieß ebenfalls keuchend weiße Rauchwölkchen aus. Ich umklammerte die Handtasche und presste sie mir vor die hämmernde Brust.

»Wer sind Sie denn? Wir haben alle schon geschlafen!« Der Mann schien eher verwundert als verärgert.

»Dürfen wir einen kurzen Moment reinkommen?« Ich senkte die Stimme und schaute mich ängstlich um, ob sich nicht vielleicht eine der anderen Wohnungstüren öffnen würde. »Es geht um die Ausreise …«

Schnellstens ließ uns der Mann in den muffigen Flur mit den abblätternden Tapeten.

»Kommen Sie in die Küche.« Er knipste das Licht an, und Essensgeruch schlug uns entgegen.

Unsere Mägen krampften sich zusammen. Auf dem Tisch lag eine bunte Plastiktischdecke. »Setzen Sie sich.«

Oh, wie waren wir dankbar! Er bot uns einen Stuhl an! Aus dem Nebenraum kam nun verschlafen eine Frau, die sich verschämt einen fadenscheinigen Morgenmantel über ihr Nachthemd zog. »Ist was passiert, Juri?«

»Nein, bitte, ich komme in höchster Not …« Hastig kramte ich den Zettel mit der Adresse hervor, die der Beamte mir gegeben hatte. Und dann erzählte ich wieder weinend und verzweifelt, was unser Anliegen war. Meine arme Lisa saß verstört dabei und kaute an ihrem Trainingsanzugkragen vor Hunger und Verlegenheit.

»Sie will Geld, Juri.« Die Frau legte ihre Hand auf die Schulter ihres Mannes.

»Ja, aber wie kommen Sie darauf, dass wir welches hätten?« Der Mann hatte sich inzwischen seine Brille aufgesetzt und spähte mit Adlerblick hindurch. Die Frau lehnte am Küchenschrank und verdeckte eine Schublade mit den Händen.

»Haben Sie keines …?« Ich schluckte trocken. »Meine Information war …« Ich unterbrach mich. »Ich zahle alles doppelt und dreifach zurück.«

Die Frau beugte sich vor und flüsterte dem Mann etwas ins Ohr. Ich vernahm dieselben Wortfetzen wie schon bei der ersten Familie: »Können wir sowieso nicht mitnehmen, Juri! Dürfen keine Devisen ausführen! Die Frau hat keine Wahl, und wir kriegen es in harter D-Mark zurück, brauchen drüben Kapital …«

Beide starrten mich minutenlang prüfend an. Auch hier tickte eine Uhr. Unbarmherzig. Die Zeit lief gegen uns. Der Tag neigte sich dem Ende zu. Der zweite Tag von vierzehn.

»Ich gebe es Ihnen dreifach zurück!«, stieß ich hervor. »Das verspreche ich! Beim Augenlicht meiner Tochter!« Meine arme Lisa wischte sich verstört über die Lider. Nach endlosen Minuten, die mir wie Stunden erschienen, nickte der Mann schließlich seiner Frau zu.

Die Frau zog die Schublade auf und holte ein großes Bündel Geld hervor.

Viertausend Rubel. Mit einem dicken roten Gummiband umschlossen. Es schien schon auf uns gewartet zu haben. Hatte der Milizbeamte sie etwa schon instruiert? Und bekam auch noch einen Teil des Kuchens?

»Sie machen einen vertrauenswürdigen Eindruck, gute Frau. Hier. Nehmen Sie.«

Sie ließen mich noch nicht mal eine Quittung unterschreiben.

In unserer Verzweiflung umarmten wir unsere Mildtäter voller Dankbarkeit und küssten ihnen die Hände. »Gott segne Sie und Ihre Familie …«

Laut weinend rannten wir mit der kostbaren lebensrettenden Handtasche zum Bahnhof und erreichten gerade noch den letzten Zug. Selbst dort konnten wir den wenigen einzelnen Männern, die uns die ganze Zeit fixierten, nicht in die Augen schauen. Ich klammerte die Handtasche an mich und benutzte meine arme Lisa noch als lebendigen Schutzschild.

Wir weinten die ganze Zugfahrt bis nach Hause. Mein Herz war so kalt und klamm wie die neblige Winternacht draußen im dunklen, einsamen Wald, als wir endlich in der Holzhütte ankamen. Den letzten Bus hatten wir nicht mehr erwischt. Aber was machte das schon, jetzt noch fünf Kilometer durch den Wald zu laufen. Ich hatte es geschafft. Wir konnten ausreisen. Alle acht.

Zwei Wochen später

»Vorsicht beim Aussteigen, Kinder, passt auf das Gepäck auf und lasst nichts liegen! Wir müssen hier in Riga umsteigen!«

Unsere Nerven waren zum Zerreißen gespannt. Die letzten beiden Wochen waren ein einziges hektisches Gerenne gewesen, und bis zum letzten Kinderhemd hatte ich noch alles gewaschen und gebügelt, die Wohnung ausgeräumt und blitzsauber hinterlassen, den Laden tadellos an die neue Verkäuferin übergeben, gemeinsam Inventur gemacht. Es fehlte kein Reiskorn und kein Gramm Mehl, kein Bleistift und keine Zigarette. Wir hatten uns von den letzten Tieren getrennt und uns noch von allen Nachbarn verabschiedet. Jeder von ihnen war mit einer großen Karre mit unseren Möbeln, Teppichen, Hausrat und Bettzeug beglückt wieder abgezogen. Und mit unseren Schäfchen, Kälbchen, Ziegen und Hühnern. Und mit Jakobs Fahrrad. So viele Tränen waren geflossen …

Nun schleppten wir in Säcken und Tüten, was wir mit beiden Händen tragen konnten. Jedes Kind hatte einen von mir selbst genähten Rucksack auf dem Rücken, der auch als Kopfkissen auf den harten Zugbänken würde dienen müssen. Zwei Koffer und zwei Reisetaschen hatten wir auch noch aufgetrieben.

»Wie lange haben wir Aufenthalt?« Unser kleiner Eduard stand schon aufgeregt auf dem Bahnsteig der lettischen Hauptstadt, während wir uns noch mit dem Aussteigen und dem Gepäck abmühten. Jedes Kind schleppte so viele Lebensmittel, wie es tragen konnte, hauptsächlich Eingemachtes in Gläsern. Alles andere hatten wir verschenkt.

»Mehr als zwei Stunden. Aber wir haben kein Geld, etwas zu kaufen, und wehe, jemand will was trinken!« Thomas wuchtete die zwei schweren Koffer aus dem Zug und blickte streng.

»Ja, mach dir keine Sorgen, wir haben eine Brotzeit und Wasser eingepackt.« Rosel half mir mit der schweren Tasche, und für einen kurzen Moment schoss mir die Erinnerung an die Ankunft in Karaganda durch den Kopf, als wir bei dem heißen Sandsturm unter den Zügen hindurchkrabbeln mussten und sie als kaum Fünfjährige mir so tapfer half. Da hatte ich den kleinen Viktor auf dem Arm und Lisa im Bauch. Oh Gott, was für eine Tortur! Aber viel anders fühlte ich mich jetzt auch nicht. Schließlich fuhren wir wieder ins Unbekannte, in ein Land, in dem wir noch nie waren und dessen Sprache wir nicht sprachen.

Und meine Geschwister hatten nicht mehr auf das Telegramm reagiert! Bestimmt waren sie böse auf mich, dass ich sie nun im Stich ließ! Doch was hätte ich tun können …?

»Ach Mama, bitte weine doch nicht mehr …« Lisa fasste mich am Arm. »Das kann ich gar nicht mehr mit ansehen…«

»Ach Kind …«

Es tat so weh zu wissen, dass unser Hab und Gut und die Tiere jetzt einfach in den Besitz der Nachbarn übergegangen waren! Und dass ich meine Geschwister niemals wiedersehen würde! In den letzten zwei Wochen waren wir so hart beschimpft worden als Landesverräter und undankbares Pack, dass ich schon gar nicht mehr wusste, ob das alles hier richtig war.

Meine arme Rosel weinte auch. Sie war völlig verstört, weil sie ihre Kollegen und Freundinnen hatte zurücklassen müssen. Sie hatte sich schon so an das Leben hier gewöhnt!

»Mama! Schau mal, wer da ist!«

Jakob und Johannes waren als Letzte vom Trittbrett gesprungen, ließen ihre Bündel fallen, und mit hüpfenden Rucksäcken rannten sie plötzlich los, über den Bahnsteig, zur Ankunftshalle hin.

Überall standen streng blickende uniformierte Schaffner und bewaffnete Polizisten und behielten das hektische Treiben im Auge.

»Bleibt gefälligst stehen!« Thomas pfiff durch die Finger, und die beiden standen sofort wie Wachsfiguren. »Hier wird nicht aus der Reihe getanzt, holt sofort eure Sachen und bleibt in meiner Nähe!«

»Aber Vater, da sind doch Tante Klementine, Onkel Jakob und Tante Frederike! Siehst du sie nicht?« Viktor schleppte sich hinter uns mit einem schweren Koffer ab. Darin waren unser notwendiges Essgeschirr, die Teller und das Besteck, und sie klirrten verdächtig.

»Meine Geschwister sind gekommen? Aus Karaganda? Nach Riga?«

Vor Überraschung und Erleichterung ließ ich meine beiden Reisetaschen aus den Händen gleiten. »Nicht wahr! Sie sind es wirklich! Oh Gott, danke, du hast meine Gebete erhört!«

Mit ausgebreiteten Armen rannten unsere Kinder ihren Tanten und ihrem Onkel entgegen, die sogar noch ihre Ehepartner und Kinder mitgebracht hatten!

Das gegenseitige Umarmen nahm kein Ende. Schnaufend war nun auch ich bei meinen Verwandten angekommen. Mir liefen die Tränen der Erschöpfung, der Erleichterung und der Fassungslosigkeit.

»Dass ihr doch noch gekommen seid! Oh ich kann es nicht glauben! Wie hätte ich ohne Abschied von euch die UdSSR verlassen können? Ich hätte es mir nie verziehen!«

Wir umarmten uns unter Tränen, herzlich und innig und so lange, dass die Leute uns schon kopfschüttelnd umrundeten.

»Machen Sie den Durchgang frei!« Ein Polizist mit einem Schlagstock drängte uns weg.

»Seid ihr etwa die vielen, vielen Kilometer aus Kasachstan hierhergefahren, nur um uns noch einmal zu sehen?« Immer wieder schluchzte ich laut auf und konnte es nicht begreifen.

»Wir haben dein Telegramm bekommen. ›Dürfen ausreisen.

Kommt!‹« Mein Bruder Jakob, der uns einstmals das Sieb gebastelt hatte, fischte es aus seiner Brusttasche. »Aber erst mal muss ich dir die Leviten lesen, Schwesterherz. Wie kannst du es fertigbringen, uns vor vollendete Tatsachen zu stellen?«

Er zog mich heftig am Mantelärmel zur Seite. »Wir haben unserer Mutter am Sterbebett versprochen, dass wir immer zusammenbleiben, komme, was da wolle!«

»Aber Jakob, es ging doch plötzlich so schnell ...«

»Du hättest warten müssen, bis wir alle die Ausreiseerlaubnis bekommen!« Jakob war richtig wütend! Unsere Schwestern und die Schwägerin gaben ihm mit vorwurfsvollen Gesichtern recht.

»Dieser Alleingang ist wirklich egoistisch von dir!«

Peng. Diese verbale Ohrfeige saß. Ich fühlte mich wie vor den Kopf geschlagen. Ich und egoistisch!

Jetzt war es völlig um mich geschehen! Ich bekam einen regelrechten Weinkrampf.

Diese Vorwürfe von meinen über alles geliebten Geschwistern, für die ich alles auf der Welt getan hatte!

Hatten sie vergessen, wie ich in Sibirien geschuftet hatte, um ihnen abends ein paar Körner Weizenmehl bringen zu können? Wie ich sie und die Mutter über ein Dutzend Jahre am Leben gehalten hatte? Wie ich Thomas geheiratet hatte, damit die Familie überleben konnte?

Das alles brach sich in meiner verzweifelten Seele Bahn, aber die Worte kamen mir nicht über die Lippen.

»Versprich mir, dass ihr zusammenbleibt«, hallte Vaters Stimme in meinem Kopf, »das ist das oberste Gebot!«

»Ich bitte euch, lasst mich jetzt fahren zum Vater, und von dort aus werden wir alles tun, um euch nachzuholen«, flehte ich sie alle einzeln unter Tränen an. »Ich habe euch nicht vergessen und werde es niemals tun!«

Die Kinder standen halb befremdet und schockiert, halb beglückt neben ihren Cousins und Cousinen und ihrem Lieblingsonkel Jakob, der oft genug für sie die Vaterrolle übernommen hatte. Jakob war es gewesen, der Rosel ihre Ausbildung in Riga ermöglicht hatte, denn Thomas hätte es nie erlaubt, dass unsere Älteste als Arbeitskraft zu Hause wegfiel!

Jakob hatte unzählige schöne Ferientage mit den Jungen am Fluss verbracht, Onkel Jakob war einfach der Fels in der Brandung gewesen! Und nun war er so böse auf mich!

Für ihre Anhänglichkeit fingen sie sich strenge Blicke von Thomas ein. Hier wird nicht getobt, hier wird nicht gesprungen, und wehe, einer sagt etwas. Seine Nerven waren zum Zerreißen gespannt. Und nun auch noch diese angespannte Stimmung vonseiten meiner Familie!

Es war unsere sechste komplette Entwurzelung, ohne Geld, ohne Sicherheit, und ohne eine Ahnung, was uns in der Heimat erwarten würde. Ich weinte so sehr, dass ich schluchzend auf einen Koffer sank.

Schließlich lenkte mein Bruder Jakob ein. Er legte den Arm um seinen Patensohn Jakob, der ihn vergötterte: »Kommt, wir gehen alle zusammen zu einem Fotografen. Dann könnt ihr uns schon mal als Fotografie dem Vater mitbringen.«

Noch immer weinte ich haltlos und schüttelte nur den Kopf.

»Dazu haben wir kein Geld …«

»Wir haben genug mitgebracht.« Mein Bruder nahm nun auch endlich mich in den Arm:

»Ich weiß, ihr dürft es nicht ausführen, aber ein Abschiedsfoto muss sein.«

Die Kinder waren verschüchtert und verstört, nicht zuletzt, weil Thomas in seiner Aufregung mehr als strenge Blicke verteilte.

»Sperren wir für zwei Stunden das Gepäck in ein Schließfach?«

»Nein, auch das kostet zu viel. Wir nehmen es mit zum Fotografen und ziehen uns dort um!«

Thomas gab seine Anweisungen. »Jeder zieht sein bestes Sonntagsgewand an, und wer nicht aussieht wie aus dem Ei gepellt, der kann was erleben!«

Und so marschierten wir mit über zwanzig Personen zu dem Bahnhofs-Fotografen, der dann unser letztes Familienbild für zwanzig Jahre schoss.

»Bitte recht freundlich!«, winkte er hinter seiner Kamera mit der Hand. Doch seine Aufforderung verhallte vergebens.

Auf dem Bild lächelt keiner. Alle schauen ernst und finster drein, und in den Gesichtern der Kinder steht Stress, Schock und Angst.

Es war wie ein lebendiges Sterben, mit der Furcht, es könnte ein Abschied für immer sein.

Nach dem Fototermin bestiegen wir unter großem Abschiedsschmerz den Zug nach Moskau, um dort in der deutschen Botschaft die Pässe abzuholen, und die lieben Geschwister fuhren mit ihren Familien die Tausende Kilometer in der Holzklasse nach Karaganda zurück.

MOSKAU, RUSSLAND

26. November 1972

Lisa erzählt:
»Wir steigen jetzt hier in Moskau aus und müssen zur deutschen Botschaft. Keiner von euch sagt ein Wort.« Unser Vater mahlte mit den Kieferknochen vor Spannung und Nervosität. Schon während der Fahrt hierher waren Ohrfeigen ausgeteilt worden, und wir hatten oft über Stunden weinend und schweigend in der Ecke gesessen. Bei all der Aufregung, besonders bei den Brüdern, denen es schwerfiel, über Stunden und Tage still zu sitzen, überwog bei den Eltern wohl die nackte Angst, dass wir einander im Gedränge verlieren könnten!

»Kinder, wir müssen jetzt die Pässe holen, ohne die geht nichts weiter!« Unsere Mutter zitterte vor Angst und Stress. »Bitte schaut aufeinander, keiner darf zurückbleiben.«

»Ihr folgt mir jetzt im Gänsemarsch, und jeder bleibt dicht hinter seinem älteren Geschwister!«

»Ja, Vater.«

»Mutter geht am Schluss hinter Eddy.«

»Ja.«

Wir arbeiteten uns mit dem vielen Gepäck aus dem Zug, der quietschend in der unfassbar riesigen Bahnhofshalle von Moskau gehalten hatte. Er spie Tausende von eiligen Menschen aus, die in ihren dicken Mänteln und Pelzmützen sofort wie aufgezogene Roboter mit unbeweglichen Mienen einer riesigen Rolltreppe zustrebten. So etwas hatte noch niemand von uns je gesehen! Von rechts und links wurden wir angerempelt und eilig überholt.

»Da trau ich mich nicht drauf ...«

»Halt den Mund! Ein Wort noch, und es knallt!« Vater wirbelte herum, und in seinen Augen stand die kalte Wut. »Ihr macht jetzt genau, was ich mache.«

Keiner konnte den anderen an die Hand nehmen, denn wir waren dick bepackt.

Mutter war die Letzte in der Reihe. Mein Blick glitt über die riesigen gekachelten Wände, in denen die schönsten Muster eingearbeitet waren! Wie viele Tausend Fliesen mussten das sein? Und wie es roch! Ein ganz seltsamer, metallischer und kalter Geruch lag in diesen unterirdischen Katakomben!

»Weitergehen, nicht Maulaffen feilhalten!«

Oh Gott, diese steilen Eisenstufen, wie sie sich aus dem Boden stülpten wie kleine Erdbeben, unerbittlich, eine nach der anderen! Und wie steil und endlos sie nach oben glitten, diese unbeweglichen Menschen mit den eisernen Gesichtern! Mein Herz polterte heftig, und meine Beine waren wie Pudding.

»Ich trau mich nicht …«

Oh Gott, lieber würde ich hier festwachsen und einfrieren, als mich da drauf zu stellen!

Es ging mir wie der Kuh in der Kolchose, von der Mutter immer wieder erzählt hatte.

»Wird's bald! Weitergehen! Was ist denn da vorne für ein Stau …« Die Leute überholten uns rücksichtslos und schimpfend. Sie benutzten so ein Ding ja auch jeden Tag, aber wir Landeier fühlten uns wie auf den Mond geschossen.

»Los, Lisa. Du schaffst das.« Viktor gab mir kurz die Hand, indem er seinen Koffer auf die vordere Stufe stellte. Wackelnd und schwindelig vor Angst, stieg ich darauf. Mein Herz raste in wilden Attacken! Wo waren die anderen? Vorsichtig klammerte ich mich an das schwarze Geländer, das in leicht ruckelndem Tempo mitfuhr, und spähte steil rückwärts hinunter.

Alle Brüder hatten es geschafft, sogar der kleine Eduard stand mit seinem Rucksack auf der Rolltreppe. Jetzt musste es nur noch

Mutter wagen … sie hatte keine Hand frei, um sich festzuhalten. Da war sie meinem Blickfeld auch schon entglitten. Mein Blick nach oben zeigte Vater, Rosa und Viktor mit höchst angespannten Gesichtern mitten in der Menge stehend aufwärtsgleiten.

Plötzlich tönte ein Jammern und Schreien durch die unterirdische Menge. »Halt! Anhalten, da ist jemand gestürzt!« Doch die Rolltreppe wälzte sich gnadenlos weiter. Sie hatte keine Ohren für menschliche Schwäche.

Mein Herz setzte aus. Das musste Mutter sein! Doch wie konnte ich ihr helfen?

Verzweifelt rannte ich einige Stufen abwärts, wobei ich verschiedene Leute und die kleinen Brüder anrempelte, doch ich kam nicht bei ihr an! Da unten lag sie, ihr Mantelärmel hatte sich verheddert und wurde eingesogen, während ihr armer schutzloser Körper auf den Stufen lag. Die Brüder weinten und kreischten und rannten ebenfalls in die Gegenrichtung, ihr zu Hilfe, ihr Gepäck aus den Augen lassend.

Fremde Leute halfen ihr auf. Endlich. Sie stand. An beiden Knien lief ihr das Blut hinunter, die Strümpfe waren zerrissen, ihr Gesicht zierte ein blauer Fleck, doch sie sagte kein Wort.

Oben angekommen, nahm unser Vater uns höchst ärgerlich in Empfang.

»Ich habe doch gesagt, ihr sollt zusammenbleiben! Und ihr Rotzbengels lauft einfach die Stufen wieder runter, nur zum Spaß? Das hier ist kein Spielplatz!«

Erst als er Mutter sah, mit zerrissenem Mantel und blutenden Knien, leichenblass und zitternd vor Schreck, schien er zu begreifen, dass wir ihr alle nur hatten helfen wollen.

»So. Das müsste sie sein. Die deutsche Botschaft.«

Das Wappen mit dem Bundesadler prangte majestätisch über dem Eingangsportal eines imposanten klassizistischen Gebäudes, dessen Fenster im Erdgeschoss vergittert waren. Hupend rasten die Autos auf der mehrspurigen Straße entlang, und wir rannten mit Sack und Pack um unser Leben, um diese zu überqueren.

»Keiner sagt ein Wort. Mutter spricht, oder ich.« Vater zog sich die Jacke glatt, riss sich die Mütze vom Kopf und strich sich über die Haare. Mutter zog sich tapfer die Strümpfe über ihre Knie und richtete sich das Kopftuch. Auch an uns Kindern wurde noch nervös herumgezerrt und mit Spucke der eine oder andere Fleck verrieben.

In gewohnt geduckter Haltung betraten wir mit gesenktem Blick das pompöse Gebäude.

Am Empfang öffnete sich ein Glasfensterchen, und eine freundliche Dame in Zivil lächelte uns entgegen: »Sie müssen die Familie Judt sein. Herzlich willkommen! Sie werden schon erwartet, bitte zweiter Stock, zweites Zimmer rechts. Das Gepäck können Sie gerne hier stehen lassen, ich habe ein Auge drauf. – Da vorne ist der Aufzug. – Was, Sie trauen sich nicht? Na, dann komme ich mit und bringe Sie hin.« Lächelnd schritt sie auf hochhackigen Pumps vor uns her über lange rote Teppiche, und ich bewunderte ihre wunderschönen Beine in durchsichtigen Nylonstrumpfhosen, die hinten eine Naht hatten.

Dieser freundliche Ton war für uns so ungewohnt, dass wir erstarrten. Normalerweise wurde man angebellt und stand stundenlang demütig wartend auf einem dunklen Gang.

Doch hier öffnete sich eine Tür nach der anderen, der Aufzug glitt mit uns nach oben, und wir sahen unsere gestressten, verspannten Gesichter in einem riesigen Spiegel.

»Bitte, nehmen Sie doch Platz.« Der freundliche Herr im lichtdurchfluteten Büro wies auf acht nebeneinanderstehende Stühle, die mit rotem Stoff bezogen waren und hübsch geschwungene Beine hatten.

»Nein danke, wir möchten hier nichts schmutzig machen!« Mutter machte eine unauffällige Handbewegung, und wir standen alle wie die Orgelpfeifen. Die Jungen und Vater hatten ihre Mützen abgerissen und kneteten sie aufgeregt in den Händen.

»Aber bitte, das wird jetzt schon ein Weilchen dauern, also setzen Sie sich!«

Doch wir standen wie erstarrt. Erst nach mehrmaliger Aufforderung durch den netten Beamten, Platz zu nehmen, setzten wir uns vorsichtig auf die Stuhlkante.

Das Ausfüllen der Formulare auf Deutsch machte unseren Eltern große Probleme. Mutter übernahm beherzt den Kugelschreiber, nachdem unser Vater sichtbar überfordert war.

»Bitte lassen Sie sich alle Zeit der Welt, wir haben für Sie ein Hotel organisiert.« Der nette Beamte lächelte. Mithilfe einer Klingel unter seinem Tisch hatte er bereits zwei weitere Damen herbeigerufen, die uns nicht nur etwas zu trinken brachten, sondern auch beim Ausfüllen der Formulare halfen. Mutter liefen ununterbrochen die Tränen vor Überforderung, vor Rührung, vielleicht auch vor Scham, denn eine solche Behandlung hatte sie wohl noch nie im Leben erlebt. Rosa half ihr nach Kräften, doch ihr Deutsch war gleich null. Mit baumelnden Beinen sogen die drei jüngeren Brüder an ihren Strohhalmen der Limonadenflaschen und ließen ihre Blicke im geradezu königlich ausgestatteten Raum schweifen. Doch nur beim kleinsten Schlürfgeräusch zuckte bereits die Augenbraue unseres Vaters.

Mutter beherrschte zwar die deutsche Sprache, aber sie redete sehr altes Deutsch mit einem starken Dialekt, und selbst die freundlichen Mitarbeiter der Botschaft hatten Probleme, sie zu verstehen. Doch endlich, nach Stunden, war alles geschafft.

Mit großer Geste überreichte der freundliche Mann uns die Pässe.

»Herzlich willkommen als neue Mitbürger in der Bundesrepublik Deutschland.«

Das Hotel, das uns von der deutschen Botschaft zugewiesen worden war, lag direkt an einer viel befahrenen mehrspurigen Hauptstraße, mitten im Zentrum der Stadt. Das war der blanke Wahnsinn für uns Landeier.

Als endlich alles erledigt und das große schwere Gepäck im Hotelzimmer abgestellt war, aßen wir rasch einiges von unseren umfangreichen Vorräten, die unsere Mutter für die mehrtägige Reise als Proviant mitgenommen hatte. Die Zimmer waren bombastisch für unsere Verhältnisse! Vier! Doppelzimmer! Mit je einem frisch bezogenen Bett! Teppiche! Vorhänge! Und ein Fernseher! Jeder von uns Geschwistern liebäugelte wohl schon mit dem frisch bezogenen Bett, das er ganz allein für sich haben würde. Doch Vater hatte andere Pläne.

»Wir sind nun einmal in der Hauptstadt der UdSSR, und wir gehen jetzt auf den Roten Platz!«

Niemand von uns wagte, auch nur das Gesicht zu verziehen. Auch Mutter nicht, der jeder Schritt nach dem hässlichen Sturz auf der Rolltreppe spürbar wehtat! Sie hatte sich nicht nur beide Knie und beim Fallen die Hände aufgeschlagen, sondern ihre ganze Hüfte war blau und gelb.

Doch was zählte schon Mutters Befindlichkeit.

»Wir besuchen jetzt das Lenin-Mausoleum! – Zusammenbleiben, um jeden Preis!«

Im Gänsemarsch spazierten wir hinter Vater her, wie eine Schwanenfamilie. Wir grauen Küken torkelten völlig überfordert und verwirrt durch das Gedränge. Mutter bildete den Abschluss, ihre Kinder stets im Blick. Auf dem Roten Platz angekommen, sahen wir in der Mitte eine wirklich lange Menschenschlange, die nicht zu übersehen war. Die Menschen standen ganz geduldig in der Reihe, genauso wie wir das aus unseren Geschichtsbüchern kannten. Überall patrouillierten dick angezogene Soldaten mit Pelzmützen und hoch aufgesetztem Bajonett im Gleichschritt, oder sie standen bewegungslos in Zweiergruppen vor steinernen Statuen. Ihre Mienen drückten nichts Gutes aus. Man wagte nicht, laut zu sprechen oder herumzuspringen, selbst die kleinen Brüder nicht. Es war bitterkalt, inzwischen Ende November, und dichter Schnee fiel unablässig wie Fäden vor unseren Gesichtern herab auf die steinernen Platten.

»Es ist ein Muss, wenn man in Moskau ist, dass man das Mausoleum mit dem Sarg des einbalsamierten russischen Revolutionärs Wladimir Uljanow Iljitsch Lenin besucht!« Vater scheuchte uns ans Ende der Reihe. »So wie es schon seit einem halben Jahrhundert die russische Bevölkerung tut!«

»Da mache ich nicht mit.« Mutter verneinte es kategorisch, sich in die Schlange einzureihen.

Vater schnellte herum, der blanke Zorn stand ihm ins Gesicht geschrieben.

»Was ist los, Lydia? Was sollen die Kinder von uns denken?«

»Ich weigere mich, den Gründer der kommunistischen Partei zu besuchen.« Mutter stand da, die Arme vor dem Mantel verschränkt, während bereits neue Leute sie fragend anblickten: Stehst du in der Schlange oder nicht?

»Bitte.« Mutter winkte sie vor. »Dieser Mensch hat mich und meine Familie in diese katastrophale Lage gebracht! Ich war siebzehn Jahre in diesem Land gefangen, meine Geschwister sind es noch! Ich werde ihm nicht huldigen.«

»Wirst du wohl …« Vaters Kieferknochen mahlten, seine Augen schossen imaginäre Pfeile auf sie ab. Wir Kinder verharrten regungslos mit gesenkten Köpfen in der Schlange. Er würde sie doch jetzt nicht hier vor allen Leuten …? Meine Hände waren ganz feucht und mein Mund wie ausgedörrt. Wie gern hätte ich Partei für sie ergriffen, doch meine Stimme versagte mir.

»An meinem letzten Tag in Russland möchte ich damit nicht mehr konfrontiert werden.«

Mutter meinte es ernst. »Ich warte hier auf euch.« Sie suchte vergeblich auf dem Roten Platz nach einer Sitzgelegenheit, doch die gab es weit und breit nicht. Hier sollte es sich niemand gemütlich machen. Zu meiner grenzenlosen Verwunderung wanderte Mutter daraufhin allein ins Hotel. Endlich dachte sie mal für eine Stunde an sich. Heimlich beneidete ich sie um das warme Zimmer und das frische Bett, aber noch mehr bewunderte ich sie für ihren Mut. Das war das einzige Mal, dass sie uns nicht bedingungslos zur Seite stand.

VON MOSKAU NACH WARSCHAU

1. Dezember 1972

Lydia erzählt:
»So, hier müssten unsere Plätze sein, wir haben ja Platzkarten!«

Thomas hatte eine Abteiltür aufgerissen und war auf der Suche nach acht Sitzplätzen, was in dem überfüllten Nachtzug von Moskau nach Warschau so gut wie aussichtslos war. Die Kinder drängten sich dicht bepackt hinter uns im vollen Gang, wo die Leute schon auf ausklappbaren Notsitzen saßen. Ihre Gesichter waren angespannt und bleich, hier hatte niemand fröhliche Stimmung. Die Reisenden wirkten ängstlich, sie unterhielten sich flüsternd miteinander. Vermutlich hing den Auswanderern der Stress der letzten Tage mit den Vorbereitungen und all den Ängsten noch in den Gliedern. Nicht nur wir waren wohl während der letzten Wochen heftig als »Staatsverräter« und »Abtrünnige« beschimpft worden, nicht nur wir hatten wohl Angst, dass alles in letzter Sekunde noch an irgendeiner unvorhersehbaren Kleinigkeit scheiterte!

All den Mitreisenden stand zudem die Unwissenheit, was sie wohl in der neuen Heimat erwarten würde, ins Gesicht geschrieben. Eine Familie fiel mir sofort ins Auge: schwarz gekleidete Menschen mit geduckten Köpfen, die ängstlich ihre Uhren und den Goldschmuck mit den Händen bedeckten. Der Vater und die Söhne trugen eine Kippa, die Frau eine Perücke.

»Das sind Juden«, flüsterte ich Lisa ins Ohr. »Die sind vor den Nazis geflüchtet und kehren jetzt zurück!«

Damit konnte das Mädel gar nichts anfangen. Fragend und irritiert blickte mich meine Tochter an. Sie stotterte zu dieser Zeit so sehr, dass sie in der Öffentlichkeit ganz aufgehört hatte zu reden.

Woher sollten die Kinder auch davon wissen. Die wenigen geflüsterten Unterhaltungen der Leute waren auf Russisch; niemand traute sich, Deutsch zu sprechen.

Die Kinder trugen immer noch die feinen Sachen, die der Opa ihnen über das Rote Kreuz geschickt hatte und die sie auf dem Fototermin angezogen hatten, und sahen darin fremd und eingeschüchtert aus. Keines von ihnen wagte ein Wort zu sagen.

Rosa, meine arme Älteste, saß blass und mit Tränen in den Augen in ihrer Ecke. Sie vermisste wohl am meisten ihr bisheriges Leben, ihre Freunde und Kollegen, ihren Arbeitsplatz.

Unauffällig drückte ich ihr den Arm. »Du wirst sehen, es wird alles gut!«

»Sind hier noch Plätze frei?« Thomas fuchtelte mit den Platzkarten und hielt sie den Mitreisenden unter die Nase.

»Natürlich, wir rutschen zusammen, hier können noch zwei Personen rein … ach, was für ein Zufall, Sie kenne ich doch?«

Es war die erste Familie, die mir das Geld geliehen hatte! Auch sie hatten heute, am 1. Dezember 1972, ihren Ausreisetag!

»Ja, dann reisen wir natürlich zusammen, kommt, Kinder, macht Platz …« Der alte Herr winkte uns herein, scheuchte seine Kinder hinaus, und während wir Erwachsenen uns in dem Abteil zusammenquetschten, standen und hockten die Kinder draußen auf dem Gang. Sie waren alle sehr eingeschüchtert und verängstigt und überwältigt von den vielen Eindrücken, war es doch wirklich keine Urlaubsreise, die wir antraten, sondern wieder eine tagelange Reise ins Unbekannte.

»Hat es geklappt mit den Pässen?« Der alte Herr schob mit Schwung die Abteiltür zu.

»Ja, auf die letzte Sekunde!« Seufzend ließ ich mich auf den halben freien Sitz fallen und kramte in meiner Handtasche, in der die kostbaren acht Pässe steckten. »Es fielen dann noch mehr Gebühren an, und wir mussten noch mal neue Passfotos anfertigen lassen, denn das Format war nicht richtig, und das ganze Gehetze durch Moskau zu den Abmeldebehörden mit sechs Kindern und Gepäck hat uns die letzten Nerven gekostet …« Ich fühlte immer noch meine aufgeschürften Knie brennen. »… aber jetzt haben wir diesen Zug erwischt.« Ich knöpfte mir die Jacke auf und riss mir den Schal vom Hals. »Ich kann Ihnen gar nicht sagen, wie dankbar ich Ihnen bin, dass Sie mir vertrauen und das Geld geliehen haben.«

Täuschte ich mich, oder nickten sich die jüdischen Mitreisenden unmerklich zu?

Thomas schaute etwas unbehaglich und nicht gerade freundlich zwischen den Leuten hin und her. Hatte er doch wirklich nichts dazu beigetragen, dass wir nun im Besitz westdeutscher Pässe waren, weder finanziell noch durch sonstiges Bemühen. Die ganze Last war an mir allein hängen geblieben. Die Leute schienen das zu spüren, und unbehagliches Schweigen breitete sich im Abteil aus. Draußen schneite es unaufhörlich in dicken wässrigen Flocken, und ich ließ hoffentlich ein letztes Mal die russische Landschaft an mir vorbeiziehen. Was würde nun werden? Wann würde ich meinen Vater sehen? Wer würde uns in der nie gekannten Heimat weiterhelfen? Ich war müde, so müde, schon wieder von vorne anzufangen. Ich wollte nur noch schlafen, aber daran war kein Denken. Die ganze Verantwortung für die Zukunft meiner sechs Kinder lastete auf mir allein. Und deshalb musste ich stark bleiben und durfte mich nicht hängen lassen.

Mit letzter Kraft schleppte ich mich durch den vollen Gang auf die Toilette. Als ich wieder herauskam, stand die jüdische Familie vor der Tür.

»Entschuldigen Sie?« Der Mann mit der Kippa vertrat mir den

Weg und starrte mich flehentlich an. »Darf ich Sie um einen Gefallen bitten?«

»Ja, bitte, wenn ich helfen kann?« Ratlos schaute ich zwischen ihm und seiner Frau hin und her.

Der jüdische Mann kramte in seinen Jackentaschen und zog mehrere goldene Uhren und Ketten hervor. Als gerade andere Fahrgäste durch den Gang schwankten, zog er mich unbehaglich in die zugige Ecke direkt über der Verbindung zweier Waggons. Unter uns ratterten sichtbar die Schienen dahin, und jemand verließ geräuschvoll die Zugtoilette. Die Schaffnerin riss weiter hinten die Abteiltüren auf.

»Fahrkartenkontrolle!«

Die Frau zog mich in den winzigen Toilettenraum hinein.

»Es ist uns nur eine Armbanduhr pro Person erlaubt beim Grenzübergang! Wir haben aber mehr Schmuck!«

»Und der ist nicht erlaubt …?«

»Bitte helfen Sie uns! Können Sie und Ihre Kinder nicht jedes eine Armbanduhr von uns tragen, nur am Grenzübergang nach Polen!«

»Meine Kinder? Eine solch prunkvolle Armbanduhr?« Mir entfuhr ein ungläubiges Schnauben.

Die Frau hielt mir flehentlich das funkelnde Geschmeide unter die Nase, und das an diesem unpassenden, gar nicht lieblich riechenden Ort. Die Schienen ratterten unter uns hinweg.

»Aber ich habe selbst noch niemals eine Armbanduhr besessen! Geschweige denn eine goldene! Wir tragen noch nicht mal einen Ehering.« Halt suchend griff ich nach dem vergitterten blinden Fenster, als der Zug über eine Weiche ruckelte.

»Bitte! Wir Ausreisenden helfen doch einander!« Das flehende Gesicht der Frau stand im milchigen Spiegel.

Hatten nicht gerade erst andere Leute *uns* geholfen?

»Sie können auf uns zählen.«

Unauffällig warf ich Lisas russisches Lieder-Poesie-Heft auf der Zugtoilette in den Abfall, bevor ich das schwer wiegende goldene Geschmeide entgegennahm. Dann taumelte ich gegen das Geratter wieder in unser Abteil.

BREST, BELARUSSISCHE SOZIALISTISCHE SOWJETREPUBLIK

Anfang Dezember 1972

Lisa erzählt:

»Brest! Alle Fahrgäste sofort aussteigen! Nehmen Sie sämtliches Gepäck zur Kontrolle mit! Begeben Sie sich zügig zur Zollkontrolle!«

Ich war gerade noch in letzter Sekunde auf der Zugtoilette gewesen, und was hatte ich entdeckt? Mein russisches Poesie-Album mit den Liedern! Mein einziges Erinnerungsstück an meine Freundinnen und meine Zeit in Russland! Unauffällig steckte ich den Lotteriezettel von Aleg hinein, den er mir als Andenken geschenkt hatte, und stopfte mir beides eng an den Körper, unter die Jacke.

Mutters Blick glitt sorgenvoll auf uns alle, aber besonders angsterfüllt auf unsere Rosa, die hier ihre letzte Gelegenheit gehabt hätte, ihre Reise mit uns zu beenden.

Wenn Rosa zurückgewollt hätte, wären wir wohl alle wieder mit zurückgefahren.

»Kinder. Los. Jeder nimmt sein Gepäck, lasst nichts im Abteil zurück! Wir müssen raus zur Grenzkontrolle!« Und bevor wir uns versahen, streifte Mutter jedem von uns eine goldene Armbanduhr über das Handgelenk! Die jüdische Familie eilte an uns vorbei, und ich sah aus dem Augenwinkel, wie sie Mama verschwörerisch zublinzelten.

»Kein Wort, Kinder! Bleibt eng bei mir!« Mutter scheuchte uns auf den Bahnsteig, und selbst unser Vater war so eingeschüchtert, dass ihm die Hände zitterten beim Ausladen seiner Kinderschar.

Auf seinem behaarten Handgelenk prangte eine goldene Armbanduhr, und das sah so grotesk aus wie in einem unheimlichen Albtraum.

»*Dawai! Dawai!*« Nach dem Ausstieg scheuchten uns die streng blickenden und extrem unhöflichen Zollbeamten durch den Bahnhof in einen separaten Raum.

»Alles öffnen, aber schnell!«

Auf einem langen Tisch durchsuchten sie unser gesamtes Gepäck, das zum größten Teil aus Essen, Bettwäsche und Mutters aufwendigen Handarbeiten bestand. Wir Kinder und die Eltern standen mucksmäuschenstill stramm und rührten uns nicht.

»Jacken ausziehen! Pullover auch! Hemd und Blusen aufknöpfen! Das auch!« Eine weibliche Person riss mir das Poesiealbum aus dem Unterhemd. Alegs Lotteriezettel fiel heraus. Es war wohl eine Art Liebesbrief oder Abschiedsbrief von ihm. Ich wollte sterben vor Scham.

In meinem Kopf pochte das Blut, so sehr fühlte ich mich gedemütigt.

»Was ist das?« Die Frau spießte den Zettel mit einer Art Eisenkralle auf und schüttelte ihn auf den Tisch wie ein ekliges Insekt. Währenddessen pulten die Männer mit ihren Gummihandschuhen in unserem Essen herum, andere rissen an Mutters kostbaren Stickarbeiten und schleuderten das weiße, frisch gewaschene Leinen einfach auf den dreckigen Fußboden. Da lag er. Der Lottozettel.

Die Eltern erstarrten. Vater hatte einen knallroten Kopf, starrten doch die Zollbeamten ununterbrochen auf die goldenen Uhren! Man durfte aber offensichtlich pro Person eine Armbanduhr bei sich tragen, sodass sie sich einen Kommentar dazu verkniffen. Umso mehr schossen sie sich auf den Lotteriezettel und das Poesiealbum mit den russischen Liedern ein, das ich ahnungslos wieder aus der Toilette gefischt hatte.

Mir wäre nie ein Wort über die Lippen gekommen. Vor Angst, vor Scham, und weil ich so stotterte.

Mutters Adleraugen trafen mich wie Nadelspitzen. Sofort begriff ich: *Sie* hatte mein Poesiealbum mit den russischen Liedern auf der Zugtoilette entsorgt! Ohne mir davon etwas zu sagen! Aber warum? War es denn verboten?

»Was das ist, habe ich gefragt!« Die kalte Stimme der Uniformierten zerschnitt die peinliche Stille. Gemeint war der Lotterieschein, bereits ausgefüllt mit irgendwelchen Zahlen.

»Das muss unsere Tochter auf der Straße in Moskau gefunden haben«, krächzte Vater schließlich mit einer völlig verängstigten Stimme. »Uns gehört das jedenfalls nicht!«

»Es ist strengstens verboten, Devisen außer Landes zu führen, das gilt natürlich auch für einen ausgefüllten Lotterieschein!« Die Männer ließen nun von Mutters eingelegten Gurken ab und stürzten sich auf das angebliche Beweisstück unserer Kriminalität.

Mitsamt dem Lotteriezettel und dem Poesiealbum, in dem verräterische geheime Botschaften stecken mochten, verließen zwei von ihnen den Raum, während zwei andere uns nach wie vor mit kalten Gesichtern bewachten. Sie hatten Pistolen am Gürtel stecken.

Die Spannung und die nackte Angst herrschten so drastisch spürbar im Raum wie ein nahendes Unwetter. Man konnte sie fühlen, anfassen und mit dem Messer schneiden.

Vater stand der Schweiß auf der Stirn, und Mutter loderte die Panik in den Augen. Die Brüder standen wie angewurzelt da in Reih und Glied, ihre Gesichter immer abwechselnd blass und rot vor Angst, die goldenen Uhren brannten ihnen förmlich auf der Haut. Rosa warf mir einen verzweifelten Blick zu. »Was machst du denn für einen Scheiß, Lisa?«, schrien ihre Augen mich an. »Merkst du nicht, dass unsere Eltern fast durchdrehen?«

»Aber es ist doch nur ein harmloser Lottoschein von meinem

heimlichen Schwarm Aleg«, wollte ich zurückschreien, aber kein Laut kam über meine Lippen.

Mehrere Vorgesetzte wurden geholt und meine Eltern immer lauter und härter angeschrien, was es mit dem Lotteriezettel und dem Liederbuch auf sich habe.

Vater beteuerte hartnäckig, ich hätte beides auf der Reise gefunden.

»Stimmt das, Lisa?«, brüllte er mich an, dass die Spucketröpfchen flogen.

Ich nickte nur wie aufgezogen.

»Sie hat es auf der Zugtoilette gefunden«, beeilte sich Mutter zu sagen. »Das hat sie mir erzählt. Nicht wahr, Lisa?« Sie schüttelte mich. »Antworte, Kind!«

Ich nickte wie unter Elektroschocks. War ich auf der Zugtoilette gewesen? Ich machte mir fast in die Hose vor Angst!

So ging das ewig hin und her, und ich war sicher, dass der Zug längst ohne uns weitergefahren war. Die Beamten stöberten unsere Habseligkeiten umso gründlicher und liebloser durch, schnitten sogar Decken und Kissen auf.

»Wir sind ganz harmlose Spätaussiedler deutscher Abstammung«, wiederholte unsere Mutter gebetsmühlenartig. »Eine einfache Familie, die zu ihrem Großvater will.«

Die Blicke auf unsere Armbanduhren bewiesen ihnen offenbar jedoch das Gegenteil!

Endlich schienen die Beamten unseren Eltern Glauben zu schenken. Die Eltern mussten einige Papiere unterschreiben. Als wir endlich gehen durften, stand ihnen die Erleichterung, aber auch der kalte Angstschweiß im Gesicht.

Im Eilschritt rannten wir wieder auf den Bahnsteig zurück, und – oh Wunder! – der Zug stand noch da!

»Alle wieder in unser altes Abteil, keiner sagt ein Wort!«

Wir huschten wie die Mäuse wieder auf unsere Plätze. Ich suchte verzweifelt den Blick unserer Mutter, doch die sah mich nicht an. Stattdessen hatte ich ganz plötzlich eine kräftige Backpfeife von Vater im Gesicht. Vor Scham und Schmerz wurde ich knallrot im Gesicht.

Beleidigt saß ich ganz in mich gekehrt in meiner Abteilbank, die Arme vor der Brust verschränkt, und sah in der Fensterscheibe meine Tränen an meinem zitternden Kinn herablaufen. Was hatte ich denn Böses getan?

Aber niemals hätte ich mich getraut, meine Verletzung in Worte zu fassen. Widerspruch gegenüber den Eltern gab es bei uns nicht.

Es dauerte noch sehr viel länger, bis endlich die geheimnisvollen Fahrgäste wieder in das Zugabteil zurückkehrten, völlig aufgelöst, verstrubbelt und mit roten Flecken im Gesicht schoben sie sich in ihr Abteil neben unserem und ließen sich eine Zeit lang nicht mehr blicken. Die Brüder hatten wohl schon die Hoffnung, die goldenen Armbanduhren behalten zu dürfen, sie betrachteten in dem betretenen Schweigen, das zwischen uns herrschte, ständig die funkelnden Schätze an ihren Handgelenken.

Der Zug war immer noch nicht losgefahren, und die Angst, man könnte uns erneut herausholen und filzen, uns gar irgendwo einsperren oder im schlimmsten Fall nach Russland zurückschicken, stand wie die zähe, abgestandene Luft im Abteil.

Schließlich erhob sich unser Vater und sammelte mit einer fordernden Handbewegung die Uhren wieder ein. Als die fremden Leute endlich in unserem Abteil auftauchten, übergab er die Schätze an die rechtmäßigen Eigentümer. Sie bedankten sich bei unseren Eltern unter Tränen. Der Zug fuhr los. Und endlich sandte Mutter auch mir wieder einen liebevollen Blick.

AN DER GRENZE ZUR DDR

Anfang Dezember 1972

Lydia erzählt:

An der Grenze zur DDR wurden die Abteiltüren aufgerissen, die Grenzbeamten stampften auf Stiefeln und mit hechelnden Hunden schwer bewaffnet durch den Zug und verlangten die Papiere. Sie leuchteten unter jeden Sitz und auf jedes Gepäcknetz, hießen uns unser Gepäck öffnen und wühlten kommentarlos in unseren Sachen herum. Ihre Fragen waren kurz und im Befehlston: »Haben Sie Devisen dabei? Führen Sie Literatur oder Zeitschriften aus? Was sind das hier für Fotos? Lose Lebensmittel dürfen nicht mitgenommen werden!« Den Mädchen standen die Tränen in den Augen; die uniformierten Männer hatten ihre wenige Habe durchwühlt und dann mit den Stiefeln beiseitegetreten. Lisa hatte stillschweigend ihr Poesiealbum erneut auf der Zugtoilette entsorgt. Der Lottoschein war ja bereits in Brest einbehalten worden.

Eingeschüchtert und schlapp folgsam ließen wir auch diese Schikane noch über uns ergehen.

Der Blick des Grenzers in unsere jungfräulichen Pässe sprach Bände: »Ihr Volksverräter. Geht ins kapitalistische Ausland. Pfui Teufel!«

Und währenddessen wurde über Stunden der Zug auf ein anderes Schienensystem umgerüstet. Das Räderwerk an Lok und Waggons wurde ausgewechselt. Das Vor- und Zurückrangieren, das Ruckeln und wieder Anfahren, das Knirschen und Quietschen der Räder raubte mir fast meinen letzten Nerv. So war es damals gewesen, als wir nach Sibirien verschleppt wurden. Über Wochen im eiskalten Viehwaggon.

Nur diesmal kam eine übellaunige Zugbegleiterin, kaum dass wir in die DDR eingefahren waren, und brachte uns etwas zu essen!

Sie hatte sich bis jetzt noch nicht blicken lassen, und ihr Blick drückte Neid und Verachtung aus. Sie warf jedem von uns eine braune Tüte in den Schoß.

Sofort machten sich die Kinder heißhungrig über den undefinierbaren Inhalt her und stopften alles kreuz und quer in den Mund. Ich hatte trotz allem Mitleid mit der mürrischen Schaffnerin und reichte ihr eine von unseren Tüten. »Sie haben bestimmt auch Hunger!«

Ohne Dank grapschte sie danach und knallte unsere Abteiltür zu.

»Kinder, esst nicht alles durcheinander, ihr kennt das Essen hier nicht!«

»Was ist das denn hier?« Jakob biss in eine abgepackte Mettwurst, im Glauben, die Plastikverpackung mitessen zu können, und kaute sie stoisch mit mahlenden Kieferknochen.

»Bäh. Das schmeckt ja widerlich.«

Er spuckte den Bissen zurück in die Tüte, was bei den Kindern verhaltenes Kichern auslöste.

»Wer spuckt hier Essen aus?«

»Bitte, Thomas. Lass sie. Sie stehen genauso unter Strom wie wir.«

»Diese Limonade kann ich nicht trinken!« Jakob spuckte nun auch einen gelben Schwall in die Flasche zurück, und wieder brachen die anderen Kinder in Gelächter aus.

»Oh bitte, Kinder, ihr raubt mir noch den letzten Nerv! Bitte benehmt euch doch! Wenn euch etwas nicht schmeckt, gebt es in den Mistkübel!«

»Bäh, dieses ekelhafte Kräuterbonbon!« Johannes spuckte es in den Abfalleimer, und die anderen taten es ihm nach. So wie sie auf der Wiese in Lettland Apfelkerne gespuckt hatten, um die Wette, so spuckten sie jetzt den Inhalt ihrer Tüten durch die Gegend!

Thomas verteilte schon wieder strenge Blicke, aber ich konnte die Kinder auch verstehen. Nach dem tagelangen Stillsitzen auf der harten Holzbank und dem Stress bei den Grenzkontrollen brach sich jetzt der Übermut Bahn. Und das Essen war ihnen wirklich ungewohnt, so etwas kannten sie nicht.

Plötzlich machte der Zug eine Vollbremsung, und wir wurden gegen die Holzlehnen geschleudert. Das Handgepäck fiel aus den Netzen, und die Leute in den Nachbarabteilen schrien erschrocken auf. Mit quietschenden Bremsen kam der Zug auf freier Strecke zum Stehen. Entgeistert starrten wir einander an. War doch noch jemand mit Schmuggelware erwischt worden? Wurden wir nun alle wieder aus dem Zug gescheucht?

»Oh«, sagte Jakob.

»Oha«, sagte Johannes.

»Oh Mann«, sagte Eduard.

»Das funktioniert ja wirklich!«

Alle drei Jungen hatten plötzlich knallrote Ohren.

»Was habt ihr getan, ihr verdammten Bengels?« Thomas schnellte aus seiner Ecke, in die er geschleudert worden war.

»Wir haben nur hier mal dran gezogen …«

Peng, hatten sie schon wieder Ohrfeigen im Gesicht.

Sie hatten aus lauter Langeweile und Übermut die Notbremse gezogen!

Ich wollte vor Scham im Erdboden versinken, als der Schaffner herbeigeeilt kam und wir das Missgeschick erklären mussten.

Nach einer gewaltigen Standpauke des Lokführers und der Zugbegleiterin setzte sich der Zug schnaufend wieder in Bewegung. Die Hälfte meiner Kinder weinte aufgrund der schallenden Backpfeifen, Rosa schämte sich maßlos für ihre wilden Brüder, Lisa schmollte wegen eines Poesiealbums in der Zugtoilette, und zwei übergaben sich aufgrund von Unverdaulichem aus braunen Tüten.

Aber wir waren auf dem Weg in die Freiheit.

NACH FRIEDLAND BEI GÖTTINGEN

Advent, Anfang Dezember 1972

Rosa erzählt:
»Kinder, wacht auf, seht doch nur, jetzt sind wir in Deutschland!« Mutters Stimme bebte vor Glück und Betroffenheit.

Verschlafen rieben wir uns die Augen und setzten uns von der Holzbank auf, auf der wir zusammengepfercht hockten oder lagen. Eddy hatte seinen Kopf auf dem Schoß unserer Mutter gelagert, nachdem er sich immer wieder erbrochen hatte, und ich hatte Johannes' Kopf auf dem Schoß. Wir spähten durch das kalte beschlagene Fenster in die Dunkelheit hinaus.

»Wir sind in Berlin! Ostberlin!«

Dort auf dem hell erleuchteten Bahnsteig hasteten viele Menschen mit ihren Koffern hin und her. »Was haben die da alles drin?«

»Achtung, jetzt kommt noch der letzte Grenzübergang, und dann haben wir es geschafft.«

Den Wechsel von Ost nach West verfolgten wir mit angehaltenem Atem. Die Mutter umklammerte unsere acht westdeutschen Pässe und wollte sie kaum zur Kontrolle aus der Hand geben. Eisern blickende Grenzer mit hechelnden Hunden durchsuchten den Zug, fast noch schlimmer als an der polnischen Grenze. Denn jetzt waren wir an der berüchtigten deutsch-deutschen Grenze, und da hatte ich in der Schule genau aufgepasst. Berlin war zweigeteilt, durch eine Mauer! Mein Herz klopfte wild. Wir hockten auf unseren Holzbänken und wagten keinen Mucks. Uns allen war total elend, wir wollten nur noch nach Hause, in unsere Strohbetten in

Mutters liebevoll eingerichteter Puppenstube im Holzhaus am Wald.

Alles war so ungewohnt, so laut, so hell, so schrill, so gefährlich und so verboten.

Unsere Eltern waren zu angstvollen Hüllen geschrumpft, autoritätsgläubig und rückgratlos.

Besonders unsere Mutter bestand nur noch aus Weinen, Zagen, Sorgen, Klagen.

Endlich, nach gefühlten Stunden, setzte sich der Zug wieder in Bewegung. Mehrere Menschen hatten den Wagen verlassen müssen und wurden nun draußen nicht gerade freundlich in eine Baracke geführt. Mutters Blick klebte auf den armen Gestalten, und aus ihren Augen rannen unaufhörlich die Tränen.

Der Zug schlängelte sich anschließend endlos durch die grau verschneite Winterlandschaft. Während der lang gezogenen Kurven konnte man die letzten und ersten Waggons sehen. Das fanden die kleinen Brüder viel spannender als die Tatsache, dass wir nach einiger Zeit endlich im Westen waren!

»Das ist jetzt Westdeutschland! Oh Kinder, wir haben es wirklich geschafft!« Unsere Mutter war plötzlich ganz aus dem Häuschen vor Glück und musste sich immer wieder die Augen wischen. Wie oft sie ihr nasses Taschentuch wohl schon aus der Manteltasche gezogen und wieder hineingesteckt hatte!

»Braunschweig, Kinder, hier ist es, hier müssen wir raus!«

Unter großem Getöse und schrecklich aufgeregt kletterten wir mitten in der Nacht aus dem Zug. Mit uns kamen viele Spätheimkehrer hier an, überall sah man in müde, angespannte und magere Gesichter, deren Augen in tiefen Höhlen lagen. Aber etwas Entscheidendes war anders! Die Leute hier lächelten! Sie waren höflich! Auch wenn wir ihr Deutsch gar nicht verstehen konnten, so sahen wir es an ihren einladenden Gesten. Zum ersten Mal vergaß ich kurz meinen Schmerz wegen meines zurückgelassenen Lebens in Riga. Wenn sie das hier doch nur sehen könnten! Sie hatten mir ja immer wieder gesagt, wie glücklich ich mich schätzen könnte, in Westdeutschland leben zu dürfen.

»Genieße es, Rosa, genieße es und denk ab und zu an uns!«

Das tat ich, und mein Herz klopfte in freudiger Aufregung.

»Hier entlang, bitte hier entlang! Die Busse nach Friedland stehen bereit.«

Freundlich blickende Menschen in langen schwarzen Wintermänteln drückten uns nicht nur kleine Proviantpäckchen in die Hand, sondern wiesen uns auch noch den Weg zu den Bussen, die vor der Bahnhofshalle auf einem großen beleuchteten Parkplatz im Nieselregen standen. Wie aufgescheuchte Hühner flatterten und gackerten wir hinter unseren Eltern her.

Auf einmal war es doch erlaubt zu sprechen, zu lachen und zu staunen!

»Solche komfortablen Busse habe ich noch nie gesehen!«

»Und die Frau mit dem Segelschiff auf dem Kopf, was war das für eine Uniform?«

»Pscht, Kinder, das war eine Nonne!«

»Habt ihr das Motorrad gerade gesehen?« Jakob starrte begeistert hinter etwas her. Wie ein schwarzer Blitz war etwas donnernd und knatternd an uns vorübergeprescht. »Ich hätte nie gedacht, dass ein Motorrad so schnell fahren kann!«

»Da stehen schon wieder Nonnen! Schaut nur, die sehen aus wie Zwillinge in ihren grauen Kleidchen mit dem weißen Stehkragen und dem Häubchen auf dem Kopf.« Kichernd stieß Lisa mich in die Rippen. »Mama sagt, die sind vom Roten Kreuz, das sind Diakonissen.«

»Na, auf jeden Fall lächeln alle so nett!« Viktor kletterte als Erster in einen der bereitstehenden Busse und nahm Eddy entgegen.

»Oh Mann! Hier drin ist es mollig warm!« Er zog seinem kleinen Bruder die dicke Jacke aus.

»Ist das aufregend, Kleiner?« Er riss ihm die Mütze ab und wischte ihm über den Mund.

»Sie haben mir einen roten Lutscher geschenkt!«, piepste unser Jüngster selig.

»Habt ihr schon mal in die Fresspakete geschaut?«

»Die sehen doch besser aus als die in den braunen Tüten!«

»Da ist wieder eine Wurst drin, aber ich trau mich diesmal nicht, in die Pelle zu beißen!«

»Ach, das ist doch eine Bockwurst, da kannst du die Pelle mitessen!«

Nach einstündiger Busfahrt auf höchst bequemen Sitzen, die bei den glatten Straßen trotzdem noch federten, kamen wir im Durchgangslager Friedland an.

»Habt ihr die beleuchteten Schaufenster gesehen? So hübsch und ansprechend dekoriert!«

Lisa zupfte Mama ganz begeistert am Kragen. »Die vielen Straßenlaternen, so hell, und keine ist kaputt!«

»Und diese Adventsbeleuchtung! Alle Fenster sind geschmückt!«

»Ach, ich dachte, das ist hier immer so!«

»Nein, Dummerchen, heute ist der erste Advent.«

»Ich habe genau drauf geachtet: kein einziges Schlagloch! Die Straßen sind durchgehend geteert!«, stellte Jakob fachmännisch fest. »Und so viele Bäume mit elektrischer Beleuchtung in den Vorgärten!«

»Na, so fein, na, so fein, das kann ich ja nicht fassen …« Unser Vater schüttelte nur immerfort den Kopf und stammelte vor sich hin: »Das hätte ich mir nicht vorgestellt, so fein …«

»Aussteigen, Kinder, wir sind da. Und immer schön höflich und bescheiden grüßen, freundlich lächeln und niemandem unangenehm auffallen!« Mama scheuchte uns vor sich her wie eine Gänseschar. Wieder standen gutherzige Menschen da und reichten uns

Butterbrotpakete und kleine Getränketütchen mit einer Orange darauf. Und dann sahen wir unsere erste Banane!

»Nur einmal lecken, nicht gleich reinbeißen, sonst wird euch wieder schlecht!«

Unsere Mutter wirkte sehr aufgeregt, sie rannte hin und her und sammelte ihre Kinderschar zusammen.

Am liebsten hätte ich sie in den Arm genommen und ihr gesagt: »Mama, wir sind alle da. Du hast es geschafft. Wir sind alle in deinem hochgelobten Land, in deinem Paradies angekommen.« Und bei diesem Glücksgefühl, das sich in meinem Magen ausbreitete wie die gut schmeckende Orangenbrause, beschloss ich, nur mehr nach vorn zu sehen und meinen Freundinnen und Kollegen nicht länger nachzuweinen.

Als wir unsere Baracke bezogen, waren wir sehr beeindruckt von den schönen Böden, dem Linoleum. »So sauber, schaut doch nur! Alles glänzt und duftet!« Mutter ließ ihre Hände über die Fliesen und leeren Regale gleiten. »Und die Bettwäsche, die knistert vor Sauberkeit!«

Dabei hatte die Bettwäsche bei unserer Mutter auch immer vor Sauberkeit geknistert. Leider hatten die russischen Grenzkontrollen sie uns zum Teil zerschnitten und verschmutzt. Aber hier war sie irgendwie total aus dem Häuschen vor Glück. Das war ihr geliebtes Westdeutschland, das sie doch noch nie zuvor gesehen hatte!

»Kinder, Hände waschen, die Waschräume sind auf dem Flur!«

Andächtig reihten wir uns kurz darauf im Speisesaal auf. »Weiße Brötchen, Wurst, Käse, Marmelade! Und für jeden so ein schöner Teller und so glänzendes Besteck!«

»Das ist Leberwurst, falls du da wieder in die Pelle beißen willst.« Viktor stupste Jakob an und grinste. »Schau mal, man quetscht die Wurst da so raus und schmiert sie sich auf das Brötchen.«

»Oh Gott, schmeckt das wundervoll!« Die Jungen kauten mit

vollen Backen. Als eine freundliche Dame unserem Eddy auch noch aus einer gelben Dose ein braunes Pulver in die Milch rührte, fielen uns fast die Augen aus dem Kopf. »Lass mich auch mal probieren!«

»Das schmeckt süß!« Eddy leckte sich den Schnurrbart von den Lippen.

»Das heißt hier Kaba. Lasst den Kleinen doch, ihr kriegt davon alle was!«

»Wenn ihr fertig seid mit dem Essen, nehme ich euch mit in die Kleiderkammer!« Die freundliche Frau machte eine einladende Handbewegung. Wir starrten auf die gelbe Dose und hatten so große Hoffnung, dass wir uns noch einen weiteren Löffel von diesem Kakaopulver nehmen könnten, aber Mutters Blick ließ uns augenblicklich aufstehen.

Keiner wagte, in ein zweites Brötchen zu beißen. Die Frau ahnte sicher nicht, dass besonders die Brüder vor Hunger und Gier am liebsten alles aufgegessen hätten, was sie sahen, aber das wäre sicher unhöflich gewesen.

»Bitte, liebe Familie Judt, wenn Sie mir folgen wollen …« Die Frau eilte freundlich gestikulierend vor uns her, und wir glaubten, einem Engel zu folgen.

»Hat die ›bitte‹ zu uns gesagt?«

»Pscht! Kinder!« Ein Adlerblick aus Mutters Augen, und wir verstummten.

»So, hier wäre die Kleiderkammer, wenn Sie bitte eintreten wollen … hier auf den Wühltischen gibt es Wäsche, wie Sie sehen, auf den Rollständern sind Hosen und Röcke, und weiter hinten können Sie sich gerne Blusen und Pullover aussuchen … danke«, entfuhr es der freundlichen Fee, als wir Platz für sie gemacht hatten. »Und hier sind die Schuhe.«

»Sie hat ›danke‹ gesagt«, hauchte Jakob. »Dafür, dass sie uns was schenkt.«

Völlig fassungslos und mit offenem Mund bestaunten wir die überbordenden Tische, Regale und Kleiderständer.

»Jedes Kind nur ein Teil!«, bedeutete uns die Mutter mit unbeweglichem Blick.

Wir waren so verschüchtert und überwältigt, dass wir uns tatsächlich nicht trauten, etwas anderes anzurühren als das, was uns die Mutter zuteilte.

»Aber bitte, greift doch zu, nur nicht so bescheiden …« Die freundliche Frau drückte uns noch mehr Kleidungsstücke in die Hand, und dann öffnete sie die Tür zum Nebenraum. »Und hier hätten wir die Spielsachen. Gesellschaftsspiele für lange Abende, jetzt im Winter ist das sicher eine feine Sache, kennt ihr Mensch ärgere dich nicht …?« Sie griff nach einem rot verpackten Karton, auf dem lustige Spielfiguren aufgemalt waren. »Oder Fang den Hut?

Hier haben wir auch noch Mühle, Dame und Halma!« Wir gafften mit offenem Mund auf all die Herrlichkeiten, die auf Tischen ausgebreitet waren.

Durfte man sich das einfach *nehmen?* Machte man das zum *Zeitvertreib?*

»Aber wir haben kein Geld«, stellte Mutter klar. »Nicht einen Pfennig.«

»Und leider auch keine goldenen Armbanduhren«, scherzte Viktor, unser Spaßvogel.

»Das macht doch nichts, da sind Sie nicht die Einzigen. Kinder, greift ruhig zu!«

Doch wir getrauten uns nicht. Es gab Lego, Puppen, Autos, Stofftiere und vieles mehr.

Schließlich nahm sich Jakob verschüchtert einen kleinen Vollgummiball, genannt Flummi, Johannes griff nach einem kleinen Auto, genannt Matchbox – wir hatten solche Bezeichnungen noch nie gehört, der kleine Eddy schloss einen verschlissenen braunen

Teddy glückselig in die Arme, und wir Mädchen leisteten uns verlegen kichernd ein Mühle-Dame-Spiel.

»Wir haben noch nie im Leben solche Spiele gespielt!«

»Bitte, was …?« Die nette Frau schlug die Hände über dem Kopf zusammen. »Ihr wisst nicht, was das ist … Gesellschaftsspiele?«

»Nein. Denn erstens hatten wir keine Spiele, und zweitens waren wir uns immer Gesellschaft genug.«

GRENZDURCHGANGSLAGER FRIEDLAND, NIEDERSACHSEN, WESTDEUTSCHLAND

Advent, Anfang Dezember 1972

Lisa erzählt:
Auf dem Gelände des Grenzdurchgangslagers Friedland stand eine Kirche, deren Glockengeläut uns alle Viertelstunde wie blecherner Lärm einer Fabrik erschien.

»Das scheppert vielleicht!«

»Die Kuhglocken in Lettland waren nichts dagegen!«

»Jedenfalls nicht so oft!«

»Und nicht so laut!«

»Und nicht mitten in der Nacht!«

Halb fanden wir alles zum Totlachen, halb überforderte und nervte es uns. Warum musste ein grauer Schornstein alle Viertelstunde blechern läuten? Weit und breit waren keine Kühe zusammenzutreiben, und die Menschen lagen in ihren Stockbetten und wollten endlich schlafen!

»Kinder, es ist Advent, und wir gehen heute gemeinsam in die Messe.«

Unsere Mutter stand schon am frühen Morgen da und klatschte in die Hände. »Das Frühstück kann warten, der heilige Herrgott nicht. Wir haben uns für vieles zu bedanken.«

Natürlich wagte niemand von uns ein Widerwort, und kurz darauf betraten wir ernsten Blickes und gemessenen Schrittes andachtsvoll das Gebäude, das zu dem ständig läutenden Turm gehörte.

Wir hatten noch nie eine Kirche von innen gesehen.

Vater riss den Jungen und sich selbst die Mützen ab, unsere Kopftücher durften oben bleiben.

»Hände falten, still sein und ansonsten alles tun, was die anderen tun!« Mutter fernsteuerte uns wieder mit Blicken, und so saßen wir eng gedrängt in einer Kirchenbank so dicht neben anderen Gläubigen, dass ich den Atem meines Nebenmannes hören und riechen konnte.

Sie alle, die russischen Spätheimkehrer, wollten ihrem Herrgott für die gelungene Heimkehr danken.

Genauso sagte es jedenfalls in einer mir unverständlichen Sprache der seltsam angezogene Mann, der jetzt – unter erneutem, hellerem Glockengeläut – den Altarraum betrat, in Begleitung mehrerer Jungen im Alter meiner Brüder, die ebenfalls bunt verkleidet waren in bodenlangen weiß-roten Poltern, unter denen braune Halbschuhe herausragten.

Hinter uns fing es von oben plötzlich unter Gebrause an zu orgeln, und wir zuckten erschrocken zusammen. Unter Tränen begannen die Leute zu singen, so auch unsere Eltern.

Wir spähten nur verschüchtert unter unseren Wimpern hindurch und versuchten, dieses merkwürdige Gebaren der Erwachsenen einzuordnen.

Alles schien uns so lächerlich fremd, und wir verstanden kein Wort von dem, was der bunt verkleidete Mann mit den vielen Schärpen um den Hals jetzt so bedeutsam schwer in ein Mikrofon sprach. Ab und zu murmelte die Gemeinde etwas Bestätigendes, und plötzlich setzten sich alle hin, um kurz darauf wieder aufzustehen oder auch zu knien. Wir Kinder versuchten, diese Choreografie mitzumachen, aber so ganz synchron klappte das nicht auf Anhieb, was unsere jüngeren Brüder, besonders aber Viktor, zum Lachen brachte.

Spätestens als der Mann im langen bunten Kleid die Arme ausbreitete und anfing zu singen, was in einem Buch stand, das ihm einer der verkleideten Jungen unter die Nase hielt, war es um unsere Fassung geschehen. Die Gemeinde war ruckartig wieder aufgestanden, und der kleine Eddy war beim Versuch, zackig aufzuspringen, von der Bank gerutscht, was uns losplatzen ließ. Viktor stand eng neben mir, und seine Schultern zuckten, sodass ich mich auch nicht mehr zusammenreißen konnte!

Böse Blicke vonseiten unserer Eltern ließen uns zu Salzsäulen erstarren, aber dennoch konnten wir mit dem Lachen nicht aufhören! Der Stress der letzten Tage und Wochen brach sich auf diese Weise Bahn!

»Der Herr sei mit euch!«

»Und mit deinem Geiste!«

»Erhebet die Herzen!«

»Wir haben sie beim Herrn!«

»In Wahrheit ist es würdig und recht …« So ging die Litanei, die wir nicht verstanden, in quälend langem Hin und Her weiter, und unsere Eltern steinigten uns mit Blicken.

Viktor sang nun auch mit, allerdings auf Russisch und in sinnlosem Kauderwelsch. Ich stieß ihn verzweifelt in die Rippen, konnte aber selber nicht mit dem Lachen aufhören.

Nach endlos quälender Messe, die gefühlt Stunden dauerte, wurden wir endlich mit Orgelgebrause hinausgeweht. Doch das lang ersehnte Frühstück fiel zur Strafe für uns aus. In unsere Unterkunft zurückgekehrt, gab es richtig heftigen Ärger mit den Eltern, denen unser Benehmen peinlich war. Statt dankbar zu sein, waren wir nur albern gewesen.

RASTATT, BADEN-WÜRTTEMBERG, WESTDEUTSCHLAND, ZWEITES DURCHGANGSLAGER

Februar 1973

Johannes erzählt:
»Kinderle, heute ist der große Tag, heute kommt das Opale!« Unsere Mutter war so aufgeregt, dass sie kaum sprechen konnte. Nach über fünfundzwanzig Jahren sollte sie heute ihren geliebten Vater wiedersehen!

Wir standen wie die Orgelpfeifen aufgeregt im langen Gang des Übergangslagers Rastatt.

Unsere Mutter rieb immer wieder ihre vor Aufregung feuchten Hände an der Schürze ab, die sie aus Gewohnheit und wegen der vielen Arbeit hier trug. Dieses Lager war nicht ganz so schön wie Friedland, das uns als Wunderparadies vorgekommen war mit seinen gepflegten Außenanlagen, dem Spielplatz, dem Farbfernseher im Aufenthaltsraum.

Mich hatten die Farben, die Stimmen und besonders die Werbung total überfordert. Das Einzige, was ich verstand, waren die Mainzelmännchen, die ja nur krähten und die mir nach einer Weile wie zuverlässige vertraute Freunde vorkamen.

Hier in Rastatt war es eine ehemalige Kaserne mit Stockbetten, und man hatte nachträglich in dem großen kahlen Saal Trennwände eingebaut, um der Familie ein wenig Privatsphäre zu ermöglichen.

»Kinderle, macht euch jetzt nicht mehr schmutzig, nicht mehr herumtoben, bitte, auch du nicht, Johannes!«

Ich hatte auch nichts mehr zum Herumtoben! In meiner Aufregung hatte ich eines Tages vor dem Fernseher in meinen Vollgummiball gebissen, und daraufhin war dieser kaputtgegangen. Da brach für mich eine Welt zusammen: mein einziges Spielzeug! Sosehr ich auch versuchte, ihn durch heftiges Zusammendrücken wieder zu reparieren, es war mir nicht mehr gelungen.

»Da draußen fährt ein Auto vor, das könnte er sein! Oh lieber Gott, dass ich meinen Vater noch einmal wiedersehen darf … Danke, lieber Gott, du hast meine Gebete erhört! Kinder, steht ruhig da und gebt ihm die Hand, sagt euren Namen und sonst nichts!«

Wir hätten ja auch nichts sagen können, wir sprachen ja nur noch Russisch und der Opa nur noch Deutsch! Die Mutter hatte zur Feier des Tages einen Kuchen in der Gemeinschaftsküche gebacken. Dazu musste sie zehn Pfennig in einen Automaten werfen, damit der Herd anging. Wir Kinder hatten versucht, ihr zu helfen, aber wir hampelten so aufgeregt durcheinander in der engen Küche, dass schließlich sogar noch eine Konservendose mit Pfirsichen heruntergefallen war.

Mich faszinierten diese Konservendosen ungemein; so etwas hatten wir noch nie gesehen!

Natürlich spielten wir Jungen mit den leeren Konservendosen Fußball, das schepperte so schön an den Wänden, aber unsere Eltern drehten durch vor Stress.

»Das muss er sein!« Vater, in ungewohnt steifer Kleidung, mit weißem Hemd, das bis oben hin zugeknöpft war, spähte mit langem Hals durch das Küchenfenster. »Drei, nein, vier Männer steigen aus einem Opel Rekord. Meine Güte, was für ein Schiff. Das muss ich mir gleich ansehen!«

Sofort stürzten auch wir Jungen an das Fenster, um das Opel-Schiff in Augenschein zu nehmen, und stießen mit den Köpfen aneinander. »Und wer von denen ist jetzt der Opa?«

Wir kannten ihn ja bis jetzt nur von Fotos.

»Der Kleine! Ja, der Kleinste muss es sein!« Mir wurde ganz

warm ums Herz. Sofort fühlte ich mich mit dem Opa seelenverwandt.

»Kinder, so stellt euch doch ruhig in den Gang, ich lege schnell die Schürze ab …«

Die Mutter huschte mit geröteten Wangen noch einmal vor den kleinen Spiegel und strich sich die Haare glatt. Das Kopftuch hatte sie hier in Westdeutschland bald abgelegt.

Wir galten nämlich als »die Ausländer«, und da in den Siebzigerjahren auch sehr viele »Gastarbeiter«, die zum Teil muslimischen Glaubens waren, nach Deutschland kamen, steckte man uns alle in einen Sack. Das tat uns weh! Wir waren doch gar keine »Gastarbeiter«, die wieder in ihr Land zurückkehren würden! Wir waren hier in unserer Heimat! Wir waren gekommen, um zu bleiben!

»Kinder, das ist jetzt der Augenblick, auf den ich so lange gewartet habe … für diesen Augenblick habe ich gekämpft …« Die Mutter schluckte ihre Tränen herunter und betete inbrünstig ihr Dankesgebet.

In diesem Moment wurde die Tür nach außen aufgezogen, die Männer traten sich die Füße ab, denn draußen lag Schnee, und dann trat einer von ihnen zögerlich ein.

Der Opa.

Wir standen wie die Orgelpfeifen, steif in unserer besten Kleidung, wir Brüder mit weißen Hemden, Bügelfaltenhosen, die Schwestern und Mutter in Kleidern und mit weißen Krägelchen, alles aus der Kleiderkammer. Die Mutter hatte jedem von uns Buben noch mit Spucke die Haare gebändigt und den Schwestern die schönsten Zöpfe geflochten.

Der freundliche alte Mann mit dem Schnäuzer begrüßte zuerst Rosa, die ganz vorne stand, dann Viktor, dann Lisa, dann Jakob, dann … mich – oh, er war mir so sympathisch mit seinem freundlichen, liebevollen Gesicht und den Tränen in den Augen! – und dann den kleinen Eddy. Jedem von uns reichte er gerührt und überwältigt die Hand, sprach jeden mit dem richtigen Namen an und das Beste: Er überreichte JEDEM! VON! UNS! EINE! TAFEL! SCHOKOLADE! Ich konnte nicht lesen, was darauf stand, aber sie war in zartlila Papier eingewickelt, und ihre kleinen hellbraunen Stückchen zergingen mir noch nach Wochen zart schmelzend auf der Zunge.

Erst am Schluss begrüßte er die Mama, die weinend ganz am Ende der Reihe stand.

»Lydia, Mädele, bist du es wirklich?«

»Papa! Ach Papale, ich habe so lange gewartet!«

»Was habe ich gesagt? Zusammenbleiben, um jeden Preis zusammenbleiben!«

Ihre Schultern zuckten. »Ich habe mein Bestes gegeben, Vater!«

Die beiden lagen sich minutenlang weinend in den Armen. Wir mussten alle mitweinen, so ergreifend war dieser lange, innige Moment.

»Kommt in die Küche, Kinderle, Opale, und deine Freunde auch …« Endlich hatte die Mama ihre Fassung wiedergewonnen. »Wo stecken deine Begleiter?«

»Oh, die sind draußen in bester Gesellschaft …«

Unser Vater hatte sich inzwischen draußen auf dem Parkplatz das »Schlachtschiff« angeschaut, den geräumigen Opel-Rekord, und mit den drei Begleitern vom Opa schon einen Begrüßungsschnaps getrunken.

Wir Kinder verstanden kaum, was die Mama und das Opale miteinander sprachen. Immer wieder brachen beide in Tränen aus und ergingen sich in Erinnerungen, die mit dem Krieg, der Vertreibung, der Flucht, der Hungersnot und der Verschleppung nach Sibirien zu tun hatten. Wir Kinder wagten es nicht, unsere Tafel Schokolade auch nur auszupacken, geschweige denn anzubrechen. Aber heimlich rochen wir daran. Es war ein unbeschreiblicher, verheißungsvoller Duft.

WESTDEUTSCHLAND

1972/1973

Lisa erzählt:
Westdeutschland, endlich. Einerseits waren wir alle überglücklich, dass wir in das lang erträumte Heimatland unserer Vorfahren der fünften Generation zurückgekommen waren, aber dass wir mit so einem katastrophalen Problem, in Deutschland nicht als Deutsche wahrgenommen zu werden, konfrontiert werden würden, hätten wir nicht gedacht. In dem Land, aus dem wir hergereist waren, sind wir beinahe besser zurechtgekommen.

Wir versuchten, uns so gut wie möglich unterzuordnen, um nicht als »Ausländer« anzuecken.

Fühlten wir uns doch mehr als »Deutsche« als vielleicht der eine oder andere, der hier aufgewachsen war. Wir wussten es nämlich so zu *schätzen,* Deutsche in Deutschland zu sein! Wir waren so dankbar und hatten so viel Respekt vor diesem Land und diesen Menschen!

Natürlich hatten wir alle einen starken ausländischen Akzent, der vielleicht als hart wahrgenommen wurde, und sprachen anfänglich sehr schlecht Deutsch. Unsere Mutter sprach Deutsch in einem fast unverständlichen Dialekt.

Ich selbst war ein völlig verschüchtertes Mädchen, das zusätzlich stark stotterte.

Meine kommenden Aufenthalte in kirchlichen Einrichtungen trugen nicht dazu bei, dass ich mich gut aufgehoben und behütet fühlte. Mein Vertrauen in die Vertreter Gottes, deren Schutzbefohlene ich war, wurde stark erschüttert. Heute ist das Thema »Sexuelle Übergriffe« nicht mehr so tabuisiert wie damals. Ich konnte niemals darüber sprechen, und als ich später aus der Kirche austrat, musste ich unsere Mutter ohne Nennung von Gründen einfach nur schrecklich enttäuschen. Für unsere stranggläubige Mama war das eine Todsünde.

Alle Geschwister waren nun auf Förderschulen aufgeteilt, und unsere Mama fand nach langem Suchen ein heruntergekommenes Häuschen in der Nähe ihres Vaters, den wir Kinder »Opa Dalli« nannten. Opa Dalli akzeptierte unseren Vater nicht, da er sich stets mit den Leuten anlegte, die ihn wiederum mit Sprüchen wie »Schließt die Türen zu, die Russen kommen!« beleidigten. Es gab schreckliche Szenen, und der Vater ließ oft seine Wut über den hässlichen Empfang in Deutschland an unserer Mutter aus. Wir Kinder konnten ihr nun nicht mehr beistehen, darunter litten wir ganz besonders.

Als wir in den Ferien heimkamen, hatte Mutter das baufällige Haus bereits in eine zauberhafte, helle, blitzsaubere Puppenstube verwandelt. Die Möbel waren ihr von Nachbarn geschenkt worden. Der Vater hatte eine Betriebswohnung in der Nähe seines neuen Arbeitsplatzes in Ludwigsburg bezogen, und die Mutter genoss es, uns sechs Kinder in den Ferien verwöhnen zu können. Mit Opa Dalli unternahmen wir herrliche Ausflüge in das traumhafte Neckartal. Sie blühte auf und bekam wieder rosige Wangen und leuchtende Augen.

Doch unser Vater bat mich, die Mutter zu überreden, das Häuschen in Opas Nähe aufzugeben und zu ihm in die Stadt zu ziehen. Er konnte ohne sie nicht leben! Da die Vierzimmerwohnung vom Staat gefördert wurde und außerdem in der Innenstadt von Ludwigsburg lag, sahen wir heranwachsenden Kinder darin natürlich auch einen Vorteil. Rosa, Viktor und ich waren auf der Suche nach einer Arbeitsstelle, und die hätten wir in der Nähe von Mutters altem Haus auf dem Lande nicht bekommen.

Mutter wollte ihr mühsam renoviertes Häuschen in der Nähe

ihres lieben Vaters nicht so einfach aufgeben, sie wollte nach all dem Unangenehmen, was sie mit dem Vater erlebt hatte, nicht mehr mit ihm zusammenleben müssen. Doch sie tat es. Für uns Kinder. Wieder und wieder und immer wieder.

Erneut renovierte, tapezierte und schmückte die Mutter auch diese Wohnung, damit wir uns in den Ferien und an den Wochenenden dort wohlfühlen würden. Doch die Versprechungen unseres Vaters, eine Entziehungskur zu machen und sich zu bessern, hielten nicht an. Unsere Mutter war völlig erledigt, zu vieles lastete auf ihren Schultern. All die Bürokratie, die ständigen Probleme mit ihrem Mann ließen sie eines Tages den Lebensmut verlieren und völlig zusammenbrechen. Sie geriet in eine schwere Depression.

DEUTSCHLAND

Dezember 1972/1973

Rosa erzählt:
Meine ersten Eindrücke. Mitten in der Nacht ruft Mama plötzlich: Kinder, Kinder, wir sind in Deutschland, in Berlin – Ostberlin. Müde schauten wir zum Fenster hinaus. Dort liefen viele Menschen mit ihren riesigen Koffern hin und her. Und dann sah ich meine Mama, wie sie im Wagen vor Glück weinte. So viele Glückstränen sah ich bei ihr noch nie. Dann ging die Zugreise weiter. Am frühen Morgen sind wir in Friedland angekommen. Als der Zug hielt, wurden wir von Nonnen des Roten Kreuzes ganz herzlich empfangen. Mein Gott – sie sahen aus wie Zwillinge in ihren grauen Kleidchen. Jeder von uns bekam erst mal ein Esspaket. Mama war sehr aufgeregt, sie rannte hin und her und sammelte ihre Kinderschar zusammen. Am liebsten hätte ich sie in den Arm genommen und ihr gesagt: Mama, wir sind doch alle da. Du hast es geschafft. Wir sind alle in deinem hochgelobten Land im Paradies angekommen. Die ganze Familie war von den bunten Lichtern, den vielen Geschäften und vor allem von der Sauberkeit auf den geteerten Straßen beeindruckt. Ich schaute immer wieder nach meinen Geschwistern, deren Mund vor Bewunderung offen stand. Angekommen, ging es mit dem Bus zum Lager für heimatvertriebene Deutsche. Man führte uns in einen Frühstücksraum. Dort saßen wir und staunten nicht schlecht über die Vielfalt des Essens. Meine Güte, es gab verschiedenen Käse, unterschiedlichen Wurstaufschnitt, Brötchen und noch vieles mehr, unfassbar für uns. Wieder einmal musste ich als Älteste, Rosel, so nannten mich meine Eltern, auf die Geschwister achten, da die Eltern uns alle angemeldet ha-

ben. Im Anschluss ging es zur ärztlichen Untersuchung. Gott sei Dank hatten wir nix! Da staunten die Ärzte nicht schlecht. Alle waren kerngesund. Unser Vater mit seinen dreiundvierzig Jahren und Mama mit sechsundvierzig haben den Check gut bestanden. Der Vater, stark wie ein Herkules, war noch nie beim Zahnarzt. (Sein Pferdegebiss hat bis zum sechzigsten Lebensjahr keine Zahnfüllung gesehen.) Nach der ganzen Prozedur wurden uns die Zimmer gezeigt. Für die Kinder ein großes Zimmer mit Stockbetten. Unsere Eltern hatten ein geräumiges Zimmer, in dem auch das ganze Gepäck untergebracht werden konnte. Die Menschen dort waren freundlich und hilfsbereit. Sie zeigten uns das ganze Haus mit Fernsehraum, großer Küche und Bibliothek. Dort sind mir die Augen aufgegangen, als ich die vielen bunten Illustrierten sah und darin blättern konnte. Mein erster Gedanke war: Werde ich das alles mal lesen und verstehen können?

Nachdem alles aufgeräumt war, suchten wir das Städtchen auf. Ich schnappte mir meine Mama – meine Begleiterin und Dolmetscherin. Gemeinsam ging es durch die Gassen. Wir kamen aus dem Staunen nicht mehr heraus. Überall diese Ordnung und Sauberkeit, die Geschäfte hell erleuchtet. Natürlich mussten wir in manches Geschäft hineinschauen, denn das Angebot war überwältigend. Die Verkäuferinnen waren sehr freundlich und höflich. Im Schaufenster des Schreibwarenladens gab es wieder viele bunte Illustrierte, Malstifte, Kalender und vieles mehr. Allein schon diese Vielfalt zu sehen, war für mich eine Genugtuung. Mama drückte mich ganz fest und sagte: »Kind, wir sind in der Freiheit, du bist jetzt zweiundzwanzig Jahre jung, jetzt fängt dein Leben an, in einem wunderbaren Land.« Ich drückte sie auch ganz fest und spürte plötzlich eine Befreiung in meinem Herzen. Mama strahlte voller Glück.

Ein paar Tage waren vergangen, als wir eine Nachricht von unserem Opa bekamen. Mama war ganz aus dem Häuschen! »Mein

Vater, der Opa kommt.« Er kam mit seinem Freund Herrn Grieb. Dieses Glücksgefühl kann ich kaum beschreiben. Mit seinen deutlich über siebzig Jahren war er so ein süßer, liebevoller Opale (so nannten wir ihn), dass wir ihn gleich in unsere Herzen schlossen, und umgekehrt war es auch so. Es sind viele Freudentränen geflossen, aber es war ein sehr gutes Gefühl. Wir waren nicht allein in dem für uns noch fremden Land.

Nach circa zwei bis drei Monaten konnten wir nach Baden-Württemberg zu unserem Opa reisen. So glücklich habe ich meine Mama selten gesehen, alles, was sie uns erzählt hatte, ist Wahrheit geworden.

LUDWIGSBURG, BADEN-WÜRTTEMBERG

1973

Lydia erzählt:
Bereits drei Monate nach unserer Ankunft in Deutschland bekamen wir schon Arbeit; mein Mann Thomas als Schmied bei der Firma Ziehmann, ich als Zuschneiderin in der Polstermöbel-Fabrik Schörle-Gölz in Aldingen am Neckar. Wir waren im tiefsten Schwaben gelandet!

Und verstanden wieder mal fast nichts.

Die Kinder hatten ihr Deutsch so gut wie verlernt.

Alle sechs mussten in Förderschulen gehen.

Rosa, zweiundzwanzig, kam für drei Monate nach Murnau in einen Sprachkurs.

Viktor, achtzehn, kam für ein Jahr nach Vaihingen an der Enz.

Lisa, siebzehn, ging für ein Jahr nach Ulm.

Jakob, fünfzehn, Johannes, dreizehn, und Eduard, zehn, kamen für anderthalb Jahre in die Förderschule nach Hollerbach-Buchen im Odenwald.

Das war nicht leicht für unsere Familie, die doch immer so unverbrüchlich zusammengehalten hatte und noch keinen Tag voneinander getrennt gewesen war!

Besonders unser kleiner Eduard litt an schrecklichem Heimweh. Die Kinder waren erstmalig von ihren Eltern getrennt und konnten doch so gut wie kein Deutsch! Alles war fremd und ungewohnt, und für die drei Großen war es ganz schwer: Sie hatten noch nicht einmal mehr ein Geschwister in der Nähe. In dieser Zeit weinte ich viel, denn ich hatte das Gefühl, meine Wurzeln und meine Früchte verloren zu haben! Auf der Suche nach meinen Wurzeln war ich mein ganzes Leben lang, aber ich hatte immer meine Früchte bei mir, wenn es auch oft umso schwerer war, die Kinder in Liebe und Fürsorge zu beschützen und vor allzu großem Unheil zu bewahren. Auch innerhalb unserer Familie war das eine schwere Aufgabe, denn mein Mann und Vater der Kinder wurde durch den Alkohol zu unserem schlimmsten Gegner!

Nun aber waren die hilflosen Kinder ganz auf sich gestellt, was mein Mutterherz oft zum Verzweifeln brachte. Ich hatte niemanden mehr, mit dem ich mich austauschen konnte, waren doch alle meine Geschwister in Russland geblieben, auf unbestimmte Zeit.

Dieses Schuldgefühl, die Familie auseinandergerissen und meine Geschwister im Stich gelassen zu haben, lastete auf mir.

Die großen Schulden, die wir durch unsere Ausreise von Russland mitgebracht hatten, zehrten an meiner Seele wie ein nagender Wurm. Obwohl die nette Familie, die uns bis Friedland begleitet hatte, mir beteuert hatte, wir könnten uns mit der Rückzahlung Zeit lassen, war mein allererstes Ziel, diese Schulden zu begleichen. Der anderen Familie schuldete ich gleich das Dreifache dessen, was sie mir vorgestreckt hatten!

Und die Erkenntnis, dass diese scheinbar so großzügigen Menschen mit mir ein Riesengeschäft gemacht hatten, drückte mich schwer: Denn diese beiden Auswanderer-Familien hätten ihr Geld ja gar nicht mitnehmen dürfen nach Deutschland! Es war strengstens verboten, Devisen außer Landes zu »schmuggeln«. Mein unter Tränen gegebenes Versprechen, ihnen umgerechnet das Geld doppelt und dreifach zurückzuzahlen, hatten sie nur allzu gerne angenommen, wohl wissend, dass ich diesen Kuhhandel gar nicht durchschaute.

Und so arbeitete ich bis spät in die Nacht hinein, oft noch in Heimarbeit, und zahlte schon nach einem Jahr Geld zurück: der einen Familie aus Dankbarkeit im Kurs eins zu zwei, der anderen eins zu drei. Nach wie vor ging Thomas seiner Wege und unterstützte mich nicht.

In dieser Situation wurde ich richtiggehend seelisch krank, ich war nur noch damit beschäftigt, zu weinen und zu beten.

Ich betete nicht nur für meine sechs Kinder, die in alle Richtungen verstreut und auf sich allein gestellt waren, ich betete auch für die Verstorbenen unserer Familie, die auf sowjetischem Boden unter den unmenschlichsten Bedingungen das Leben verloren haben und in kalter, harter Erde liegen: die drei Geschwister in der Ukraine, die während der großen Hungersnot verhungert sind, die während der Flucht verstorbenen Verwandten in Polen, meine an der Zwangsarbeit und ihren Schrecken zugrunde gegangene Schwester Katja und meine zwei kleinen Söhne in Sibirien, die erfroren, und schließlich Mutter in Kasachstan.

In solch trüben Stunden, in denen ich kein Licht am Ende des Tunnels mehr sah, überflutete mich dann auch noch der Papierkram von den Ämtern in Deutschland, bei dem mir niemand half. Das alles lag auf mir wie eine schwere Last, die mich ersticken wollte. Ich war ja kaum vier Jahre zur Schule gegangen damals in der Ukraine, und seit Jahrzehnten bis zum heutigen Tage auf der Flucht gewesen.

In dieser Zeit hatte ich einen totalen Zusammenbruch.

Gerettet durch das deutsche Sozialsystem, schickte der Arzt mich für sechs Wochen zur Kur.

WESTDEUTSCHLAND

1973

Rosa erzählt:
Im Februar 1973 hatte es geheißen: »Rosel, du kommst nach Murnau, nach Bayern, an einen Standort des Goethe-Instituts, dort machst du einen Schnellsprachkurs.«

Ich gewöhnte mich schnell ein. In der Schule lernte ich ein paar Mädels kennen, mit denen ich die Freizeit verbrachte. Nach circa acht Wochen beherrschte ich mein Deutsch so gut, dass ich lesen, schreiben und sprechen konnte. Mein Sprachverständnis wurde immer besser. Das Städtchen Murnau ist sehr schön, die Berge greifbar nah, viele Gaststätten, Lokale, Boutiquen und die Disco 2000, die ich ab und zu mit den Freundinnen besuchte.

Sommer 1974

Rosa erzählt:
Als ich dreiundzwanzig Jahre alt war, begegnete ich zu Ostern in der Disco einem jungen Mann. Joachim war gut aussehend, freundlich und charmant. Beim Tanzen stellte er mir viele Fragen und erzählte auch viel von sich. Er war gerade bei der Bundeswehr und leistete seinen Wehrdienst ab, musste um 22 Uhr wieder in der Kaserne sein.

Kurz vor der Verabschiedung fragte er mich, ob wir uns am nächsten Samstag wiedertreffen wollten! So schüchtern, wie ich war, zögerte ich zuerst, aber dann stimmte ich doch zu.

Natürlich berichtete ich der Mutter davon. Ihre erste Frage war:

»Ist er Deutscher?« Denn sie hatte doch immer Angst, dass ich mich in einen Russen verlieben würde!

»Ja, natürlich, was denn sonst!«

Daraufhin durfte ich ihn nach Hause einladen, und er wurde sofort herzlich von der Familie aufgenommen. Mama war begeistert und völlig aus dem Häuschen. »Kind, dein Joachim macht mir einen vertrauenswürdigen Eindruck. Er sieht gut aus, ist gebildet und trägt dich auf Händen.«

Da ich volljährig war, fragte Joachim meine Eltern ganz höflich, ob er mich mit auf eine Mittelmeerreise nehmen dürfe.

Vater war zuerst dagegen: »Wo liegt überhaupt Griechenland, und warum müssen es gleich sechs Wochen sein? Sie soll arbeiten und ihre Eltern unterstützen!«

Aber Mama gab uns sofort ihren Segen. »Viel Glück und viel Spaß, meine Rosel!«

Verstohlen steckte sie mir noch einen Umschlag mit Geld zu. »Amüsiere dich, mein Mädel.«

Als Joachim und ich mit seinem VW Käfer davonfuhren, stand die ganze Familie in Reih und Glied Spalier und winkte mit einem großen Taschentuch. Dabei weinten sie alle!

Joachim schaute verdutzt in den Rückspiegel: »Das ist ja wie im Film!«

Nach einer sehr langen Fahrt machten wir die erste Rast. Luftmatratzen wurden aufgepustet. Unter sternklarem Himmel und todmüde von der Fahrt, schliefen wir Arm in Arm ein. Neun Monate später durfte ich mein Mitbringsel von dieser Reise in den Armen halten: Unser Sohn Dimitri wurde im April 1974 in München geboren. Einige Jahre später kam sein Bruder Bastian zur Welt. Beide sind inzwischen selbst Familienväter. Wir sind stolz auf unsere Söhne und Enkel. Bei schwierigen Situationen haben wir ihnen immer geholfen, wo es nur ging. Mein Mann Joachim und ich sind jetzt fünfzig Jahre zusammen in unserem Häuschen in Kaufbeuren und sind immer noch glücklich. Ich durfte im November 2021 bei bester Gesundheit im Kreis meiner Großfamilie und vieler lieber Freunde meinen siebzigsten Geburtstag feiern. Und niemand kann es glauben, dass ich die Kleine war, die als Zweijährige in Sibirien auf ihrer sterbenden Tante Katja herumkrabbelte, die als Dreijährige bei minus fünfzig Grad in einer winzigen selbst gebauten Holzhütte hauste und die als Fünfjährige mit der hochschwangeren Mama und dem kleinen Viktor bei Sandsturm in Kasachstan unter den Zügen durchkrabbelte. Das Leben schreibt die wundersamsten Geschichten.

WESTDEUTSCHLAND

1970er-Jahre

Lisa erzählt:
Da ich stotterte, konnte ich mir nicht alleine eine Arbeit suchen, deshalb versorgte ich während der Abwesenheit unserer Mutter den Haushalt. Ich kochte für die kleinen Geschwister, die von der Schule kamen, und Viktor mit Vater, die von der Arbeit kamen.

Als unsere Mutter von der Erholungskur zurückkam, erhielt sie sofort eine Arbeit in einer Möbelfabrik als Zuschneiderin. Endlich traute ich mich, mich auch um eine Arbeitsstelle zu bemühen, und bekam eine Anstellung in der Schuhfabrik Salamander. Es war Akkordarbeit, die mit Kontrolle verbunden war. Bei Salamander arbeiteten hauptsächlich Ausländer, sodass ich weiterhin kein Deutsch lernen konnte. Nach ein paar Monaten hatte ich eingesehen, dass ich diese Arbeit in der Fabrik nicht weitermachen sollte, und bewarb mich deshalb im Krankenhaus um eine Pflegetätigkeit. Sofort konnte ich auf der Unfallstation anfangen. Auf dieser Station arbeiteten viele Einheimische, und so lernte ich mit der Zeit ein prächtiges Schwäbisch. Es dauerte nicht lange, und ich konnte auch unserer Mutter eine Stelle als Stationshilfe vermitteln. Sie bekam einen Arbeitsplatz auf der Privatstation der inneren Medizin. Weil Mutter überaus tüchtig, zuverlässig und herzenswarm ihre Arbeit verrichtete, wurde sie von den Patienten und dem Personal schon bald geliebt.

Eines Tages tauchte bei uns auf der Privatstation ein attraktiver Assistenzarzt auf, der gleich von allen jüngeren Krankenschwestern umworben wurde. Aus unerklärlichen Gründen interessierte er sich aber für mich … Endlich blühte ich auf, und aus dem stotternden Mauerblümchen wurde eine lebenslustige, temperamentvolle junge Frau.

Viktor und die jüngeren Brüder schafften es später, unseren Vater zu einer Entziehungskur zu überreden. Viktor war nun der Mann im Hause, und Mutter lernte hingebungsvoll mit ihm Deutsch. Als Viktor den Führerschein machte, wollte Mutter ihn auch unbedingt machen. Nur aus Respekt vor Vater, der keinen hatte, machte sie ihn dann schließlich nicht. Es wäre eine große Beleidigung seiner Ehre gewesen, wenn sie die Fahrerlaubnis gehabt hätte und er nicht.

Bald darauf gelang es auch mir, den Führerschein zu machen!

Während der Entziehungskur unseres Vaters fand die Mutter eine neue Bleibe, die von ihr mithilfe ihrer Kinder, die alle zu fleißigen und tüchtigen Handwerkern geworden waren, wiederum komplett renoviert wurde. Ein paar Jahre später stand allerdings wieder ein Umzug an, als die Mutter die Scheidungspapiere zum zweiten Mal zurückgezogen hatte. Der Vater hatte erneut Besserung geschworen und darum gefleht, wieder mit ihr zusammenziehen zu dürfen. Aus Respekt vor der heiligen Ehe und aus der Hoffnung, ihren Kindern eine heile Familie bieten zu können, tat sie auch diesen, für uns schwer nachvollziehbaren Schritt.

Inzwischen hatte auch unser Goldfischchen Eddy den Führerschein bestanden, und begleitet von Freunden, einer Gitarre und sehr viel Lebenslust im Bauch, begaben wir uns gemeinsam auf eine Reise nach England und Schottland. Wir hatten lange dafür gespart. Wir fuhren singend und ausgelassen über die Autobahn, nach dem Kanal auch schon auf der linken Seite. Unserem Glück schien nichts mehr im Wege zu stehen!

Als wir nach einem herrlichen Urlaub zurückkamen, um unserer Mutter von unserer großartigen Reise zu berichten, traf uns fast der Schlag. Die Mutter bestand nur noch aus Haut und Knochen und war sehr erschöpft. Sie bestand den Kampf gegen den kranken Vater allein nicht mehr. Wir hatten sie im Stich gelassen!

Sofort nahmen wir sie aus der Wohnung, sie hatte nur ihre Handtasche dabei.

Da wir noch ein paar Tage Urlaub übrig hatten, schleppten wir sie kurzerhand zum Stuttgarter Flughafen und nahmen den erstbesten Last-Minute-Flug, den wir kriegen konnten: Es ging nach Teneriffa!

Unsere Mutter erlebte ihren ersten Flug wie in Trance. Sie hatte Probleme mit ihren verstopften Nebenhöhlen, denn sie hatte sich eine starke Erkältung zugezogen. Ihr Körper hatte keine Abwehrkräfte mehr!

Doch kaum in der Sonne Teneriffas gelandet, beteuerte sie mir abenteuerlustig, alles mitzumachen, was ich als junge Frau in so einem traumhaften Urlaubsland tun würde!

So fanden wir uns kurz darauf in einer Diskothek wieder. Ich traute meinen Augen nicht, als ich von der Toilette kam, wo ich schnell noch etwas Lippenstift aufgelegt hatte: Mutter saß auf einem Barhocker und war umringt von jungen Studenten, die ihr mit offenem Mund lauschten. Trotz der lauten Musik erzählte sie ihnen aus ihrem bewegten Leben.

Der Urlaub wurde ein voller Erfolg, denn die aufgeschlossene nette Clique begleitete uns, sogar ins Wasser, wo Mutter zum ersten Mal im Leben im Meer badete und nicht müde wurde, den jungen Leuten immer weiter zu erzählen.

Wir Kinder hatten oft abgewehrt, wenn sie, oft unter Tränen, von ihrem schweren Leben anfing: »Oh Mama, nicht schon wieder!«

Das haben wir später oft bereut.

Nach Hause zurückgekommen, bestanden wir Kinder darauf, dass jetzt ultimativ die Ehe zwischen den Eltern beendet werden sollte.

Es durfte auch kein Zurück mehr geben. Unser Vater konnte diesen Entschluss nicht ohne Weiteres akzeptieren. Deshalb verbrachte ich viel Zeit mit ihm und versprach ihm viel Unterstützung. Wir suchten zusammen eine Wohnung für ihn und richteten sie alle gemeinsam für ihn ein. Sogar unsere Mutter half tatkräftig mit.

Mit dem Ergebnis, dass unser Vater sehr bald wieder heiratete und die neue Frau mitsamt Kind und ihren Eltern in die schöne Wohnung einzog. Unser Vater versorgte nun die komplette fremde Familie finanziell. Als kurz darauf die Scheidung von der neuen Frau erfolgte, musste der Vater dieser Familie alles lassen. Unsere Mutter bezeichnete das als regelrechten Raub.

Sie hatte doch tatsächlich noch Mitleid mit ihm …

Jahre später bekam unsere Mutter einen Anruf aus dem Krankenhaus. Der Vater hatte sie als Notfalladresse angegeben. Er war bewusstlos aufgefunden und bereits notoperiert worden.

Nach seiner Genesung konnten wir ihn in einem Pflegeheim unterbringen. Die Mutter besuchte ihn dort regelmäßig. Sie spielten zusammen Gesellschaftsspiele und hatten noch eine friedliche und unterhaltsame Zeit zusammen, wie nie zuvor in ihrer Ehe.

Als seine Krebserkrankung weit fortgeschritten war, besuchten alle seine Kinder mitsamt ihren Ehepartnern und Enkelkindern ihn noch einmal. Mit großem Respekt vor seiner Familie und demütiger Einsicht genoss er friedlich diesen letzten Besuch. Zurückblickend in die Vergangenheit, verabschiedeten wir uns voneinander mit einem Zusammengehörigkeitsgefühl ohne Hass und Groll.

In ihren beiden Händen trug die Mutter die Urne ihres einstigen Mannes, den sie als einundzwanzigjährige Zwangsarbeiterin in Sibirien geheiratet hatte, als dieser als kaum achtzehnjähriger Zwangsarbeiter weinend um Familienanschluss und Unterkunft gebeten hatte.

Heidi erzählt:
Viktor und ich haben uns 1977 kennengelernt und 1978 geheiratet. Im Jahr 1981 ist Jasmin geboren und 1984 Dennis. Es war immer Viktors Bestreben, in einem eigenen Haus zu wohnen, und so kauften wir uns ein kleines Reihenhäuschen mit kleinem Garten, in dem er auch einen kleinen Teich angelegt hat. Das alles machte er mit großer Begeisterung. Mit viel handwerklichem Geschick und Genauigkeit hat er einen großen Teil des Innenausbaus selbst gemacht. Ganz besonders kümmerte und sorgte er sich um seine Familie und auch um die Verwandtschaft, die erst später nach Deutschland kam.

Auch seine Freunde waren ihm sehr wichtig. Er war allen gegenüber sehr hilfsbereit und wurde von allen sehr geschätzt. Viele Verbindungen halten bis heute an.

In schöner Erinnerung bleiben unsere Familienurlaube am Meer, unsere Skiwochenenden und Familienfeste sowie der vierzigste Geburtstag von Viktor, der groß gefeiert wurde. Gerne hat er von Lettland erzählt. Mir ist etwa in Erinnerung, dass der Schulweg ziemlich weit gewesen sein muss und es im Winter so kalt war, dass er unterwegs bei einer befreundeten Familie einkehren musste, um sich aufzuwärmen. Später hat er sich auch gern mit dem Computer beschäftigt und dadurch auch mit dem Reisen nach Lettland. Das war ein großer Traum von ihm, noch einmal dorthin zu reisen …

LUDWIGSBURG, IM KRANKENHAUS, AUF DER STATION IG2

Kurz vor ihrer Operation, November 1981

Aus Lydias Tagebuch:
Meine lieben Kinder,
ich möchte nicht klagen,
nur im Voraus euch ein paar Worte sagen.
Ja, meine Lieben,
mein Kummer und Sorge kommen immer stärker auf mich zu,
ich finde mir fast Tag und Nacht keine Ruh.
Ich war immer stark und voller Mut,
aber jetzt geht es mir einfach nicht so gut.
Meine lieben Kinder,
sollte mein Körper jetzt bei der Operation versagen,
so denkt an alle meine Sorgen und Plagen.
Haltet alle stets zusammen und zieht nicht eins vom andern fort,
sondern bleibt alle im Heimatort.
Denkt daran, es sind nicht alles schöne Tage,
es kommt im Leben manchmal auch schwere Plage.
Und fällt euch mal ein Elternteil zur Last oder zur Pflege,
so rollt den Stein nicht aus dem Wege.
Denn man wünscht sich die Altenpflege ja nicht,
und wenn sie mal kommt, so ist es halt der Kinder Pflicht.
Ja, mein liebes Lisa, du bist für jetzt noch ledig,
sorge für Opa Dalli und auch für den Eddy(g):-))
Du hast die Ehre,
im Falle ich nicht mehr heim sollt kehre,

und vergiss auch dein Vater nicht.
Und gehst du mal deinen eigenen Weg,
so sollen alle sehen, wie es weitergeht.
Rosel ist ja weit von hier,
sie kann ja nichts dafür.
Auch sie muss sorgen, auch von dort,
und öfters mal kommen zum Heimatort.
Viktor und Jakob, das sind Männer.
Sie müssen sorgen bei Hass und Streit,
dass es gar nicht erst kommt so weit.
Johann und Eddy sind noch jung an Jahren,
die müssen im Leben noch vieles erfahren.
Die tun mir am meisten leid,
denn ohne Mutter blüht ihnen wenig Freud.
Ehret einander und teilt Kummer und Sorgen.
Denn man weiß nicht: stirbt man heute noch oder morgen.

Oktober 1995

Lisa erzählt:

»Hallo Dennis, wo ist denn dein Papa?«

»Hallo, Tante Lisa, ich weiß nicht, er hilft mal wieder in der Nachbarschaft!«

Ja, so kannte ich meinen großen Bruder Viktor. Immer hilfsbereit, immer gut gelaunt, immer unterwegs.

»Na, dann schneiden wir deine Haare zuerst, kleiner Mann!«

Hilfsbereit wie sein Vater, schleppte mein Neffe meinen Friseurkoffer, den ich im Auto auf der Rückbank gelagert hatte, in das hübsche Reihenhaus, welches Viktor mit seiner Frau Heidi und seinen beiden Kindern Dennis und Jasmin bewohnte.

»Oh, hier riecht es aber schon wieder lecker.« Ich stellte den

Küchenstuhl in die Mitte des Raumes und öffnete angelegentlich die Tür des Backofens, aus dem mir ein köstlicher Duft nach Apfelkuchen mit Zimt und Vanille entgegenströmte.

»Den Kuchen hat die Mama für die Nachbarn gemacht. Ich soll ihn gleich mit auf die Baustelle bringen, wo der Papa gerade aushilft.«

»Na gut. Dann nimm mal Platz. Wie hättest du es denn gern? Vorne kurz, hinten lang?«

Das war gerade die absolut angesagte Modefrisur.

Amüsiert betrachtete ich meinen Neffen, der sein Nackenschwänzchen mit seiner Hand beschützte. »Du kannst alles ein wenig kürzer schneiden, Tante Lisa, nur meine lange Tolle darfst du nicht anrühren.«

»Ganz wie der Herr wünschen.« Sorgfältig begann ich zu schnippeln, als mein großer Bruder Viktor mit einem Spiegel in der Hand lachend eintrat.

Mit einem Wangenküsschen begrüßte ich ihn.

»Was hast du da?«

»Den Kunststoffspiegel habe ich gerade aus dem Gäste-WC abmontiert. Ich werde ihn den Nachbarn schenken, außer, du willst ihn haben, Schwesterherz! Schau mal, wie man den verbiegen kann!«

Um mich und seinen Sohn zu amüsieren, bog er das Plastikteil hin und her.

»Siehst du, Dennis, jetzt siehst du ganz dick aus, so voll die Plusterbacken …«

»Ach, Viktor! Dein Sohn ist bildschön, jetzt ärgere ihn nicht!«

Lachend wehrte ich Viktors Blödeleien ab.

»Oder sooooo«, Viktor drückte den Plastikspiegel jetzt in die Vertikale. »Da kannst du, Lisa, wenn du mal alt und runzlig bist, deine Falten wieder glatt drücken …«

»Jetzt lass mich in Ruhe arbeiten, sonst zwicke ich dem armen Jungen in die Ohren!«

»Beeil dich, Tante Lisa, ich muss den Kuchen zu den Nachbarn bringen!«

Immer noch umklammerte Dennis sein angesagtes Nackenschwänzchen.

»Na gut, du bist fertig.« Ich hielt meinem Neffen den Spiegel an den Hinterkopf, und er war zufrieden mit meiner Arbeit. »Tschüss dann, wir sehen uns!«

»Aber komm rechtzeitig zum Abendessen zurück und bring deine Schwester und bitte auch deine Mama mit!«

»Ja, Papa! Wird gemacht!« Eifrig trug der Junge den Kuchen davon, den ich noch schnell in eine runde Plastikdose gepackt hatte.

»So, mein lieber Bruder. Jetzt zu dir.« Inzwischen hatte Viktor sein Hemd abgestreift und mit seinem athletischen Oberkörper auf dem Friseurstuhl Platz genommen.

Immer noch drückte mein Bruder den Plastikspiegel hin und her und verzog sein Gesicht zu den lustigsten Grimassen.

»Halt doch mal still, du Kindskopf, sonst schneide ich dir noch in die Ohren!«

»Weißt du noch, Schwesterherz, wie wir damals in Lettland an der Bushaltestelle standen bei minus fünfunddreißig Grad und mir buchstäblich die Ohren abgefroren sind?«

»Oh ja. Ich habe dir mein Kopftuch umgebunden, und dann sind wir die fünf Kilometer durch den Wald zurückgerannt …«

»Nein, das war Jakob. Ich habe ihm die Ohren warm gerieben, und dabei sind mir meine eigenen abgefroren.«

»Jedenfalls haben wir uns damals in das erste Haus gerettet, wo die ganze Familie im Bett lag, weißt du noch?«

Wir ergingen uns in die üblichen »Weißt du noch«-Geschichten, und immer wieder alberte er mit dem Spiegel herum und brachte mich zum Lachen, und immer wieder ruckte ich ihm seinen Kopf zurück und herrschte ihn in schwesterlicher Autorität an:

»Halt still!«

»Wie geht es euch denn so, Bruderherz?«

»Oh, wunderbar!« Viktor bemühte sich wirklich, stillzuhalten. Ich schnippelte konzentriert an seinem dunklen Schopf herum, und eine Weile schwiegen wir. Sein Blick war ganz nach innen gerichtet.

»So, fertig.«

»1995«, seufzte Viktor und erhob sich von dem Küchenstuhl. »Was für ein bedeutsames Jahr für unsere Familie.«

Und das war es wirklich! Unser Opa Dalli war inzwischen neunzig geworden, und ich betrachtete das Foto, das wohl bei jedem Familienmitglied der Familie Groß gerahmt an der Wand hing: Unser Opa Johann im Kreis von genau sechzig Verwandten, die alle bei seinem großen Fest dabei waren.

Er, der für uns über zwanzig Jahre verschollen war und einsam, ohne Familie, nach dem Krieg als Stallknecht ein neues Leben angefangen hatte, beging seinen neunzigsten Geburtstag in Anwesenheit seiner Kinder Lydia, Klementine, Jakob und Frederike mit allen ihren Ehepartnern, Kindern und Enkelkindern. Immer wenn ich das Bild betrachtete, kamen mir die Tränen.

»Ja. Was für ein bedeutsames Jahr.« Ich wusste nicht, welche Bedeutung dieser Satz nur wenige Stunden später haben würde. »Wo habt ihr einen Besen, ich kehre schnell die Haare zusammen.« Der Zauber des Augenblicks war vorbei.

»Nein, das fehlte noch, Schwesterherz. Lauf du zu deinem geliebten Andreas, du wolltest ihn doch vom Bahnhof abholen?«

»Ja, er hat auf einem Seminar einen Vortrag gehalten! Er kommt tatsächlich in einer halben Stunde am Hauptbahnhof an!«

»Na los, dann ab mit dir!«

Hastig raffte ich meine Utensilien zusammen und rannte hinaus zum Auto. Die Oktoberdämmerung legte sich bereits über die beschauliche Vorstadtsiedlung, und es roch nach Rauch. Die ersten Kamine wurden eingeheizt.

Während ich versuchte, aus der engen Parklücke auszuparken, lachte mein Bruder winkend.

»Frau am Steuer…«, bediente er spaßeshalber das damals geltende Klischee … »zum Glück kannst du echt gut Haare schneiden! Grüß deinen Andi und beehre uns bald wieder!«

»Grüß Heidi!« Ich hatte das Fenster heruntergekurbelt, um ihn noch mal zurechtzuweisen. »Und geh endlich ins Warme, du Spinner!«

Wie froh ich doch war, diesen großen Bruder zu haben! Wie oft hatte er mich in meinem Leben beschützt, und wie oft brachte er mich zum Lachen!

Fröhlich und aufgekratzt holte ich meinen Mann vom Bahnhof ab und erzählte ihm lachend von meiner heiteren Begegnung mit Viktor und er mir von seinem spannenden Seminar.

In derselben Nacht klingelte gegen zwei Uhr das Telefon.

»Wer kann das sein, mitten in der Nacht?« Andi sprang aus dem Bett und rannte die Treppe hinunter.

»Hast du Notdienst? Dann mache ich dir schnell einen Tee!«

Den Bademantel zuschnürend, folgte ich ihm die Treppe hinunter. »Wer ist es?«

Andreas hörte nur kurz zu und winkte ab. »Alles klar, Heidi. Wir kommen.«

»Heidi?« Mein Herz setzte aus. »Wieso Heidi?«

»Zieh dich an!«

Andi hetzte die Treppe wieder hinauf. Den Pullover und die Hosen über den Schlafanzug ziehend, wies er mich hastig an: »Beeil dich!«

Ich konnte so schnell keinen klaren Gedanken fassen.

»Was ist denn passiert?«

»Wissen wir nicht. Werden wir gleich sehen!«

Zwei Minuten später saßen wir schon im Auto. Noch immer wusste ich nicht, was los war.

»Was rast du denn so, Andi! Die Ampel war rot!«

Die Stimmung war furchtbar angespannt. »Sag doch endlich, was passiert ist!«

»Viktor geht es nicht gut.«

»Aber das kann doch gar nicht sein, vor wenigen Stunden haben wir noch rumgealbert! Ich habe ihm die Haare geschnitten, und er hat auf einer Baustelle ausgeholfen. – Vorsicht! Wieso überholst du den Vordermann denn von rechts!«

»Weil Heidi gesagt hat, Viktor sei tot!«

Ich wirbelte herum und starrte meinen Mann von der Seite an.

»Spinnst du? Bist du wahnsinnig? Wie kannst du mich so erschrecken! Lass *mich* fahren, wenn du so einen Blödsinn erzählst!« Schon griff ich meinem Mann ins Lenkrad.

»Hände weg!« Mit einer wütenden Handbewegung wehrte Andi meine Griffe ab. Unser Auto kam ins Schlingern. »Mach das nie wieder, hörst du?«

»Entschuldigung. Ich habe einen Moment die Beherrschung verloren.« Mein Herz pochte lauter als der aufheulende Motor, als wir in die eben noch beschauliche Wohnstraße meines Bruders einbogen. Blaulicht flirrte uns in der stockfinsteren Nacht entgegen.

Ein Krankenwagen und ein Notarztwagen standen bei Viktor und Heidi vor der Tür, und um die Ecke parkte auch noch ein Polizeiwagen.

Noch im Fahren riss ich die Tür auf und wollte aus dem Auto springen.

»Lisa! Verdammt noch mal, reiß dich zusammen!« Jetzt war Andi richtig wütend auf mich! »Oder willst du auch noch sterben?«

»Was redest du da!«, herrschte ich ihn an und rannte schon in die offen stehende Haustüre hinein. Die beiden anwesenden Polizisten konnte mich nicht so schnell festhalten, wie ich mich aus ihren Armen riss.

Im Foyer angekommen, glaubte ich meinen Augen nicht zu trauen.

Mein Bruder Viktor lag leblos auf dem kalten Fußboden! Mein zweiter Blick glitt auf Heidi, die leichenblass in den Armen der Ärztin kauerte.

Ich fiel neben meinen Bruder auf die Knie und versuchte, ihn aufzurichten.

»Steh hier doch nicht so rum, hilf ihm lieber, aufzustehen!« Tränenüberströmt fuhr ich meinen Mann an. Der schüttelte den Kopf.

»Reiß dich jetzt endlich zusammen! Du weckst die Kinder auf!«

Noch immer hatte ich es nicht begriffen. »Wir sollten die Brüder anrufen, was meint ihr? Die haben noch immer Rat gewusst, wenn es einem von uns nicht so gut ging.«

Andi nahm schon das Telefon und rief nacheinander Jakob, Johannes und Eddy an. Es war inzwischen halb vier Uhr morgens. Mit ernstem Gesicht und leiser Stimme informierte er sie auf seine sachliche Art vom plötzlichen Herztod ihres älteren Bruders.

Ich war in Schockstarre und weiß gar nicht mehr, wie die nächsten Minuten und Stunden vergingen.

Nach und nach trafen die Brüder ein. Noch nie habe ich sie so schwach erlebt, in den Knien eingesunken, aufgefangen von meinem Mann, blieben sie einfach erstarrt an die Wand gelehnt stehen und konnten das Ausmaß dieses Dramas genauso wenig fassen wie ich.

Dieser Moment ist in meiner Erinnerung eingefroren: Noch einmal öffnete sich die Haustür, und Lilli, Jakobs Frau, schob zu meinem maßlosen Entsetzen unsere Mutter herein.

So musste sie auch ihren ältesten Sohn tot sehen.

Aus Lydias Tagebuch:

Eine vertraute Stimme schweigt,
vergangene Bilder ziehen vorbei,
aber die Erinnerung bleibt

Menschen, die wir lieben,
bleiben für immer,
denn sie lassen Spuren in unserem Herzen
für immer.

Du stirbst uns viel zu früh
Und wirst so schwer vermisst

Ich bin nicht tot, ich tausche nur die Räume.
Ich bin in euch und gehe durch eure Träume.

Ich war mal ein reicher Vogel
Und hatte siebe Junge in meinem Nest
Nun sind sie schon alle längst ausgeflogen.
Aber zwei von meinen Lieben sind für immer und ewig weggeflogen.
Von unseren sieben Kindern haben wir nur noch fünf,
Rosa, Elisabeth, Jakob, Johannes und Eduard.
Josef und Viktor sind auf immer und ewig davongeflogen.

Unser lieber kleiner Josef starb sechs Wochen nach seiner Geburt 1949 als Frühchen in Sibirien im Ort Osero-Petrowski.

Unser lieber Viktor starb mit vierzig Jahren 1995 an einem Herzinfarkt im Ort Ludwigsburg. Er hinterließ seine liebe Frau Heidi mit achtunddreißig Jahren und seine beiden Kinder Jasmin, vierzehn Jahre, und Dennis, elf Jahre.

Wir können nichts mehr für ihn tun, nur noch eins, täglich für ihn beten und ihm gönnen seine ewige Ruhe.

(Lydia schrieb ein ganzes Tagebuch voll mit ihren Träumen von Viktor.)

Nach siebenundzwanzig (Lydia und Familie), dreiundvierzig (Jakob und Familie) und fünfundvierzig Jahren (Klementine und Frederike mit Familien) kehrten wir Kinder wieder zum Vater zurück. Nur die Verstorbenen, Eltern, Geschwister, Kinder und Freunde, blieben auf immer und ewig zurück.

Nach langen Jahren des Suchens hatte unser rastloses Dasein endlich ein Ende, und wir waren mit unseren geliebten Verwandten wieder vereint.

Nun, meine Lieben, es ist alles vorüber und vorbei. Jetzt sind wir in unserer Heimat, wo einst die Wiege unserer Ahnen stand, endlich angekommen. Wenn man heute zurückblickt und bedenkt, dass wir schon einmal im Mai 1944 bis Oktober 1945 in Deutschland gelebt haben und auch eingebürgert waren. Da glaubten wir, dass alles ein Ende hat, aber es ist alles anders gekommen, und wir mussten im Oktober 1945 nach Russland zurück. Sie führten uns in geschlossene Viehwaggons und haben uns in ganz Sibirien in Urwäldern verstreut und entmachtet.

1990 waren endlich alle unsere lieben Verwandten wieder zusammen. Meine drei Geschwister kamen mit ihren Familien sechzehn und achtzehn Jahre nach uns, der Familie Judt, zurück nach Deutschland zum Vater Josef Groß, der seit 1944 in Deutschland lebte und nie in Sibirien war.

DER NEUNZIGSTE GEBURTSTAG VON MAMA

26. Juni 2017

Erzählt von Lisa:

»Wie seht ihr denn aus?« Lachend begrüßten Rosa und ich unsere drei Brüder Jakob, Johannes und Eddy, die in ihrer altmodischen Waldarbeitertracht aussahen wie Drillinge.

»Na ja, wir wollten, dass Mutter in uns ihre kleinen Buben wiederentdeckt. Aber ihr habt ja auch den Vogel abgeschossen in euren gepunkteten Spitzenkleidern mit den gestickten Krägelchen!«

Fröhlich begrüßten wir fünf Geschwister uns und betrachteten einander lachend.

»Haben wir als Kinder je so sauber und adrett ausgesehen?«

»In Mutters Träumen schon.«

Die Brüder betrachteten unser bisheriges Werk im geschmückten Saal des Schützenvereins.

»Habt ihr die gehäkelten Tischdecken und die großen Blumenvasen aus ihrem Wohnzimmer stibitzt?«

»Ja, im Laufe der Zeit immer ein Teil nach dem anderen. Meint ihr, sie hat nichts gemerkt?«

»Und wenn, dann will sie uns die Überraschung nicht verderben. Ihr kennt sie doch.«

Rosa und ich dekorierten den Saal der Schützenhalle liebevoll mit all den von Mutter selbst gebastelten Schätzen. »Ihr könnt die gestickten Stoffbilder von Mutter an den Wänden aufhängen!«

Ein Meer aus Blumen, genau solche, wie sie Mutter in ihrem kleinen Gärtchen in Olini hatte, schmückte in Form von großen, üppig gebundenen Blumensträußen den Saal.

»Leute, wir müssen noch proben, seid ihr so weit?« Eddy, unser Künstler, versammelte uns mitsamt unseren Ehepartnern um sich und griff zur Gitarre.

»Es ist ganz einfach, konzentriert euch, viel Zeit haben wir nicht mehr.«

»Wer holt sie ab?«

»Na, wer wohl. Der älteste Enkel, unser Dimi.« Rosa lachte stolz.

»Dimi hat sich als Chauffeur verkleidet mit schwarzem Frack und Zylinder!« Joachim zwinkerte uns zu.

»Er hat die Order, sie noch ein wenig abzulenken, damit wir den Saal fertig schmücken und das Stück proben können!« Meine ältere Schwester Rosa war fast einen Kopf kleiner als ich, und in ihrer mädchenhaften Verkleidung wirkte sie trotz ihrer Mitte sechzig zerbrechlicher und zarter denn je. Ich, Lisa, war inzwischen auch sechzig Jahre alt.

»Also, hört zu.« Unser aller Goldfischchen Eddy klampfte bereits den Refrain eines bekannten Schlagers von Ricky Shayne.

»Oh, das kenne ich!« Aufgeregt und voller Vorfreude hüpfte ich auf und ab und klatschte in die Hände wie ein kleines Mädchen. *»Mamy Blue!«*

»Das kennen wir alle!«

»Ja, aber wir machen einen eigenen Text dazu! Wir singen ›Oh Mama, du!‹« Eddy legte das Textblatt in die Mitte auf den Fußboden und ließ seine volle, schöne Stimme erschallen: »Oh Mama! Oh Mama, Mama, du, oh Mama, du!«

Begeistert fielen wir alle mit ein. Die fünf Geschwister in ihrer altrussischen Verkleidung und die fünf Partner: Joachim, Andreas, Lilli, Maggie und Heidi. Heidi war Viktors Witwe und gehörte seit seinem tragischen Herztod vor zweiundzwanzig Jahren umso enger zur Familie. Eddy selbst war leider geschieden, aber er sang für zwei. »Schafft ihr Mädels das, eine Terz drüber?«

»Wie? Was ist das, Terz?«

»Na, einfach zwei Töne drüber, so … ›Oh Mama!‹« Eddy lief zur Hochform auf. Er hatte das Talent und die Power eines Rocksängers!

Wir Mädels sahen einander an. »Klar. Das schaffen wir.«

»Also noch mal von vorn …« Eddy schlug kräftig in die Saiten, das Playback vom Band lief.

Eifrig probten wir, und auch wenn unser Schwanengesang gegen die kräftigen Stimmen der Männer ein wenig dünn ausfiel, so klang das mit der Terz drüber doch schon ausgesprochen nach Chor.

»Jetzt klatschen wir dazu im Takt!« Eddy machte es uns vor. »Andi, auf eins und drei, nicht auf zwei und vier!«

Mein sonst so seriöser Andi groovte richtig ab. »Schaut nur, mit elastischen Beinen!«

»Wie der gefährlich in den Knien federn kann!«

Wir mussten lachen. Das war ein Familien-Insider. Unser Viktor hatte schon, als er noch kaum Deutsch sprechen konnte, dieses Lied von Schmidtchen Schleicher immer so perfekt dargeboten, dass wir uns vor Lachen gebogen hatten!

»Achtung! Sie kommt!«

»Was … wir haben doch noch gar nicht …«

Mamas ältester Enkel Dimi, mit Frack und Zylinder, hatte die rüstige Neunzigjährige wohl nicht mehr aufhalten können. Verlegen schob er sich hinter seiner Oma Lydia her und zog ratlos die Schultern hoch.

Mit frisch gelegter Dauerwelle, in einem dunklen wadenlangen Kostüm mit selbst gestickten Applikationen, schob sich unsere Mama staunend und voller kindlicher Neugierde in den prächtig geschmückten Saal. Wir empfingen sie mit swingendem Gesang und rhythmischem Händeklatschen.

»Oh Mama!«, schallte es ihr aus zehn Kehlen entgegen. »Oh Mama, Mama, du, oh Mama, du!«

Die Mutter war völlig ergriffen, und ihr noch erstaunlich glattes, faltenloses Gesicht wirkte kindlich verlegen. Doch dann siegte die helle Freude. Sie lachte ihr typisches gewinnendes Lächeln und verdrückte gleichzeitig ein paar Rührungstränen. Die Überraschung war uns wohl doch gelungen, auch wenn sie in die Probe geplatzt war! Als sie sich etwas gefangen hatte, fing sie an, im Takt der Musik zu tanzen und sich richtig wohlzufühlen als Mittelpunkt der Familie. Vor lauter Aufregung und Glück färbten sich ihre Wangen rosa.

»Oh Mama, oh Mama, Mama, du, oh Mama, du!«

Oh, wie genoss sie diesen Augenblick!

Wir swingten im Takt um sie herum und strahlten sie an, und plötzlich fing sie an, uns alle der Reihe nach zu umarmen und abzuküssen, noch während wir sangen.

Der Saal füllte sich mit ihren Geschwistern und deren Familien, ihren Enkeln und deren Partnern und sogar Urenkeln. Alle swingten und klatschten mit, und am Ende betrug der Chor der Gratulanten, genau wie vor über fünfundzwanzig Jahren bei ihrem geliebten Vater, über sechzig Personen. Es war nicht zu übersehen, wie wichtig es ihr war, ihre gesamte Familie um sich zu haben. Zusammenbleiben, leuchteten ihre Augen stolz. Zusammenbleiben, um jeden Preis!

Sie stand wie auf einem Siegertreppchen, als ihr der Pokal überreicht wurde, auf dem eingraviert stand:

FÜR DIE BESTE MAMA DER WELT!

Statt eines Nachwortes habe ich die Kinder, Schwiegerkinder und Enkel gebeten, gemeinsam einen verbalen Blumenstrauß für Lydia zu binden.

Rosa

Ohne sie wäre ich nicht die Rosa, die ich heute bin. Sie hat mir in der Kindheit, der Jugend und im erwachsenen Alter sehr viel beigebracht. Tapezieren, Wände verputzen, Fliesen legen und vieles mehr. Mit ihrer Ausstrahlung, die sie hatte, gab sie mir viel Liebe und Geborgenheit. Sie war oft bei mir in Kaufbeuren und fühlte sich wohl. Sie fand immer etwas zu tun, denn ohne Arbeit ging es nicht, so schaute sie, was im Garten zu machen ist, zum Beispiel Pflanzen ausputzen, oder es war was zum Stopfen. Und wenn ich mal sagte: »Mama, ruh dich doch aus«, so sagte sie: »Kindchen, sitzen kann ich zu Hause.«

Mein Mann, die Kinder und auch die Enkelkinder hatten hohen Respekt vor ihr. Mama hatte in Ludwigsburg eine gemütliche Wohnung. Sie hatte viele gehäkelte Deckchen ausgelegt, und an den Wänden hingen Bilder mit Gobelin-Stickerei. Wenn mein Mann dienstlich unterwegs war, besuchte ich sie sehr gern. Sie zeigte mir, was sie Neues gemacht hat, und schenkte es mir auch. Mama kochte auch sehr gern, am liebsten für die ganze Familie. So wurden die Kinder mit Anhang zusammengetrommelt, und es gab oft Kartoffelsalat und Fleischküchle. Es war immer eine »Riesen-Gaudi«, wenn wir beieinander waren.

Mama war unser Mittelpunkt. Bis ins hohe Alter erzählte sie uns Geschichten von früher. Es wurde gelacht und manchmal auch geweint.

Heute sitze ich hier und blättere in ihren handgeschriebenen Tagebüchern und muss immer wieder staunen über die Blumen, Ranken, Vögel und auch die Personen, Gegenstände und Landschaften in Sibirien, die sie darin gemalt hat. Man kann es sich so viel besser vorstellen.

Eine Mami mit vielen Begabungen.

Joachim

Als Mutter Lydia bei uns zu Besuch war, strahlte sie noch mehr Gemütlichkeit aus, was unser Häuschen belebte.

Ob am Herd, beim Kartoffelschälen, Salat putzen oder auch um 19 Uhr die Nachrichten schauen. Sie war immer dabei.

Nach dem Abendessen saßen wir manches Mal bis Mitternacht, bei einem Gläschen süßem Trollinger Wein, oder einem Gläschen Bier, und Mutter erzählte ihre wahren Geschichten von früher. Ich hörte sehr gern zu, denn vieles war mir fremd. Mutter blühte dabei auf.

Ich bin in die Familie 1973 reingewachsen. Die Geschwister von Rosa waren noch alle sehr jung. Eddy erst zehn Jahre alt. Ich war beeindruckt von allen.

Ich heiratete eine Familie und eine Mutter, die ihre Schäfchen alle immer zusammengehalten, beschützt und wohlbehütet hat.

Dimi, Sohn von Rosa und Joachim

Meine Oma war, wie man sie sich besser nicht wünschen kann. Man hatte Respekt, aber nie Angst vor ihr. Man wundert sich, wie sie nur so ein guter starker Mensch werden konnte, nach allem, was sie durchmachen musste …

Wenn Oma aufkochte, kamen sie alle. Unwiederbringlich sind ihre legendären Dampfnudla, Fleischküchle, Schlitzküchle, ihr Kartoffelsalat. Ich schmecke sie heute noch!

Bastian, Sohn von Rosa und Joachim

Eddy war achtzehn Jahre alt, als ich die Welt am 28. Januar 1981 erblickte. Er war auch mein Patenonkel. Da war nicht nur meine Mama glücklich, sondern auch meine liebe Oma.

»Die liebste und beste Omi der Welt.«

Lisa

Ganz besonders bin ich meiner lieben MAMA dankbar, so reich mit Geschwistern beschenkt worden zu sein.

Der Zusammenhalt in unserer Familie und unter uns Geschwistern war ungebrochen stark und eine so wichtige Stütze für uns alle.

Von meinen Geschwistern durch das Leben begleitet zu werden, ist mir das Wertvollste, wofür ich so sehr dankbar bin.

Was ich ebenfalls von MAMA vermittelt bekommen habe, war, mit einer gewissen Leichtigkeit alle Klippen des Lebens zu umsegeln und ihnen daher, egal wie schwer, mutig ins Gesicht zu sehen, um diese vielen Schwierigkeiten dann nach und nach zu bewältigen.

Mit der von meiner MAMA vererbten Einstellung:

»Alles ist zu schaffen!«

Bin ich jederzeit unbeirrbar mutig meinen Weg im Leben gegangen.

Diese Einstellung hat mir immer geholfen, größtenteils einen klaren Kopf zu behalten, was ich als großen Segen betrachtet habe.

Lisa ♥🌹

Andi, Lisas Mann, an Lydias achtzigstem Geburtstag

Liebe Lydia, ich bin voller Bewunderung deiner Persönlichkeit und deines Lebens, das so reich an Jahren ist. Dass wir heute dein außergewöhnliches Jubiläum zusammen feiern dürfen, ist schon etwas ganz Besonderes. Es ist auch deshalb so besonders, weil du noch richtig fit bist, dich noch komplett selbst versorgen kannst und immer mit viel Interesse das Leben deiner Familie an deinem hochmodernen Tablet verfolgst. Das können nicht viele in deinem Alter von sich behaupten. Dazu gratuliere ich dir ganz herzlich.

Besonders ist auch deine Lebensleistung, auf die du wirklich stolz sein kannst. Dein wichtigstes Ziel war es unter anderem, deine Familie komplett und gut hierher in den Westen zu führen. Selbst die größten Schwierigkeiten haben dich von deinem Vorhaben nicht abhalten können. Besonders ist dein ganzer Lebensweg, der dir sehr viel abverlangt hat. Du musstest immer wieder neue ungeahnte Situationen meistern, es gab schlimme Erlebnisse und Erfahrungen. Aber trotz dieser Vergangenheit bist du kein verbitterter Mensch geworden! Es steckt noch so viel Fröhlichkeit in dir, die bei deinem herzlichen Lachen immer wieder zum Ausdruck kommt.

Natürlich lässt dich diese besondere Vergangenheit nicht los, das soll sie auch nicht. Im Gegenteil, du möchtest, dass diese, deine Vergangenheit dir und deiner Familie in Erinnerung bleibt. Mit deinem liebenswerten und interessanten Buch hast du dafür gesorgt, dass deine Erinnerungen festgehalten sind und niemals vergessen werden.

Liebe Lydia, du bist für mich nicht ausschließlich Schwester, Mutter, Schwiegermutter, Großmutter und Urgroßmutter einer großen Familie, du bist für mich auch eine Meisterin des Handwerks und eine Künstlerin mit ganz vielen unterschiedlichen Talenten. Das freut mich als Designer ganz besonders, und ich wünsche dir von Herzen, dass dich deine gestalterische Kreativität im handwerklichen, künstlerischen und schriftstellerischen Sinne dein ganzes Leben lang erhalten bleibt. Dein Schwiegersohn Andreas

Jakob

Durch die Beharrlichkeit meiner Mama, nach Deutschland auszureisen, legte sie für mich und meine Geschwister den Grundstock für das, was wir heute sind. Mein großer Dank gilt meiner Mama, meinem Vorbild und meiner Heldin. Meine Mama war immer eine Kämpferin, und trotz der schweren Schicksalsschläge ist sie am Leben nicht verzweifelt. Sie hat immer Hoffnung und Zuversicht ausgestrahlt. Ihr fester Glaube an Gott war Bestandteil ihres Lebens. Am 26. Mai 2019 durfte sie im Alter von fast zweiundneunzig Jahren in ihrem Zuhause im Kreis ihrer Kinder ihren letzten Weg gehen.

Lilli

Meine liebe Schwiegermutter, deine Worte in meinem Ohr. »Ich habe viele Kinder und Schwiegerkinder und Enkelkinder. Jedes Kind ist anders, und ich liebe euch alle so, wie ihr seid.« Genau so hast du es auch gelebt. Danke für diese Größe.

Miriam, Tochter von Jakob und Lilli

Denke ich an meine Omi, fallen mir viele schöne Momente, Bilder und Geschichten ein. Eines haben alle Bilder gemeinsam: Sie lächelt. Trotz all dem Leid, was ihr widerfahren ist, war sie stets positiv gestimmt gegenüber dem Leben, ohne jegliche Vorurteile gegenüber Menschen, positiv gestimmt immer wieder zu geben, anstatt zu nehmen. Situationen so zu akzeptieren, wie sie kommen, und das Beste daraus zu machen. Wenn man sie um Rat fragte, hörte sie geduldig zu, stellte stets die richtigen Fragen, bis ihr Blick ganz weich wurde … und dann, ganz plötzlich, hatte man all die Antworten auf seine Fragen.

Heidi, Witwe von Viktor

Für meine Schwiegermutter Lydia

Du warst der Mittelpunkt der Familie. Wir haben uns alle bei dir getroffen.

Gerne erinnere ich mich an die vielen großen Familienfeste, bei denen dir keine Arbeit zu viel war. Ich denke an die vielen Gobelins, die du gestrickt hast, an die ganzen Bilder, die du gemalt hast, an die gehäkelten Tischdecken. Auch nach einem Urlaub am Meer hast du mit den gesammelten Muscheln gebastelt und Bilder damit gemacht.

Ich danke dir dafür, dass du immer an unserem Leben interessiert warst und mit deiner Empathie auch sofort gemerkt hast, wenn etwas nicht stimmt.

Ich danke dir dafür, dass wir über all die Jahre Teil der Familie geblieben sind.

Jasmin, Tochter von Viktor und Heidi

Wir waren einmal auf einem Flohmarkt. Du liebtest die Menschen und das freundliche Verhandeln mit ihnen. Dort hast du ein paar kleine Püppchen ohne Kleidung gekauft. Die hast du daheim wunderbar hergerichtet und hübsche Kleidchen dazu genäht. Mit den Puppen spielen auch meine Mädchen noch gerne und schätzen diese sehr.

Außerdem hast du mir Stulpen gestrickt fürs Ballett und warst immer bestrebt, deine Talente im Nähen, Häkeln und Stricken weiterzugeben, und das mit unendlicher Geduld.

Erst vor Kurzem ist mir eine selbst bemalte, goldene, leere Walnussschale in die Hände gekommen. Sie war mit einem weißen Band und daran angenähter Perle versehen. Als ich sie öffnete, kam ein kleiner Zettel mit einem schönen Zitat hervor.

Du hattest die Gabe, aus jeder Kleinigkeit ein besonderes Schmuckstück zu gestalten.

Danke für die wundervollen Erinnerungen.

Dennis, Sohn von Heidi und Viktor

Bei meinem ersten Lederfußball ist das Innenfutter gerissen, und man konnte ihn nicht mehr aufpumpen. Ich war sehr traurig. Du hast gesagt, dass wir ihn mal vorbeibringen sollen. Ein paar Tage später hast du angerufen und gesagt, dass der Fußball fertig ist. Irgendwie hast du es geschafft, das Innenfutter zu nähen, ohne dass von außen irgendwas zu sehen war.

Du hast sogar eine schriftliche Anleitung mitgegeben, wie man es machen kann, wenn es wieder mal passiert. Zum Glück ist es nie mehr passiert.

Deine Geschenke zum Geburtstag hast du immer künstlerisch und sehr aufwendig verpackt, wie zum Beispiel Geldmünzen aneinandergereiht mit Tesafilm zu einer langen Schlange.

Für unsere Uroma Lydia

von Hanna (2012), Leonard (2013), Emma (2014), William, (2017), Lilly (2018),
(Constantin (2020) hast du leider nicht mehr kennenlernen dürfen)

Die Größeren erinnern sich an:

- 1000er-Puzzle, die du gemacht hast
- an deine Porzellanpuppen
- an das schöne Porzellangeschirr
- an die vielen Fotos von der Familie an der Wand
- an die vielen selbst gemachten Bastelarbeiten
- an die Kuscheltiere und Kissen auf dem Sofa

Ein Gruß von jemandem, der Lydia nahestand

Wenn man sich an Lydia erinnert, ist es schwer, dieser liebevollen, starken und außergewöhnlich tapferen Frau mit Worten gerecht zu werden. Ich werde es trotzdem hier versuchen, denn: Lydia hat allen Menschen, deren Leben sie auf die ein oder andere Weise berührt hat, ein Gefühl der Geborgenheit, des Umsorgtwerdens vermittelt, ein Gefühl von Zuhause, das man sehr schwer mit Worten umschreiben kann.

Jeder, der sie kannte, fühlte das gleichermaßen, und Lydia wurde daher wirklich von allen Menschen, mit denen sie zu tun hatte, geliebt und sehr geachtet.

Ihre lächelnden und gütigen Augen und der sehr oft unbändige Humor und die große Willens- und Charakterstärke, mit der sie die vielen Schwierigkeiten und Tragödien meisterte, wie zum Beispiel die Flucht aus Russland, mit ihrer kleinen Tochter Rosa und hochschwanger, sowie die Niederlassung in Deutschland, die sie zu meistern hatte, sind in ihrem Buch, das sie selbst zuerst handschriftlich, mit fast achtzig Jahren verfasst hat, eingehend und ausführlich beschrieben.

Diese starke und trotzdem sehr oft humorvolle Haltung, selbst unter den schwierigsten Umständen in ihrem Leben, bleibt allen, die Lydia kannten, in lebendiger Erinnerung und verdient allergrößte Hochachtung und Respekt.

So hat sie etwa ihre Kinder Rosa, Viktor, Lisa, Jakob, Johannes und Eduard (Eddy) zum allergrößten Teil selbst erzogen und in den schwierigen Nachkriegsjahren des Zweiten Weltkrieges selbst durchgebracht und zu anständigen, fleißigen, künstlerisch und handwerklich begabten und sehr lieben Menschen mit großer innerer Stärke, die sie alle von ihrer lieben Mutter übernommen haben, gemacht.

Die zwei größten Schicksalsschläge ihres Lebens waren der frühe Tod ihrer Söhne Viktor und Eduard (Eddy) – Viktors tragischen Tod hat Lydia nie überwunden, und der frühe und ebenfalls sehr tragische Krebstod ihres jüngsten Sohnes Eduard hat dieser liebevollen, gläubigen Frau dann vollständig das Herz gebrochen, und sie folgte Eddy kurze Zeit später ins Himmelreich nach, an das sie immer so sehr geglaubt hatte. Sie war sich jederzeit in so vielen Gesprächen sicher, ihre Liebsten dort wiederzutreffen.

Dies sind nur in Kürze ein paar wenige Eckpunkte von Lydias bemerkenswertem Leben und über die gute Seele, die sie war.

Mit dem Buch, das sie schrieb, hat sie sich einen großen Traum erfüllt, und es war immer ihr sehnlichster Wunsch, dass ihre Geschichte zu den Menschen kommt und so ihr Andenken in den Herzen weiterlebt. Das ist ihr nun damit vollständig gelungen, so wird sie für immer unvergessen bleiben.

Johannes

Meine Mutter musste im Februar 2019 ein weiteres Kind zu Grabe tragen; ihren jüngsten Sohn Eduard. Er ist an Krebs erkrankt und nach anderthalb Jahren Kampf verstorben. Sie saß bereits im Rollstuhl. Drei Monate später, kurz vor ihrem zweiundneunzigsten Geburtstag, verstarb auch unsere Mutter. Sie wollte zu ihren Lieben gehen.

Bereits im Alter von achtzig Jahren hatte unsere Mutter ihr Leben aufgeschrieben. Mühevoll an ihrem kleinen Laptop und mit schier unendlicher Geduld. Immer wieder rief sie einen von uns an: Kind, komm schnell, der Text ist verschwunden. Und jedem ihrer Kinder hat sie eine Ausgabe davon geschenkt.

Das Buch hatten bereits mehrere Personen auch außerhalb der Familie gelesen, und alle waren sehr bewegt über die Geschichte unserer Mutter. Die meisten sagten zu mir, dass dies unbedingt veröffentlicht werden sollte. Gleicher Meinung waren auch Inge und Peter, unsere Vermieter im österreichischen Embach, wo Maggie und ich wiederholt Urlaub machten.

Inge hatte schon mehrere Tatsachenromane von Hera Lind gelesen und schrieb meiner Frau, dass Hera Lind *genau* solche Geschichten sucht! Nachdem Inge gleich die Mail-Adresse von Hera Linds

Romanwerkstatt mitschickte, nahm die Geschichte meiner Mutter Fahrt auf, und zwar so richtig!

Meine Frau Maggie ließen die Worte von Inge nicht mehr los. Sie hatte unsere Mutter sehr bewundert und gemocht. Sie wollte, dass ihrer Schwiegermutter ein »besonderes Denkmal« gesetzt würde, welches ihrer Größe und Einzigartigkeit gerecht wird. So eine beeindruckende Frau wie unsere Mutter sollte nicht einfach sterben, ohne dass etwas Nachhaltiges von ihr blieb.

Also scannte Maggie das Tagebuch – weil keine digitale Version davon auffindbar war – und schickte es per Mail an Hera Lind.

Das war am 23. September 2021 um neun Uhr früh. Bereits um 10 Uhr kam eine Antwort, dass die Sendung von ihr persönlich gelesen werden würde.

Vier Tage später kam eine weitere Mail aus der Romanwerkstatt: Hera Lind hatte großes Interesse an der Geschichte unserer Mutter! Sie wollte uns persönlich kennenlernen!

Sofort setzten wir Geschwister und Partner uns zusammen. Uns war klar, dass wir alle sehr gern das Werk unserer Mutter veröffentlichen lassen wollten und dass Hera Lind genau die richtige Autorin dafür ist. Und so kam es, dass wir alle ihre Einladung annahmen und gemeinsam nach Salzburg in ihre Romanwerkstatt reisten.

Die »neue Geschichte« geht los, am Sonntag, den 31. Oktober 2021, 15 Uhr, Salzburg, Altstadt. Maggie ruft eine Handynummer an, und dann werden wir von Heras Mann Engelbert, der zuerst unsere Impfnachweise kontrolliert, abgeholt.

Wir sind zehn Personen: Rosa, Dimi, Lisa, Andreas, Jakob, Lilli, Heidi, Johannes, Maggie und die Lektorin Michaela, mit der Rosa und Lisa bereits in einem benachbarten Café unwissentlich ins Gespräch gekommen waren. Überraschung: Wir haben alle das gleiche Ziel!

Was wir an diesem Tag erleben dürfen, ist für uns alle so unglaublich und verrückt, dass wir teilweise völlig neben der Spur sind und gar nicht alles sagen können, was wir vorher gemeinsam besprochen haben. Gedanken schwirren, wir sind so beeindruckt von allem. Von Hera, ihrem Mann, der Wohnung, dem herzlichen Empfang, alles wie in einem Roman.

Gegen 20 Uhr gehen wir endlich in unser Hotel und genehmigen uns in der Bar noch einen Gute-Nacht-Drink. Wir sind völlig erschöpft von all den Eindrücken, Gesprächen, Gedanken, die wild und unsortiert um uns kreisen! Und das Beste, morgen gehen wir noch mal zu Hera und Engelbert und werden zum Mittagessen erwartet. Es gibt noch so viel zu erzählen. Mutters Tagebücher liegen ausgebreitet auf dem Tisch, ihre Bilder, Zeichnungen, Gedichte, Träume, ihre Stickereien. Wir alle sind uns einig und höchst bestrebt, dass das Buch unserer Mutter einen Platz in der Welt findet, der für alle zugänglich sein kann.

NACHWORT DER AUTORIN

Die Arbeit an Lydias Lebensgeschichte hat mich so sehr gepackt und in ihren Bann gerissen, dass ich überhaupt nicht mehr von ihr loskam. Was für eine unfassbar starke, tapfere und LIEBEvolle Frau und Mutter! Nach dem Eintauchen in Lydias Leben erscheinen uns doch viele Probleme eher gering. Wer Lydias Geschichte gelesen hat, sieht unsere heutigen Probleme wohl mit anderen Augen.

Insofern ist sie Pflichtlektüre gegen die Unzufriedenheit, das Selbstmitleid, die Nörgelei.

Ich bin unendlich dankbar für das Vertrauen, das die Familie Judt mir entgegengebracht hat, vom ersten Moment an. Nachdem das Tagebuch von Lydia 1972 mit dem Umzug in die BRD endet und auch nur noch sehr spärlich von Lettland berichtet, bat ich die vier überlebenden Kinder Rosa, Lisa, Jakob und Johannes um einen schriftlichen Beitrag zum Thema: »Wie ging es weiter.« Mein großer Dank und Riesenrespekt gehen an alle vier, die sich über Weihnachten und den Jahreswechsel 2021/22 hingesetzt und tief in ihren sicher auch schmerzlichen Erinnerungen gegraben haben. Um die Geschichte ihrer Mutter zu Ende zu führen, sind sie alle über ihren Schatten gesprungen und haben viele Situationen auch aus ihrer Sicht beleuchtet. Aus der Sicht von Kindern, die unfassbar hart arbeiten mussten, in eisiger Kälte und unter unmenschlichen Bedingungen, die die strenge Hand des Vaters, aber auch der Autoritäten von sowjetischen Schulen und des öffentlichen Lebens erdulden mussten, die gelernt haben, zu gehorchen, nicht aufzumucken, keine eigene Meinung zu haben und einfach nur die Mutter zu unterstützen und zu beschützen. Die Aspekte der Ausreise wurden ebenfalls durch den Blickwinkel der Heranwachsenden noch einmal deutlich herausgearbeitet, wofür ich mich sehr bedanken möchte. Besonders Lisa hat bereits bei unserem Treffen in Salzburg, dann aber auch durch eine fast nicht endende Flut von weiteren Erinnerungs-Kapiteln per E-Mail, die Geschichte von Lydia ganz wunderbar komplettiert und abgerundet. Rosa schickte mir ein Jahr später noch ein paar kleine Kapitel, die sie mich bat, wörtlich in die Geschichte zu übernehmen, was ich gerne getan habe.

Aber auch Jakob und Johannes, zum Teil mithilfe ihrer Kinder, an die ebenfalls ein großes Danke geht, haben mir wundervolle Erinnerungen geliefert, mit denen ich arbeiten konnte. Danke auch an Heidi, die ihren sehr schmerzlichen Teil dazu beigetragen hat.

Es war auffallend, wie sehr die Familienmitglieder einander respektieren und wertschätzen, ohne sich selbst in den Mittelpunkt zu stellen. Für mich eine Vorbild-Erfahrung, an der ich selber lernen möchte. Redete jemand in der Runde, öffnete er oder sie sich, flossen Tränen, so saßen die anderen oft über Stunden dabei, ohne zu unterbrechen. Welch eine Geschwisterliebe, welch ein gegenseitiger Respekt, welche Wertschätzung auch subjektiver Wahrnehmungen. Immer ging es um das große Ganze, immer ging es um die gemeinsame Ehrung der Mutter, Großmutter und Schwiegermutter Lydia, vor der auch ich mich tief verneige.

Für mich war diese außergewöhnliche Zusammenarbeit mit immerhin neun Personen eine traumhafte Erfahrung. Voller Fleiß und Eifer, voller Vertrauen und letztlich voller Liebe zu einer ganz außergewöhnlichen, großartigen Frau und Mutter, Lydia, gab jede(r) sein Bestes.

Den Tod von Eddy habe ich nicht mehr in den Roman mit aufgenommen, ich wollte mit einem schönen Moment und verdienten Happy End für Lydia das Wort »Ende« setzen.

Dimi danke ich sehr für seine Aufzeichnungen, die noch von

Eddy und ihm handelten. Doch ich wollte unbedingt den Höhe- und Endpunkt bei Lydia setzen und weiß, dass Ihr, liebe Familie, und Ihr, liebe Leserinnen und Leser, das verstehen werdet.

Lydia war nur wenige Wochen älter als meine eigene Mutter, geboren Juli 1927. Auch meine Mutter war kriegsbetroffen und hat kaum etwas aus dieser schrecklichen Zeit erzählt.

Danke umso mehr an Lydia und ihre Kinder, die mir diese Zeit ein wenig zugänglicher gemacht haben. Was bleibt, ist große Dankbarkeit für die Leistungen unserer Mütter.

Mit meinen Tatsachenromanen sehe ich mich auch in der Pflicht, solche unfassbaren Geschichten und die unglaublichen Leistungen unserer Mütter, Väter und Großeltern für eine heute oft ahnungslose Generation hinüberzuretten.

Wenn Sie, liebe Leserin, lieber Leser, auch eine außergewöhnliche Lebensgeschichte haben, von der Sie glauben, dass sie eine große Leserschaft fesseln und nachhaltig beeindrucken könnte, dann schicken Sie eine Mail an

heralind@a1.net

oder per Post (bitte nicht per Einschreiben) an die

Romanwerkstatt Hera Lind
Universitätsplatz 9
A 5020 Salzburg.
Bitte keine Originale, wenn möglich!

Ich lese und beantworte alle Einsendungen selbst, auch wenn es eine Zeit lang dauern kann.

Ich bedanke mich ganz herzlich bei meiner Lektorin Michaela Kenklies, die von Anfang an begeistert und mit dem Herzen dabei war, und meiner Verlegerin Dr. Doris Janhsen, die noch im Entstehungsprozess die gesamte Geschichte gelesen und unterstützt hat.

Die Chance, die der Verlag mir und damit jenen Menschen gibt, die ihre Geschichte sonst mit ins Grab nehmen würden, ist großartig und für alle eine sehr wertvolle Plattform.

Ganz innigen Dank auch an meinen geliebten Mann Engelbert, der alle meine Protagonisten und Mitstreiterinnen vom Verlag stets auf das Feinste bewirtet und verköstigt und ihnen das Gefühl gibt, ein Teil unserer Familie zu sein.

Das können Sie auch: Willkommen in meiner Schreib- und Romanwerkstatt im Herzen Salzburgs!

www.heralind.com/schreibseminar

Romanwerkstatt am Universitätsplatz
Salzburg

Herzlichst
Ihre Hera Lind